Heibonsha Library

世界史のなかの昭和史

平凡社ライブラリー

Heibonsha Library

世界史のなかの昭和史

半藤一利

平凡社

本著作は二〇一八年二月に平凡社より刊行されたものです。

世界史のなかの昭和史✺目次

プロローグ

歴史の皮肉と大いなる夢想

長い探偵報告のはじめに

『昭和史』（正続）あるいは『B面昭和史』で何度も「歴史は皮肉なものである」とわたくしはかいています。その時代に生きている人間が期待するように、素直に、一直線に、歴史の流れというものは進まない、むしろ期待とは逆なほうへと進むことが多い、という意味でそういうのです。皮肉というよりも、実際は、それどころではなく、歴史は無情で、残忍で、非人間的な、酷薄なもの、つねに思いもかけない偶然を用意する、しかも、それは想定外に悪い場合が多い、といったほうがいいのかもしれません。

八十年余も前の戦前の「昭和史」という時代を考えますと、皮肉をとおり越して非情そのものと思えます。その時代の日本の指導者のなんと無謀であり無智であったことか、驚くばかりなのです。彼らは自分勝手に進むことだけを知って、停まって周囲つまり世界の動きを冷静に見回して考えることをしなかったのではないか。民草もその指導者の煽動にあっけなく乗って流されていった。満洲事変、上海事変、国際連盟脱退、二・二六事件、日中戦争、ノモンハン事件、昭和史は動乱につぐ動乱でした。日独伊三国同盟、日ソ中立条約、南部仏印進駐、そして真珠湾奇襲攻撃……。

そしてそのあとに、建国いらいかつて知らなかった国家敗亡というものを経験したのです。大日本帝国は国力がまったくなくなるほど叩きのめされました。美しい国土は廃墟同然となりました。まさに無残そのもので、わたくしは、わたくしの生きてきた〝昭和の日本〟を心からかわいそうであったと思うのです。

ですが、大いなる時の流れを丁寧にみてみますと、そうなったのもこのアジアの小さな〝持たざる〟島国がいいように欧米の列強の政略や戦略に翻弄されたためなのです。それは明らかであると思います。同時に、それはこの国の指導者の世界史認識の足らなかったゆえに、ということにもなるのです。つまり、そうとは知らず、夜郎自大な、自分勝手な、大いなる夢想を大日本帝国は追い求めていったその結果、ということでもあるのです。

たとえばヨシフ・V・スターリン（一八七九—一九五三）とアドルフ・ヒトラー（一八八九—一九四五）、この二人の非人間的で極悪な指導者が、二十世紀の世界歴史上にわずかにその姿を示してきたのは、ほとんど昭和の開幕と同じころでした。そしてアレヨという間に彼らは巨大な力をもって世界をひっかき回しはじめるのです。それは偶然ともみえ、いや、歴史的必然とも思えるのです。開幕と同時に凶暴な力にふり回されることとなった昭和日本。その指導者たちに、彼らがいかなる人物であるかをきちんと認識する時間が、急転する世界情勢のもとにあっては、あるいはなかったといえる、かもしれません。それこそがまさに昭和史の悲劇、いや、歴史の皮肉ということとなるのですが。

以下に、この長い探偵報告をかくにさいして、まずわかりやすく簡略に、この二人の巨頭の登場までを記してみようと思います。そこからこの長い報告をはじめるわけですが、とりあえずは混乱しないように別々にかかざるを得ません。そのためにからみ合いつつ変転していく同時史的な面白味がまったくなかったら、それはただただわたくしの力不足ゆえとお許し願いたいと思います。とにかくこの二人の巨悪は一筋縄ではつかまえかねる複雑な人物たちですから。

そしてそれから〝大国主義〟の名の下に帝国主義政策をとり世界へのりだしていく本篇へ、という段どりになります。これだってはたしてわかりやすく、読みやすくかけるかどうか、まことに心許《こころもと》ないのですが……。

第一話

摂政裕仁親王の五年間

大正から昭和へ

✴ロシア革命の指導者

いうまでもなく、二十世紀最初で最大の政治ドラマはロシア革命です。第一次世界大戦でドイツ軍と戦い敗戦がつづいて、困窮がますいっぽうとなった市民と一部兵士と労働者、農民が、「平和とパンを！」をスローガンに起《た》ち上がったのが、一九一七年（大正六）三月のこと。いらい帝政ロシアの政府軍との抗争は激しさを加えていき、そしてもっとも劇的な日、十一月七日を迎えることになります。アメリカの著名なジャーナリストのジョン・リードが『世界を震撼させた十日間』（一九四六年。現在は文庫版などで『世界をゆるがした十日間』）で、この前後のことを的確にかいています。

レーニンの指導する「各民族ソビエト共和国」（のちのロシア共産党）の兵士たちは、ロマノフ王朝のシンボルであった冬宮を砲撃、そして突入してわずか数時間で政府軍を撃破し、閣僚を逮捕、これを占拠する。これがクライマックスでした。ロシア暦で十月二十五日＝十月革命は、すべてがこれで終わりました。武力衝突の起こったところ以外では、どしゃぶりの雨のなか市民たちはいつものように仕事にでかけ、電車も平常どおり動いていたといいます。映画館も人がいっぱいで、主婦たちは買い物で長い行列をつくっていた。革命としてはおだやかなものであったというのです。

十一月八日夜、ソビエト大会でレーニンは権力掌握とともに「社会主義国家の建設に入る」ことを宣言しました。そして、このあと、同志にして軍事指導者として大活躍したトロツキーに、かれはこっそり打ち明けたといいます。

「迫害と地下生活からこんなに急に権力がとれるなんて……めまいがする」

――と、かいつまんでかいてきましたが、ロシア革命をかくのが目的ではまったくありません。主題はスターリンです。ところが、この歴史的なロシア革命を見事に勝利に導いた指導者のなかで、一八七九年生まれ三十八歳のスターリンは、たしかに政治局員でありましたが、あまり特筆できるほどの活躍は示していません。つまり、政治と思想の指導をレーニンが担《にな》い、軍事面をトロツキーが担ったとするのが歴史的事実というもの。レーニン亡きあと、独裁権を握ったスターリンがどんなに「違う。俺も重要な役割をはたした」と否定しても、この事実は抹殺できないのではないかと思うのです。

なるほど、さきのジョン・リードその人もかの名著の序文で「闘争の渦中にあって、わたしの感情は中立的ではなかった」とかいていますが、この本には十月革命の実態をきちんと伝えながらも、レーニンやトロツキーへの共感が随所に強くにじみでています。その影響もあって、ということになりますが、とにかく革命家としての若き日のスターリンは、のちのかれの言動からは想像もできないほど「静かな男で、委員会の端の方に坐って、あまりものをいわず、よく人のいうことを聞いていた」、そんな人物であったようなのです。

ここで時間を少々ふっ飛ばして話をさきに進めますと、スターリンの名がやや大きく歴史上にでてくるのは一九二二年（大正十一）のはじめごろからのことなのです。ロシア共産党の党政治局員の五人男（レーニン、トロツキー、カーメネフ、ブハーリン、スターリン）のひとり、共産党書記長となっています。

ヨシフ・V・スターリン（1879-1953）

ところが、肩書は立派ですが、いまの党書記長とは相当に役割が違い、どうも党内部の組織固めをもっぱら任されていた、ちょっと軽い役割であったようです。革命は成ったものの国内の反動勢力による抗争はなおつづき、その内戦の指導を担っているのがトロツキー、革命を危惧しこれをつぶそうとする外国列強の干渉に対応しているのはブハーリンといったように、重大な、動乱のさなか内外の敵と戦うという試練に直面しているのは、ほかの政治局員でした。もちろん全般的な指導はレーニンが行っていました。
スターリンはそうした骨身を削る重要政策とはやや遠く、党組織の細かな日常任務についていたのです。しかし、スターリンはかなり退屈な仕事であろうと、それをコツコツこなす事務能力にたけていた男のようでした。レーニンは彼のそうした資質を好んだのです。レーニンの考えを聞くと、スターリンはすぐに忍耐強く熱心に実行に移すのです。こいつは使えると、はじめのころにレーニンが思ったのも無理はありませんでした。

わずかにスターリンの業績として推賞しておかねばならないものがあるとすれば、かれは新国家の憲法を準備する任務を与えられ、その憲法によってロシアはソビエト社会主義共和国連邦（以下、ソ連とする）となったことがあげられます。ただし、その草案はレーニンが眼を通して直すべきところは直し、承認を与えたものであったことはいうまでもありません。

レーニンの「遺書」

しかも興味深いことは、その書記長としてのスターリンの言動の底にあるものにたいして、レーニンがわずか一年にして早くも見抜いて厳しい判断を下していたということです。それまでにたびたび脳卒中の発作に見舞われ死の近づいたことを感じていたレーニンは、一九二三年（大正十二）一月四日、すでにつくってあった「遺書」に、秘書に口述して追記をかき加えさせています。それには病床にありながら気力にみちた、何ともすさまじいレーニンのスターリン批判がかきこまれたのです。

「スターリンは粗暴すぎる。そして、この欠点は、われわれ共産主義者の間では十分我慢できるものであるが、書記長の職務にあっては我慢できないものとなる。だから、スターリンをこの地位からほかに移して、スターリンに勝る別の人物、すなわちもっと忠実で、もっと丁重で、思いやりがあり、彼ほど気まぐれでない人物を、この地位に任命することを考えてみるよう、同志諸君に提案する。これは、とるに足らない些細なことのように思われるかもしれない。しかし、党の分裂をふせぐ見地からすれば、これは些細なことではないと思う」

レーニンはこの「遺書」を発表しませんでした。彼の妻と秘書がそのことを知っているだけでした。

翌一九二四年一月二十一日、そのレーニンが亡くなります。葬儀を担当し、棺の担い手の主役となったのがスターリン。さらに、その遺体を香油漬けにして残すという、およそマルクス主義にあらざる非合理的なことが推し進められます。これには多くの党指導者が当惑し、未亡人も反対していましたが、これらを無視し、断乎として実現したのもスターリンその人でした。このとき、レーニン崇拝とレーニンの思想を政治的武器として利用しようと、すでにしてスターリンが考えていたかどうか、それはわかりません。が、〝レーニン主義〟という言葉が一般に使われるようになったのは、ちょうどこのころからであったといいます。

そしてその年の五月四日、中央委員会でレーニンの「遺書」が読まれ、それを党大会で公表すべきかどうかを決めるとなったとき、前々から工作してカーメネフとジノヴィエフと手を結んでいたことが、スターリンを救うことになりました。その眼が組織固めという党内部に向けられていたことが、かえって彼に有利に働きました。トロツキーがレーニンの跡目をついで独裁者になるのではないかと、この二人の古参党員が恐れていることを、スターリンは素早くみてとってうまく利用したのです。結果として「遺書」は発表せず、選ばれた少数代表だけに私的に伝えようというジノヴィエフの動議が、中央委員会で可決されました。

何ら警戒する必要のない万事に控え目な男、または地位も能力も一段下の操縦しやすい男、そう党指導層の間でこのときはみなされていた。あるいはそれがスターリンのそのふりをする〝芸〟であったのかもしれませんが、ともかく二流の人物とみられていることで、スターリンは権力への階段を登るための最大の危機を乗り切ることに成功したのです。

あとの文書による中傷、誹謗《ひぼう》、弾劾という権力闘争については略すこととしますが、結果としていえることは、スターリンは全人格が政治的動物といっていい人物であり、嗅覚が人一倍すぐれていた。戦うべき〝敵〟を見定めその言動を分析することが習い性となっていた。常に相手の出てくる先を読んで、それを凌駕《りょうが》する手を素早く打つことを特技としていたのです。

スターリンが発表した一連の論文のなかの、レーニンとトロツキーの間の過去の対立をほじくりだしてみせた論文が最高に有効な武器となりました。スターリンの強調したことは、レーニン主義とトロツキズムは相容れない。したがって人間トロツキーはレーニンの後継者の資格がない、ということ、それにつきます。そして、各国共産党が競合しての世界革命を説くトロツキーと、「一国社会主義」を唱えるスターリンは、真っ正面から激突しました。一九二五年の初めに、トロツキーは革命軍事会議の議長と国防人民委員の職からの辞任を余儀なくされ、のちに亡命することになってしまいます。

あとは一瀉千里といえましょうか。つぎに、手近なところからジノヴィエフ、カーメネフとつづき、さらにまたブハーリン、ルイコフというように、彼の競争相手はつぎつぎと政治局から追放されていきます。どの人もスターリンの専断と巧妙なウソを強く非難しましたが、彼はそのたびに、政治局内のすでに工作のすんでいた多数の党員を思うように動かして、これらを撃破していくのです。ついにレーニンの後継者の座を獲得したとき、スターリンは四十六歳。

レーニンの「遺書」が世界に公表されたのは一九二六年（大正十五）十月十八日。トロツキーやカーメネフたちが「これこそがレーニンの意思である」と暴露したのですが、むしろソ連の最高権力者となっていたスターリンの反撃のほうが強力、かつ速効的であざやかでした。もはや彼らの主張は野良犬の遠吠えにすぎず、スターリンの権力の座はいっそう強固なものとなったのです。そして、その後にあまり目立たぬようにトロツキー派やカーメネフ派の粛清がはじまり、スターリン時代が訪れます。おぞましいスターリンの言葉があります。

「一人の人間が死ぬときは悲劇だ、何万人の人間が死ぬときは統計だ」

まさにそのとおりの実行でした。

じつはこの年の十二月二十五日、大正天皇が亡くなり、日本帝国は昭和と年号を変えているのです。そうとわかると、単なる偶然とはいえ、何とも妙な気がしてくるではありませんか。

スターリン時代のはじまりと、昭和の幕あけが時を合わせているのかと。それで、わたくしはいいたくなってくるのです。やっぱり歴史とは皮肉なものよ、と。

敗戦後のドイツ帝国

ふくらみのない、直線的な話でありましたが、このままつづけてつぎはナチス・ドイツのヒトラー、ということになります。ナチスについて考えるときの肝腎のポイントは、ロシア革命がそうであったように、第一次世界大戦の、しかもドイツの場合は〝敗戦後〟の影響ということになりましょうか。

ご存じのように、一九一八年（大正七）一月のアメリカ大統領ウィルソンの休戦条件（国際連盟の創設、秘密外交の廃止、民族自決の承認など十四カ条）をいれて戦争が終結したとき、ドイツ帝国は敗戦国になっていました。しかし、事実は東方正面の戦闘ではドイツ軍が優勢であり、西部戦線でもほぼ互角の戦闘がつづけられていたのです。いわば休戦までの四年間、ドイツ国内には敵兵は一兵も入ってはいませんでした。ですから、ドイツ人は自分たちが敗けているとは思ってもみなかった。しかし、短期戦で終わるはずの戦争が長期戦となり、消耗戦となり、国内の厭戦気分からここでも革命が起こりはじめ、ドイツ帝国は〝休戦〟のつもりで、すなわち降伏せざるを得なくなったまでなのです。

そしてその年の十一月、ドイツ皇帝ヴィルヘルム二世はオランダへ亡命を余儀なくされます。ドイツ諸連邦の君主もそれぞれ退位する。軍隊と警察の権威は失墜し、あとは破壊と内乱が続発し、革命派と反革命派の小政党が乱立、混乱の極みとなってしまいました。

ところが、そんなドイツの状況をよそに、一九一九年(大正八)にひらかれたパリ講和会議で、連合国は戦勝国として、ドイツを除けものにして、勝手に討議をすすめます。そして、ドイツと同盟していたオーストリアとオスマン・トルコは崩壊しているゆえに、すべての戦争責任をドイツ帝国に押しつけてきました。西欧列強はドイツにあらゆる手段でとにかく賠償金を支払わせることを決意したのです。その額が千三百二十億マルク、いまの日本円に換算すれば、なんと、ドイツ国民ひとり当り一千万円に相当する高額になる。これが六月二十八日、列席させたドイツ代表と連合国三十一カ国との間に調印されたヴェルサイユ条約なのです。

この決定はドイツから領土、植民地、あらゆる武器、残された富のほとんどを剝奪することになる。それ以上にドイツ民族の誇りを完膚《かんぷ》なきまでに踏みにじることとなったのです。世論の怒りは頂点に達します。われらのドイツ帝国は敗けていない、それなのに国際連盟への加入は認められず、民族自決権は無視されるという侮辱を浴びせかけられたと、国民のほとんどが思いました。戦争に敗けたのは皇帝と将軍たちである。われわれではない。しかも背中からグサリと俺たちを刺したのは、国内のユダヤ人や共産主義者、そして敗戦主義者だ。そのためこんな過酷な講和条約を吞まされた。この無念の思いは、いつかみていろ、という復讐を誓う思いでもあったといえましょうか。

　動員解除された当時三十歳の伍長ヒトラーは、塹壕で一緒に戦った戦友たちとミュンヘンで再会します。そのミュンヘンでは講和条約反対の五十に近い右翼や国粋主義的な小集団が活躍しはじめていたのです。そんなグループが入り乱れて勢力抗争する混沌たる状況下で、DAP（ドイツ労働者党）に熟慮の上でヒトラーが入党したのが九月十九日（一説に十六日、また一説に十月十九日）のこと。このDAPは翌一九二〇年二月（一説に四月）、NSDAP（国家社会主義ドイツ労働者党）に党名を変更、すなわちこれがナチスなのです。この日本語訳にも諸説あってややこしい。阿部良男氏の労作『ヒトラー全記録——20645日の軌跡』によれば、あるいは国民社会主義ドイツ労働者党、あるいは民族社会主義ドイツ労働党、あるいは国粋社会主義ドイツ労働者党、エトセトラ、ということになるのですが、面倒なので、以下はナチスで統一することにします。そしてヒトラーは自称七番目の党員であったというのですが、実は五十五人目の党員であったといいます。いや、そんなことはどうでもいいことかもしれません。

　なぜなら、翌一九二一年七月には、まさしく十八番の弁舌とアイデアに富んだ政治力そして

アドルフ・ヒトラー（1889-1945）

行動力によって、ヒトラーは臨時党大会で五百五十四名のうちの五百五十三名の党員の支持を得て、党首に選任されているからです。ヒトラーは明らかに自分の才能を自覚していたようです。対話はやや苦手だが、演説という長所が俺にはある。その長所をより伸ばそうと、鏡の前で身振りや言い回しをくり返して練習しつづけたというのです。

いや、それだけではありません。数限りなくあるヒトラーの伝記のなかには、「集会における幾度かの乱闘での勝利の後に」と皮肉っぽくかいているものもあります。もう彼のまわりには親衛隊ともいうべき腕っ節の強い連中がいたのでしょう。いずれにせよ、ヒトラーがナチスのトップに立ったのが一九二一年＝大正十年というのはすこぶる興味深いところです。

✺ミュンヘン一揆の失敗

さて、ここからまたまた時点を少々先に飛ばすことにします。そうしないと、別にもう一冊の本をまとめねばならないことになってしまう。それでその二年後ということになるのです。すなわち一九二三年（大正十二）一月に、戦勝を誇るフランスがとてつもないことをやってのけました。賠償金支払い義務の不履行を理由に、ドイツ工業の心臓部であるルール地方をフランス軍が不法にも占拠したのです。これはまったくの暴挙でして、これによってドイツ経済はがたがたとなり、史上空前の大インフレーションが起こり、国民生活は破滅に追いこまれることなってしまったのです。

当然のことながら、ヴェルサイユ条約締結いらい抑えに抑えていたドイツ国民の怒りは爆発します。フランスの暴挙は右翼国粋思想をいっそう伸長させ、かつ強固にさせる心理土壌を培養したことになりました。ナチス党員数は一月末には二万人を超え、さらにふえつづけていくいっぽう。党首ヒトラーの獅子吼《ししく》は新しい党員を前にして、いよいよますます冴え、激越になっていきます。これはその一例、八月一日にミュンヘンのクローネサーカス会場で、八千五百人の聴衆を前にして行われたものです。

「ヴェルサイユ条約は、恐るべき虚偽の上に基礎づけられた。われわれは、もはや、その条項を履行することを拒否する。諸君はその欲することをなせ。もし諸君にして戦いを欲するならば、敢然としてそれを求めよ」

さらにもう一例、九月一日、同じくミュンヘンで二万五千人の聴衆を前にして。

「われわれは新しい独裁者をもつべきであり、現在のようなだらしない議会や政府はもはや必要ないのだ」

そしてその言葉をみずからが実行せんとするかのように、翌二日に、ヒトラーはいくつかの愛国団体に呼びかけて「ドイツ闘争同盟」を新結成します。名誉総裁には第一次世界大戦の英雄ルーデンドルフ将軍をひっ張りだし、ヒトラーはその最高指揮官となる。そこから十一月の、いわゆるミュンヘン一揆（武装集団によるクーデタ）までは一直線の道程であった、といっていいでしょう。まずミュンヘンのあるバイエルン政府を倒して権力を掌握し、そこからベルリンへの進撃を敢行して天下をとる、そうした意図のもとにナチス党が蹶起《けっき》したのです。ヒトラーはこのとき三十四歳。

念のためにかいておきますが、ヒトラーは信仰などまったくもたず、道義や義理人情にも関心がない。その人生の目的といえば、権謀術数の渦巻くなかで、人をおしのけて権力を獲得する、そのことに生き甲斐を見出している人物である。そうしっかりと記憶しておいたほうがいいようです。

十一月九日午前十一時三十分、武装した突撃隊員二千人（一説に三千人）は進撃を開始しました。が、その一時間後にはもうバイエルン政府の警官隊によって、大した武器ももたない蹶起部隊は押し潰され、四散せねばならなくなる。クーデタは完全に失敗に帰します。ヒトラーは突撃隊の救急車で脱出しますが、結局は二日後の十一日に逮捕されてしまいました。

当然のことに、国家転覆を計画した大逆罪の首謀者として銃殺されるであろうことを覚悟したヒトラーは、裁判でも大いに弁舌をふるい、反逆罪の最低の刑である五年の禁錮刑をかちとりまして、刑務所に収監されます。ところが、このへんが不思議なところなのです。政府はよほどこの男を恐れたのか、それとも小馬鹿にしたのか、よくわかりませんが、その獄中生活たるやなぜか優雅に近いものであったらしいのです。陽当りのいい独房、結構な食事、差し入れや面会は自由。三十五歳の誕生日には、花束がいくつもとどけられ、彼の獄房はおろか、二つも三つもの房が花で埋めつくされたというのです。それだけではなく、二人のナチス党員を私設秘書として使うことも許可されています。それで、ずっと前から彼にぞっこん惚れこんでついてきたヘス（のちの総統代理）と、運転手兼雑用係であったモーリスの二人が志願して崇めたてまつってヒトラーに仕えることになります。妙な話というほかはありませんが。

しかも囚人としての刑期がはじまったときから、ヒトラーは裁判に勝ったと思いこむことで極度に自信を深め、自己認識を変えていったようなのです。もともと過ちを顧《かえり》みることのできないこの男は、いままでの「太鼓叩き」アジテーターから「英雄的」指導者へ、と自己のイメージをぐんぐん大きなものにしていく。おのれこそ敗戦国ドイツの救世主だと考えはじめる。こんどの一揆の挫折も殉教者の勝利へと形を変えました。しかも、権力を自分のものとするには、自分にふさわしく大衆政治家にならなければならない、とハッキリと悟ったのです。獄房の花の山がそれを彼に教えたのかもしれません。ナチスの使命はもう後戻りなどはできない、ただ前進あるのみ。大きくするのみ。そしておのれのこの「理念」に身を捧げることがまさしくおのれの使命、という自覚をより強くしていきました。

こうして、獄中にあって二人の私設秘書を相手に、ヒトラーは自分の政治上の基本方針、世界観、未来への展望、早くいえばおのれの「理念」と「使命」とを滔々《とうとう》と語りはじめました。そのまとまった口述筆記にははじめ「嘘《うそ》、愚行、臆病との四年半にわたる戦い」というあまり読みたくないような題名がつけられていましたが、自分で気に入らなかったのでしょう、のちに知人の助言を容れて簡潔に「わが闘争《マイン・カンプ》」と変えたのです。

『わが闘争』の刊行

さてさて、ここまでかいてきてヤレヤレという思いがしています。この、二十世紀のもっとも危険な、悪魔の書ともいわれている『わが闘争』が最初に刊行されたのはいつなのか、それがいちばんかきたいところであったからです。すなわち、一九二五年（大正十四）七月十八日。ただし、自伝的なところを語った第一巻だけ。ヒトラーはまだ獄中にいたときなのです。仮釈放されたのがその年の十二月十九日といいますから、ちょっと驚きです。そしていちばん肝腎のヒトラーの思想や政略について語った第二巻は、翌二六年十二月十一日に刊行されているのです。これをはじめて知ったとき、わたくしはウムとうなったきり、しばし言葉を失いました。あとでくわしくふれますが、同じ二六年の十二月二十五日に日本帝国ではすでにふれたように大正天皇が亡くなり、昭和の時代が幕をあけているのです。ヘェーとなりませんか。

もちろん、冒頭でいったように単なる偶然の一致であったのかもしれません。それに刊行された当初はこの本はさっぱり売れなかったのはたしかで、世界的に大ベストセラーとなるのは昭和八年（一九三三）から。ですから単なる偶然で、とくに騒ぎ立てることでもないといえばいえるのです。が、やっぱりこれはまことに興味深い一致であり、歴史探偵としてはどうしても特筆したくなってしまうわけです。

ユダヤ人虐殺問題の関係もあって、『わが闘争』を必読書などといったら、総スカンを喰らっていわゆる〝炎上〟するかもしれません。が、ある意味では歴史の教訓というか反面教師というか、世の権力者というものの恐るべき政略戦略あるいは権謀術数あるいは民草操縦法などが、この本にはほぼ語りつくされているのです。ヒトラーという稀有の悪魔的天才の政治的術策とはどんなものであったか、その一端でも知ることは、わたくしたちの将来のためにも決して無駄ではないと思われるのですが。

そして獄中で夢みた新しいドイツもこの本のなかで語られています。アウトバーン構想もその一つです。自動車専用に建設された高速道路の入り組んだ壮大な景観。そこを国民車のフォルクスワーゲンに乗って意気揚々と最スピードで走り回るおのれの姿。ドイツ国民がそれに従ってえんえんと車をならべて走るのです。それこそが彼が描いた世界に冠たるドイツの明日、というわけです。

そんなこんなで読みようによっては面白い本なのです。そこでご参考までに、以下にちょっとだけ、わたくしがその昔にこの本を読んでウムとうならされてかき抜いておいたものがあります。それをご紹介することにしたいと思います。

「指導者たることは、すなわち大衆を動かし得るということだ。有効なプロパガンダとは、少数のステロ的な文句でいいから、たえず反覆して大衆の脳裏に深く刻みこまねばならぬ」

内容がどうのというのは二の次で、肝腎なのは壮大で光り輝いてみえること、それが大事なのです。それをくり返す。民草の頭に叩きこむ。これをどこかの国の首相は真似しているように思えて仕方がありません。

「わが国民の魂のために戦うにとどまらず、これを毒そうとする国際勢力を根絶して初めて、わが大衆の国民化が成し遂げられるのだ」

「ドイツが世界の強国となるか滅ぶかどちらかである。そして世界の強国となるためには、ドイツ国家に必要とされる威信と、ドイツ国民には生命を与えるだけの国土が必要である」

「地球上に十分な空間（国土）を確保することだけが、民族の存在の自由を約束するものだ。この方法によってのみ、ドイツ民族が世界の大国としての立場を貫くことができるのである」

その領土拡大のために侵略あるのみ、勝つか、さもなければ完全に破滅するか、それ以外にはあり得ない、とするヒトラーの頑《かたく》なまでの理念が、すでに十分に語られています。

「抽象観念など大衆にはほとんど無縁である。彼らの反応はもっぱら感情の領域にある。……大衆をつかもうとするならば、まず彼らの心情の扉を開く鍵を知らねばならぬ。それは客観性などという微温湯《ぬるまゆ》的な態度ではなく、力に裏づけられた決意によってなのだ」

そして、ヒトラーにとっては、人類とはアーリア民族だけのことで、日本人をふくめてユダヤ人など他民族は、アーリア民族が美しい文化をつくるための仕事を手伝う家畜なのだ、ということでした。ましてや、有色人種は劣等で馬や牛と同様にアーリア民族の労力として使われるのが本来の使命である、ということになる。そう『わが闘争』にはかかれています。

どうでしょうか。当時この本を読んだ世界の人たちの多くは、これを小馬鹿にして、ヒトラーを誇大妄想狂ぐらいにしか思わなかった。しかし、いまになるとそれが間違いであったことは明らかです。いかに曲がりくねり粗野で不快な言辞であろうとも、それはまさしく明確にヒトラーの政治思想を語ったものでした。そしてヒトラーにはこの〝世界観〟を変える必要性は死ぬまでなかったのです。にもかかわらず、彼のいう「最終解決」つまり第二次世界大戦までが一本道であることを指し示していると、人びとは気づかなかったのでしょうね。

この悪魔の書が刊行されたのが、昭和史のはじまりと同じときであるとは⁉　単なる偶然の一致とすまされない気がします。そういえばフランスの作家アナトール・フランスがこんなことをいっています。「人生においては偶然を考慮に入れなければならない。偶然とはひっきょう神のことになる」（『エピキュールの園』）と。そうなんです、ことによったら神の配剤であったのかもしれません。

大正時代後期の世相

ソ連におけるスターリン時代のはじまりが一九二六年十月十八日、とか、ヒトラーの『わが闘争』の全巻が刊行されたのも同じ二六年十二月十一日、とか、探偵はひとりで面白がってか

大正天皇（1879-1926、在位1912-26）

いている、と思われるかもしれません。たしかに、勝手に悦に入っているよりも、「世界史のなかの昭和史」と大きくでているのですから、そのときの日本帝国についてもその都度にふれなければならなかったのです。わかってはいたのですが、いちいち「そのときの日本は」とやっていたのではごちゃごちゃしてしまい、これをわかりやすく面白くかくのは、すでに老骨になっているわたくしの手に余ります。

そこで、ここからは一九二一年（大正十）からの日本についてだけ、長々とかくことになるわけなのです。

ときに大正十年十一月二十五日のことでした。

これはもういつ読んでもア然とさせられる宮内省発表の新聞記事があります。「聖上陛下御容体書」と題された侍医頭池辺棟三郎《とうざぶろう》、御用掛入沢達吉たち六博士の署名のある大正天皇の病患についての発表なのです。

「天皇陛下に於かせられては……御降誕後三週目を出でざるに脳膜炎様の御疾患に罹《かか》らせられ、御幼年時代に重症の百日咳続いて腸チフス、胸膜炎等の御大患を御経過あらせられ……御記銘御判断御思考等の諸脳力漸次衰えさせられ……殊に御記憶力に至りては御衰退の兆《きざし》最も著《いちじる》しく……」

そして大正三、四年ごろからは、

「御姿勢端整を欠き、御歩行は安定ならず」

という状態になっていた、というのです。

あらためてかくまでもなく、この天皇の人間性にかかわるようなあまりにも具体的な告知は、いま読んでもウヘェーとなるのみですが、当時の民草はそれはもうわが眼を疑うような思いで読んだにちがいありません。とにかく、あまりにもあからさまに過ぎます。まるで天皇が痴呆になっているかのような発表でした。

それゆえに、午前十一時から宮中「西溜の間《にしだまり》」でひらかれた皇族会議も、午後一時「東溜の間」で開催された枢密院会議も、それぞれ満場一致して裕仁親王の摂政就任を決定することになりました。そして午後二時半には、そのことに関する詔書が公布されます。「御容体書」とともに詔書が、各新聞に発表されました。

「朕《ちん》久シキニ亙《わた》ルノ疾患ニ由《よ》リ大政ヲ親《し》ラスル事能ハサルヲ以テ、皇族会議及ヒ枢密顧問ノ議ヲ経テ皇太子裕仁親王ヲ摂政ニ任《にん》ス、玆《ここ》ニ之《これ》ヲ宣布ス」

その直前の十一月四日に、ときの首相原敬《はらたかし》が東京駅で「国賊、国賊」と叫ぶ若い男に刃渡り六寸（約十八センチ）の短刀で暗殺されています。妙な暗雲が漂いだしたがゆえに、新聞はそれを追い払わんとするかのようにこぞって、史上初の摂政であった聖徳太子になぞらえ、「国礎《こくそ》のいよいよ盛んならん」と二十歳の皇太子の摂政就任を慶祝したのです。ところが、祝いとは裏腹に、世情にはどことなく疾風怒濤、荒れ模様の空気が流れはじめていたのです。

18歳のころの裕仁親王（のちの昭和天皇、1901-89、在位1926-89）

――事実、この大正十年十一月から十五年十二月二十五日の大正天皇崩御までの五年間、その予感が証明されるように、さまざまな事件や社会の不穏な動きのあったことにいやでも気づかせられます。歴史年表でみていくと、十一年にワシントン海軍軍縮条約が一部の強硬な反対論を抑えて調印された。海軍内部の一枚岩のような団結がこのときから崩れはじめます。十二年の〽おれは河原の枯れすすき……の「船頭小唄」（野口雨情作詞、中山晋平作曲）の大流行。そして北一輝『日本改造法案大綱』の刊行。その後の日本は奇妙なほどに、北の提言「アジアの盟主たるべし」をなぞるかのように、軍官民が一つになってやみくもに突っ走るようになっていきます。そしてそこに関東大震災。被害全域で死者は十万を超え、損害額は五十五億六百万円（当時）。近代日本が受けた最大の災害です。このときの大混乱に乗じて、社会主義者や朝鮮人に弾圧を加えようとの陰謀が、ひそかに計画されました。そして実際に、朝鮮人虐殺事件や亀戸事件（亀戸警察署で社会主義者十人が虐殺される）が起こっています。さらに摂政宮にたいする狙撃事件（虎ノ門事件）。

あとはずらずらとならべてしまいますと、十三年の日本共産党解党、十四年の全国の中・高・大学での軍事教練の開始、治安維持法の公布、十五年の日本労働組合総連合の結成などなど。病帝と若い摂政をめぐる漠然たる不安が、国民感情に地滑り的な変化をもたらしていったようです。そんな風に思われなくもないのです。

そうしたときに軍部はどうであったのでしょうか？　学者や研究家がかくように、第一次世界大戦（大正三～七年）後に世界中の国々に生まれた非戦感情や反軍意識が、日本でも大きく広がり、軍人のなかには軍服をぬいで背広で通勤するものもあったほどで、軍部は首を亀の子の如く縮《ちぢ》めていた、ということになります。たしかに軍縮が新聞や雑誌でしきりに叫ばれ、ワシントン軍縮条約を結んだ海軍はもとより、陸軍も世論に押され四個師団の削減を実行しなければなりませんでした。そうして溢れた失業軍人を救済するために、学校での「配属将校」による軍事教練がはじまっていたのです。

バーデンバーデンの密約

そうではありますが、そのいっぽうで、近代日本の最大のパワー・エリートの集団、いわゆる「昭和の軍閥」の最初の一歩が踏み出されていたのもたしかなのです。でてくるのは陸軍士官学校十六期の三羽烏といわれた永田鉄山、小畑敏四郎《おばたとしろう》、岡村寧次《やすじ》。この三人の少佐がドイツのミュンヘン郊外の保養地バーデンバーデンに集まり、ひそかに密約をかわしました。昭和史を論ずるときにかならずでてくる「バーデンバーデンの密約」がこれなのです。

彼らは論じ合いました。第一次大戦によって証明されたように、近代戦は「国家総力戦」となる。それゆえに世界の各国はつぎの戦争に備えて軍制改革や新兵器開発など軍備充実に力をつくしている。それに敗戦国ドイツの現状をみると、世論の動向というものがいかに戦勢に影響してくるのかもはっきりしている。報道や宣伝や情報といったものがいかに大切か。それこそが総力戦の恐ろしさである。軍隊だけが戦争を戦うものにあらず。それなのに、わが帝国陸軍の中央部の将官たちのありようには目に余るものがある。いまなお、日露戦争の勝利に酔い痴れているとしかいいようがないではないか。自分たちの日露戦争での局所的な戦場での勝利体験を盲信して、白兵戦闘一本槍にこり固まり、大和魂さえあれば大丈夫といった精神主義を払拭できないでいる。それで軍人はいまや不人気の最たるものだ。まさしく日本帝国の明日は累卵の危うきにある。それでは、われわれがいま何をすべきか。

『岡村寧次大将資料』(一九七〇年)に収録されている岡村日記には、その日のことがこう記されています。三人は徹宵《てつしょう》議論したあとで結論に達しました。

「派閥の解消、人事刷新、軍制改革、総動員態勢につき密約す」と。

岡村日記にはありませんが、このとき永田は「徒党を組むことは嫌いだ」と反対の意を示したといいます。徒党を組んで既成派閥（長州閥）を倒すことは、つまり派閥の交代でしかない、と永田が強く主張したのです。しかし、二人の説得で、その永田も最後には首をタテにふることとなります。

「人事刷新は自分たちの栄進を目標とする運動ではなく、密閉された空気の中で、窒息しそうになっている陸軍に大きな窓を開けようということが永田にも判ったので、それなら大いに力をつくそうということになった」（高宮太平『順逆の昭和史』一九七一年）

ときに彼らは三十七、八歳。陸大優等卒の俊秀で、永田は長野県、小畑は高知県、岡村は東京都の出身、陸軍主流の長州閥には属していません。それだけに、才能や力量よりも、その出身地のフィルターを通して行われる派閥人事の不合理さに我慢のならぬ思いをずっと抱いてきていたのです。

と、いちばん大事なことをかき忘れていました。この密約が結ばれたのが大正十年十月二十七日、裕仁親王の摂政就任のほぼ一カ月前のことです。彼ら少壮の将校たちの間にはひそかに、大正天皇すなわち彼らの頭領たる大元帥陛下の病状すこぶる篤く、ほとんど軍を統帥する力を失っていることが知れ渡っていたのではないか、そう思われます。

この盟約を結んだ三人のうち、岡村はその年の暮れに帰国し、参謀本部支那班に属し、盟約実現のための同志集め行動を開始。永田、小畑の二人は一年あまり後の、大正十一年から十二年にかけて帰朝します。同時に、三人そろって陸軍中佐に昇進しますが、彼らが久しぶりに接した世の中の空気、そして陸軍内部の状況が、以前とはまるで異なるものとなっていることに、ただちに気づかせられたにちがいありません。

それは、一言でいえば、「天皇は存在するが存在しない」国家、そして「大元帥は存在するが存在しない」軍隊というものでした。摂政宮は存在しますが年若く、明治四十三年（一九一〇）に制定された皇族身位令にもとづき、十五歳のときに陸軍少尉・海軍少尉に任官し、とんとんと進級してきていますが、摂政となったときにはまだ陸海軍少佐でしかなかったのです。大元帥陛下にあらず、したがって厳密にいえば、統帥権を掌握してはいない。ここに少壮のエリート将校たちの暗躍の許される素地がそなわっていたとみるほかはありません。

大正の摂政宮の五年間のあと、昭和時代が幕をあけますが、驚かざるをえないほどすぐに軍事上のはげしい動きがはじまります。昭和二年（一九二七）から三年の第一次、第二次の山東出兵、同じ三年の張作霖《ちょうさくりん》爆殺事件とつづき、四年にバーデンバーデンの密約三人組を中心に軍官僚的な中堅将校の集まりの一夕会《いっせきかい》が結成されています。昭和史を動かした石原莞爾《かんじ》、東条英機、山下奉文《ともゆき》、武藤章たちが名を連ねています。そして六年の三月事件（軍事クーデタ未遂事件）、満洲事変とつづいていくのです。

摂政宮時代の五年間に、つちかわれ練られてきた非合法を承知の謀略の動きが、アッという間にその正体をみせてきた、そうと決めてかかるのはかなり無理筋なのでしょうか。いや、案外に的を射ている推理だと探偵は思うのですが。

「排日移民法」の衝撃

さてさて、この大正末の五年間に、日本帝国に直接的な、大きな衝撃を与えてきたのは、じつは、アメリカ合衆国のアジア政略のほうでした。しかも、一回や二回ではなかったのです。「プロローグ」でまず独ソの二人の独裁者名をだしたので、視線がそっちのほうに向いてしまい、いちばん肝腎なことを忘れていたような格好になりますが、あわててこっちのほうへと筆を戻さなければなりません。

一九二一年（大正十）三月、アメリカでは「平常への復帰」を訴えたハーディングが大統領に就任し、ここから十二年にわたる共和党政権の時代がはじまります。そのときのアメリカは、前年からの不景気のさなかにあって、失業者は五百万に達するひどい状況であったのです。が、それも翌二二年までで終息し、そしてそれからは未曾有といわれ〝永遠〟とうたいあげられた繁栄の時代へと大きく転換していったのです。

ヨーロッパの列強が第一次大戦のあおりで、なお気《き》息奄々《そくえんえん》であったときに、いちばんあとから参戦しさしたる傷をうけなかったこの国は、もはや孤立主義という長年の看板をおろさなくてはならなくなりました。資本力や金融力や生産力において世界最強であり、資本と商品の余剰をかかえる大資本主義国家が、国力がぐんぐん膨張しているのにいつまでもひっこんでいられるはずもなく、いよいよ世界のリーダーとしての〝顔〟をあらわにせざるを得なくなったのは当然です。

その手はじめが、先にもふれたワシントン海軍軍縮条約（一九二二年）といえます。主力艦の保有の米英日5・5・3の比率をきめたこの会議については、『昭和史』ですでにふれているのでくわしくは略しますが、アメリカからみれば、イギリスと共同して日本の軍備拡張を押さえつけ、日本が勝利国として第一次大戦で得た〝漁夫の利〟を少なからず吐き出させること（青島《チンタオ》還附）に成功したことになります。日英同盟もこのときに廃棄となり、また九カ国条約（中国の領土保全を保証した条約。米、英、日、仏、中国、ベルギー、イタリア、オランダ、ポルトガルが調印）を結ぶことで、中国における門戸開放を列国に承認させました。これは日本にとっては、遅れて世界戦略にのりだしてきたアメリカが、日本の日露戦争の勝利によって得た満洲経営にたいして横槍を入れてきたと、そうみるほかのないことであったのです。

さらに、日本にとって許しがたいような強硬な政策を、アメリカが突然にとってきました。一九二四年（大正十三）五月に制定のいわゆる「排日移民法」がそれです。それまでにもアメリカは移民制限の政策をしばしばとってきましたが、それらはもっぱら質の面からの制限でした。ところが、こんどの移民法は絶対量に強引に手を突っこんできた激越なものともいえます。しかも、アメリカ国籍をとることも阻む法律まで制定しました。早くいえば、自由の女神に象徴されるように、かつては自由と機会を求める人々の〝避難所〟であったアメリカが、それをヤメタァといったようなことなのです。あまつさえ、日本人・中国人、そのほかの東洋人どもは「帰化の資格を有しない」と突き放し、移民入国を完全に禁止する、という非人道的なことをいいだしたわけです。

このころ、アメリカには（主としてカリフォルニアですが）日本人の移民が十万人以上いました。ハワイにも十万人。この人たちにアメリカから出ていけといわんばかりです。躍進しつつある日本からすれば、この法律は日本を狙い撃ちにしたという意図が明らか、と思わないわけにはいかなかったのです。

少々横道にそれますが、ここでも歴史の皮肉といえるような話があります。日本政府は、このとき厳重抗議の書簡をアメリカ政府に送りました。

「この法令が成立すれば、それは日米間に重大な結果を及ぼすであろう」と。

ところが「重大な結果」が、grave consequence と訳されました。これにアメリカの両議院はますます対日態度を硬化させました。この英訳は〝国際断交〟と同じ意味であったから、というのです。外交に言語上の誤解・誤訳はつきものといいますが、それにしても言葉は恐ろしいですね。

日本の世論はいっぺんに怒りで噴き上がります。『昭和天皇独白録』（一九九一年）でも、昭和天皇は「大東亜戦争の遠因」として、こういっています。

「この原因を尋ねれば、遠く第一次世界大戦后の平和条約の内容に伏在している。日本の主張した人種平等案は列国の容認するところとならず、黄白の差別感は依然残存し、加州〔カリフォルニア州〕移民拒否の如きは、日本国民を憤慨させるに充分なものである。また青島還附を強いられたこともまた然りである。／かかる国民的憤慨を背景として一度、軍が立ち上った時に、これを抑えることは容易な業ではない」

昭和天皇がいうように、このアメリカの一連の政策の動きは、陸海軍部のなかに存在しはじめた対米強硬派にとっては、アメリカの「わが国にたいする軍事的挑発」であり、「深い永続的怨恨を日本人の間に残した」ものとなりました。日本の民草もまた、新聞に煽られて「アメリカをやっつけろ」「政府はただちに宣戦布告をすべし」と叫びだし、その熱気は国じゅうに充満していったというのです。

こうして、日本人のこじれ（？）反米意識が大正末には決定的になっていました。それまでにはなかった国民感情です。そして、世界史的にみれば、昭和の開幕とはざっとそのような、前途に何やら大いなる不安を感じさせるようなときであった、ということになるわけです。摂政の五年間、「天皇は存在するが存在しない」ということのもつ意味を、当時の指導者も民草もまったく考慮に入れようとはしなかったようなのです。

第二話

満洲事変を中心にして

昭和五年～八年

欧米列強の中国進出

拙著『昭和史』のごくはじめのほうの、〝情報悪化の昭和の開幕〟の項でこうかいています。

「昭和史の諸条件は常に満州問題と絡《から》んで起こります。そして大小の事件の積み重ねの果てに、国の運命を賭《と》した太平洋戦争があったわけです。とにかくさまざまな要素が複雑に絡んで歴史は進みます。その根底に〝赤い夕陽の満州〟があったことは確かなのです」

また、『B面昭和史』の昭和三年の時代概説の項でも、その満洲問題にふれて、日中関係のぬきさしならぬところまで険悪化していることについて、こんな風にかいています。

「根本的な解決もないままに、満洲の日本権益はいまや危殆に瀕しつつあるのではないか。しかし、政府は強硬を唱えてはいるが、結局は頼むに足らない。となって、ここに頭をもたげてきたのが日本陸軍。もはや弱腰の政策を黙って見過ごしていることはできないと焦燥にかられ、同志的に結合した陸軍の俊秀たちが積極的に動きだした。／それが昭和三年六月の、満洲の軍閥の頭領たる張作霖爆殺という謀略工作へとつながっていく」

なぜ軍部が、正確には陸軍中央部の中堅が、張作霖《ちょうさくりん》を謀殺したのか、その結果、何を日本にもたらしたか。この歴史的事実のもう少し裏側を理解するには、時点をかなり溯《さかのぼ》って世界史的な観点から当時の中国情勢をみる必要があるのです。となると、のっけからこむずかしい話になりますが、十九世紀の欧米列強による中国進出にも目を通さねばならないことになります。

十九世紀の後半から欧米列強は競うようにして中国（当時の清《しん》王朝）につぎつぎに進出してきました。中国側からみれば、列強があらゆる理由をならべたてて「不平等条約」を押しつけ特殊権益を獲得し、これを清朝はなすすべもなくことごとく呑まされている。しかも、列強がその行為を正当化できる理由は優勢な軍事力だけ、ということになるのです。まことに理不尽きわまるゆえに中国人の心のうちには反英、反仏、反ロシア、反米といった強い意識がうまれていました。

イギリスは大連をはじめすべての港湾の管理権、銀行および煙草業の権利、領事裁判権、京奉鉄道（新京—奉天）の借款《しゃっかん》。フランスは郵政管理権、イギリスと共同した京奉鉄道の借款、領事裁判権。帝政ロシアは遼東半島の旅順・大連の自由な使用権。南満洲鉄道（新京—旅順）と安奉鉄道（安東—奉天）の経営権、鉱山と森林の伐採権など（ただし、これらは二十世紀初頭の日露戦争の結果、すべて日本帝国に譲り渡すこととなる）、そして少し遅れて進出してきたアメリカも石油販売の独占、イギリスと共同した煙草業の権利、為替および銀行業の権利、領事裁判権、さらに鉄道への割りこみと、機会があればただちにそこに手をだしてきました。

ここでドイツをはずしてかきましたが、早い話が第一次世界大戦での敗北（一九一八年）の結果、その姿をアジアからドイツ帝国はまったく消してしまったからです。そのドイツのもっていた権益はすべて戦勝国で分け合ったことはかくまでもないことです。

そうした欧米列強プラス〝遅れてきた帝国主義〟の日本の強権的行為になんらなすところのない清王朝に、心底から絶望した中国民衆が革命の挙にでたのは、つまりは当然のこと。それが辛亥革命です。明治四十四年（一九一一）十月のことで、清国政府はあっけなく倒されます。革命は成功したのですが、革命をリードした孫文が大正十四年（一九二五）に、中国を統一することができず「革命いまだ成らず」、という無念の言葉を残して亡くなったあと、中国は各地に割拠する軍閥対軍閥による抗争によってもう千々《ちぢ》に乱れてしまいました。記録によれば一九二〇年代には四大軍閥が勢威を誇り、小軍閥は二十を数えたといいます。

そして日本帝国が権益を自分のものとした満洲では、革命政府軍つまり正規軍が一応はいることはいましたが、じつは正規軍といい、軍閥といい、馬賊あるいは匪賊《ひぞく》といっても、単に野にあるか官にあるかの違いであって、要はほとんど同じものであったようです。馬賊の頭領が正規軍に編入されれば、佐官にも将官にも任命されて「われこそは」と胸を張っているだけの話でした。張作霖、張景恵《けいけい》（のちの満洲国総理）、馬占山《ばせんざん》など、日本人には少しは名の知られたこの連中であっても、いわばまったく同質のものであったのです。

✴蔣介石軍の北伐

ところが、中国本土では、大正十五年（一九二六）九月、孫文の後継者と目されている蔣介石が広東にあって国民革命軍総司令となり、非常に強力になり、弱小の軍閥をつぎつぎにたたきつぶし、同時に北京の軍閥政権を倒すべく、武力討伐の進撃の途につくことになります。いわゆる「北伐」の開始です。

「われわれはいったいだれのために戦うのか？　人民のためである。では何のためにわれわれは戦うのか？　国を救うためである」

先頭に立って蔣介石はそう叫びました。そして二カ月後には漢口《かんこう》、武昌《ぶしょう》をふくむ揚子江（長江）一帯を占領するという快進撃を示すのです。統一中国の気運が南中国から濃厚となり、列強はそれぞれの租界の防備を固くせざるを得なくなりました。

このとき、日本では憲政会の若槻礼次郎内閣が政治の舵《かじ》をとっていました。そして対中国外交は、外相幣原喜重郎《しではらきじゅうろう》の頑固ともいえる政策「対中国問題にかんして内政不干渉」を固持していました。これを野党や軍部はもちろん、世論も加わって、「軟弱外交」として罵《ののし》る声のみが次第に大きくなっていきます。それに反撥するかのように中国では反日・排日の声がいっそう強まっていき、小衝突も起き、満蒙問題の解決が日本では焦眉《しょうび》の急のごとくにいわれだします。しかしながら、北伐の根本には、統一を何とか達成しようという中国人の強い意志があり、そしてナショナリズムの高揚があった、ということについては、どう考えても当時の日本人は理解してはいなかった。いつものようなゴタゴタの内乱、いつものような権力闘争、いつものような内輪もめとしてしか考えていなかった、といえると思います。

しかも第一次世界大戦がはじまったとき、列強がアジアどころの話ではなく、対中政策を後退させていきます。が、日本はこれをチャンスとばかりに中国に対する圧力を強めたのです。大正四年（一九一五）の対華二十一ヵ条の要求がその典型といえます。中国人は歴史はじまっていらいの最高に屈辱的な出来事としてこれに怒りを爆発させ、それまで諸外国に向けていた抗議やら抵抗の運動をすべて日本に集中させるようになり、いわゆる反日・排日の猛烈な抗議運動が日本一国に向けられるようになっていました。

こうして対外的に中国をめぐってアジアの歴史が大きく転換しようとしているときに、大正が終わって昭和がはじまったのです。また、国内では大震災以後の経済的に危機的な状況にあり、いや、世界的にも第一次世界大戦後に襲ってきた不景気で各国が汲々としていましたから、わが国にとっては内外ともにさまざまに錯雑し解決の容易ではないときの新時代の開幕であったのです。しかも、蔣介石政府の北伐はより勢いを強めているとき。

一つ余計なことをつけ加えておきます。よく調べてみると、焦眉の急の満蒙問題とかきましたが、それは政治指導層や陸軍中央のエリート参謀たちにとってであって、昭和開幕のころの日本の民草にとっては、どうやらそれほどに痛切な関心のもてなかったことのようなのです。民草のもっぱらの関心は経済、要するに不景気のほうに向いていました。対華二十一ヵ条いらいのほぼ十年、反日・排日という言葉すらがさして刺戟を与えないものになっていたようなのです。日中とくれば排日はいわば日常茶飯。毎日のように新聞がくり返しているうちに衝撃も関心もやわになっていたのです。

もちろん、大正末ごろの日本商品のボイコット運動や、居留民にたいする中国人の暴行など、新聞はいちいち国民に伝えてはいましたが、そのニュアンスは、ひとしく中国人が日本人に無礼を働くといった調子でした。そしてそれを読んで民草は怪《け》しからんにも程があると敵愾心《てきがいしん》をつのらせる、なかば侮蔑を加えながら。

欧米列強と違い、日本のいわゆる植民地政策というものはまず人間を現地に輸出することが多かったので、摩擦は人間対人間、ケンカから殺害へと、血で血を洗うような様相を呈することにどうしてもなったのです。それが報ぜられると、中国人何するものぞ、の日清戦争いらいの「チャンコロ」蔑視と優秀大和民族意識が次第に高く頭をもたげ、しかもいけないのは事件が起こるたびに「暴戻《ぼうれい》支那」が喧伝され、「暴支膺懲《ようちよう》」（うちこらしめる）の声が高く叫ばれるようになっていた。感情論です。中国のナショナリズムを理解せよといってもそれは無理なことであったと思われます。くり返します、そんな状況下での昭和開幕であったのです。

大国アメリカの理想主義

まことに恐縮ながら第一話の大正末の五年間のおさらいのような話になりましたが、やっぱり第一次世界大戦後の中国における列強プラス日本の勢力図というものをしっかりと描いておかないと、昭和日本のスタートのころの理解がいきとどかなくなります。

ともかくこんな風に、たとえば南満洲は日本の勢力範囲、遼西《りょうせい》・熱河《ねっか》はイギリスの勢力範囲、ソ連は北満洲と蒙古を勢力範囲、という具合に、列強プラス日本はそれぞれ相拮抗して勢力範囲や権益を保持あるいは拡張しようとしていました。このために中国のもろもろの地方軍閥との衝突や紛争はしょっちゅうであり、かと思えば互いに謀略的に突如として手を結んだりして、それが絡みあってややこしいことになっていたのです。

それが昭和へと年号が変わったころから微妙に変容してきます。すでにふれたように大戦の敗北の結果すっかり姿を消したドイツ、それに革命後の新国家の整備に全力を傾注しなければならないソ連、さらに戦勝国になったものの戦争の後遺症もあり昔日の面影のないイギリスとフランス、そしてイタリア。これらの国々にたいしてアメリカのみがひとり稜々たる勢いをみせはじめてきました。

早くいえば、アメリカをのぞく各国はすべて債務国でした。ですから、フランスとイタリアはドイツから賠償をガンガンとりたてるほかはない。そのドイツの賠償金はアメリカが貸していた、ざっとそんな具合でした。

これは統計表をひっくり返せば一目瞭然となります。昭和四年（一九二九）、ウォール街の大暴落の直前の数字ですが、その総生産高が世界の総生産高の三四・四パーセントを占めて、アメリカは世界一の座につきます。ちなみにイギリス一〇・四、ソ連九・九、フランス五・〇、そしてわが日本帝国は四・〇（それぞれパーセント）。ついでにいえば、アメリカにはじめて自前の文学が誕生したのもこのころです。ドライサー『アメリカの悲劇』（大正十四年）、フォークナー『兵士の報酬』（大正十五年）、シンクレア『ボストン』（昭和三年）、ヘミングウェイ『武器よさらば』（昭和四年）、などと綺羅星のごとく。いや、ろくに読んだこともない小説もあるのに、得々としてかくのはやめますが、ともかく前例のない壮大な繁栄ぶりを示し、新しい世界秩序の形成へとアメリカが率先してのりだしてきていたのです。

それが第一話でちょっとふれたワシントン海軍軍縮条約を基本とするいわゆるワシントン体制というものでありました。中国の門戸開放を世界に約束させた九カ国条約をご記憶かと思います。それと大正九年（一九二〇）一月に発足した世界初の平和機構である国際連盟も、アメリカ大統領ウィルソンの主唱によったものでした。日本もアジアを代表する〝大国〟として、イギリス、フランス、イタリアとともに常任理事国の一角をしめ、そこでの活躍を期待されていました。が、当のアメリカが、孤立主義の伝統になれてきた人々の、連盟への加入によってアメリカの利益が奪われるのではないかという声に押され、肝腎のウィルソンが病で倒れて再起不能となってしまったためもあって、議会はこれを批准せず参加しないこととなる。さらに革命ロシアや敗戦国ドイツも排除されましたので、はじめから国際連盟は少しく偏頗《へんぱ》なものにならざるを得なかったのですが。

何の本で読んだのか記憶にはまったく残っておりませんが、当時ウィルソンがいったという言葉が、妙によみがえってきます。二十世紀の名言のなかに入るのではないでしょうか。

「勝者なき平和でなければならない。勝者も敗者もない平和だけが長続きするのだ」

この言葉に初めて出会ったとき、さすがにノーベル平和賞に輝いた政治家だけのことはあるとえらく感服したものでした。それでいまもぽつんとこれだけを覚えているのでしょうか。

さらに昭和三年（一九二八）八月に米・英・仏・日・伊・独・カナダなど十五カ国によって締結されたパリ不戦条約のことも特筆しておきます。はじめはフランス外相ブリアンがアメリカとの二カ国だけの条約として提案したものでしたが、米国務長官ケロッグが「もっと広く世界平和のための一般条約にすべきである」と主張して、いってみれば世界的な条約となったものでした。これもまた、躍進の大国アメリカの自信の裏付けがあってはじめて成ったものといえるかと思います。

「第一条　締結国は国際紛争解決のため戦争に訴えることを非とし、かつその相互関係において国家の政策の手段として、戦争を放棄することを、その各自の人民の名において厳粛に宣言する」

いかがでしょうか。非戦と戦争放棄、どこかで読んだことのある文言ではありませんか。そうです、戦後日本の新憲法の第九条です。人類永遠の理想ともいうべき世界的なとり決めであったと思いますが、違反にたいする制裁規定は一行もありませんでした。

こうしてアメリカは第一次世界大戦で疲弊しきった世界に平和的な新しい秩序をつくろうと、じつに積極的に力をつくしていました。のちにいう「世界の警察官」たろうとしていました。それができるだけの国力が充実していたのは、もう羨ましいかぎりであったといえます。同じ昭和三年十二月四日、時の大統領クーリッジが議会で声を大にして弁じています。

「わが国の企業や産業が生みだし、経済が貯えた莫大な富は、国民の間に広く分配されるいっぽう、国外に着々と送りだされ、世界の慈善事業やビジネスに役立っております。（中略）わが国の現状はまことに満足すべきであり、将来にたいしても楽観的な期待を寄せることができるでありましょう」

もちろん、歴史に「もしも」はありません。そこをあえてここで「もしも」と考えることとして、もしもこの〝持てる国〟アメリカの繁栄がグローバル的にさらに大きな影響をもたらしつつ、より長期間にわたってつづいたならば、です。新しく登場してくることになる強圧的な全体主義勢力すなわちスターリンのソ連とヒトラーのナチス・ドイツの強力化を、あるいは押し戻すことができたのではないか、そう思えてならないのです。

✺現実主義への変容

ところが、またしても歴史の皮肉をもちだすわけではありませんが、昭和四年（一九二九）

に「ネイション」誌が繁栄の永続性についての連載シリーズをはじめ、その第一回の記事が載った十月二十四日、まさにその日にウォール街の株の大暴落が起こったのです。暗黒の木曜日として年表には大きく記されています。この大暴落はたちまち地球規模に波及して、それでなくても傷《いた》んでいた世界各国の経済を崩壊させる瀕死の大不況となりました。それがアメリカが先頭に立って予想した「自由・開放経済体制」の地球規模の維持・発展をたちまちにして不可能にしてしまったのです。ただそれは一挙に来たわけではない。その根本は、じつは、アメリカが国家政策を、暴落を契機にガラッと変えてしまったことにあるのです。

ちょっと丁寧にみてみますと、たしかにアメリカ政府の「春になればふたたび繁栄が戻る」の楽観は、突きつけられた深刻な事実によって粉砕されました。恐慌はつづいて字義どおりアメリカ全土にひろがり、国民生活の全領域に大打撃を与えました。それは由々しき大事です。そうすると、たちまちに、わがアメリカがやらなければならないのは、世界平和のための献身とやらの立派なことではなく、国内優先の保護政策なんだ、となぜか政府も国民もそっちのほうを選択するようになる。じつに不思議なくらいアッサリと。国家はそれぞれ利益を追求する。その現実に歩調を合わせて国を守っていればいい、余計なお節介の要なし、という現実主義に政府も国民もさっさと走る傾向がアメリカという国は強いようなのです。

ウィルソン流の理想主義は吹き飛んでいきました。平和主義の旗振りなんかクソ喰らえで、現実主義が大道闊歩《かっぽ》となります。理想的なことばかりいっていては何も解決しない、得《とく》にもならん、という声が大となって、アメリカは世界新秩序のリーダーの位置からさあーと引っこんでいき、せいぜい採れる政策となればモラトリアム（対米負債支払い延期）ぐらいであり、それ以上の政策をとることは不必要ということになりました。世界政略の大転換です。

さらにいけないことは、これを見習うかのように、主要資本主義列強はつぎつぎとそれぞれの立場から自国保護政策の採用へと衣更えしていくことになったのです。よその国のことなんかどうでもいい、自分の国が大事と、そんな世界が到来するなどとは数年前にはだれもが思わなかったのに、というわけです。

アメリカのこの保護政策への転換、この年に大統領となったフーバーはその政策を極端にまで強く推し進めます。それはたしかに世界的な「時代の節目」を示していた、といまになればいうほかはありません。しかし、「時代の節目」というものは、その規模が大きすぎるとき、渦中にあるものにはなかなか気づかない、わかりづらいもののようです。その根底には、「きっと大したことにはならないはずだ」と、主観的・希望観測的に解釈してしまう人間の心理的特性というものがあるからでしょう。

こんなことをかいていると、ふと、アメリカにトランプという強烈に保護主義的というか万事計算ずくの自国本位の政権が誕生したことは、これまた「時代の節目」というものではないか、との連想が湧いてきます。トランプ大統領のいう「偉大なアメリカ」とは、世界でもっとも豊かで、強い、自国だけよかれの超然たる国家というイメージなのでしょう。貿易における自国保護主義や軍事外交における孤立主義を徹底化する。そして一国だけのわが世の春を謳歌する。オバマ大統領の八年間の“change”が理想にすぎたからといって、アメリカがはたしてそういう政策に走りつづけていくのか。

いやはや、「歴史はくり返す」といっているのではありませんし、安易にアナロジー化するのは危険です。そうかきながら、やっぱり歴史に学ぶことは大事だなとの思いを深くしています。もしも昭和五、六年ごろのように、世界各国がアメリカを見習って、国家主義的な自国保護の政策をいっせいにとるようになったならば、かつてのナチス・ドイツや軍国主義国家の日本帝国のような、これを絶好の機会とみて国際法を平気で踏みにじる国がいくつもでてきて、余計な野心を燃やしたりするのではないか。そんな心配が消せないでいるのです。

五カ年計画と中ソ紛争

昭和史に戻ります。こうしたウォール街の暴落後のアメリカのいわゆるモンロー主義化と、それにともなう資本主義列強のいっせいの自国防衛主義という世界情勢を、じーっと凝視《みつ》めていたものがいました。それは日本陸軍、とくに中央部の中堅の秀才グループではなかったかと思うのです。

この直前からかれらは真剣な議論をことあるごとに重ねてきました。そうしているとき、この世界的には「時代の節目」に直面したのです。そこでみちびきだされた結論が、満蒙の武力確保をやるのなら世界列強が自国にのみかかずりあっているいまがチャンスだ、というものであったと思えます。軍制改革や国内革新がそれより先だという声ももちろんあったでしょうが、とどのつまりは満蒙確保を達成するための条件としての国内革新である、であるゆえにまず満蒙だ、というところに彼らの意思は落ち着いていった、といっていいようなのです。

つまり、陸軍が満蒙の確保を、とくに焦眉の、切実な問題としたのは、まさしくこの時期であった。もちろん背景の第一には「大学は出たけれど」の流行語に象徴される国家的貧窮がありました。けれどもそれ以上に武力を使ってでも確保をと考えだしたことには、まず帝政ロシアの崩壊があり、さきほどふれたような世界情勢の変化があったとしたほうがいいように思われるのです。

では、満蒙確保の強硬策にでた場合、革命後に成立したソ連をはたして脅威とは思わなかったかの疑問が当然のことでてきます。日露戦争いらい長期にわたって対ロシア作戦が陸軍の第一目標でした。その帝政ロシアが革命をへてソ連邦と国のかたちが変わったので、明治末いらい練ってきたその対ロシア作戦は一応消滅したことになりました。その後も対ソ連の作戦計画がたてられているのはもちろんですが、それはむしろ帝政ロシアが倒れたのであるから陸軍兵力を縮小せよという世論を封ずるための、いわば政治的な含みのほうが多分にあるものでした。ある意味ではホッとひと息ついたときが陸軍にちょっと長くつづいていた、といえるかと思います。しかも大正十四年（一九二五）一月には、レーニン死去一周年を期して日ソ復交のための条約が調印され、革命いらい七年余にわたって中断し、その間にシベリア出兵やニコライエフスク事件（尼港事件。一九二〇年三～五月、ロシアのパルチザンによってニコライエフスク港にあった日本守備隊と居留民の約七百人が殺された）などいまわしい事件を起こして悪化していた両国の関係がようやく正常化し、陸軍をいっそう安堵させたようでした。そして軍事的には少々余裕のある状況で昭和になったのです。

こうして満蒙の確保を中心議題に、スターリンが新指導者となったソ連の動きを頭の片隅におきながら、少壮の秀才グループが議論を白熱化しはじめたころ、当のソ連は、つまりスターリンは、革命干渉戦争を切りぬけ、五カ年計画による国家再興にむかって全力を傾注していました。かつての後《おく》れた農業国を近代的な工業国につくり変えねばなりませんし、国防力の強化も緊要な課題です。そしてシベリア開発も大事とされていました。その国力回復のための指導者としてのスターリンの存在は、いまや盤石《ばんじゃく》の重みを加えていました。機関紙「プラウダ」一九二九年十二月二十一日付のスターリン生誕五十周年にあたっての社説はこうのべています。

「党が農業の社会主義的改造〔全村集団化＝コルホーズ〕に移ったのは、スターリン個人のイニシアチブによるものであって、スターリンはレーニン主義のもっとも秀《すぐ》れた理論家であり、全世界で多くの強敵にたいして勝利を目指して戦っている労働者階級にとって、なくてはならない指導者としての資質をそなえた政治家であり、組織者である。……」

こうした賛辞を一身に浴びながら、スターリン自身も国内分裂を避けつつ抑えつつ、ともかくすべての力を五カ年計画の達成に注がねばならなかったのです。

この計画は昭和三年（一九二八）十月からはじまったのですが、スターリンにとっては、つまりソ連にとっては、その完成までは対外的には安定静謐《せいひつ》が必要となっていたのです。しかも革命を白眼視する英米仏を中心とする西欧列強との関係はなお不安定である上に、蔣介石の国民党政府とは国交断絶的な状態にありました。さすがのスターリンも昭和の初めごろのこの孤立状態は頭が痛かったに違いありません。この上に強国化しつつある日本帝国と衝突しておかしなことになるのは避けねばならなかったのはいうまでもありません。

ソ連がそのようないわば八方塞がり的な状況下で五カ年計画に着手したことは、日本陸軍の秀才グループには明瞭に見えていました。ならば、やがて脅威となるであろうこの計画の完成をみる以前に、満蒙の確保である。と、議がまとまりかけたとき、満洲の張学良政権が「共産党狩り」と称して北満各地のソ連総領事館のいっせい手入れをし、とくにハルビンの総領事館では総領事以下三十余名を逮捕する暴挙にでたのです。これをさすがにソ連は黙視しているわけにいきません。スターリンは国交断絶を正式に宣言し、満洲里に大軍を集結して、空軍援護のもとに大反撃戦にでる。そしてソ連軍は満洲里で中国軍を壊滅させます。さらにハルビンをはじめ、東支鉄道の要衝をすべて軍事占領してしまう。これが昭和四年七月の中ソ紛争という小戦争です。

日本陸軍にとって、この小戦争はソ連の軍事力が奈辺なものかを知る絶好の教材となりました。戦闘は短期間でしたが、含蓄の多い戦いであったといえます。爆撃と残虐ともいえる巨砲を使っての地上戦で勝利をおさめると、すぐにソ連は原状回復と公表して、張学良のメンツをたてるような行動に移り、さっさと軍を引きました。という事実は、ソ連軍は強いことは強いが、ソ連という国家の戦力はまだ完全には回復しておらず、と判断することもできる。なれど、もてる資源を投入して五カ年計画にひたすら集中しているその建設力はやはり将来の恐怖とすべきであろう。そしていまの中国は完全に無力であり、外国の圧迫には抵抗し得ないことが改めて証明された。秀才グループにはそのようなことが強く印象づけられたのです。

石原莞爾の戦略戦術

あっさりとかきます。そうした判断にもとづいて、石原莞爾中佐、板垣征四郎大佐を中心とする関東軍の幕僚たち、朝鮮軍参謀の神田正種中佐、そして参謀本部の重藤《しげとう》千秋大佐、橋本欣《きん》五郎《ごろう》中佐たち、これら満蒙確保の強硬派ともいえる同志が綿密な連絡のもとに、練りに練り上げた作戦計画、そしていまがチャンスとそれを実行に移したのが昭和六年（一九三一）九月の柳条湖における満鉄線の爆破、すなわち満洲事変の勃発というわけです。

陸軍中央部の指導層つまり将官たちには寝耳に水の突発事でありました。まさか、連中がやってのけるとは、という思いであったでしょう。彼らは本能的に共産主義にたいする嫌悪感と恐怖感とをもっていましたから、事変の拡大を望みません。ソ連が黙って看過するはずはないと、事変が勃発したあとも強い警戒感をもって、関東軍の作戦に掣肘《せいちゅう》を加えてきます。

しかし、いまならばソ連は敵対意志と実力をもたずと判断する関東軍は、中央の意向を無視して強引に北満への進出までを企てるのです。山口重次『悲劇の将軍　石原莞爾』（一九五二年）によれば、主謀者の石原の心中は、中央部が何といおうと、対ソ戦略態勢を有利にするためにも、一刻も早くハルビンにでて北満を確保すべきである、ソ連は準備不足で出てこない、このときを失すると、永久に有利な態勢を日本がつかむことはできない、というものであった、ということです。それはもう石原の見事な戦略眼と作戦構想というほかはありません。昭和七年（一九三二）の終わりごろまでには、関東軍はぐんぐん北満に進出していき、熱河省をのぞく満洲のほぼ全域を、あれよという間に確保してしまうのですから。

北伐実行中の兵力をもって蔣介石の国民政府軍が、不法な日本の侵略にたいしてなぜ果敢な抵抗をしなかったのか。はっきりいって日本軍どころの話ではなかったからです。全兵力をもって毛沢東の共産党軍との戦いに集中していなければならず、また汪兆銘《おうちょうめい》指揮軍が南京に迫り苦闘している。そちらへの手当てにも追いまくられている。とても満洲の曠野で日本軍と闘う余裕などなかったのです。

この満洲事変の詳細については『昭和史』で石原中佐の構想を中心にかいていますので簡略にしますが、昭和七年一月の錦州占領、二月の待望のハルビン進駐、さらに三月の満洲国の成立と、関東軍がつみ重ねる既成事実が陸軍中央部を引きずり、政府を引きずって進められていくのです。それにつけても、蔣介石軍はともかく、ソ連がよく日本軍の背信的ともいえる侵出を黙ってみていたものよと思わざるを得ません。事変が起きたとき、ソ連軍部のなかに満洲出撃の強硬意見もでたらしいのですが、スターリンがこれをきつく抑えてそれらしい動きを毫《ごう》も外へはみせなかった。スターリンの政策は、いまは何をおいても日本との友好関係を維持し、これと衝突するのを避けることに集中されていました。ソ連は出てこないという秀才グループ強硬派の判断が正しかったというわけなのです。それが証拠に、というわけではありませんが、政府も陸軍中央部も成功とみるやたちまちに関東軍の作戦行動を追認し、事変は中国側の「挑発行為」であり、関東軍は「自衛のため」起《た》ったのだと世界に向かって釈明するようになったのですから。

話の都合もあって宙をすっ飛ぶように満洲全域の確保までかいてしまいましたが、その前に上海事変がありました。これも『昭和史』で説明ずみなので、簡略にしますが、昭和七年の年明けごろから国際連盟理事会を通じて厳しくなってきた国際社会の目を満洲からそらすために、一月二十八日に陸軍によって仕組まれた謀略による突発的戦闘でした。しかし、昭和天皇の強い停戦の命令もあって、拡大することなく中国軍が退却するとすぐに、すなわち三月三日には停戦になります。

と、そう簡単にかいてすますわけには、じつはいかない問題がこの上海事変にあったのです。

戦火が上海に揚がったということは満洲の曠野でのそれとは異なる反響を世界の列強に与えたからです。列強の中国における権益の八割方といっていいくらいが上海に集中していたゆえ、ここが戦火に包まれるということは重大事なのです。とくにアメリカとイギリスです。租界もある、居留民も多くいる、その重要な拠点での戦闘は、安易に傍観してすますわけにはいかないほどに両国を刺戟します。その対日態度を硬化させてしまう。このことは日本政府のもっとも憂慮していたことであったのですが。

アメリカの小さな〝反撃〟

ところで、また前に戻りますが、満洲事変の起きた当座のアメリカですが、アジアにたいする関心はどちらかといえば薄かったようなのです。フーバー大統領をはじめ政府閣僚はみんな自国の景気対策にのみ視線をそそぎ、はるかに遠い満洲なんかの動向を気にしてはいなかった。満洲事変の第一報がワシントンにとどいたとき、閣議はイギリスの金本位制離脱の問題だけでもう侃侃諤諤《かんかんがくがく》、日本の野望についてなど話題にもならなかったといいます（『太平洋戦争への道』第二巻）。

それは当然のことであったかもしれません。失業者数の統計をみれば一目瞭然で、昭和五年（一九三〇）春には約四百万、一年後には八百万、七年春には一千万を超えているのです。六年から七年にかけて、公園で夜明かしをする女性、靴みがきとなった元サラリーマンの姿など、少しも珍しくなくなっていたといいます。六年秋、最大の鉄鋼会社U・S製鋼が一六パーセントという大幅の賃下げを断行しています。

そんな不況下ではフーバー政権は満洲なんかに強い関心をもてなかったのもよくわかります。が、六年十月の日本軍の錦州爆撃にさいしては、国務長官スティムソンはさすがに憤激して「これはわが国が承認しがたい侵犯である」と最初に不戦条約を破った国として日本にたいする抗議を公表しました。日本が国際連盟で主張している「不拡大」も、「自衛」という口実も踏みにじる〝侵略〟でしかなかったからです。さらに、上海事変ではそうはいかなかったのはすでにふれたとおり。それに加えて七年三月一日に全満洲確保の方針を完了した日本が、上海事変のどさくさに紛れるようにして、満洲国という傀儡《かいらい》国家を建設すると、アメリカ政府も憤激の色を隠さなくなりました。とくにスティムソンが「日本信ずべからず、これは明らかに連盟規約、九カ国条約、不戦条約違反の侵略戦争である」と厳重抗議を日本に叩きつけてくる。そして非加盟国でありながら、蔣介石の提訴をうけてひらかれようとしている国際連盟の理事会に、オブザーバーとして出席するという積極的な態度をみせるようになったのです。

日本にたいするイメージがアメリカではぐんぐん悪くなっていきます。輿論もがぜん硬化します。上海におけるアメリカの利権が危機にさらされているという現実的な利害はもちろんあります。が、それ以上に弱いもの（中国）が悪漢（日本）にいいようにいじめられている、許しがたいことだと、新聞が煽りだしたことにアメリカの輿論はついていくようになった。

アメリカ海軍がこれに微妙に反応しました。スティムソン国務長官がやたらに尻込みするフーバー大統領を説き伏せて、抑止力強化という名目で、大西洋にあった偵察艦隊（Scouting Force）を太平洋に移動させることを決定する。そしてハワイを根拠地とする戦艦部隊（Battle Force）と合同、太平洋で大々的な春期戦闘訓練をやってのけるという〝反撃〟にでたのです。このときにかぎって報道陣の乗艦を許さず、と例外的な処置をとったため演習の詳細はわかりませんでしたし、やむなく日本海軍も見守っているより仕方がありませんでした。

ところが、演習を終えたあと、偵察艦隊は大西洋へ帰航する予定をとりやめ、九月末まで太平洋に残留すると、米海軍が五月に発表しました。日本海軍はこの発表に愕然とした、とかいってもそれほど間違いではないでしょう。フーバー政権の静観主義の政治方針からは考えられないような強硬策とも思われたからです。アメリカが「仮想敵」から「真正の敵」としての姿をあらわにしてきた、とも判断されました。そして移民法のときに芽生えたといっていい日本人の反米意識がここでまた大いに盛り上がりました。日米戦争のあらぬ風説が突如として巷《ちまた》に流れだす。また出版界では専門家とアマチュア戦術家とりまぜた「日米もし戦わば」本がつぎつぎに刊行されました。

ちょうど同じころ、駐日アメリカ大使として着任（七年六月六日）したグルーの、有名な日記『滞日十年』が、当時の日本の情勢について興味深いことをいくつもいまに残してくれています。その一つ、九月三日の項の一部を少し長く。
「〔いまの日本は〕自由主義的の政治家は、無に近い力しか持っていず、軍備はどん〳〵進行している。国際連盟の報告が有利でないことは期待しているが、一番大きな邪魔物は米国だとみなし、現在のところソ連との摩擦は話題にのぼっていない。／私は知性のある人々としての日本人が、満洲の自己決意というような明白なウソの前提を本心から信用することがどうして出来るのか、これはわれ〳〵としては信じられぬことだが、彼らはこの一連の行動を、自衛上のそれではないとしても、最高な国家的利害関係であると見、この観点に立って、もし必要ならば戦争もしようという心構えである……」

来日いらいそれほど日時が経っていないのに、得たさまざまな情報や自身の観察から、グルー大使はこれだけのきびしい判断を日本に下しているのです。当時の日本に充満している〝空気〟がいかに殺気立っていたかが十分に察せられるのではないでしょうか。「必要ならば戦争もしよう」とそんな決意が民草にまさかあったとは思えませんが。

✳「日米もし戦わば」

とにかく、そんな殺伐とした〝空気〟のよくわかるものに出版物があります。「日米もし戦わば」という主題の単行本が書店の棚を飾っていました。そしてベストセラーとなったこうした未来戦記が、〝持てる大国〟アメリカにたいする恐怖と敵愾心をいっそう煽り、どれほど対米危機感を強めていったことか。そしてその危機感をさらに煽るような本がまたどされる。こうなると相乗作用です。笑いごとではなく、それはまた日本人をよりはげしい被害妄想感にからめとっていったのです。

昭和七年に刊行された「日米もし戦わば」ものは相当の数にのぼるのですが、一例としてそのいくつかをあげてみることにします。丸カッコ内は刊行月です。

池崎忠孝『太平洋戦略論』（二月）
伊達竜城『日〇もし戦はば？』（二月）
匝瑳胤次『深まりゆく日米の危機』（三月）
福永恭助『戦ひ』（三月）
宗孝社編『覚悟せよ！次の大戦』（四月）
仲摩照久編『日米戦う可きか』（四月）
石丸藤太『昭和十年頃に起る日本対世界戦争』（五月）
鈴木亨『日本危し』（五月）
中島武『日本危し！太平洋大海戦』（六月）
池崎忠孝『宿命の日米戦争』（七月）
匝瑳胤次『日米対立論』（十月）

水野広徳『打開か破滅か興亡の此一戦』(十月)

ついでに雑誌「文藝春秋」の目次から、ごく目ぼしいものをいくつか。これらの諸記事のようなものは「改造」にも「中央公論」にも毎号かならず掲載されていました、念のために。

四月特別号＝「上海事件と世界大戦座談会」。出席者は石丸藤太、福永恭助、平田晋策といったお歴々に加えて、参謀本部から根本博中佐が顔をだしています。またこの号には、神川彦松の論文「十字路頭に立つ日本外交」も載っていました。

七月号＝「太平洋攻略戦術」という特集で、石丸藤太「ハワイ攻略」、水野広徳「加州(カリフォルニア)攻撃」、平田晋策「フィリピン攻略」など、かなり具体性をもって危険なことにまで手を突っこんでいます。

九月号＝「荒木陸相に物を訊く座談会」、菊池寛と直木三十五を聞き役として皇道派の重鎮の荒木貞夫大将が、いかなる国であろうともわが国の進路を阻むものあらば、残らず撃破してみせると怪気焔をあげています。*1

しかし、結局はフーバー大統領のいわゆる「アメリカ・ファースト」主義といった引っ込み政策が、この日本人の熱気にも水をかけることとなり、アメリカはそれ以上に強い反日行動にはでず、日米危機ともいえる状況はひとまずおさまることとなりました。それがいつとハッキリいえませんが、中国のために日本と戦う危険をおかすのは愚策もいいところであると、アメリカの輿論はその点で大統領の政策に同調していたのです。それにつられるように、日本の輿論も、アメリカ政府が偵察艦隊は八年一月までに大西洋に帰航するであろうと穏やかな発表をしたことで、これもまた「ヤレヤレ」とばかりにいつしかすうーと沈静していきました。

グルー大使は『滞日十年』十二月二日の項でこうかいて、ホッとした思いを明らかにしています。

「現在のところ新聞の反米運動は、事実上消滅しました。私は某〔西園寺公望あるいは牧野伸顕?〕がこれに関係していると考えたし、また天皇自身からもこのような意味の命令が、何か出されたのであるまいかと思います。最近陸軍省の新聞班が全部更迭したのも注意すべきです。新たに新聞班勤務を命ぜられた将校の一人は、（中略）当大使館の陸軍武官がニコニコしながら、君が新聞の反米運動をやめさせてくれることを希望するといったら、彼はそれこそ正に自分がしようとすることだと返事しました」

おそらく、この日本陸軍の将校は本間雅晴大佐であろうと推察されます。対米英協調派とみられる本間の新聞班長異動は、七年八月のことであったからなのですが、あるいは読み込みすぎかもしれません。

ともあれ日米危機が去ったことは目出たいことでした。といって喜んでばかりいられないのがほんとうのところなのです。たしかにやみくもに燃え上がった反米感情がおさまり、戦争熱はどうやら終熄しましたが、そのウイルスはそこで死に絶えたわけではなく、日本人の心奥に潜在的に生き残ったといえるのです。すべてが丸く収まったといったような楽観ではすまされなかったのは、このあとの昭和史の歩みをみれば明らかなこと。戦争への芽生えはすでにあった。一時的であれ熱狂的になることの恐ろしさを、やはり教訓とすべきではないでしょうか。

満洲国建設への道程

日米危機の話にのめりこんで七年暮にまで筆がきてしまいましたが、昭和六年の初めにまでテンスを戻します。日本軍の満洲への武力進出にたいして国際連盟が満洲事変解決のための実情調査団を派遣することを決したのは、よく知られています。この調査団をリットン調査団（正しくは国際連盟調査委員）とよんだこともご存じのとおりです。

話がいったり来たりするのは、国際情勢が並ぶようにして順番にそうテンポよく進まないため、と自分の不手際を棚にあげて、他人のせいにするのはよくないのですが、事実そうなのです。改めてかくまでもなく、この調査団派遣は、蔣介石政府の提訴にたいして国際連盟が応えたものです。提訴が六年九月二十一日、なのに連盟が派遣を決定したのは年も押しつまった十二月下旬のことでした。第一次大戦後ずっと穏やかにつづいてきた世界秩序を乱すような戦火が突如としてアジアに燃え上がっているのに、平和のための国際的な機構である国連がモタモタと議を重ねていたのは、ある意味ではヨーロッパ列強をはじめ世界各国が自国第一主義の政策にからめとられていたことの証といえましょう。

ともあれ派遣がやっと決定され、調査委員の選任となり、またモタモタします。事務総長ドラモントが、日本からの抗議を押しきって、非加盟国のアメリカとソ連にも調査団事業に参加を求めます。アメリカはすぐに参加を表明して委員をだしてきましたが、問題はソ連でした。いろいろと理屈をつけて返事を渋り、しかも再三の懇請に、「ソビエト政府は厳正中立の政策をとっている」と厳《げん》としていい、これをとうとうキッパリ拒絶するという始末なので、時間をおびただしく食いました。日本とは小さな衝突も起こさないというスターリンの一貫した、強烈な意志がよくわかる不参加でした。

こうして成立したイギリスの貴族リットン卿を団長に、米、英、独、仏、伊の五大国からなるリットン調査団は、七年二月末日に日本に到着し、東京で日本政府や軍部の要人、実業界の有力者などと面談してから中国へ向かいます。上海、南京、北京（当時は北平）などの聞き取りをへて、満洲の地を踏んだのは四月二十日で、ここで一カ月余の現地調査を行いました。しかし、彼らが満洲の地を踏んだときはすでに満洲国ができあがっています。満洲国建国宣言が世界に発表されたのは三月一日のこと、さぞ調査団の面々は、素早く進められた事態に心のうちで驚愕し、日本のやり方に憤慨したことであろうと思います。

ところが、その日本は「王道楽土」「五族協和」を高く唱《うた》いあげ、あくまでも中国人自身が自分たちの意志で、南京政府と分離し独立国をつくったのであると主張していました。関東軍は裏方に徹して表立つようなことをしませんでしたが、この新国家は所詮は日本帝国の傀儡国

（左から）熙洽、張景恵、蔵式毅、馬占山が一堂に会した満洲国建国の記念写真

家にすぎないのではないかと、調査団はいっそう警戒の眼を光らせたに違いありませんが……。

それはともかくとして、ちょっとだけ満洲国建設にまつわるエピソードをかくことにします。

それはいまも残っている建国会議後の記念写真のことです。時は二月十六日、場所は張景恵私邸前。左から熙洽《きこう》、張景恵、蔵式毅《ぞうしきき》、馬占山、すなわち東北三省（奉天、吉林、黒龍江省）を牛耳《ぎゅうじ》っている大ボスたちが全員集合しているほんとうに珍しいものなのです。ほかの三人はいずれも名家出身なのですが、馬占山はいわゆる馬賊の出身で、張学良麾下《きか》の黒龍江省軍の勇猛無比の旅長として名をとどろかしていました。張学良が「無抵抗主義」で日本軍の自由な進攻を許したとき、彼のみがそれに服せず、関東軍も相当に手こずるほどひとり執拗に戦いを挑んできていたのです。わたくしは子どものころに、なぜか「満洲のナポレオン」馬占山の名が脳裡に刻まれてしまって、いまもその名に何かなつかしさのようなものを感じるのです。

その中国の国民的英雄であり、乱世の梟雄《きょうゆう》ともいうべき馬占山が一緒に写っているのです。この男が一枚、建国会議に加わるか加わらないかで、満洲国建国の内外に与える影響ははかりしれないものがあったといいます。彼が加わったので満洲の地を支配していた大物が残らずそろったこととなり、〝建国は自主的〟の大PRともなり、会議はがぜん重みを加えました。そして、清朝の最後の皇帝溥儀《ふぎ》を中心とした満洲人による国家を建設する、という構想がこのとき決まります。その上で、

「これより党国政府（蔣介石政権）の官制を離脱し、東北省区（満洲）は完全に独立せり」

という国家独立の宣言文が発せられました。関東軍の、というより日本陸軍の政治工作がまさに大成功をみたときといえましょうか。一つの国家をあれよという間につくりあげたという事実は、全世界史をとおしてかつて例をみないことなのです。日本の民草が大いなる歴史的偉業なりとひとしく胸を張ったのも無理からぬことでした。

さて、この馬占山ですが、会議においては初めから終わりまで一言の発言もなく、また「慣れない飛行機に乗って気分がすぐれないから」と、祝宴の酒食に手をつけることもなかったといわれています。すべて終わって奉天を去ると、四月から、なんと、ゲリラ抗戦をふたたび果敢にはじめ、関東軍を悩ましつづけます。昭和七年六月二十三日の『昭和天皇実録』には「侍

従武官長町尻量基に謁を賜い、関東軍と馬占山軍との戦闘情況等につき奏上を受けられる」などと記されています。その討伐戦をうたった流行歌「討匪行《とうひこう》」が世に流れたのはそのころでした。〽どこまでつづくぬかるみぞ……音痴のわたくしもたしかに歌えるほど大ヒットしました。しかも馬占山は、戦力のあるかぎり戦いつづけ、やがてソ連国境に姿をかき消し、その後を知るものはだれもいない、というのです。

いや、世界史とは関係のない余談のようなのでこれでやめますが、そんなこんなで馬占山の名が、奇妙になつかしく想いだされるのかもしれません。

リットン調査団報告書への反撥

リットン調査団の報告書は十月一日に国際連盟に提出され、翌日に世界に公表されました。二カ月後の十二月から、国際連盟総会がひらかれることとなり、その審議の基礎となるものがこの報告書ということになります。

この報告書は公表されるとただちに日本の外務省はその翻訳をしたことがはっきりしています。『昭和天皇実録』十月二日にそのことが明記されています。この日は日曜日なのに朝早くからとどけられた報告書に天皇は眼を通しています。

「報告書は緒言、本文十章、附録、附図十四葉から成り、日本軍の行動を自衛権の発動と認めず、また満洲国を日本の傀儡国家としながらも、満洲の特殊性をも考慮に入れ、満洲における日華両国それぞれの権利・利益及び責任に関する条約を締結すること、中華民国の主権下に広範な権限を持つ自治政府を満洲に設置すること等の解決策を提示したものにして、……」

まことによくこの記事はリットン報告書の骨子をまとめてあります。報告が調査団の苦心の作文であることがよくわかります。なるほど、日本の自衛行動とは認めず、満洲国も自然な独立運動の産物ではない、としていながら、日本の満洲における権益は認めていると、妥協的な結論を示したのです。解決策としては、日中両国が協議すること、そのための条件は連盟が提案する、というのです。日本を総会の場に呼びだして、一対多数で吊るしあげることなど考えてはいなかった。

日本軍の自衛行動だとは認めていない部分でも、かなり智恵をしぼってかかれています。第四章のところです。外務省訳を引きますと、

「同夜における叙上日本軍の軍事行動は、合法的なる自衛の措置と認むることを得ず。もっとも、かく言いたりとて、本委員会は現地に在りたる将校が自衛のため行動しつつありと思惟したるなるべしとの想定は、これを排除するものにあらず」

ちょっとわかりづらい訳文ですが、要は現地にいた日本軍の部隊が自衛のためにと考えたであろうことは否定しない、ということです。「断じて自衛にあらず」と極《き》めつけているのではなく、中国の反日・排日運動を考慮すれば「そう思って銃火を交えたのかもしれない」と、日

本の立場にかなりの配慮をした報告であったのではないでしょうか。それほど当時の世界各国は現実主義に立っていた、日本をこれ以上に侵略だときびしく追及するのは各国が中国にもつ利権にいらざる害をもたらす、穏やかに穏やかに、そう考えていたものと思われます。

ところが、日本の輿論はそうした甘いささやきに耳をかそうともしませんでした。当時の日本人がとなえていたスローガン「〝東北〟は日本の生命線である」が、輿論の根柢にあったのです。[*2]〝東北〟すなわち満洲です。関東軍の軍事行動は自衛権の行使だ、満洲国は現地の中国人や満洲族らの民族自決によって成立した国家であり、この日本の「生命線」にたいして連盟がいらざる口出しをする必要はない、立派な独立国なのだから早く欧米諸国がわが日本のようにこれを承認すればいいのだ、という声のみが高くなります。ちなみに日本の満洲国承認は九月十五日でした。そして連盟理事会がリットン報告書を基本として討議を重ねて、十一月十六日までに満洲国から日本はいったん撤退したほうがよい、と日本のみの反対であっさり決めますと、もう我慢ならぬとばかりに日本の輿論は戦闘的になっていきます。

いまになって考えると、この当時の日本人は満洲事変の勝利とそれにつづく満洲国の建設の成功に、かなり上っ調子になっていた、新聞をひろげてみるとごく自然にそう考えたくなる。そして日本の強引な進出にたいする欧米列強の消極的ともみえる態度は、ますます政府や軍部や一部の人たちの自信を強め、政治的陶酔におちいらせ、自国の力を過信させるようになっていったようなのです。いいかえれば、海を隔てた世界各国の潜在国力を見くびるようになっていた。要は世界史にたいするきちんとした認識があまりにもなかったのです。

ヒトラー、権力の座につく

昭和八年（一九三三）の幕開け、といえば、もう文句なしにナチス党の総統ヒトラーの登場ということになります。一九二六年（大正十五）から三二年（昭和七）にかけてのいわゆるワイマール共和国のドイツは、いわれているほど落ち着いていたわけではなく不安定な社会がつづいていました。ドイツ国民は圧倒的な力を示して国家をリードできる政治家を渇望していたのですが、人材に恵まれず、政治的混乱が長くつづいていました。そのなかでヒトラーとナチス党は伸長したり、あるいは低迷したりをくり返していました。つまり、昭和史とは直接的にあまり関係ないところで、ヒトラーは術策と大いなる弁舌をふるっていた。それでヒトラーをいままではずしていたのですが。

とはいえ、ナチス党員は二八年（昭和三）には十二万を数え、三〇年の夏には三十万、三二年のはじめには約八十万と勢力を伸ばしています。突撃隊（SA）もふくらみつづけ、三二年の終わりごろには五十万に達していました。どの段階でも、ヒトラーは若い労働者や大学生にまず目をつけて、支持者をふやしていったのです。しかも三〇年ごろからは財界とのコネもうまくつけ、お蔭で活動資金に不自由しなくなりました。

ヒトラーとナチスの存在は、こうして三〇年になるとドイツ政界のなかで一目おかれるようになっていました。ドイツ政界は短期の政権交代がつづいたあと、この年の九月にときのブリューニング政権が踏みきった総選挙では、ナチスが十二議席しかなかったところからいっぺんに百七議席を獲得して第二党に躍進したのは、その表われであるといえます。ちなみに第一党は社会民主党で百四十三議席（前百五十三）、共産党が七十七議席。当時の選挙分析では、深刻きわまる経済不況と多数の失業者がナチス躍進の後押しとなったとされています。

つぎの三二年七月末の選挙で、ナチスは（全議席六百八席のうち）二百三十議席を獲得、第一党になります。そこで一挙にヒトラーが首相の座に、と思われますが、そうはいきませんでした。ヒンデンブルク大統領と意見が合わず内閣を組織できません。と、丁寧にやっているとヒトラー伝をかかねばならないことになります。つまりは想像しているような赫々《かっかく》たる勝利の連続ではなく、むしろ悪戦苦闘というか、突撃隊（ＳＡ）の暴力的な活動などをめぐって、党の内部的にいまにも破裂しそうなほどの危機に見舞われながら、ヒトラーはそれらを何とか乗り切っていたのです。と、簡単にすますことにします。

ただ、そこに余計な理屈を一言つけ加えると、ヒトラーはレーニンとよく似ているな、ということです。二人ともあっぱれといえるくらい巨大な権力への意志をもち、それに結びついた冷酷な、確然とした目的意識をもっていました。しかしくっきりと違う点は、レーニンは革命家らしく法を踏み破っても平気でしたが、ヒトラーはそうではなく法をうまく活用するやり方を選んでいるのです。クーデタ的政治手法をあえてとろうとはしませんでした。ミュンヘン一揆の失敗を教訓としたのでしょうが。

そうしたヒトラーの野望に、ドイツの当時の選挙法がうまく働いたこともつけ加えておきます。小選挙区、比例代表制。人物本位にではなく、党名に向けて投票する。しかもドイツ政界は、社会民主党、共産党、中央党、人民党、国家人民党など中小の政党の乱立で、互いに足を引っ張り合っていました。アレどこかで聞いたことのある話、と思う要もなく、いまの日本の小政党乱立と選挙と同様のことを考えればいいわけで、候補者一覧に載ったものは党が得た票数に応じて当選する。この比例代表制がナチスに相当に有利に働いたといえます。優秀な人物をそろえる必要などはなく、どこの馬の骨であろうと、無能であろうと、いやかつて政治的な暗殺を企てた犯罪者であろうと、立候補者名簿に党公認として名を連ねさえすれば、そんな連中でも国会入りができたのですから。

その第一党になったナチスが、三二年十一月六日の総選挙では、突撃隊の暴力行為が祟《たた》ったのか、第一党を維持はしましたが、大量に票数を減らし議員数もガタ減りしました（三十四名減の百九十六名）。かわりに共産党が大躍進をして百議席を獲得。これが世間を驚愕させると同時に、右派的勢力はヒトラーとナチスに改めて注目しないわけにはいかなくなりました。右派はこれまでヒトラーをオーストリア出身の煽動政治家で、演説だけはいやにうまい変わりものぐらいにしかみていなかったのですが、そうはいかなくなった。

こうして歴史的な、と形容詞のつけられる一九三三年（昭和八）が到来したわけです。一月二十八日、ときのシュライヒャー内閣が軍部クーデタの危機に揺さぶられて総辞職を余儀なくされ、後継をめぐって混乱につぐ混乱があり、国民の政治不信も頂点に達しました。結局、三十日になってヒンデンブルク大統領は不本意ながら第一党の総統ヒトラーを首相に任命せざるを得なくなったのです。第一次世界大戦時のたかが伍長が、という思いがヒンデンブルクにあったといいますが、さもありなん。片や元帥なんです。と、あっさりかきましたが、この一月三十日がまさしく歴史の転換点、全世界にとってのちの運命をわかつ分岐点の日になった、といい切ってもいいかと思います。

こうしてヒトラーは権力のてっぺんに昇りつめました。とりも直さずドイツ人がナチス支配を許容したことを意味します。政情は安定せず、民衆は不満たらたらであったでしょう。でも、その民衆がヒトラーが首相の座につくことを歓迎したのは、なぜか？　とやっぱり考えこまざるを得なくなるのです。

丸山真男にその答えを求めたとすれば、毎日の生活がほんの少し悪くなっているだけであるから、人々には、国家が「何処に向って、どうして動いて行くのか見きわめ」ることができず、このさき何が起こるかはだれにも予想できなかった。それゆえ「これこれのことは必ずやこれこれの結果を招来するといったって、証明することは出来ない（中略）終りが分らないのに、どうして確実に知っているといえますか」という問いには、だれも答えることはできないではないか、とまことにソッ気ないのです（「現代における人間と政治」一九六一年）。

いわれてみればそのとおりですが、それではいつの時代であっても行き当たりばったりということになる、結果論をあれこれいうほかはない。でも、ほんとうに人間はやがて来るであろう破局を読みとることはできないのでしょうか。歴史には教訓がないのでしょうか。

といって、落胆ばかりしてはいられないのです。ヒトラーの権力把握から学ばねばならない歴史の教訓ははっきりしているからです。選挙という民主主義の形式にのっとってひとたび権力を手にしたならば、その民主主義的手段によって決して権力者はその権力を手放すことはない、という事実です。ドイツ国民がどうせ半年もすれば失敗するであろうと考えて、いちど政権を委ねてみるか、と軽く考えて選挙で比例代表制にナチスと党名をかいた、そのことは大間違いであったということです。それが教訓でなくて、ほかにどんな教訓がありましょうか。

✺言論の自由などを剝奪

ヒトラーは政権を手にすると、十月革命のときのレーニンに劣らず、素早い行動にでます。党員二万五千人をベルリンの首相官邸付近に集合させ、党歌「ホルスト・ヴェッセルの歌」の大合唱。そして壮観な松明《たいまつ》行進に移ります。ラジオで全国にこの実況放送を迫真的に流します。その華やかな、延々たる大行進は五、六時間もつづけられたといいます。その間ずーっと煌々《こうこう》たる明かりに照らされた官邸の窓からヒトラーが乗りだして、大歓声に応えて手をふりつづけました。のちの祝祭国家の真面目《しんめんもく》はすでにして発揮されていたといえましょうか。政治とは何かとニギニギしいイメージが大事なのです。そして権力者はやたらに姿を見せることです。

ヒトラーは獅子吼《ししく》しました。

「いまからドイツはただ一つの党となる。偉大で英雄的な国民の党となるのである」と。

そしてその夜、共産党員たちは各地で親衛隊（SS）や突撃隊に襲撃されていました。

いや、ヒトラー政権の素早い動きは、そんなお祭りよりもいちばん肝腎なところで発揮されます。それは国会議事堂放火事件というだれもが考えてもみなかった事件に端を発していました。二月二十七日に起こったこの国会炎上事件の犯人として、当時は精神に異常のあったルッペという男が逮捕されました、しかも彼は共産党員であったと。いっぽう最近まではナチスの謀略であったといわれてきました。わたくしもさしたる証拠もなくそう思っていましたが、阿部良男氏の労作（『ヒトラー全記録』）で、まさかと思う証言を目にして、驚倒しながらもいまは確言してもいいかと思っています。

ニュルンベルク裁判での陸軍大将ハルダーの証言がそれです。「一九四二年の総統誕生日に昼食会が催された際、（中略）私はゲーリンクがその話中に大きな声で『議事堂〔内部〕を本当に知っているのは俺だけだよ。俺が火をつけたんだから』と言ったのを、たしかにこの耳で聞きました」と。

じつは、問題とすべきは火つけ事件の犯人がだれかなんかではなく、その翌二十八日の緊急の閣議決定のほうなのです。基本権の廃止として、ヒトラーは「ドイツ民族に対する裏切りと反逆的陰謀を取締るための大統領令」という長ったらしい法律を速成し、いわば強引に決定しました。そしてその夜に老大統領を訪ね、署名を要請して否応もなく署名させ、即時に発効としたのです。即断即決のヒトラーらしく、何とも早業《はやわざ》であったというほかはありません。もっともワイマール憲法の統治に関する規定には、「公共の安寧秩序が著《いちじる》しく損われたとき、大統領は回復に必要な措置を講じるため国民の基本権を一時的無効にできる」とあるのですから、老大統領はこれをもちだされれば署名せざるを得ません。大統領に非常時の緊急命令権を与えてあったことが、民主政治の破壊につながったといえるわけです。

こうしてナチスの法律の真の基盤がアッという間にでき上がりました。その大統領令のいちばんの骨子の部分を挙げておきます。

「ドイツ共和国の憲法一一四条―一八条、一二三条―四条および一五三条は、当分のあいだ無効とする。したがって個人の自由および新聞発行や談合、集会の自由もふくめた表現の自由にたいする制約、郵便と電信・電話による通信の検閲、家宅捜索、財産制限および没収は、従来法律で認められていた範囲に関係なく認可されるものとする」

これで国民の基本権である言論の自由も報道の自由も集会の自由も、あらゆる市民生活に許されていた諸自由は、すべて奪い去られました。逆をいえば全体主義国家をうち立てるに必要なものすべてがヒトラーに与えられたことになる。この法律が独裁への最終勝利を保証する伝《でん》家《か》の宝刀になったわけです。ワイマール憲法は完璧なほど空洞化しました。くり返します、注目すべきはそれが閣議決定で決定したことです。

ふと、想いだすことがあります。何年前のことであったでしょうか。麻生太郎副総理が「憲法改正はナチスの手口を学べ」と発言し、世の失笑を浴びたことがありました。政治家諸公の歴史知らずのお粗末は相変わらずだな、とわたくしもそのときはただ呆れておりましたが、あとに生起したいろいろな政治的現実をみると、これは軽視してはいけない発言であったと悔ゆることばかり。安保法をめぐる権力側の一連の、閣議決定による法制定の手法は、まさしくヒトラーのやり口そのものずばりでした。だれか智恵者がいて悪智恵として歴史に大いに学ぶところがあったのでしょう。麻生発言を見過ごしたのは、あまりにも迂闊《うかつ》でありました。

それにつけても、いまの時代、政治とはイメージ操作だな、とつくづく思わせられます。ナチスの宣伝相ゲッペルスがいったように、活字より音声、理屈よりは印象、思考よりも気分が優先される。十分に議論を尽くして、としきりに叫ばれますが、そういっている間に新法ができて時代の空気が変わる。ナチスの手法はほんとうに有効であったのです。

閑話休題《それはさておき》、このあとヒトラー政権が行った三月五日の総選挙でナチスは全六百四十七議席のうち二百八十八議席（得票率四三・九パーセント）を獲得、共産党は八十一議席を得ましたが、その共産党の新国会議員は一度も登院することはできませんでした。[*3] ヒトラー首相はこの「大統領令」にのっとって、九日には共産党員の議席をすべて剝奪、結果として議会では得票率五〇パーセントにかなり足りなかったナチスが単独で過半数を占めることになったのです。共産党議員は逮捕されるか、亡命するかの選択を迫られたといいます。

こうしてこのあと悪名高い全権委任法が、三月二十三日に議会で合法的に多数決で可決されることになるのです。賛成四百四十一票対反対九十四票（社会民主党のみ）。全権委任法の第一条のみを記しておきます。「第一条、立法権を国会から内閣に委譲する」。ヒトラーにはもはやワイマール憲法にかわる独自のナチス憲法なんかを制定する必要はないのです。ヒトラー政権がどんな法律でもつくれるのです。

ここに、かくまでもないことですが、ヒトラーの絶対的な独裁政権が確立しました。昭和八年に〝歴史的〟と形容詞をつけたわけがそこにあるのです。

ところで、ヒトラーという得体の知れない人物が、政権を掌握したということを、昭和天皇は承知していたでしょうか。これが一応は報告をうけていることが『昭和天皇実録』ではっきりとわかります。昭和八年二月二十七日の項にこう記されています。

「御学問所において昨年末に独国より帰朝の特命全権大使小幡酉吉に謁を賜い、独国事情について、特にアドルフ・ヒトラー内閣成立の過程につき奏上を受けられる」

ただし、これだけで、天皇がヒトラーその人についてどの程度の認識をもたれたのか、まったくわからないのが残念ですが。[*4]

二つの大国の国連脱退

さらに昭和八年が歴史的に注目すべき年であったいくつかの事実をつけ加えます。

まず日本帝国の国際連盟脱退があります。リットン調査団の調査報告にもとづく国連の対日勧告案が国連総会に提出されたのが八年二月のこと。それには、わかりやすくいうと①満洲は中国に主権のあることの明記、②日本軍のひとまずの撤退、③国連外にある米ソ両国を加えた関係委員会による日中交渉の促進など、日本としてはうけ入れ難い事項がふくまれていました。

ときの斎藤実《まこと》内閣の閣議は連日のように大もめにもめるのです。二月十五日の閣議で陸軍大臣荒木貞夫大将と外務大臣内田康哉が、「かくなる上は、連盟から脱退だ」と強硬に主張します。そして新聞各紙がさながら応援団のように、いま脱退しないのはいたずらに諸外国の軽侮の念を深めるのみであると、さかんに脱退を煽ります。「十字架上の日本」が八年に入った時点での最新の流行語になり、輿論もその方向にどんどん傾斜していきます。たしかに、日本に不利と思われる勧告案が総会で採択されれば、経済制裁が科せられるかもしれない、いや除名されるかもしれない。そのような不名誉な処分をうけるくらいなら、脱退したほうがマシだと、民草が誇りをもって考えるのはわからないでもありませんが。

二月二十四日、国連総会は勧告案を四十二対一で可決しました。反対の一票は日本のもの。日本全権松岡洋右《ようすけ》たちは「サヨナラ」を正式に表明し退場します。日本が栄光ある「世界の孤児」になった瞬間でありました。

いずれにせよ、民草は、一方的かつ確信的な新聞報道に吹きこまれ、国際的な被害者なのに〝加害者〟として非難されていると信じ、強烈な危機感と孤立感と、それにともなう排外的な感情とをつのらせていきました。そのことが何をうんだか、あとの歴史が示すとおりです。

斎藤実（下段左）内閣の閣僚たち。荒木貞夫や岡田啓介の顔も

それに考えてみると、ドイツの国会議事堂の炎上が日本の国連脱退の三日後の二十七日。また、その日、天皇はヒトラー政権樹立の報告をはじめてうけている。またまた、歴史的偶然とはつまりは神の思《おぼ》し召し、必然なのだといいたくなってきます。

ドイツが話題にのぼったところで、ついでにナチスの焚書《ふんしょ》についてかいておきたいと思います。ヒトラー独裁確立後のベルリンで、中世さながらの焚書の愚挙が再現されたのが五月十日のことでした。非ドイツ的・マルクス的・ユダヤ的なものとみなされる書物が、この日、すべて炎のなかに投げこまれたのです。アインシュタイン、フロイト、トーマス・マン、ツヴァイクなどの著書二万冊が灰と化す。

同じように火あぶりの刑に処せられたものに、『エーミールと探偵たち』『飛ぶ教室』などの作家ケストナーの著書もふくまれていました。「将来の告発者として居合わせたい」と決意した彼は、多くの作家が亡命するなかで、ベルリンにとどまっていました。そしてこの日、わざわざ自分の本が燃やされる現場に見物に出かけたのです。

「私たちの本がめらめらと燃える炎のなかに投げこまれるのを見、うそつきゲッペルスの長広舌を聞いた」

その『日記』にかかれたこの個所を読むたびに、この作家の精神の強さにはげしい感動をおぼえるのです。

その野蛮なナチス・ドイツが国際連盟から脱退するのがこの年の十月十四日。進んで「世界の孤児」となることをこの国も選びとったわけです。孤児の淋しさをかこつ日本の眼前に突如としてこの大国が現れた、といっていいかと思います。そして孤児同士の視線は妙に交錯し合って、両国はこのあと急接近していく。昭和史にナチスがからみだしたことになるわけで、いっぽうで、この二つの大国の連盟からの脱退は、せっかく世界が模索してきた集団安全保障体制をガラガラと崩したことにほかなりません。世界情勢はこのあとがぜん怪しくなり、不安となる。が、当座はそれほどの危機感をもって欧米列強はうけとめようとはしなかったのです。

立役者の勢ぞろい

　さて、世界の孤児となった日独両国に東西からはさまれた国家として、ソ連があります。ソ連はこのときどうしていたかにちょっとふれておきます。さきにかいたように一九二八年（昭和三）から「一国社会主義」の旗をかかげ、五カ年計画のスローガンのもと、スターリンは革命後の内戦で疲弊した国力の回復にひたすら専念していました。そして三二年（昭和七）十二月までの四年と三ヵ月の間に、計画はある程度完成しました。スターリンは中央委員会でこう報告します。

「計画前には、われわれは鉄鋼業をまったくもたなかった。いまわれわれはその工業をもっている。われわれは自動車工業をもたなかった。いまでは、われわれはそれをもっている。われわれは機械工業をもたなかった。いまはそれをもっている。……」

　つづいて航空機工業、化学工業、トラクター工業そのほかをならべあげて、最後にこういい切ります。

「われわれは、ヨーロッパの諸工業の規模を顔色なからしめる規模において、これらすべてのことを見事に達成したのである」と。

　そして三三年（昭和八）一月、スターリンはさらに第二次五カ年計画に突入することを宣言したのです。

つけ加えるまでもなく、そのころのソ連の実状は経済的に最高に苦しい時代であったと思います。それに五ヵ年計画には精密な実行のための青写真もなかったのです。つまり五ヵ年計画とは、スターリンにとってそれに立ち向かい、乗り越えるべき途方もなく大きな挑戦であった。列強からは無謀な企てだとすら思われていましたが、スターリンにできるのはそれを実行に移すのみで、ほかにどんな良策があるのか、という思いであったのです。

この計画の中核となったのは全国的な集団生産化〔コルホーズ化〕でした。工業化をめざすスターリンには何があっても成功しなければならない政策、なのですが、こうまで大々的になると農民の抵抗は激烈ということははじめから予感されています。しかし外貨の獲得のためには穀物の輸出は何があっても必要ですから、コルホーズ化して過酷な供出を強制しなければなりません。スターリンは必至の想いであったと思いますが、それが何をうんだか。農民たちがどんな悲惨な目にあったか。それは少し後のこととなります。

日本にとって重要なのは、この第二次の計画においてスターリンは、アジア方面の国防力強化に莫大な資金と資材とを注ぎこんでいたということです。軍隊の装備充実には可能なかぎりあらゆる優先権が与えられていたということ。そしておもむろにではありますが、ただ一つの「共産主義大国」として、イギリスやフランスに接近しはじめ、国際政治の舞台に少しずつ姿を見せだしていたということです。はたして日本の指導者にそれだけのソ連認識があったかどうか、それは大いに疑問なのです。ときの荒木貞夫陸相を御大《おんたい》とする皇道派主流の陸軍中央は、かなりソ連を恐れつつも、じつは軽視していたのではないか。満洲事変とその後の国策進行中にソ連が示した予想外の後退政策は、日本を拡張主義に走らせ、陸軍中央にこの機会を利して対ソ戦争を発動しようとする主張をすら誘発した、といっていいかと考えられるのです[*5]。

最後になりましたが、忘れてはならないのはこの年の三月四日、アメリカでは十二年間つづいた共和党政権にかわって、ルーズベルトの民主党政権が発足したということなんです。フーバーを破って、彼は大統領指名受諾演説でのべました。「私はアメリカ国民のためのニューディール（新規まき直し）を約束する」。そして大統領就任演説では「国民は行動を求めている。いまただちに行動に移らねばならない」と。

実際は、アメリカも失業者が千三百万とも千五百万ともいわれる最悪の状態にあったときでした。就任演説で「行動」としばしばくり返して明言したのですが、はたして彼に何ができるのか前途は非常にきびしいものがある。しかし、ルーズベルトは「機関銃」と評されるほどの速さで、つぎつぎに行動にでました。アメリカ経済の全分野に斧鉞《ふえつ》を加えたといわれる十八の法案が、矢つぎ早に議会を通過します。たしかにその「行動」は強力な指導力のもとに目を見張るものがあったのです。

なかでも、わたくしが注目したいのは、この年の十一月に、ドイツの国連脱退通告をうけて、アメリカが共産主義国家ソ連の正式承認に踏み切ったことです。共和党政権が頑としてソ連邦不承認をつづけてきたのに、思いきったルーズベルトの決断といえましょうか。スターリンはこれによって、ソ連の国際外交的立場を強化することができたのです。のちの第二次世界大戦における微妙な米ソ協力の端緒はここにひらかれたことになる。ルーズベルトはなぜかスターリンにやさしかった(?)のです。

いかがでしょうか。昭和八年という年に、ヒトラー、スターリン、ルーズベルト、もう一人、イギリスのチャーチルを加えなければなりませんが……そうでした、そのチャーチル議員はこの年の四月、下院でこう警告していました。

「諸君がいまみているのは、〔ナチス・ドイツの〕戦争精神の鼓吹であり、好戦的な喧嘩腰の言動とユダヤ人迫害なのである」

しかし、イギリス下院議員はだれも耳をかそうとはしませんでした。それでもチャーチルの存在はがぜん重みをましていたのです。

これで、これからの世界史の立役者が全員そろったわけです。日本帝国はそのときに「世界の孤児」になりました。相当に話があちこちしましたが、どうやら「世界史のなかの昭和史」がかきやすくなるところまでたどりついたかなと、ホッとしているところなのです。

忘れていました。この年の十二月二十三日、わが日本帝国ではまことに目出たい慶《よろこ》びごとがありました。皇太子殿下の誕生です。『昭和天皇実録』にも「身長五十センチ七ミリメートル、体重三千二百六十グラム。東京市中に皇太子の誕生を意味する二回のサイレンを鳴らし、一般に周知せしめる」と躍るような筆で記されています。のちに歌がつくられました。「鳴った

鳴った　サイレン　ポー　ポー」と。この慶事については『B面昭和史』にくわしく、わたくしも楽しくかいておきました。

＊1——もちろん、日本人が残らず気焔をあげていたわけではなく、心ある人びとがいたことはいうまでもない。秦郁彦氏の著書にはその一人として外交評論家の清沢洌《きよし》の名があげられている。昭和七年十月に『アメリカは日本と戦わず』という著書を刊行し、米に戦う意志なし、大統領の無関心、不戦条約の効力などを理由に、清沢はムードの鎮静にさかんに言論戦を展開していたという。いつの時代にも冷静に世界の動きをみつめている人がいるのである。

＊2——「満洲が日本の生命線」と最初にいいだしたのは政治家森恪《かく》である。その著『急迫せる満蒙対策』で、「二十億の国費をついやし、十万同胞の血をもってロシアの勢力を払いのけた〝東北〟は日本の生命線である」とかいている。そして、これを確保するためには「国権の発動」もやむを得ない、と論じた。これが大受けに受けたというのである。

＊3——作家トーマス・マンは三月の総選挙でナチスの独走には歯止めがかかるに違いないと確信していた。それで二月中旬に、オランダ、ベルギー、フランスへの講演旅行に出かけた。ところが、その留守中に、事態が急転する。国会議事堂放火事件が起きたのである。トーマス・マンはその後も帰国の方途をさぐったが、ついに祖国へ帰ることがかなわずそのまま亡命せざるを得ないこととなった。この一例でわかるように、当時の政治状況を的確につかむこと

は、かなりのドイツ人にも無理であった。

＊4——ヒトラーがどんな人物であったかをしっかりと認識することは、当時にあってはむずかしかったようである。最側近であったリッベントロップすらが、ニュルンベルク裁判のときに、「彼がどんな男であるか、事実はほとんど何も知らないと私は告白せざるを得ない。彼と多くの艱難辛苦をともにしたが、その間じゅう、人間的にもその他の点でも、私は最初に会った日以上に彼と親しくなったことはなかった」といっている。とにかく複雑な〝狂った独裁者〟というしかないのかもしれない。

＊5——荒木を調べていて、青年将校たちをアジっている言葉にぶつかって、いささかたじろいだことがある。荒木はいうのである。「人口六百五十万のオーストラリアとカナダはそれぞれ七百七十万平方キロ、九百万平方キロを領有している。アメリカも七百六十万平方キロの土地をもち、フランスには九百八十万平方キロの植民地帝国がある。イギリスの領土は（自治領とインドを除いても）五百七十万平方キロ。アメリカは広大な本国に加えて百八十万平方キロの植民地をもっている。それなのに、いいか、優に六千万を超す人口をかかえた日本が、なぜ三十七万平方キロの土地で満足せねばならないのか。しかも、その大部分は痩地ではないか。こうした大きな矛盾のどこに正義が存在するというのか。そこから日本の行く道はおのずと決まる」。そしてドンッと卓を叩くのである。こんな領土拡張主義の大将に当時の青年将校は心服しきっていたというのである。日本の前途はもって知るべしであった。

第三話

日独防共協定そして盧溝橋事件

昭和九年〜十二年

✸突撃隊を虐殺

昭和八年（一九三三）一月、ヒトラーは政権の座につきました。と、コト改まってかくまでもないのですが、このとき、はたしてヒトラーはのちに知れわたった〝千年帝国〟という巨大な夢を実現するための、注意深く計画された青写真をもっていたのでしょうか。新たに建設すべき国家像をもっていたでしょうか。

いくつかの彼の伝記を読んでもそのへんのところはよくわかりませんが、どうもそうではなかったのではないか。夢想だにしてはいなかった。そう思えてならないのです。この稀《まれ》にみる狂的な独裁者は、そのような綿密な計画性に富んだ人物ではなく、ある意味では粗野で行き当たりばったりなところがあり、ときには道徳的な厳格さで命令を下すかと思えば、慈悲深いところを示したりしました。といって、もったいぶった高潔な態度を装《よそお》おうとしている、というわけでもありません。気弱なところをみせることもしばしば。そんなどちらかといえば感性的な複雑な人間性をもつ人物に、緻密さや周到な計画性があったとは思えないのです。

そうした複雑な多面性をもちすぎるちょっと理解し難い人物が、政治の頂点に立ったとき、まず最初に手をつけるのが敗戦国ドイツの名誉回復という、民草のもっとも期待する派手な人気とりの政策でした。すなわち昭和八年十月十四日、ラジオをとおして、ヒトラーは国際連盟と、ドイツの再軍備を固く縛っていたジュネーヴ軍縮会議からの脱退を全世界に通告する、という思いきった挙に出たのです。当然のことながら、列強の反撥は予想されていますが、ヒトラーは寸毫《すんごう》も気にとめませんでした。十八日にヒトラーはベルリンで党の幹部を前に滔々《とうとう》と述べています（阿部良男『ヒトラー全記録』より引用）。

「政治の衝に当った私の先任諸君は、いわば〝ジュネーブ病〟にかかっていた。（中略）われわれは平和を欲する。しかしながら、みずからを二流国として待遇されることには甘んじ難いのである」

この国際友好を断つような声明は、とくにヨーロッパ列強を恐慌におちいらせました。なかんずくフランスです。フランス政府がいささか慌てたようにソ連に近寄っていくのはこのときからです。ソ連と友好関係を結ぶことで、ドイツを東西から封じこめ、ヨーロッパにおける自国の地位を強化しようと、少々姑息《こそく》な手段をとらざるを得なかったのです。ソ連もこれを足がかりに国際外交の表舞台に乗りだしていくチャンスと考えました。

ドイツの民草はヒトラーの声明を拍手をもって歓迎し、大いに満足したようです。世界大戦敗北いらいの西欧諸国の圧迫を、われらが新首相が力強くはねのけ、祖国を縛りつけていた重い鎖を断ち切ってくれるとの思いであったようです。では、ヒトラー自身もまた大いに満足していたか、となると、かならずしもそうではありません。じつは、対外的にはともかく、ドイツ国内においては、最高の権力をたしかに握ったという現実のあとに、それを不動のもの、永久につづくものとするためには、まだ多くの乗り越えねばならないことが国外というより国内にあるのを、ヒトラーは自覚していたからです。

第一にヒンデンブルク大統領がまだ健在でありました。が、もうご老体で、余命いくばくもないことは十分に予想されていましたから、まず問題はないとしても、突撃隊（SA）という厄介な暴力組織がありました。政権をとるまで攻撃的に先頭に立って役立った突撃隊は、すでに大勢力になっていましたが、ヒトラーが昭和八年一月に政権の座についてからさらに急速に成長、その年の秋には給料をもらって活動している隊員が百万、予備隊員は三百五十万を突破していたというのです。

しかもヒトラーはこの突撃隊の指揮権を完全に掌握していたわけではなく、幕僚長のレームにほとんど任せきりでいました。この実質の指導者であるレームが突撃隊にたいし、ヒトラーとは別のヴィジョンをもちはじめていることをあからさまにしだしたのです。突撃隊を将来は正規のドイツ軍とすることにし、「第二革命」（国家社会主義革命）をもういっぺん実行し、ヴェルサイユ条約を破棄してドイツの拡大主義をガンガンと一日も早く遂行すべきであるというものでした。そんな急進は首相になったばかりのヒトラーが望まないことです。

それに突撃隊を正規のドイツ軍にすることが一朝一夕でできるはずはありません。歴史に燦《さん》として輝くドイツ国防軍が存在し、つねづね突撃隊を敵視しその規律無視の暴力的な行動を非難して、一刻も早い解体をとヒトラーに要望していたのです。じつは、この国防軍そのものもヒトラーにとっては何とかその指揮権を掌握しなければならない、いわば目の上のたんこぶでありました。ヒトラーは政権をとる前には、政治に口をださないかぎり、自分たちの領域で自由に振舞ってよい、と事実上軍部に約束をしていたからです。

ヒンデンブルクはさておいても、軍部と、レームと突撃隊、首相ヒトラーはいずれこれらと正面から対決しなければならなかったのです。とくに突撃隊の処置は緊急に行わなければならない重大事となってきました。なぜならドイツ各都市の街頭での突撃隊の天下をとったつもりの横暴な行動は、国内のヒトラー支持者を減少させ、国外からのヒトラーの権力体制にたいする非難の声が、もっぱらその点に集中していたからなのです。

昭和九年（一九三四）六月、ヒトラーにとっては、決断のときが訪れました。阿部良男『ヒトラー全記録』によれば、六月二十一日に、ヒトラーは大統領代理としてのブロムベルク国防相と会談をし、そのさいに国防相がいったといいます。「もしSA〔突撃隊〕の緊張問題が解決されなければ、大統領は戒厳令を布告して、ヒトラーの支配権を陸軍に引き渡すと警告される」。そしてまた、ヒトラー自身にも「車椅子生活の大統領との四分間の謁見でも同意見が伝えられる」とあります。

さらに「この会談で、ヒトラーはSAを実力で抑圧する最後の決心を固めたとされている」と記されていますが、まさにそのとおりであったと思います。が、そのかなり前から計画は慎

ヒトラーとナチス幹部たち。右からヘス、ヒムラー、1人おいてゲーリング、レーム、ヒトラー、ゲッペルス（1932年ごろ）

重に練られていたに違いないのです。その中心となったのが、のちの空軍総司令官ゲーリングと親衛隊（SS）全国指導者ヒムラー。そして彼らの行動は、ぐずぐずするヒトラーを引っぱるようにして、まことに機敏そのものでした。

六月三十日未明から三日間のヒトラーの血の粛清は、世界に衝撃を与えました。ゲーリングとヒムラー、それに親衛隊保安本部長官ハイドリヒがつくった最終リストに、ヒトラーはただ鉛筆で下線を引いて、銃殺すべき人物たちを示しただけ。

「帝国首相の名において、×××〔氏名〕を重大な叛逆行為を犯した罪により銃殺に処する」

書類の署名はハイドリヒのみ。ただし突撃隊が叛乱を起こした場合に備えて、国防軍の陸軍部隊には待機命令が発せられていました。

こうした細心で周到な準備の上で、ヒムラー指揮の親衛隊員とゲシュタポ（国家秘密警察）による、レームとその幕僚たち、さらに全国の突撃隊幹部と多数の隊員、反ナチス政府分子の粛清が開始されました。いや、はっきりいって合法的殺人という名の恐るべき暗殺、もう少しあからさまにいえば国家が大量虐殺を公然と、かつ大胆不敵に行ったのです。しかもそもそもが親衛隊はヒトラーを護衛するために組織されたもので、突撃隊という大組織の一部、いわば彼らは仲間同士であったのです。そのかつての褐色の制服の仲間を、黒い制服を着たSS隊員たちが計画どおり急襲して、黙々と、顔色一つ変えることなく射殺していったのです。恐るべきことでした。

✺殺害されたもの千名以上

レームとその一派の幹部たちは三十日早朝に逮捕されましたが、射殺されたのは七月二日になってから。タイプされた一片の通知書だけでは法相も、一斉射撃を命じる覚悟が容易に固まらなかったらしいのです。レームはもともとヒトラーの熱狂的な支持者であり、ナチス党苦難の時代をヒトラーとともにし、ミュンヘン一揆にも参加して有罪となったほどの古参の大物でした。若き日のヒトラーの無二の親友でもあったのです。そこがまたゲーリングやヒムラーには仇敵視《きゆうてき》され排除ナンバー1の標的となったゆえんであり、ヒトラーその人もいつかその存在を煙たく、というより脅威と感じるようになっていました。ナンバー2というものの出処進退はなかなかに難しい、その典型例といえましょうか。

同時に、突撃隊とは何の関係もない人も多く槍玉に上がりました。かつての仲間でナチス党内でヒトラーのライバルと目されていた有力者シュトラッサーもゲシュタポに拳銃で背後から撃たれ死亡、ただし公式には自殺と発表される。国防軍の名誉と威信と権威の象徴であったシュライヒャー元帥も、家に力ずくで押し入ってきた暗殺者たちに拳銃で撃たれて死亡。飛びだしてきた彼の妻も射殺される。W・ベネット著『国防軍とヒトラー I』に、記者会見でのゲーリングの発言として元帥の殺害がこんな風にかかれています。

「シュライヒャー将軍は政府に対して陰謀を企てたので、私は彼を逮捕するように命令した。ところが彼は馬鹿なことに抵抗したので、殺されてしまったよ」

記者の質問もうけずにこういい放つとゲーリングはさっさと部屋を出ていったといいます。政権成立いらい一年有半にして無法がまかりとおる国家に、ナチス・ドイツはすでになっていたのかと考えられます。

さらにベルリンのカトリックの指導者クラゼナー、老政治家カール、バイエルン君主主義の代表者グッテンベルク、シュライヒャー元帥の片腕ともいわれるブレトー将軍と、殺害された知名の人、とその名をいくらあげても、わたくしにはまったくさっぱりで徒労のこと、結局はヒトラーにとって生きていては邪魔で危険な人物と思われたものはこのさいすべて、ということでありました。その数は当時の公表では七十七名。戦後一九五七年の公判では、その他大勢をふくめて千名以上の人が殺害されたとされています。

この残虐な殺人にたいして、『国防軍とヒトラーⅠ』によると、ヒンデンブルク大統領は七月二日に祝電をヒトラーに寄せたというのです。

「あなたは、決断力のある行動と勇敢にも自らことに当ることによって、叛逆を芽のうちに摘み取ってしまった。（中略）余はこのことについてあなたに心から感謝の念を伝え、併《あわ》せて余があなたのやったことを本当に立派なことだと考えていることを知ってもらいたいものと思う」

いまになれば老耄《ろうもう》したゆえ、というほかはないのですが、あにヒンデンブルクのみならんや。翌三日の緊急閣議において、ヒトラーに閣員を代表して祝意を表したのが、ブロムベルク国防相でありました。六月三十日とそれにつづく日々の殺戮《さつりく》行動は、国家を防衛するための正当の権利であり、必要とされた合法的な措置であった、と恭《うやうや》しく述べたというのです。そして「国家緊急防衛法」（緊急防衛のための殺人行為を正当化する法律）が閣議決定されて即時公布。これに国防軍として承認を与えたのもブロムベルクなのです。それはいまなおナチス体制に反対しているドイツ人にとっての、勇気と名誉を重んじるであろう国防軍への信頼が、まさかと思う暇もなく地に堕ちた瞬間であった、といえるかもしれません。

そして七月二十日、ヒトラーはこのたびの〝叛逆者殲滅《せんめつ》〟の功績に鑑《かんが》み、親衛隊を独立させ、ヒトラーに直属したナチス党内機関とし、独自の武装兵力の保有を許可します。やがて親衛隊はヒムラーの指揮のもと、「国家のなかの国家」をつくるようになるのはご存じのとおり。黒の制服の猛威は戦後の映画などでみるとおりです。

✸「総統兼首相」に就任

ドイツ国民は、突撃隊の暴虐がとりのぞかれたことにホッとしたときがあったようです。そこが歴史の不可思議なところで、ごく一部をのぞいて民草はこの虐殺をむしろ歓迎した。つぎに何が待っているかわからないままに、いや、わからないゆえに時の流れに任せていったのでしょうが。しかし、やがて、突撃隊の残忍さに親衛隊と秘密警察《ゲシュタポ》の残忍さがとって代わったにすぎないことを思い知らされ、戦慄させられることになる。しかも信頼すべき伝統ある国防軍がその蛮行を黙認しつづけたことにも、やがてはショックこの上ない思いをさせられることになるのです。

島国に生をうけた日本人には容易にできることではないのですが、こうなると祖国を捨てて他国に亡命していくドイツ人が当然のことながら次第にふえていきました。生計の道を断たれて亡命を余儀なくされたユダヤ人や作家たちはもちろんのこと、反ナチスの大学教授やジャーナリストも多くいました。科学者のアインシュタイン、思想家のベンヤミン、作家のトーマス・マン、ベルトルト・ブレヒト、アルノルト・ツヴァイクなどなど。その人びとのペンや弁舌をとおして、ヒトラーのドイツの暴虐を訴える声は世界に広まっていきました。たいして知識人の大敵というイメージを平気で打ちだしたヒトラーは、ドイツ市民権を剝奪した人びとの名を定期的に公表していきました。

ドイツ文学者池田浩士氏の著『ファシズムと文学』によると、ヒトラーが政権の座についてからちょっとあとの昭和八年五月五日に、フランスの作家ロマン・ロランが早くもナチスの蛮行にたいする抗議の手紙を、ドイツの一新聞に送っていたというのです。さすが『ジャン・クリストフ』の作家と思わず手を叩きました。

偉大な世界市民の国として愛してきたドイツが、いまや足で踏みにじられ、血で汚され、世界中から嘲《あざけ》りはずかしめられている。鉤《かぎ》十字の連中が、自由精神の士たち、ヨーロッパ市民たち、平和主義者、ユダヤ人、社会主義者、共産主義者を追放し、好き勝手なことをやっている、と訴えた上で、ロマン・ロランはこうドイツに残っている知識人たちを告発するのです。そのごく一部を。

「諸君は、公表されラジオで流されている諸君の指導者たち——ヒトラー、ゲーリング、ゲッベルス——自身の言明を、知らぬと言いはるつもりか？　かれらの暴力煽動、自分以外の人種を、たとえばユダヤ人を絶滅せねばならぬという、かれらの人種主義の宣言、西欧にとってはとうの昔に過去のものとなっている中世のこうした腐臭を、知らぬと言いはるつもりか？」

ロマン・ロランのこうしたいくつもの詰問にたいして、それを突きつけられた〝諸君〟のひとり、ビンディングという作家が新生ドイツの現実を全面的に擁護した一文をもって答えたというのです。この作家の作品など一編も読んだことのないわたくしには、どんな作家なのかまったく見当もつきませんが、当時のドイツ文壇の大御所であったらしい。しかも、それは長い長い返答であったといいますが、これもその勘所のほんの一部を。

「ドイツ——このドイツ——は、ドイツを欲するという、いかなる代償を払っても、いかなる破滅と引きかえにでもそれを欲するという、狂おしいまでの憧憬から、内面の憑《つ》かれたような状態から、血まみれの陣痛のなかから、生まれたのである。これをまえにしては、いかなる告発もくずれ去る」

引用がこれだけではそのいい分を完全には理解しかねるかもしれませんが、池田教授がかいている解説には、わたくしも多分そうであろうな、それは正しいなという思いを抱くのです。

「ビンディングのナチス・ドイツ支持宣言は、亡命することもなくまたナチ党員となって権力と一体化することもなくドイツにとどまった圧倒的多数のドイツ人の気持を、いささか大仰にではあれ、ほぼ代弁していたといえよう」

つまり太平洋戦争下の多くの日本人（わたくしたち少国民もふくめます）の気持ちと、どこか共通するものがあるように思えるのです。どんなに負け戦《いくさ》さがつづき敗色濃厚となりながらも、なお神国思想があり、世界に冠《かん》たる民族の思いがあり、八紘一宇の理想のもとに、アジアの盟主たるべく運命づけられた国民という信念が日本人一般にはありました。もちろん、煽りに煽られて仕込まれた観念でしかなかったかもしれませんが。終戦時十五歳のわたくしは、かなり反戦的な考えをもっていた親父の薫陶《くんとう》もあって、いくら何でもそれをそのまま鵜呑みにしてはいませんでしたが、歴史はじまっていらい一度も征服されたことがないという民族の誇り、国家への信頼は、やっぱり八月十五日の天皇放送を聞くまであったと思います。

祖国、生をうけた国家というもの、うるわしの山河、それは「いかなる代償を払っても、いかなる破滅と引きかえにでもそれを欲するという、狂おしいまでの憧憬」は民草の気持ちの底のほうにあるようです。つまりそれが素朴な愛国心というもの。それに国家が乗っかる、大いに利用する、じつはそこが国家というものの恐ろしさであるようです。戦争中にそれをわたくしたちはいやというほど体験させられました。ついには見捨てられることも知らず、純な民草は国家に最後までついていったのです。

ドイツの民草もおそらくそうであったのでしょう。昭和八年八月には全人口の十五人に一人、成人（有権者）の十人に一人がナチス党員であったといいます。そしてそのまわりには、彼らを支持し、協力し、あるいは容認する人びとがほとんど。ビンディングがかくように「世界は、われわれが体験してきたようなことを、かつて体験したことがないのである。すべてはまだ始まったばかりである」とそう信じて。

余計な談義に少々うつつを抜かしました、ヒトラーのドイツに戻ります。

八月二日、大統領ヒンデンブルクが老衰で息をひきとります。その直前にヒトラーは大統領と首相の職務を一元化する法律（ドイツ国家元首法）を成立させていました。ヒトラーが

〃総統《フューラー》〃と正式によばれるようになったのは、この老大統領死亡の直後に「政治的指導者兼行政の最高指導者」となったときからのようです。しかも同日、ブロムベルク国防相が、軍の将校および兵士は「ドイツ帝国と民族の総統にたいし無条件の服従を誓う、勇敢なる兵士として一身を捧ぐることを誓う」と、新しい軍の最高司令官ヒトラーに忠誠を表明したのです。

つぎの段取りは総統信任のための国民投票です。八月十九日、「国家元首法」の賛否を問うて行った全国民の投票で、なんと、投票率九六パーセント、賛成が八八・九パーセント（一説に八四・六パーセント）の圧倒的多数の支持を得たというのです。反対票が約五百万票ありましたが無視してもいい数として、ヒトラーは目出たく「総統兼首相」に就任します。

その二日前に、ヒトラーはすでにそのことを予感しつつもハンブルクでの信任選挙の演説で、声も高らかに叫んでいます。

「国家権力をめぐる闘争は今日をもって終った。しかし、われわれの高貴な民族のための闘いは続行されるであろう」（阿部良男『ヒトラー全記録』より）

✳ソ連の恐怖政治のはじまり

つねに頭の上に乗っかっていた重しがとれて、総統ヒトラーは自信をもって動きだしました。彼のまわりは、「炉辺グループ」または「深夜グループ」として知られる連中がしっかりと固めています。ゲーリング、ゲッペルス、ヒムラー、ヘス、ボルマン、リッベントロップと、これからも多分顔をだすであろう面々です。これらがヒトラーの名を借りて縦横に働きます。それでヒトラーは、あるいは天下独往という言葉がぴったりといっていい政治的活動で、世界史をひっかきまわしはじめるのです。

と、ヒトラーにのみ視線を向けているわけにはいきません。ソ連のスターリンも、ヒトラーの総統就任宣言のほぼ四カ月あとに、テロルによる粛清という恐怖政治に走りはじめたのですから。一説に、ヒトラーのやり方に刺激をうけて、彼とその一味が親衛隊やゲシュタポの巧妙かつ大胆なやり口を容赦なくとり入れたのだ、ということなのですが、確証があるわけではありません。しかし、そう考えたほうがわかりやすい。もっとも、ナチスの強制収容所システムはソ連からとり入れたものといいますから、もちつもたれつの国家的テロリズムであったのかもしれません。いまでも権力者が権力強化のため、頑強な批判者にたいする粛清という強硬手段にでるとき、同じテクニックをとるに違いありません。もっとも、現代のそれは殺戮《さつりく》といった残忍な手段ではなく、法で縛るという方法をとるのでしょうが。

事件の起こりは単純な殺人でした。中央から追放されたジノヴィエフからレニングラードのボスの地位をひき継いだ共産党書記キーロフが、スモーリヌイ院の真ん中の彼の事務所で昭和九年（一九三四）十二月一日に無残にも殺されたというのです。ここは以前は女学校で、レーニンが蜂起したところ、そしてそのときは党本部として使われており、人目につくところでした。犯人はすぐに逮捕され、事件はたちまち収拾されました。犯人は教唆者《きょうさ》も共犯者もいないと自供します。

スターリンは夜行列車に乗ってその翌朝にはレニングラードに到着、いきなり出迎えの警察署長をぶん殴ったといいます。そのあとスモーリヌイ院に乗りこみ、この事件捜査の指揮をとります。彼のまわりには若く屈強の護衛がびっしりとりまいていました。彼らの手によって犯人はもちろんキーロフの護衛主任も死刑に処せられました。眼のあたりを腫《は》らした警察署長はただちに収容所送り（三年後に殺される）。罪状は、武器をたずさえたテロリストが単身で党本部に潜入できる、そのような警備のたるみ、警戒心の不足は許し難いというものでした。と、まことに手際よくテキパキと処理をスターリンは護衛たちに下令するのです。

問題は、じつはそのあとなのです。キーロフは政治局穏健派グループでもっとも人望があり、スターリンの後継者ともみられていた人物。その彼をとり囲んで、スターリンの権力行使になりの制限を加えようとしてきたグループが存在していたのです。スターリンにはこの危険になっていくキーロフ一派をそのままにしておく気は毛頭なく、そこでこの暗殺事件をうまく利用して完膚なきまでに一掃しようとした。これが大量虐殺につながった、というのがいまは定説になっています。じつはキーロフ暗殺も、直接にか間接にか、命令を下したのはスターリン、ともいわれているのです。それに違いなかろうと思いますが、確証のある話ではない。なぜなら、キーロフ事件の証人たちは、間もなく死刑に処せられるか収容所に送られ、全員の姿が消えてしまったから。収容所に送られたレニングラード市民の数は四万人といわれていますが、痕跡はすべて地球上から消滅しました。

これら「叛逆者」を根絶するのは、それを実行するものたちにとっては、社会主義国家の建設という英雄的任務を遂行することであり、スターリンへの忠誠を語るものです。したがって、彼らが内部告発するはずもないわけです。

歴史的事実として年表などに残っているのは、この事件の二週間後、もうずいぶん前に中央から完全に遠ざけられ隠遁を強いられていたジノヴィエフとカーメネフが逮捕されたということです。しかもその告発状には罪状が一点の抜かりもないように練りあげられていたという。この二人は、トロツキー追い落としのためにスターリンが頼りとした古参党員であったことは第一話でもふれていましたので、想いだしていただけるでしょうか。スターリンもまた、ヒトラー同様、これからの権力行使のために個人的にも邪魔になるだけではなく、やがて力あるものとして形成されるかもしれないと予想される反対派は、残らず予防的に排除しておく、そうした徹底的に非情残酷な独裁者であったのです。反対派は有効な抵抗組織を形成する余地もなくつぎつぎに排除されてしまうことになる。それがいつからはじまったのか、正確にはわかりません。とにかく、予防的に片ッ端から排除しておく、テロルの本質はそこにあります。

なお、スターリンの冷酷残忍さを語るこんな話が残っています。彼が無作法に吐くツバの音を、上手に真似をするオウムが神経にさわるといって、愛用のパイプでその頭を殴りつづけ、オウムまで粛清してしまった、というのです。とても笑うに笑えないエピソードですが、その人間性がよくわかる話ともいえるのではないでしょうか。

こうしてヒトラーといいスターリンといい、悪魔的ともいっていい大量虐殺という、かいていてもおぞけをふるう事実が、完璧に隠しおおせるものではないことはすでにかいたとおりです。であるにもかかわらず、なぜ当時の世界の国々から一致してこのことにたいする制裁はおろか非難の叫びすらあがっていなかったのか。ヒトラーの場合は少しは知られましたが、スターリンのほうは世界にほとんど影響を与えませんでした。社会主義にたいして知識人たちはやさしかったのでしょうか。それとも、昭和四年（一九二九）いらいの「自国ファースト」の世界的な〝空気〟が、いわゆる三猿主義（見ざる聞かざる言わざる）を形成していたからなのか。国際連盟もほとんど動いていません。ファシズムと対決する決意、必要なら戦う決意などがそこからは固められるべくもなかったのです。

それに一九三〇年代のヨーロッパの国々には、つぎつぎとファシズムの流れをくむ政権がつくられていたのです。ムッソリーニのイタリア、ポルトガル、ハンガリー、トルコ、オーストリア、ルーマニアなど。そうした国々の民草はもちろん有識者層が、かりに事実を知らされたとしても、ヒトラー政権やスターリン政権の本質を見抜けるはずもなかったのではないか、とも思えます。半ば疑いを抱きながら結局は情報を聞き流していたのではないか。それにやっぱり多くの知識人はどちらかといえば左翼思想へと傾いていた、それで、事実を見れども見えずであったのか。

ではアメリカは、となると、ルーズベルト大統領のニューディール政策は着々と実をあげはじめていましたが、モンロー主義の殻はどうしてどうして固く、いぜんとして「アメリカ・ファースト」。自国の富裕が第一義でした。現実主義の輿論は、ヨーロッパではドイツのナチズム、アジアでは日本の軍国主義がもたらすかもしれない世界秩序にたいする脅威に一応の理解を示していましたが、みずからが出ていってすぐにどうのとは考えてもいませんでした。そしてスターリン政権には、共産主義にたいする反撥は根強くありますが、国際的な約束を踏みにじっているドイツと日本を押さえつけるためにはむしろこの社会主義国家を利用すべきだ、とはなはだ矛盾した政治姿勢を保っていたようなのです。

それにルーズベルトは生まれつきの国際主義者で、あまり世界各国の細かい動静に目を配ることは

ベルリンで並んで行進するムッソリーニ（左）とヒトラー

なく、とくに名指ししてその国を脅威と感じたり危険視したりすることはなかったようなのです。これがいちばんよくなかったかもしれません。

陸海軍それぞれの分裂

それならば、そのころの日本帝国そのものは……？

昭和九年一月、皇道派の重鎮・荒木貞夫陸相が体調を崩し、林銑十郎《せんじゅうろう》大将が陸相となり、さらに三月になって永田鉄山少将が陸軍省軍務局長の椅子につきました。このことによって帝国陸軍の中堅秀才グループ「革新」派の分化、そして抗争が激烈になっていました。

と、昭和史となるとやや調子づきますが、このままつづけると、激烈化していったのは、満洲確保のために極東ソ連軍があまり強力にならぬ前に機会をとらえてソ連軍を撃破すべし、という「予防戦争論」派（皇道派）と、いまソ連に手をだせば日ソ全面戦争になるゆえその前に抗日・侮日の方針を堅持する中国に一撃を加えて屈服させておくべし、という「中国一撃論」派（統制派）との抗争なのです。しかも、昭和八年から九年にかけては対ソ戦争論がかなり現実味をおびていたのです。

しかし秋口になるころには、どちらかといえば腰のすわらない林陸相をうまくかかえこんだ「中国一撃論」派のほうが優勢になりつつありました。永田、東条英機、武藤章、池田純久といった連中による、ただ荒木譲りの精神主義と大言壮語とをもっぱらとする連中を、少しずつ巧みに中央部から異動させる術策が功を奏しはじめたといえると思います。その上に永田を中心として練られた国家総力戦構想は、頭が固く、時流に遅れつつあった陸軍の大将連を唸《うな》らせ「ウム、これでいこう」と思わせていました。しかも、永田ら秀才グループは国家革新をめざす他省の官僚グループ（新官僚）と提携して、おもむろに政治介入の力を強めていきます。

こうした「中国一撃論」派の堂々たる宣言ともいうべきものが九年十月一日に刊行された「国防の本義と其《その》強化の提唱」（通称陸軍パンフレット＝陸パン）なのです。冒頭の「たたかいは創造の父、文化の母である」、あるいは「〝国防〟は国家生成発展の基本的活力の作用である」とか「国家を無視する国際主義、個人主義、自由主義思想を芟除《せんじょ》し……」とか、おっかない文言が連ねられている文書です。

さらには議会改革、既成政党の解散、政党内閣制の否定、世論指導……など、とにかくすさまじい。これにはときの元海軍大将の岡田啓介首相も心配して林陸相に、いったい陸軍は何を考えているのかと詰問しました。陸相はぬけぬけと答えたといいます。

「いやいや、これらは国民も知識をもっていろいろ研究してくれ、という意味であって、決して実行を強いるものではないのであります」

こうした統制派とよばれた永田派の動きを、荒木大将のいう皇道主義、精神主義、そして対ソ攻撃論を主張する皇道派は、「国家社会主義」として危険視し、ここに両派の対立抗争はいっそう激しくなっていたのです。

では海軍は？　いや、こっちもおかしなことになっていました。ワシントン（大正十一年）、ロンドン（昭和五年）と二つの軍縮条約で、許すべからざる比率を米英に押しつけられたという鬱憤から、一枚岩を誇っていた帝国海軍も二つに割れて、陸軍ほどではなかったのですが、抗争を年ごとに強めていたのです。

「アメリカの極東侵略政策の第一歩が踏みだされたのがワシントン会議であった。それにわが日本はいいように乗せられた。ロンドン会議は、米英に関するかぎり、軍縮ではなく軍拡であった。世界平和ではなくて、日本を屈服させてのアングロサクソンの平和である。日本は戦わずして机上で米英に降伏したようなものである。いつまでも米英の頤使《いし》に従っていられるか」

海軍きっての政治的軍人といわれる石川信吾中佐の言葉ですが、そんな対米英強硬論が海軍中央の中堅士官たちの間にひろがっていました。アングロサクソンの世界戦略にひきずり回されてたまるものか、日本も独自の世界戦略をもち対抗せねばならぬ、というせっぱつまった感情のもとに強大なグループ（艦隊派）ができ、海軍をひっぱっていました。昭和八、九年ごろは「わが海軍に、自己の職務に専念せずしていたずらに天下の志士をもって任ずるというが如き、憂うべき空気が漂っていた」（草鹿任一《くさかじんいち》大将の「手記」）という状況になっていたのです。

さらに悪いことに、八年一月に大角岑生《おおすみみねお》大将が海相の椅子に坐ると同時に、伏見宮《ふしみのみや》軍令部総長の勢威をバックに、愚かな大手術のメスを組織に入れていきます。いわゆる対米英協調派（条約派）といわれる提督たちの予備役編入《よびえき》（つまりクビ）の荒療治です。山梨勝之進大将（八年三月）、谷口尚真《なおみ》大将（八年九月）、左近司《さこんじ》政三《せいぞう》中将（九年三月）、寺島健中将（九年三月）、堀悌吉中将（九年十二月）、坂野常善中将（九年十二月）たち。いずれも次代の海軍をになうはずの軍政家たちであり、有数の国際感覚の持ち主ばかりでした。

この対米英協調派の主だった提督の整理は、つまり対米英強硬派の天下とりということになったわけで、彼らにあっては拳の一撃はそれが正しいか否かが問題ではなく、つねに強弱が問題となったのです。堀悌吉中将が海軍を去ったと同じ九年十二月、ワシントン軍縮条約廃棄が決定され、アメリカに通告されました。苛烈な建艦競争の時代がふたたび幕を開け、太平洋の波が荒立ちはじめました。あらためて反米英思想で民草は静かに煽られていきます。

少々張り扇《おうぎ》の気味がありましたが、わが日本帝国ではそんな時代でした。陸軍では「中国一撃論」が大手をふって闊歩しはじめ、海軍では「アメリカ何するものぞ」との声のみが高くなっていました。陸軍はスターリン政権が内部的に混乱していることをむしろ歓迎していましたし、海軍は海軍で、米英が脅威論・危険論をそれとなく表明しはじめているヒトラー政権に、ややもするとあたたかすぎる視線を送りはじめていたのです。

もちろん、九年夏からのヒトラーの〝血の粛清〟の報も、同年暮から十年にかけてのスターリンの〝血の粛清〟の報も、日本には伝わってきていました。しかし、その正確さにおいては欠けること大であった。しかし、当時の日本人には、政治家、軍人、官僚などの指導者であろうと、実業家をふくめた民草であろうと、ヒトラーにしろスターリンにしろ、その人間像やその人物が及ぼす究極の影響について、それほど関心がもたれていなかったと思われるのです。要するに、この二人の恐怖政治にたいする研究がさっぱりなされていなかった。事実に学ぶ姿勢に欠けていた。そう考えるほかはない。というのも、その当の日本国内でも五・一五事件にはじまって、神兵隊《しんぺいたい》事件、野呂栄太郎獄死事件、武藤山治《むとうさんじ》射殺事件などと、要人殺害が報ぜられて、それほどテロが驚倒すべきことではなかったからです。

ナチス・ドイツへの傾斜

昭和十年（一九三五）三月十六日、国内的に盤石《ばんじゃく》となったヒトラー政権は、がぜん対外的にも強硬策をつぎつぎに実行していきます。まず再軍備宣言が打ちだされます。ヴェルサイユ条約による軍備制限条項の履行を拒絶、これを廃棄し、十八歳から四十五歳までの徴兵制を布《し》き、二十万の国防軍を三十六個師団・五十五万人の常備軍に拡張することを明らかにしました。

しかもゲーリングを総指揮官とする空軍を創設することも宣言。ヒトラーに忠誠を誓った国防軍（とくに陸軍）はその栄《は》えある伝統を踏みにじられた格好になりましたが、文句のいえる筋合いはありません。ナチス党員の比重が重くかかった空軍は、陸軍を軽蔑視しましたが、陸軍のほうもこの生意気な新参者をそれに劣らぬくらい嘲《あざけ》りの目でみていました。総大将のヒトラーはそれをすこぶる楽しそうに上から眺めていたのです。

イギリスにもフランスにも、ヒトラーの暴走を阻止する決意も力も準備すらもありませんでした。フランスは隣国であるだけにかなり慌てふためき、国際連盟に提訴したり、スターリン政権にすり寄り友好を深めることで、自国の力を強化しようとしたりしました。イギリスはとくに何かしようともしませんでした。

ヨーロッパ諸国の恐慌状態を尻目にヒトラーは国会で、まことに洒々《しゃあしゃあ》とした大演説をぶつのでした。五月二十一日のことです。

「ドイツは平和を必要とし、平和を欲している」

「不誠実なリトアニアをのぞくすべての隣国と相互不可侵条約を結ぶ用意がある」

ところが、この演説は、ヒトラーその人が平和主義者としてヨーロッパの国々からは額面どおりにうけとられ、安心感を与え、ドイツ孤立化の潮流を逆転させた（阿部良男氏の著作より）というのですから驚きです。英仏もまたヒトラーにたいする研究がまだおざなりであったのでしょうか。

ドイツの民草は、もちろん喝采しました。われらが平和を愛する総統は、西欧諸国が頑迷な態度を改めず、ドイツ憎しの陰謀を企てたりすることを断乎として排除し、祖国の名誉を平和裡にとり戻しつつあると、そう信じることができたからです。もはやきびしすぎる賠償の必要はなくなり、脱退することで国際連盟とのややこしい関係ともオサラバしました。

それだけでなく、この年の五月十九日、最初のアウトバーン（帝国街道）の、フランクフルト―ダルムシュタット間の高速道路が見事に完成しました。自動車生産への減税でフォルクスワーゲンの開発も着々と進んでいます。それらは民草たちの胆《きも》を奪ったような快挙です。じつはヒトラーの腹には機甲軍団を自在に走らせるための軍事的道路というひそかな目的があったのですが。民草は意図はどうあれ喝采せざるを得ませんでした。まことに政治宣伝としても効果的でした。このあとのドイツの完全な主権の回復は、「ヴェルサイユの鎖」の最後の環＝ラインラントの非武装化が粉砕されるときなのです。

ヒトラーはそのことをとくに承知していました。そのための軍事力の回復そして強化なのです。こうして最後の鎖を断ち切るとき、ヨーロッパ諸国からの猛反撃を食うことなしに、静かに成功し得るような機会をじっと狙っていたのです。これを後世の歴史家は「子守歌戦術」とうまく評しています。

すでに『昭和史』や『B面昭和史』でかいていることなんですが、昭和十年のこのころの日本帝国の情勢についてちょっとふれておきますと、アングロサクソンにたいする敵意が深まるにつれ、ドイツのアウトバーンの建設などが大きく報道され、そのめざましいかなたの国の勃興ぶりには瞠目《どうもく》していました。民草はともかく、陸軍はもちろん、ソ連の五カ年計画の成り行きにも注目はおさおさ怠りなかったと思います。が、そんな外側のことよりも国内問題のほうがはるかに大事です。

年表風にならべながら説明することにしますと、二月十八日に天皇機関説問題がまず大騒ぎとなりました。衆議院の議場で、美濃部達吉博士の著書は国体を毀損するものであるとの弾劾《だんがい》に端を発した問題で、じつはその美濃部攻撃の目的は、政界上層部の穏健派ないしリベラリストを一挙に葬り去ろう、というところにありました。そのためにもうてんやわんや。昭和史をいっぺんに暗いものにしました。

三月二十三日、衆議院が満場一致で国体明徴を決議します。

「天皇ありて国家あり、国家ありて天皇あるのではありません。而《し》かもこれ一体不可分の関係におかせられてあります。故に君臣一如、君国一体の金甌《きんおう》無欠《むけつ》の国体は三千年の伝統となり、恒久不変に確保せらるるのであります」

四月十日の文部省訓令がさらにこれにつづきます。

「……おもんみるに、我国体は天孫降臨の際下し賜へる御神勅により昭示せらるる所にして、万世一系の天皇国を統治し給ひ……」

すなわち、天皇機関説のごときは世界に二つとないわが国体の本義をあやまるもの、天皇の国家統治の大権は神代の昔から決まっていることである、というわけです。それが国体明徴ということなのです。

といった具合で、〝血の粛清〟などという他国の物騒な事情がどうであれわれわれにかかわるところなしで、日本国内は喧々《けんけん》囂々《ごうごう》。その上にまた、陸軍部内では、総力戦構想による国家改造を目的とする統制派と、精神主義・皇道主義を重視する皇道派の対立抗争は、統制派優勢のうちにより激化していました。その結果が、皇道派の重鎮の教育総監真崎甚三郎大将の罷免（七月）として現れ、それにたいする仕返しとして統制派の中心人物の軍務局長永田鉄山少将の暗殺（八月）という事件が起きたのです。犯人の相沢三郎中佐は「天誅《てんちゅう》を加えたのである」とうそぶいたといいますが、たしかに本人は殺人を正義の行動と確信していたようなのです。

そしてこの抗争のピークとなるのが、翌十一年の二・二六事件というわけなのです。

ベルリン五輪と一等国

昭和九年（一九三四）のワシントン軍縮条約破棄につづいて、十一年一月には、ロンドン軍縮条約からも日本帝国は脱退しました。いよいよ日本帝国は、ナチス・ドイツと同じように、国際連盟を中心におく世界協調路線を無視して独往邁進でおのれ独自の道を歩きはじめたのです。と、ゆっくりと昭和史をかいている余裕などは、じつはなかったのです。そうです、二月二十六日、完全武装の陸軍部隊千四百余名による重臣暗殺の大事件が起きたのですから。昭和史を根本から揺るがす大事件の勃発でした。

この国家的大事にさいして、内閣は無力そのもの、当の陸軍首脳はなすところを知らず右往左往しました。彼らを〝決起部隊〟としてひたすらなだめようとしていましたのに、ひとり毅然として〝叛乱軍〟と彼らをよび、討伐せよと命じたのは昭和天皇です。

「かかる凶暴の将校らはその精神において何の恕《ゆる》すべきものありや。朕《ちん》みずから近衛師団を率い、これが鎮圧に当たらん」

まことに堂々たる大元帥の言葉でした。

と、二・二六事件のくわしくは『昭和史』ですでにかいていますので、これまでとしますが、四日間にして叛乱は鎮定されて民草には日常の生活が戻ってきました。その直後の四月十五日のことです。外務省が妙なことを発表しました。詔書、公文書などのなかでこれまでは日本国、大日本国、日本帝国、大日本帝国などとまちまちに呼称されてきたが、本日より「外交文書には大日本帝国で統一する」。また、皇帝と天皇とが混用されてきたが「大日本帝国天皇に統一する」とも国民におごそかに知らせたのです。

単なる言葉の問題ではありません。その裏に、もはや民草ではなくて、これからは日本国民たれ、という意識の新しい転換が民草一人ひとりに要請されたのです。いいか、これからは世界に冠たる大日本帝国国民なるぞ、というわけです。同時に、今後は威厳と権威にみちた重々しい国名で、欧米列強との交渉にあたる、という決意を国家が外にも示したということなのです。寂しい〝世界の孤児〟にあらず、というわけです。いよいよわが国も、ナチス・ドイツのごとくに、天下独往でいくの意志を全世界に明示したのです。

そのナチス・ドイツの天馬空《てんばくう》を行くごとき独往の第一歩が、その前にありました。三月七日の夜明けにドイツ陸軍の先発部隊がラインラントへの突如とした進駐を開始したのです。これはイギリス・フランス・イタリア・ベルギーそしてドイツの五カ国の間で締結されたロカルノ条約を勝手に踏みにじるものでした。そしてフランス・ベルギー国境ぞいに要塞をただちに建造しはじめる。ヴェルサイユ条約に規定されているライン非武装条項の遵守と、相互の不可侵を完全に破った強硬な軍事進出です。それをヒトラーはいまこそ完全な主権回復のチャンスだと、シャハト蔵相やブロムベルク国防相の反対も無視して、進駐命令を下したのです。ゲーリング空軍相とゲッペルス宣伝相は積極論者であったようですが。

しかも進駐したドイツ軍はわずか三千人。もし強力な抵抗にあったならば、ただちに撤退せよ、との命令をうけていたといいます。ヒトラーとしては珍しく慎重、かつ大胆不敵な軍事行動でした。

ところが、不意をつかれたロンドンとパリの両政府はまたしても大恐慌をきたすだけでした。電話でしきりに連絡をくり返し、対策を協議しましたが、ラチはあきません。国境を接して直接に脅威をうけるフランスは、ある種の覚悟は固めたものの、自国の軍事力で立ち向かうだけの決意なし。イギリスも「もしドイツがフランス、ベルギーを攻撃したならば、その援助の義務を負う」と表明はしたものの、積極的な軍事行動にでる意志などは示そうともしませんでした。結局は、粘り強い外交より、劇的な行動こそおのれの威信と意志を示すと考えるヒトラーの大勝利となったのです。

それがどういう影響を将来にもたらしたか、と考えてみれば、答えはおのずから明らかです。相当に悪辣《あくらつ》な国際協定の侵犯行為にでても、西欧諸国はなすがままに任せてただ黙認する、とヒトラーの信念を強めさせるだけ、ということであったと思います。いまどこかの国の大統領も似たようなことをやっている。歴史の教訓に学ぶときと、わたくしは考えています。

そしてライン進駐に危険千万であるからと反対していた国防軍の将軍たちは、その面目を全員が失い、ヒトラーの荒々しい直観がかえって威信をいっそう強めることとなる。いっそう頑強となったヒトラーのこの人並はずれた自信が、八月のベルリンで開催された第十一回オリンピック大会で、さらに驚くべき宣伝戦を展開することで大輪の華をひらかせました。いまやナチス・ドイツは押しも押されもしない強大国の一つにのし上がったのです。

このベルリン大会は昭和六年（一九三一）のIOC総会ですでに決定されていたのです。じつは大正五年（一九一六）にベルリンで開催のはずであった第六回大会が、第一次世界大戦のために中止となった、その代わりとして世界が承認したものでした。はじめはオリンピックはユダヤ的なものであり、莫大な資金が要るからとして反対の声が国内で高かったのです。しかし、ヒトラーが首相となり、ユーバー・アレス（「世界に冠たれ」）というドイツ国歌にうたわれた伝統的ドイツ思想を世界各国に示すためにも絶好の機会となる、というヒトラーの鶴の一声で文句なしに開催と決まったといいます。それだけに国費を思う存分に投入、軍隊まで動員し

ヒトラーの威信を高めたベルリン・オリンピックの入場式（1936年8月）

て派手派手しく挙行されました。それにしてもまことにいいときに挙行されたものよ、と思わないでもありませんが……。

聖火リレーもこのときを嚆矢《こうし》としています。太陽の神アポロの火をツァイスのレンズでとり、これをギリシャのオリンピアからブルガリア、ユーゴスラヴィア、ハンガリー、オーストリア、チェコスロヴァキアをへてドイツに運ぶ。三千七十五キロを千数百人がリレーして開会式で聖火台に点火される。そうした意想外の演出もふくめ、いやはや、ヒトラーの考えそうな大がかりのお祭り騒ぎで、世界中をアッといわせました。

この大会での日本選手の活躍については『B面昭和史』でかきましたのでそっちへ譲りますが、このとき大日本帝国は国威をナチスに負けずに世界に示すため（四年後の東京オリンピックのためのデモンストレーションの意味もありましたが）役員六十七名、選手百五十四名を送りこんだのです。この資金を思いきって投入しての壮挙はドイツ国民を喜ばせたようですが、ヒトラーや政府筋、ドイツ組織委員会には、日本がみずからを大帝国と買いかぶっていたほどには大歓迎とはいかなかったようです。大会後は兵舎に転用される予定で新設され設備もととのった選手村には入れてもらえず、ハンガリーやチェコスロヴァキアなどとともに、古びた旧兵舎の選手村のほうに寝泊まりすることになりました。

ボートレースの日本代表となったわたくしの先輩が、「わが国は一等国をもって自負していたんだけれどね、ヒトラーはかならずしもそうは思っていなかったのじゃないかね」と、ずいぶんのちのちまでボヤいていたのを覚えています。先輩もわたくしも、日本について侮蔑しきった部分が完全に削除された戦前刊行の『我が闘争《マイン・カンプ》』しか読んでいなかった時代の話です。

その自称一等国の、世界五大強国の一つの大日本帝国がナチスに鞠躬如《きっきゅうじょ》としてすり寄るのは、それからほぼ三カ月後というのですから、少々情けない気持ちになってきます。

スペイン戦争と「ゲルニカ」

その前に直接的には日本と大きくは関係ないことですが、世界を揺るがせた戦争（内戦）が起こったことをかかなければなりません。

この年（一九三六年）の二月の総選挙で、中道および左翼政党など複数の政党が、連帯して人民戦線を形成し、右翼勢力に対抗して戦って大勝利を得た結果、スペインに共和国政府が成立しました。ところが、七月十七日、極右グループの支援をうけたフランコ将軍に率いられたモロッコ駐屯のスペイン軍がクーデタを起こし、本土に向かって攻撃を開始すると表明、これに政府はもちろん断乎撃滅を宣言します。スペイン戦争の発端です。

と、この項をかきだしたものの、スペイン戦争はケリがつくまで二年半もつづき、結局はフランコ軍の勝利となるのですが、くわしくかいている余裕はここではありません。イギリスの作家G・オーウェルの従軍記ともいえる名作『カタロニア讃歌』をその昔に読んで、やるせなくも悲しかった記憶のみがわずかに残っています。その一節を引用するにとどめようかと思います。

「……私が前線で知った兵士たち、ある者は戦死し、ある者は不具になり、ある者は獄舎に、知る由もないまでに散り散りになっている彼ら――その大部分が今もなお無事で健康であることを私は願う。みんなの幸運を祈る。そして彼らが戦争に勝って、外国人を全部、ドイツ人もロシア人もイタリア人も同じようにスペインから追い出すことを私は願う。私が無益な役割を演じたこの戦争は、大体においてひどく悪い記憶を私に残しはしたが、それでもなお私にはそれを後悔する気持にはなれない……」

オーウェルはこのとき三十三歳。そうなんです、この戦争では、世界中から二十代、三十代の若者たちが、だれに頼まれたわけでもないのに自発的に、その理想のために命を賭《と》して外国の戦場へ赴いていくという事実があった、ということぐらいは心に銘じておいて欲しいのです。

オーウェルの文章のなかにありましたように、スペインの国民にとっては本質的に内乱でしたのに、ヒトラーとイタリアのムッソリーニはフランコ側に武器を送り、将兵を派遣し攻撃に参加し、たいしてスターリンは政府側について武器や将兵を送りました。米英の両大国は中立を表明して正式には介入してきませんでしたが、いろいろな形で政府側を応援し、スペイン戦争は、これら大国の代理戦争の様相を呈したのです。そのために戦争は長びき、平和の鐘はなかなか鳴り響きませんでした。つまるところは、これらの諸外国はつぎの戦争に備えて武器、たとえば飛行機の戦闘力の実戦訓練場ともスペインを考えていたのです。外国の介入がなければ、これほど戦場が輻輳《ふくそう》し戦闘が長びき、悲惨になることもなかったのではないか。しかも、ヒトラーもムッソリーニもスターリンも、そのほか武器や将兵を提供したすべての小国もふくめて、当然支払いをスペインに期待していたというのですから、何をかいわんやというほかはありません。

一つエピソードを加えておきます。戦争のはじまった翌年の昭和十二年（一九三七）四月二十六日、ドイツ空軍の四十三機がバスク地方の小都市ゲルニカを三時間にわたって爆撃しました。この爆撃で住民約千人が無残な殺され方をし、建物の七割が破壊され、歴史のある町は消滅同然となりました。ドイツ空軍はこの小さな町の歴史的重要性なんかまったく知りませんでした。ですから、この無差別爆撃ができたのでしょう。

ピカソの有名な大壁画があって、スペイン戦争といえば「ゲルニカ」ということになりました。「スペインを苦痛と死滅の海に投げこんだ軍閥にたいする憎悪」をそこに表現した、とピカソは語ったといいます。そしてピカソその人はフランコ軍事政権下のスペインから亡命を余儀なくされたのです。が、この絵をパリ万博のスペイン館用に依頼したのは、なんと、プロパガンダにかけては世界一巧みなコミンテルン（共産主義インターナショナル）だったというではありませんか。多分、ピカソは知らなかったでしょう。もしわたくしが教えられた話がほんとうなら、あの名画はフランコ政権を正当化するためのもの、歴史とは皮肉なものよ、と同じ歎きをくり返すばかり、ということになります。

それはともかく、もう何十年も前になりますが、ニューヨークの近代美術館の第三〇号室の正面に飾られていたこの大きな壁画を実見したとき、わたくしはやっぱり息を呑みました。圧倒的な圧力で戦争の悲惨さが心にのしかかりました。昭和二十年（一九四五）三月十日の東京大空襲で数限りないほど見せつけられた黒焦げの炭化した焼死体をいやでも想いださざるを得なかったからです。いまこの壁画は、昭和五十六年（一九八一）九月十日にアメリカから返還されて、スペインにあるといいます。ピカソはその八年前に亡くなっていましたが、フランコの死後に民主化されたスペイン国民の総意によって還されることは、この画家の終生の願いであったとのことでした。〃孤独の王様〃も泉下で喜んだにちがいありません。

日独防共協定の調印

いっぽうではオリンピックの熱狂、いっぽうでは血で血を洗う戦争と、ヨーロッパ情勢は昏迷を深めておりました。とくにスターリンにとっては、反共を標榜する独伊が手を握ったという事実は最大の関心事となった上に、アジアでは軍縮条約をすべて廃棄して日本が強国化しつつあることにも、迫りつつある危機を感じないわけにはいかなかったのです。しかも中国では蔣介石の国民党と毛沢東の共産党が争闘を展開しているのも頭の痛い問題でした。

これをまた、いっぽうのヒトラーの側からみれば、スペイン戦争はスターリンのソ連がいよいよ歯をむきだし拡大主義の野望をあらわにしてきたことを意味し、黙視しているわけにはいかない危機と認めるほかはなかったのです。九月十四日の党大会でヒトラーは例のごとく身ぶりも大きく演説しています。

「ボルシェヴィズム（ソビエト共産党）は、国家や社会の区別なく、全人類の秩序の基礎、われわれの文明観念、われわれの信仰およびわれわれの道徳の基礎を攻撃し、いまやそのすべてが一様に危機に瀕している」

この危機と敢然と対抗できるのは、鳴りをひそめている米英を別とすれば、わがドイツとイタリアのみ。ほかの国家はソ連にたいして戦いを挑むことはとてもできない。そう観察しながらも、ちょっと遠くに視線を及ぼせば、アジアには日本という躍進しつつある国があるではないか。この国はソ連のかもしだす危機に対抗できるアジアで唯一の強国ということができる。しかもその日本は、この夏のベルリン五輪の開会入場式で、選手団は整然と隊列を組んでナチス・スタイルで開いた手を横にだし、われらが総統に礼儀正しく敬礼して行進していった。それがドイツ観衆を大喜びさせたではないか。その年の夏の真っ只中から、ヒトラー政権はがぜん日本に興味をもち好意を寄せてきたのです。

そのことをまた大歓迎したのが日本陸軍なのです。

また『昭和史』をなぞることになりますが、二・二六事件後から組閣した広田弘毅《こうき》首相は、たしかに口では「陸軍の横暴を抑え善導する」といってはいましたが、結局その政策はすべて陸軍のいいなり、善導どころか「屈服」する格好になり、のちに重大な影響を与えるとくに三つの政策を実行に移します。「国策大綱」の制定と軍部大臣現役武官制の復活、そして日独防共協定の締結。すべて陸軍を喜ばせるものばかりでした。

ここでは日独防共協定に限ってかきますが、ドイツ側からの話しかけは、この年の夏の初めごろにナチス党外交担当リッベントロップ（十三年二月に外相就任）が、ドイツ駐在陸軍武官の大島浩大佐に日独攻守同盟を提案してきたときにはじまります。その裏の動機にはリッベントロップの個人的な功名心があったといいますが、大島は「対ソ攻守同盟ならば」と返答しました。二人の間だけの秘密裡の交渉でしたが、五カ年計画によるソ連極東軍の強大化で対ソ戦略に頭を痛めはじめている陸軍中央部には、この話は渡りに船の誘いであったようです。それに前年の八月にモスクワで開かれた第七回コミンテルン会議で、スターリンが日本とドイツをともにファシスト侵略国といい、激しい言論攻撃をかけてきていたことも影響していました。

さらにはこの年の六月九日、駐ドイツ日本大使の武者小路公共《きんとも》が総統官邸によばれたとき、ヒトラーにこういわれたという報も伝わっていました。

「自分は日本と協調していきたい。自分は共産主義と妥協することなく戦うことが、ヨーロッパを救う唯一の道であると心得ている」

ヒトラーの考えがそうであるなら、そのドイツと対ソ軍事条約を結ぶことで東西からソ連挟撃態勢をつくることは、大日本帝国にとってはまことに妥当な戦略であり政略である。そう考える陸軍中央部からは大島武官へ交渉をより進めるように指令が飛んでいきます。その後の細かい経緯は略しますが、こうして十一年十一月二十五日に、ベルリンで日独防共協定（正式には「反コミンテルン協定」）が調印されることとなったのです。陸軍の強い要望で広田内閣はこれをあっさり受け入れました。

くり返しますが、それまでベルリンの日本大使館も東京のドイツ大使館も、交渉には直接には参加していなかったのです。『昭和天皇実録』にも十一月二十五日には「協定及びその附属議定書の調印が行われ、二十八日に公布される」とそれだけが記されています。が、その前の十月三十一日の項に面白いことがかかれているので、ちょっと驚かされます。

「この日、今後ドイツ国宰相と恒例親電を交換することを御治定になる。これにより、同国宰相アドルフ・ヒトラーよりは、天長節に際する祝電が翌年以降毎年寄せられ、また天皇よりは、翌年より毎年五月一日の同国国際日に際して祝電を御発送のこととなる」

日独両国がすでに相接近し親しくなっていることが明らか、ということなのでしょう。

なお、附属議定書のことが『実録』にありましたが、これが存在したということが、じつは肝腎なところなのです。列強がひとしく想像したように、日独どちらの国であろうとも、もしソ連から攻撃をうけるようなことがあったときには、日独両国はかならず相互に援助するという固い約束がなされていた、と附属議定書にはかかれていた、ということなのですが、どうやらそういうわけではなかったようなのです。ただ、それが明記されていたかどうかが問題なのではなく、国際連盟から脱退した二つの大国がしっかりと結びついたというのがそもそもの問題なのです。そのことについては、元外相の幣原喜重郎《しではらきじゅうろう》が陸軍の長老宇垣一成《うがきかずしげ》大将に語った言葉が、まさに図星を突いているといえます。

「相手がロシアに限るなどということは、出来るものではない。ドイツがイギリスと戦うとか、イギリスがロシアを援けるとかしたらどうする。同盟というものは、かかわり合いが出来るもので、区別して大丈夫だなどといえるものじゃない」(『外交五十年』)

つまり「防共」を越えてそれはかならず軍事同盟につながっていく、それが協定というもの。

事実、この協定の延長として日独伊三国の軍事同盟が十五年（一九四〇）九月には成立し、太平洋戦争への導火線に火をつけることになったのはご存じのとおり。原田熊雄『西園寺公と政局』に、広田首相のいとも呑気な述懐があります。

「日独条約が出来たので、大体陸軍の中の空気も満足しておるように思われる」

まったく何をおっしゃる広田さん、といいたくなります。世界の眼光はそれはそれはきびしく、日本政府（というより軍部）の意図を見抜いているのです。[*1] 駐日ソ連大使との会談を綴ったアメリカ大使グルーの『滞日十年』をまた引いてみます。

「彼〔ソ連大使〕はこの軍事協定は疑いもなく英国を目標としているといい、私がその理由を聞くと、それは戦争が起った場合、英国海外領土と蘭印〔現インドネシア〕とを両国で分割することを考慮しているからだと答えた。これは日本の南進政策とドイツが植民地を欲している線にそっくり沿っているともいった。（中略）彼は日独協定が、日ソ関係に大打撃を与えたということを強調していた」

広田内閣が八月に決定した「国策ノ基準」の「外交国防あいまって東亜大陸における帝国の地歩を確保するとともに、南方海洋に進出発展する」の大方針〝南北併進〟がそのままソ連大使に読みとられ危険視されていた！　なんとも列強が警戒を強めるだけの高圧的な政策を広田内閣はいくつもきめていたことか。満洲国という傀儡《かいらい》国家を建設したからつぎは東南アジアの列強の植民地へ。大日本帝国はすでにして増上慢な国となっていたのでしょうか。

前々からそれとなく噂にのぼっていましたが、まさかと思っていた日独防共協定の調印は、世界の国々にさまざまな、小さからぬ反応を起こさせました。イギリスはそれまでにもヒトラーにたいして相当にきつい牽制をくり返していましたが、もはやこの独裁者を説得するのは無理とこのときに諦めたといいます。しかし、それではどうしたらいいかとなると思い惑うばかり。フランスは途惑いつつ国境線の防禦態勢（マジノ線）を固めはじめる。アメリカは、ルーズベルト自身は怒りをかなり示しましたが、国内の大きな経済的な困難の克服を優先しなければなりません。とにかく、おかしなくらいアメリカの輿論はいぜんとして孤立主義に傾いていたからです。さらに少々大袈裟にいえば、欧米諸国では『わが闘争』にかかれているようにドイツの領土拡大は東方、つまり絶え間ない攻勢の目標をポーランドそしてソ連においていると、そう強く観測していたのではないかと考えられます。

スターリンの「大量虐殺」

そうであるから、この協定にもっとも大きな危機感を抱いたのはソ連、ではなく、スターリンその人であったのです。とくに三月に非武装のラインラントにドイツ軍が進駐したということが、スターリンの猜疑心に火をつけたのですが、そのあとでの日本へのヒトラーの奇妙な接近です。スターリンの眼には日本とドイツは好戦的な侵略主義の権化にしかみえない。しかも両国ともソ連を敵視し、国際連盟を愚弄している。その国連なんかそもそもが当てにできない、ばかりではなく、モスクワにたいする西欧諸国の態度は相も変わらず不信にみちている。といって、それはすべて日独防共協定が誘発したなどと強弁するつもりは毛頭ありませんが、そうした外的な諸条件がスターリンの心に、国内的にも警戒と疑惑と残忍さとを巨大に育てあげたにちがいないと思われるのです。

それが、すでに在獄中であったジノヴィエフとカーメネフと、それほど人物でないそのほかの被告たちにたいする裁判が、まったく前ぶれもなく八月十九日から二十四日にかけてモスクワでひらかれた理由でありました。それはたしかなことであったと思います。

キーロフ殺害に関連して被告席に昨日までの仲間であった共産党員が坐らされた例のないわけではありませんが、レーニンの側近でありスターリンの協力者でもあったこれほどの大物二人がいまや牢獄から引きだされて坐るというのは、かつてないことでした。ソ連国民が震えあがったか、平然と眺めていたのか、はっきりしません。しかし、いまや全力をあげて建設しようとしている国家にたいする〝叛逆の罪〟しかも共謀の罪もあるという党中央委員会の発表は、民衆の恐怖心に訴えるところは大きかったし、より広範囲の新しい恐るべき粛清をある意味では正当化するものであったのです。つぎつぎに被告席に坐らされるものたち、つまり叛逆を共謀するものたちはすべてトロツキストのレッテルのもとに一括されました。彼らは亡命中のトロツキーの秘密命令に従い、国家を転覆するための援助を求めてドイツと日本と共謀した、とほぼ共通して罪状を読みあげられました。

ジノヴィエフとカーメネフは、一説に、家族には手をふれない、自分たちの命は助けるという交換条件で、とにかくすべてを自白することに同意した、ともいいますが、どうでしょうか。真偽のほどはいずれにせよ、裁判の終わったあと一日も経たないうちに二人ともあっさり銃殺されています。この二人の大物の始末がすむと、スターリンは間髪をいれずに逮捕していた十六人の被告を有罪と認め、すべて銃殺刑に処しました。

党の中央委員会の政治局は、スターリンに忠実でそのいいなりになる連中で構成されていて、反対のハの字もいうものはなかった。

「彼〔スターリン〕は会議の司会さえもしなかった。たいていの場合、彼は黙って討議に耳を傾け、ときおり庶民の使うような皮肉や半ば冗談だが意味深長な脅し文句を吐いたり、たまらないといった身振りを突然示したりするだけだった。だが、これで大部分の問題は決定された」（ドイッチャー『スターリン II』）

第一回の叛逆罪による死刑が行われたあと、五カ月後の十二年一月には、同じように世界を驚かせた第二の大々的な裁判がひらかれ、結果は被告人たちは死刑あるいは流刑でした。こうして、このあと独裁の恐怖をテコにしてスターリンは、だれであろうと血も涙もないやり方で〝内部の敵〟を殺すことができるようになりました。〝粛清〟（ロシア語で「チーストカ」）はこの十一年から十四年（一九三九）にかけて、もはやスターリンの、いやないい方ですが、独擅場《どくせんじょう》となったのです。少しでも疑われた人びとは夜中に連行されていって、その後は決してその姿がみられなくなった。心ある人たちには夜の到来が恐ろしかったといいます。

「世界史のなかの昭和史」と題している以上、かいていても心が痛むばかりであるし、昭和史にとくに関係のないソ連の国民の悲惨についてはこれまでとしてやめます。ただ、昭和三十一年（一九五六）二月二十四日、ソ連共産党第二十回大会の最終日にスターリンを徹底的に批判し、世界中を愕然とさせたフルシチョフ第一書記の演説があげた数字だけは紹介しておきたいと思います。すなわち、昭和九年の第十七回の党大会で中央委員に選ばれた百三十九名のうち九十八名――つまり七〇パーセントが、昭和十二年から十三年の間に逮捕され銃殺されている、というものでした。さらには、第十八回党大会（昭和十四年三月）に出席した代議員千九百六十六名のうちの千八百名が同じ運命にあった、というのです。

フルシチョフは個人崇拝を否定して集団指導を、とこのとき強調していたのですが、〝無謬《むびゅう》の人〟にして大祖国戦争の〝勝利の父〟であり、党書記長・首相かつ大元帥であったスターリンを、完膚《かんぷ》なきまでにこきおろした、この発表のさいの驚きをわたくしはしっかり覚えています。[*2] しかし、ほんとうのところ大量テロルの犠牲者の数はどのくらいであったのか、確かな数を手に入れることは不可能。もちろん再調査もされていないようです。

それにしても世界の知識人たちは、このおぞましき何年にもわたって行われた大量殺人の事実をその当時はまったく知らなかったのでしょうか。そんなことはないと思います。祖国を逃れでた多くの人たちの口をとおしてかなりの情報を得ていたのですから。にもかかわらず、かならずしもこれをきびしく糾弾する声をもち合わせていなかったようなのです。原典に当たることはできませんので、イギリスの歴史家P・ジョンソン著の『現代史』上巻から孫引きして、たとえばフランスの作家アンドレ・マルローが語った言葉をあげてみます。

「宗教裁判がキリスト教の根源的な権威を損うことはなかったように、モスクワ裁判も、共産主義の本質的な権威を傷つけてはいない」

もうひとり、わたくしが中国古代の非戦論の思想家を扱って『墨子《ぼくし》よみがえる』をかいたとき、大いに学ぶところのあったドイツの詩人・劇作家ブレヒトの、まったく思いもかけないような発言も引いてみます。

「モスクワ裁判はスターリン政権に対しいかに陰謀の数々がうず巻いているかを明確に示している。国の内外を問わず、ならず者や人間のくず、犯罪者、情報屋がなんと多いことか……そういう唾棄《だき》すべき連中……によって計画された恥ずべき悪行の数々。私はこれが真実だと信じている」

まったく、この反戦的な詩人よ、あなたはその当時ほんとうにそう思ったのですか、という歎きを発するばかりです。当時の知識人たちにとって、あるいはナチス・ドイツや大日本帝国のほうが国際法無視の無法の国家であり、世界平和秩序の維持のためにはるかに危険である、それらファシズムに断乎として反撃できるのはソ連のみ、とでも考えられていたのでしょうか。もういっぺん、いやはや、というのみです。

国共合作が協定されたとき

「金曜日　早暁、神嘉殿南庭において四方拝を行われる。ついで、歳旦祭につき、賢所・皇霊殿・神殿において御拝礼になる。午前八時、鳳凰ノ間における晴御膳に臨まれる」

と『昭和天皇実録』にあるように、満洲事変、五・一五事件、二・二六事件と穏やかならざる歳月をへてはいるが、この年もまたいつもの年と同じように天皇は心静かに昭和十二年（一九三七）の年明けを迎えました。いや、陰鬱なるさまざまな事件から離れて、穏やかにと祈りつつ、新しい年を迎えるつもりでしたでしょうが、そうはいかないのが歴史の苛酷なところです。十一年暮の、昭和史にとってもかき落とせない重要な出来事のあったことを忘れてはいけなかったのです。十二月十二日に起きた西安事件です。

父張作霖を爆殺された蔣介石軍麾下《きか》の張学良は心底から日本軍を怨み、対共産党軍との戦闘に闘志をわかそうとはしません。その手ぬるさに業《ごう》をにやした国民党の蔣介石が、督戦すべく南京から西安へ飛来します。「真の敵は日本軍です」と主張する張学良は、頑として自分の意見具申をきかない蔣介石を、それならばということで監禁してしまうという一種の叛乱の挙にでたのです。これがいわゆる西安事件なのですが、問題はその蔣介石をどうすべきかでした。殺すか、このまま隠遁させるか。その報をうけた延安にいた毛沢東はその即時の処刑を強くのぞみましたが、なんと、スターリンが反対したのです。周恩来もその主張に同調して毛沢東を説得します。

そのときのスターリンの胸中には、政権転覆や要人暗殺を企む〝敵〟の手先がソ連国内に多く入りこんでいるという猜疑心が深く食いこんでいました。さらには、満洲建国の成功で意気軒昂たる日本軍の攻撃を心から恐れています。いまは内部の敵との戦いに全神経を集中せねばならないとき。さりとて、アジア方面の国境を放っておくわけにはいかない。やむなくソ連軍の全歩兵部隊の四分の一、赤軍が備えていた大砲の総数の二〇パーセント、戦車の総数の二二パーセントをソ満国境線に送ってこれを配置する、という巨大な国土を防備するためにできるかぎりのことをしていました。

蔣介石（左）と毛沢東。のち1945年の重慶会議で和合した際のツーショット

そうしたスターリンの戦略観からすれば、中国が内部抗争に明け暮れていることをそのままにしてはおけないのです。といって、これまでのようにそのイデオロギー上の信念のもと、国民政府打倒を唱える中国共産党の活動の支援だけですましておくのは愚策でしかないことになる。日本軍に当たるためのとるべき戦術は、国民党と共産党が一つになる、つまり国共合作これあるのみ、ということなのです。ところが蒋介石がモスクワを信頼していないことがはっき

りしている。そこでスターリンは毛沢東を説き、毛沢東がやっと折れると、周恩来に蔣介石説得を督促して蔣介石監禁事件を有利に導くことに、年末も年初もない努力を傾注した、というわけです。

　蔣介石にはまた、たとえ死刑となってもやむを得ないと覚悟しての、彼なりの戦略が種々あってなかなか首をタテにふろうとはしなかった、と思います。モスクワを敵視している西側諸国、とくに中国と利害関係の大きい米英がいます。それらの国々の反ソ・ムードを考慮にいれずあっさりモスクワに接近していくことは、日本との関係悪化よりも、かえって国家統一のためにならない。といって、日本軍の集中的な進攻がもしあれば、これに単独で抗戦することの不可能は明白です。民族統一路線を成功させるためには、国をあげての〝愛国戦争〟が必要なのです。さらには万が一にも日本軍の中国本土への侵略がはじまれば、米英などの西欧列強を抱きこんで、戦争の「国際化」をはかるのが最良の政略と考えているのです。それゆえに蔣介石が意志を固めるにも時間がかかりました。このときも世界史の流れというものは一直線にさあーとはいかないようなのです。

　国共合作の協定がいつ結ばれたのか、確かな日時を特定するのはむずかしいのです。話し合いは延々と、まとまりかけたりこじれたりしつつ、しかし断絶することなくつづきます。楊逸舟『蔣介石評伝』下巻によれば、昭和十二年六月には国民党軍が軍事使節団を共産党軍の本拠地延安に送りこみ、熱烈に歓迎されて反帝統一戦線の民衆大会がひらかれた、とあります。

「大会場には国民党の青天白日旗と共産党の五星紅旗が交差して掲げられ、マルクス・レーニン・スターリン・孫文・蔣介石・毛沢東・朱徳《しゆとく》らの肖像が壁の上に飾られてあった」

そして、A・スメドレー『偉大なる道――朱徳の生涯とその時代』に朱徳のそのときの挨拶が引用されています。

「本席は、幾百万のわが国最良の子弟が死んだ、血で血を洗う兄弟殺しの十年が、いま終ったことを示す歴史的な時点にあると思います。この民族統一戦線が、数年前に成立していたとするならば、中国の人力や天然資源は濫費されなかったでありましょうし、領土を失うこともなかったでありましょう。そして今日、われわれは日本と対等に戦えるほど強くなっていたでありましょう」

とすると、六月には協定が結ばれていた、と決めてかかりたくなりますが、E・スノー『目覚めへの旅』には、またこんな風な断定的ないい方が残されているのです。

「蔣と共産党の交渉は、一九三七年六月には行き詰ってしまった」

そうなのか、と思えば、ジョンソンの『現代史』上巻にはびっくりするようなことがかかれています。

「七月五日には中国共産党と国民党とのあいだに国共合作協定が結ばれる。その二日後の七月七日夜、北京郊外の盧溝橋（マルコポーロ橋）にいた日本軍と中国国民党軍のあいだに最初の『事件』が発生した。最初に発砲したのは中国側だったが、この事件は拡大して、やがて全面戦争に発展していく」

という風に、国共合作協定がいつ結ばれたのか、まったく困惑するばかりなんです。ジョンソンの七月五日説の出典が何なのか、残念ながらいまのところ探しだせません。それがもし〝真実〟なら、その二日後に事件、いや日中戦争が勃発しているのです。またまた歴史とはいかに皮肉なものかという言葉をもちだすほかはありません。しかも、この盧溝橋の〝運命の一発〟が、ご存じのように大日本帝国を亡国に導いた太平洋戦争の発端になったのですから。

ヒトラーに扮した近衛首相

盧溝橋事件そのものは、それまでに何度もくり返されている日中両軍間の小衝突であったにすぎません。目と鼻の先に相接して対峙している日中両軍ですから、一触即発の危険な状態につねにありました。最前線がそうしたムードにあることを承知していたのですから、陸軍中央部や政府筋やマスコミがどうしてこの小衝突を大仰にとり扱わねばならなかったのか、という怨み節をまたくり返さなければならないのです。しかも、いったんは休戦しているのです。

ときの首相は、かくまでもないことかと思いますが、戦争勃発のほぼ一カ月前の六月四日に組閣した近衛文麿でした。いまと違って民草の総選挙の結果として選ばれる時代ではなかったのですが、近衛は家柄もよく若くもあり風采も立派ということで、早くから民草の期待を一身

自邸での仮装パーティでヒトラーに扮した近衛文麿（中段左）

に集めていた政治家でありました。その近衛が首相となるちょっと前の四月十五日、次女の結婚式の前日に写された一葉の写真があります。永田町の自邸にごく親しい人たちを招《よ》んで、娘とのお別れの意味をこめてひらいた仮装パーティのそれですが、このとき近衛はヒトラーに扮しているのです。

　折から近衛首相待望の声がマスコミを賑わせているとき。自分もヒトラーのごとくに、とまさか思っていたのではないでしょうね。いや、そのまさかは「まさに」といい直すべきかもしれません。そのころ、ヒトラーの率いるドイツは自給自足経済を確立し、ヨーロッパ最大の空軍と機械化陸軍を擁する大国。そしてイギリスのチャーチル下院議員の叫んだように国土拡大と「戦争精神の鼓吹」を大声でつづけている国になっています。日本軍部のなかには憧憬の眼差しでみている将校たちも多くなりはじめていたのです。

　この年の「文藝春秋」七月号には政治評論家・阿部真之助の皮肉な近衛論の文章が載っています。

「十年前、左翼華かなりし頃は彼の姿は自由主義より、もっと左に寄った位に映ったのであるが、今では時代と共に、漸次右へ移動して、自ら国家社会主義者と、公然名乗るを辞さないまでになった。彼が仮装会で、ナチス独逸のヒットラーに扮したのも、仮装の裏に、彼の本心が潜んでいたのだった」

最近流行のポピュリズムという政治手法が否応なく浮かんできます。指導者個人の人気を背景に、威勢のいい政策を掲げて民草の感情に訴える、だれかを敵とみなして対話より対決を選ぶ、はたして政策が実現できるか否かは二の次。そんな政治手法のことなのですが、戦争がはじまったとき、そんな首相を頭にいただいていた、それは日本の民草にとってはただもう不幸であった、というしかありません。

ただし、その当時の日本の民草は？　この年の夏までの空気はどことなく陽気でのんびりとしたものであったのです。戦争がすぐ隣に立っているとは思ってもいません。満洲事変からの軍需景気がうまく作用して、十二年までの経済成長率は平均七パーセントで世界最高、ウォール街の暴落による世界的不況からいち早く脱していました。『B面昭和史』でこうかいて、さらに一言余計な喜びの声をあげた覚えがあります。

「成長は設備投資を誘発し、設備投資はまた景気を過熱させる。それでこの年の成長率は、なんと、二三・七パーセントというではないか。戦後のバブル最盛期でさえ一四パーセントであったことを思うと、ウヒャーと驚声をあげたくなってくる」

しかしながら、リアリズムに徹して国防の事実をしっかりとみつめれば、極東ソ連軍と関東軍との軍事バランスはもうこのとき大きく崩れ、昭和十年末に地上兵力で十対三、航空機で十対二・三にまで日本軍は劣勢に落ちこんでいたのです。生産力に劣る〝持たざる国〟の悲劇です。そこで当時の参謀本部作戦課長石原莞爾大佐は、「国防国策大綱」にこうかいているのです。現下の国策の重点は「ソ連の極東攻勢を断念せしむる」こと。このためにはまず国力充実を図るべく、少なくとも昭和十六年（一九四一）までは何があろうと堪え忍んで平和を保持していなければならない。「開戦の已《や》むなきに於ても英米、少くも米国より軍需品〔輸入〕の可能ならしめる」ことが大事であると。

しかし、その二年後に、日中戦争が起きてしまったのです。昇進して作戦部長となっていた石原莞爾少将は心から仰天しました。海軍次官山本五十六《いそろく》中将は「また陸軍がやったか！」と一時は謀略を疑ったといいますが、そんな国力のないことは陸軍中央部もわかっているはずと思い直しました。盧溝橋の一発は日本軍が撃ったものではないことはいまはたしかです。

ですから、事件勃発の第一報をうけたときの陸軍中央部の反応は、それまで何度かあった紛争のときと同じように、「現地解決、局面を拡大しないこと」でまとまり、参謀総長から現地軍に指示されたのは「進んで兵力を行使することを避けよ」でありました。当然のことであったといえます。しかも『昭和史』でかいたように「七月九日午前二時、日中両軍の間で停戦協定が成立し」ていたのです。ところが、ここでいわゆる中国一撃論の〝硬派〟ががぜん活潑に動きだしたのです。

当時関東軍参謀副長・少将であった今村均《ひとし》大将がその『回想録』にかいています。七月十一日に急遽東京に飛んできたときの陸軍中央部の模様です。

「参謀本部に出頭して驚いてしまった。石原部長〔莞爾作戦部長〕の不拡大主義に同意している部下は河辺虎四郎大佐〔戦争指導課長〕以下、一、二名のみで、他はほとんど全員、部長の意図を奉じようとはしていない。……」

しかも、このとき今村少将に随行して満洲から参謀本部にやってきたのが、富永恭次大佐、田中隆吉中佐といった連中なのです。東条英機関東軍参謀長の指示によるもので、「こんな向こう見ずな連中をつれてきて、中央の若い参謀らをけしかけさせているのですか」と河辺大佐に文句をいわれたことを、今村大将は苦笑まじりに回想しています。当時の陸軍にはまったく始末におえない〝硬派〟がそろっていたことになります。

『昭和史』にかかなかったことがあるゆえにちょっと長くかいてみましたが、なんとも情けないの一語につきます。そして戦闘は拡大していき、さらにこのあと情けないことがつづくのです。

＊1——列強諸国ばかりではなく、日本国内でも防共協定を危険視する声がないことはなかった。直

後の朝日新聞の論説もその一つといえよう。「ドイツと軍事条約を締結しても、現下の情勢からみて、なんらの利益を得ることはないだろう。逆にわが国が極東において巨大なる潜在勢力を保有するイギリスを敵にまわすことになれば、仏米ソの諸国が同じ道を歩むことになることは容易に想像できることである」。そのほかにも、批判的な目でこの協定をみていた人はかなり多くいたのである。ちなみに海軍は協定を歓迎するような言葉をただの一語も発していない。

＊2——スターリンを批判する言葉に「精神錯乱」、あるいは「パラノイア」というのがあった。当時、後者の学術用語を調べた覚えがある。すなわち「心的機能を正常のまま残しつつ、ゆるやかに進行する系統的、整合的な慢性的譫妄《せんもう》（見栄・嫉妬・被害妄想その他）の昂進を特徴とする精神障害」と定義されている。はたしてそれでスターリンとは何者かのすべてが解決といえるのであろうか。

第四話

二つの「隔離」すべき国

昭和十二年〜十三年

＂事変＂はなぜ拡大したのか

盧溝橋の一発からはじまった戦闘は、不拡大の声をすべて押し潰して、あえて〝なぜ〟と問いたくなるほど急激に拡大していきました。時の勢いというものでしょうか。

というのも、中国とまともに戦争を行う戦略戦術が陸軍にはもともとなかったからです。昭和十一年（一九三六）に改定を加えられた「帝国国防方針」および「用兵綱領」は、一貫してアメリカとソ連の両国を仮想敵国に想定し、陸海軍がそれらといかに戦うかについて綿密な作戦計画が練られたもので、中国にたいしては居留民の保護などを目的とした治安出動の計画の検討にとどまっていたのです。

それに参謀本部の判断では、中国大陸で事があったとき、使用可能兵力は十一個師団、予備を加えても十五個師団（約二十八万人）がせいぜいで、長期戦となったらあの広大な大陸では用兵的にも重大危機に立ち到るというものでした。それに陸軍省整備局は、大砲などの弾薬は昭和初期からの不況もあり生産力が上昇せず、満洲事変、第一次上海事変でのはげしい消費もあって、昭和十二年度における貯蔵保有量は十五個師団の約八ヵ月分にしかすぎない、と悲痛な見積りをしていました。何か事変が勃発しこれら全力を中国戦線に投入しているその間《かん》に万が一にも第三国（とくにソ連）とも干戈《かんか》を交えるようなこととなれば、ニッチもサッチもいかなくなる。残念ながら総力戦体制は立ち遅れの感なきにしもあらず。であるゆえに、戦闘は早目に切りあげて当面は戦備充実につとむる秋《とき》、というのが良識、いや常識である。そういう主張が陸軍中央部にたしかにあったのです。

『昭和天皇実録』にも、十二年七月十一日の項に注目すべき記載があります。

「午前九時三十五分、内大臣湯浅倉平に謁を賜う。内大臣より、昨夜の日支両軍再衝突を受け参謀総長より拝謁の願い出があった件に関し、北支への派兵は日本と支那との交戦、ついで日本対支那・ソ聯邦との戦争につながる恐れがあり、参謀総長の奏請〔派兵〕に対する勅答は重大なる結果を生ずべきにつき、参謀総長への賜謁《しえつ》に先立ち総理を召されては如何との言上を受けられる」

これでみても、天皇を中心に宮中方面には、ソ連が中国と結んで日本に攻撃をかけてくるのではないか、事変拡大は危険ではないか、という憂慮がきわめて強かったことがわかります。

『実録』にはこのあと天皇は閑院宮《かんいんのみや》（載仁《ことひと》）参謀総長をよんで、

「万一ソ聯邦が武力を行使した場合の措置につき御下問《ごかもん》になる」

と警告を与えたことが記されていますがそれだけで、参謀総長がどう答えたのかは何もかかれていません。隔靴掻痒《かっかそうよう》とはまさにこのことかというわけです。

にもかかわらず北京近郊の戦闘は停戦協定を蹴飛ばして拡大の一途をたどります。統制派の強硬参謀たちの「中国一撃論」が象徴するように、満洲事変での大勝利から中国軍など鎧袖一《がいしゅういっ》触《しょく》であるという驕慢もあったのでしょう。あるいは、いまここで引っこめば、国家統一・国権復活で燃えている国民政府軍がいい気になって北上してきて、満洲国の存在が危うくなる、という危機論が主流を占めていたため、という見方もできると思います。

こうして七月二十七日に、十一日から延期されていた内地から三個師団の派兵案が閣議決定され[*1]、参謀総長から支那駐屯軍司令官あてに「平津地方〔北京・天津方面〕の支那軍を膺懲《ようちょう》して同地方主要各地の安定に任ずべし」との命令が発せられます。二十八日、日本軍は各地で総攻撃を開始して、事変は本格的な戦争となりつつありました。一日も早く撤兵すべしと怒鳴りまくっていたという石原（莞爾）作戦部長も、

「もう内地師団を動員するほかはない。遷延《せんえん》は一切の破滅だ」

と、ついに匙《さじ》を投げた、と強硬派の軍事課長田中新一大佐が嬉しげに回想しています（『別冊知性』）。ついでに、田中大佐が回想する歴史に残しておいていいもう一つの石原の言葉もかいておきます。八月に入って、戦火が上海にまで及ぼうとしているときに、石原が部屋にいた参謀たちが残らずびっくりするような大声でいった、というのです。

「居留民を全部引き揚げさせろ。損害が一億円でも二億円でもかまわん。みんな補償しろ、戦争をするより安くつく」

しかし、当時上海にいた日本人居留民は数万人余。しかもその大多数が一致して、中国人た

ちの排日・反日行動にたいし「将来の発展のために抜本的な断固たる処置をとられんことを」と陸軍省に強気一点張りの上申書をだしていました。いわゆる第二次上海事変の戦闘は、起るべくして起こったものといえるでしょう。

『昭和史』でふれていないところを中心にちょっとくどくかいたの感がありますが、要するに日中戦争とは、日本側の謀略で起こしたものでないのはもちろんですが、大日本帝国にとってはしなくてもいい、起こってしまった以上は早期に停戦すべき、戦略的にはそう考えなければならない戦いであった。その ことは事実が示すとおり。歴史の教訓としてしっかり知っておくべきことなのです。

北京郊外の盧溝橋で起きた事変はいつしか拡大し、ドロ沼化していった

しかし、戦闘のはじまったあとの陸軍中央部の秀才参謀たちの戦略観は、なぜか常識から逸脱してまったくいただけません。手前本位の、独りよがりの判断であったとしか思えないのです。引用する証言は、自己弁明なの

か、隅から隅まで虚偽で固めたものか、とかくの評のある田中隆吉大佐のものですので、どこまで信じていいのか、やや不明なところがあります。が、軍中央部内の事実を知る軍人ゆえにそこにはなるほどと思わせる一種の説得力はあるようです。統制派の中堅将校たちがなぜ事変の不拡大とその速やかな解決に反対したのか、という問いに答えたものです。

「それは、事変の発展と永続は、必然の結果として国防兵力の増強を来《きた》し、これに伴う軍用資材需要の増加はまた国内の経済機構に計画性をもたらすものであるから、手に唾《つば》せずして、その理想なる国防国家建設と国内経済機構の変革を行い得ると確信したからに外ならない。一言で言えば、彼等統制派は支那事変を彼等の政治理念達成の具に供したのである」（『日本軍閥暗闘史』）

かりにこれが事実としても、自分たちのまことに身勝手なイデオロギーのために、ふつうなら国民に塗炭の苦しみを味わわせ、国を亡ぼす道を選択することなどだれも考えなかったはず、と思うのです。しかし、拡大の一途をたどった。ということは、結局はその根っこに中国人にたいする無理解そして侮蔑があったから、ということなのか。

中国、ニューギニア、レイテと転戦し、終戦時に中佐参謀であった加登《かと》川《がわ》幸太《こうた》郎《ろう》氏が、わたくしの長時間の取材のあとで、しみじみとした口調で歎かれた言葉が思いだされます。

「日本は『一撃』だの『膺懲』だのと、タカをくって、威圧をもって中国を屈伏させられると思っていましたから、戦争が全面的になった場合の用意なんか何もなかったのですよ。武力戦終熄のきちんとした見通しも、その好機がいつかを求める慎重さもない。闇雲《やみくも》に突撃あるのみ。戦争終結を何とかして求める、という智恵も計画もないままに小衝突をチャンスとばかりに拡大し、本格的な戦争を指導せねばならないということになってしまったのです」

あに日中戦争のみならんや。対米英戦争もまた然り、とかいてしまうと、このあとをつづける元気がなくなってしまいますが。

スターリンの謀略か？

こうして八月三日、戦火は国際都市上海にまで拡大しました。石原作戦部長は北京付近での戦闘が拡大した直後に、憂いの色を濃くして早くもこう予見していたといいます。

「海軍はきっと上海で事を起こすだろう。その場合、陸軍は派兵しない方針である。やむを得ない状況が起きても、居留民保護のため、せいぜい一、二個師団の派遣にとどめる」

上海で戦闘の予言が当たりました。しかし念のためにかきますが、日本海軍が火をつけたわけではありません。事の起こりは、蔣介石の国民党軍の正規兵が日本海軍の上海陸戦隊の大山勇夫中尉と斎藤与蔵一等水兵を射殺したことに端を発したと言われています。必然の流れのように、海軍陸戦隊と中国軍とが市街戦をはじめ、日本政府は急かれるように上海居留民保護の方針を決定します。

戦火は国際都市上海へと及んだ（第２次上海事変、1937年8月20日ごろ）

十三日、繁華街バンド（外灘）沖にあった旧式巡洋艦出雲《いずも》を旗艦とする第三艦隊の各艦が中国人地区に砲撃を開始、これに対抗して中国の年代物の攻撃機が日本艦隊に空襲をかけますが、出雲の高角砲が威力を発揮して簡単に追い払ってしまいます。しかも、中国機の一機がパレスホテルや避難民でごったがえす目抜き通りの南京路に爆弾をばら撤いてしまう。このために死傷した中国人はおよそ千三百人という体たらくなのです。十五日、陸軍中央部は石原部長の猛反対も押し切って上海派遣軍の編成を下令、こうなってはもはや戦火拡大はとめるべくもありません。

それにしても、中国北部で戦闘がつづいているとき、列強の権益の集中している上海という静謐こそが大事な要地で、なぜ突如として戦闘が拡大してしまったのか、これにはいろいろな説があります。日本側ではたしかに海軍はやや強気でしたが、陸軍にはその気はなかったのです。むしろ蔣介石が日本軍に兵力分散を強い、北京・天津周辺だけの短期決戦で日本軍が勝利するのを阻止しようとした、というのがいちばん一般的な説なのです。が、イギリスのノンフィクション作家A・ビーヴァー氏の大著『第二次世界大戦』では、じつに興味深い見解が述べられている。ちょっと長く引用します。

「じつは国民党のイニシアティブではなく、のっぴきならない状況に追い込まれ、退《ひ》くに退けずに戦ったのだという説もある。日本軍が中国北方で次々と戦果をあげていることを憂慮したスターリンが、ソ連極東の国境線から遠く離れた中国南方に戦場を移そうと画策したのだという見立てである。ソ連にそれが可能だったのは、国民党軍の上海地区警備司令官、張治中《ちょうじちゅう》将軍がじつはソ連の『隠れスパイ』だったという説明まで付いている」

これを読んだときには、またしても謀略説の横行かよ、と正直なところ思わないでもなかった。しかも、張の命令で、日本側が最初に発砲したように見せかけるため、大山中尉らを射殺したとき、中国人捕虜一名を日本側が先に手を下したようにあらかじめその場で殺していると いう。日本側の史料にはそんな事実は特筆されていないのですが。

しかし、謀略論に乗っかるわけではないが、ソ連についてのそのころの史料をいくつか読むと、あるいはあり得たかもしれないと思わせられるところがある。十一年（一九三六）三月のラインラント進撃にはじまるヒトラーのドイツの強力な独力独行の領土拡大の情勢をみせつけられ、スターリンはたしかにソ連に迫る危険について驚くべきほど懸念を強めていたのです。やたらに国内の「ファシストのスパイと、ドイツに内通するおのれの敵」とを周囲に感じとり、すべての反対派を除去しようと徹底的に調べあげていたという事実があるのです。

この国は資本主義列強に包囲されているだけではない、われらの内部に革命的指導者の暗殺や政府転覆をたくらむ輩《やから》が深く入りこんでいる、とスターリンは疑いの目を広げていました。とくに赤軍、つまり軍部に、容赦ない猜疑の視線を集中させたのです。血の粛清がまたしても大々的にはじまっていました。

十二年六月一日には、陸軍の政治委員部長ガマルニク元帥が自殺。これが手はじめです。七月十一日には、国防人民委員代理であった名望のあるトハチェフスキー元帥が、七人の高級指導官たちとともに軍法会議にかけられ（もちろん非公開）、ナチスと共謀してクーデタを準備したという理由で、全員が射殺されます。もう少し正確にかくと「彼らは赤軍の勢力を撃破する意図のもとに、またソビエト連邦を分断し、ソビエト連邦内に地主と資本家との政権を回復する目的をもって破壊活動を遂行した」（新聞発表）というものでした。さらに秘密警察《ゲー・ペー・ウー》長官ヤゴーダが反逆者としてその直後に処刑され、ソ連の民草を驚かせます。

こうして昭和十二年の夏ごろには、ソ連全土（北アメリカ全域に匹敵する広さ）のすべての都市、郡、村落にいたるまで、粛清の猛威がまた拡がっていきました。犠牲者のほとんどが「スパイ」「トロツキー派」「秘密ファッショ」、そして「二つの顔をもった人民の敵」のいずれかの名のもとに虐殺されていったのです。結果的には、スターリンは最高司令部を筆頭に赤軍の戦力そのものをみずからの手で事実上解体してしまったのです。

例によって正確な数はわかりませんが、十二年から十三年にかけて三万人以上の将校が粛清に遭い（とくに階級の上の者ほど数多く）、少なくとも二万人が処刑されたといわれています。残りは収容所送り。そして無能な、スターリンのお気に入りのヴォロシーロフ大将が全指揮をとることとなり、もはや戦争など不可能なほど赤軍は弱体化してしまっていました。

アメリカのジャーナリストで作家のL・フィッシャー『平和から戦争への道』が引用している作家エレンブルクの最後の回想なるものを、また孫引きさせてもらいます。

「私が友人や知己の運命について考えるとき、そこには何らの論理というものはないように思われる。例えば何故スターリンが、独自の道を往ったパステルナークを放任しておいて、彼に課せられた任務をいちいち忠実に遂行したコルツォフを亡きものにしたのだろうか？　何故ヴァヴィロフはかたづけて、カピッツァには手をつけないのであろうか？」

たしかに処刑者のリストに名が挙がっていて助かったものもいれば、何の地位にもついていないのに銃殺されたものもあった。要するに、スターリンのその日の気分によって、以前にオウムを殴殺《おうさつ》したように、ということなのでしょうか。その暴君がもの静かな熟考型叡智の持ち主であるかのように一般には受けとられていた、というのですから、ほんとうに人の世というのはわからないものです。

つまり狡猾《こうかつ》と猜疑心のかたまりというべきスターリンには、それだけに、盧溝橋での予期せぬ衝突を機にして、大日本帝国が侵攻の鉾先《ほこさき》を中国に向けた、ということは大いに気を安んじることであったのです。

そうした事実を目にすると、ビーヴァーの大著にかかれていることも、もしかしたらあり得たこと、確かなことかなと思えてきます。スターリンにとって緊要なのは、砲火を満洲との国境線から限りなく遠ざける、上海は絶好の地、それによって自分で思うような赤軍の再建がやれる、その時間的余裕を得ることであったのです。

ドイツの軍事顧問団

ソ連にかぎるのではなく、戦火が上海に及んだとき、権益をここに集中している米英はどうであったか、これも気になることです。対日態度を硬化させたかどうか。ところが、かならずしもそうではなかったのです。ここが国際関係のややこしいところといえます。

まずイギリス。それまで対日関係は表面的に良好であったので、上海事変が起こったときにもイギリスは日中両国にたいして「上海中立案」（八月十八日）を提案して、戦闘の収拾をすすめてきたほどでした。しかし、これを日本政府が拒絶したことから、イギリス国内では対日強硬派の発言がぐんぐん強まっていきました。が、日本よりも対ヒトラーの諸条約無視の動きのほうが喫緊《きつきん》の重要課題であり、太平洋方面に海軍力を差し向けるほどの余力がない。ということで、対日強硬派のトップに立つイーデン外相の、なんらかの形で対日制裁を発動しようという動きは抑制されがちで、全体的には静観の立場をとっていました。

そしてアメリカです。たしかに、こちらも八月十日に日本政府にたいして和平斡旋の申し入れをするという行動にでてはいますが、日本政府が丁重に断るとこれもそれまで。さらにイギリスが共同しての日本制裁案をもちかけてきますが、これにも乗ろうとはしません。要は、あえて「火中の栗を拾う」危険をおかすことはない、自分から責任を負うようなことは回避する、というそれまでの態度を一貫して保っていたのです[*2]。

それではドイツはどうであったのか、という問いが当然のことにつぎにでてくるでしょう。それに答えるためには、どうもいったり来たりするようですが、八月十五日の日本政府の声明にまで戻らざるを得ないのです。すなわち、この日、

「帝国としては最早隠忍その限度に達し、支那軍の暴戻を膺懲し、以て南京政府の反省を促す為め、今や断乎たる措置をとるの已むなきに至れり」

と近衛は声明を発表しました。と同時に、長崎県大村を飛び立った海軍機は南京に渡洋爆撃を敢行します。もうこの時点で、あとさきを考慮せず全面戦争へと政府も軍部もやる気満々となっていたのです。

しかし、じつのところは、参謀本部が作戦の重心を上海方面に移し本気になる以前に、中国

軍のほうが全面戦争の決意を固めていたのです。蔣介石がさらに「全将兵に告ぐ」演説で、全軍の士気を鼓舞したのが八月八日、上海に戦火があがった直後のことでありました。

「九・一八いらい、われわれが忍耐、退譲すれば彼らはますます横暴となり、寸を得れば尺を望み、止まるところを知らない。われわれは忍ぶれども忍び得ず、退けども退くを得ない。いまやわれわれは全国一致して立ち上がり、侵略日本と生死をかけて戦わねばならない」

同時に多くの精鋭師団を投入することを決断する。日本軍の強力な航空兵力で制空権をとられながらも、地上戦で頑張りぬく覚悟なのです。それも国際連盟の会議が間近に迫っていることも頭において、この戦いで世界の耳目《じもく》を被害者としてのおのれのほうに集めたいとの思惑もあったようです。しかしその反面にかなりの自信が蔣介石にはありました。その自信の根柢にあったのが、じつはドイツ国防軍の戦闘力への信頼であったというのですから、びっくりするほかはありません。

ちょっと説明を要すると思いますが、ことのそもそもの始まりは、昭和六年（一九三二）の、第一次上海事変直前にありました。満洲の曠野で日中両軍の戦闘がはじまったとき、日本海軍の陸戦隊のかなりの兵がものものしい雰囲気を漂わせつつ、上海の日本人租界に進駐してきました。それをみた蔣介石がいずれこの方面でも大規模な軍事行動があるなと予見し、かつ覚悟をして、対抗すべく兵力の整備に着手します。このとき、ドイツ・ワイマール共和国に軍事顧問団の派遣を求めた、というのです。

これに応じてドイツ共和国の陸軍（といっても、十万しかいなかった軍隊でしたが）は、当時の陸軍統帥部長官ゼークト大将を長とする顧問団を国民政府に派遣することにしました。ドイツはこの軍事援助の見返りとしてタングステンなどの希少金属の提供を中国に要求したといいます。タングステンは硬度の高い金属で、ドイツにとっては砲弾などの生産には欠かせない貴重なものでした。

このゼークトたち軍事顧問団が中国に到着したのが昭和八年五月、とのことですから、ヒトラーが政権の座につく直前にはドイツを出国していたことになるでしょうか。元将校二十四、五名、民間技術者約十名。いずれも契約は個人名義であったといいますから、公式のドイツ顧問団ではなく、ましてやヒトラー政権とは関係などまったくない、軍事的な派遣であったことになります。

ゼークト・ラインという言葉も残っているところからも、彼らが国民政府軍のまさしく参謀本部の中核になった。そして国民政府軍の近代化、指揮官たちの練成などに寄与することまことに大で、事実として、見事に昭和九年十月に共産党軍を撃破し、彼らを陝西《せんせい》省延安の辺境へ向かう所要日数三百七十一日、踏破した距離は一万二千キロの、人間の極限を超えたといわれる逃避行（長征）に赴かせた。出発のとき、毛沢東、朱徳、周恩来らの第一方面軍は約十万人いたといいますが、戦いつつ大行進が終ったときには一万人にも足りなかったといいます。この勝利はまさしくドイツ軍事顧問団の力による、といえるのです。

ドイツとの戦争にあらずや

ゼークト大将は一年余にしてファルケンハウゼン大将と交代しましたが、この二人の顧問団長は口を揃えて蔣介石を諭《さと》したといいます。練度の高い日本陸軍と戦うための唯一の作戦は、少々の損害を顧《かえり》みずに延々と相手に疲弊を強いる消耗戦に導くしかないと。ほかにとるべき手段もない蔣介石もこれを守り、その指導のもとにドイツ製武器とドイツ式の縦深《じゅうしん》防御陣地を上海付近に構築して、その日の来るのを待ったといいます。

そしてその待ちに待った日が第二次上海事変の勃発であった、というわけです。

戦闘の詳細についてのびのびとかいている場ではないのです。が、『昭和史』では簡略にしすぎているので、それを補う意味で少しくわしくすると、海軍陸戦隊だけではとてもダメとなって、陸軍の上海派遣軍の二個師団が上陸し攻撃を開始したのが八月二十三日。ところが、戦闘は、際限なく混迷するような水路をもつクリークと、掩蓋《えんがい》におおわれた重火器と野砲・山砲・迫撃砲とを密集させたトーチカ陣地。この堅固な防衛線をしく中国軍の頑強な抵抗にあって、日本軍は損害を重ねるばかり。この不利な戦いの連続に、たちまちに二個師団では兵力不足の声があがります。

日本政府はやむなく九月十日、さらに三個師団を投入する大動員令を下します。なぜか海軍も、このとき伏見宮《ふしみのみや》（博恭王《ひろやす》）軍令部総長を動かして、天皇に直訴までして、陸軍派兵に賛成しているのです。やる気満々となっていたのです。こうしてもはや初期の不拡大方針などは塵《ちり》芥《あくた》のように捨てられる。ついには、これを機に拡大大反対の石原作戦部長は解任されることとなります（九月二十七日）。

そして新手の大兵力をもっての猛攻撃が九月三十日からはじまりましたが、これは字義どおり死闘となりました。縦深陣地に拠る中国軍は、十字砲火と手榴弾の乱投による猛烈な抵抗を持続する。しかも中国家屋そのものが防塁であり、城塞なのです。くわえて連日の雨で日本軍陣地の前面は一面の泥沼と化して突撃もままならず、中国軍の士気は盛んになるいっぽうなのです。

「屍《しかばね》と化するも陣地を放棄せざるのみならず、一拠点奪取せらるるや必ず数回にわたり逆襲を実施し、なかんずく、頓悟〔場所名〕付近に対する逆襲は、夜十回に及べり」

第九師団司令部の作戦経過報告の一部です。こうした熾烈な激戦が四十日もつづきましたが、凱歌はなお遠くにありました。ここにいたって参謀本部は、さらに新編成の第十軍（四個師団）による杭州湾奇襲上陸作戦を策定しまして、十一月五日に敢行しました。空からの援護攻撃もあって、なお強靭な戦力を保持する中国軍の側背をつく。この作戦が幸いなことに大成功しました。中国軍の受けた打撃は決定的となり、蔣介石はついに七日、上海方面からの総退却を決断せざるを得なくなったのです。上海の激戦はこうして終結しました。

上海事変とはまさに予期せぬ戦闘で、被害も甚大でした。投入兵力は二十万人に近く、戦うこと三ヵ月で死傷四万人余。野砲・山砲そして機関銃の銃弾不足、手榴弾も不足、三八式歩兵銃の小銃弾だけが余っていた、それが上海戦の実相であったのです。日本軍の軍備は近代戦においてかくも底の浅いものであることに、参謀本部は愕然とします。

その参謀本部が、蔣介石の本営に三十名に近いドイツの軍事顧問団が存在していること、とくにドイツ人の教官が戦闘に参加し、作戦を練っていたという事実を知ったのは九月下旬ごろのことであったといいます。とくにドイツ国防軍のラインメタル社製の十五センチ重砲と十・五センチ榴弾砲《りゅうだんほう》の威力にはひたすら瞠目しました。そしてドイツが中国の国民政府に武器を輸出することは条約で決められていることを確認したことはしたのですが、なおさらわれら日本とドイツはほんの一年足らず前に防共協定を調印したばかりの、いわば盟邦にあらずや、の思いが沸々とわきあがってくる。中堅の参謀たちの間には、これはドイツとの戦争ではないかと苦々しげにいうものもふえてきたのです。

✺大本営が設置されたとき

そこから歴史の流れが急転回してくるのです。

日本の外交筋をとおしての「軍事顧問団を引き揚げさせてくれ」というもの凄く強硬な要請に、ヒトラー政府ははじめは大いに困惑したようなのです。ドイツ顧問団が蔣介石のために働いていることは、日本の対独感情をいちじるしく悪化させる、さらに、日本陸軍の中堅将校たちの反感はもう抑えられないくらい強まっている、このままであると日独の軍事上の提携が危機に陥る恐れがある、そう日本が猛抗議を送りつける。これにドイツ外務省が返答します。「顧問団のいきなりの引き揚げは南京政府に敵対行為を示すことになる。また、そんなことをしたら、空席をソ連の将校が占めることになり、日本人にとってはいっそう面白くないことになろう」

まさに外交的に日本とドイツは丁々発止。ヒトラーその人は「日本との協調をそのまま堅持し、日支事変にたいしてはあくまで中立」というだけ。調べてみると、ナチス・ドイツにとって対中国への輸出はつまらぬ商売ではなかったのです。十二年八月の武器供給の契約高は二億二千三百万マルク。そしてまた、ドイツ外務省の見解は「日本の行動は中国の共産化を推進し、中国をソ連の腕の中に追いやることになっている」というものです。もともとアジアにそれほどの強い関心のないヒトラーが、ためらう裏側もいくらかはわかるというものです。

そのヒトラーの顔をアジアに、とくに日本にぐっと向けさせたのが、魅力的な社交術でうまく独裁者にとりいっているリッベントロップでした。奇妙なくらい親日的で、大使館付の大島浩武官とまさに懇々たる知己《ちき》となっている彼が、この戦争に勝つのは日本であり、そしてまた日独共同で中国の経済開発の将来性についての明るい展望を示すなど甘い言葉で、ヒトラーをすっかりその気にさせはじめたのです。

「日本軍が実力以上の戦闘に巻きこまれているという噂が広がっているが、とんでもない。じつは日本が中国戦線で近く決定的な勝利を得ると、私は確信している。その上で、結局は南京政府は防共協定を日本と結ぶことによって、日本と和解することになるであろう」

このリッベントロップの予測によって、ヒトラーがころりと気を変えたのが十月中旬ごろであったといいます。リッベントロップが国防軍総司令官カイテル元帥に「総統は国防軍が顧問団を派遣し、中国軍と戦っている日本側の意図を妨げ、あるいは難しくさせている。これは遺憾である。あらゆる行為を停止せよと決定した」とはっきり通告、またこのヒトラーの決定をゲーリングもカイテルに保証していいます。

「もしドイツがこれまでどおりのやり方で中国を援助しつづけてゆくならば、日本は防共協定から離脱するだろう。総統はそのような事態の招来を断じて認めない」

歴史の偶然というか、折も折、上海戦線の膠着状態、それにともなう消耗戦争への不安を感じた日本政府は、「支那事変処理要綱」を十月一日に決定、日中講和に関する思想の統一をそこに織りこみます。そしてそれにもとづいて十月二十七日に、各国の代表を個別に招いて外相広田弘毅が和平のための日本側の希望条件の概要を説明し、公平な和平仲介を各国に依頼したのです。これにもっとも強く反応を示したのが、駐日ドイツ大使ディルクセンでした。あるいは本国外務省から、ヒトラーが日本にたいする友好的関心を突然強くもつようになったとの報告がとどいていたのか。そこははっきりしませんが、ドイツ大使は日本の条件を中国の面子《めんつ》をつぶさない適切なものと広田に伝え、大いに日本政府を喜ばせました。

それというのも、日本にとって米英は、伝統的に日本にたいするよりは中国に友好的で、仲介を頼むことはあとで高い代償を支払わねばならなくなる危険がある、と考えられていたからです。その点は防共協定締結いらい、その関係が緊密化しているドイツなら、善良な仲介人になってくれる見通しがありました。それに上海戦線での苦戦での「貸し」があるではないか、の思いもある。

日本が提示した和平交渉の基本条件とは、（1）内蒙古の準独立、（2）北平〔北京〕―天津のラインまで、および上海に非武装地帯を設け、中国警察隊および国際警察隊が管理する、（3）排日・反日政策の廃止、（4）日本の既得権益の尊重、（5）日支防共協定の締結、などでした。

ディルクセンから報告をうけたベルリンの外務省は、ただちに駐中国ドイツ大使トラウトマンに訓令し、十一月六日には蔣介石に日本側の条件が伝えられます。しかし蔣介石は即答をしぶりました。なぜなら、中国側の提訴をうけた国際連盟が、九カ国条約の加盟国による会議で日中間の衝突を解決しようと、十一月三日からベルギーのブリュッセルでようやく討議をはじめていました。その結論（対日制裁への期待）を待ってからでも遅くないと考えたからでした。

残念ながら、日本の思うようにはトントンとは事が運ばない、それが世界史というものと何度もかきました。このときもそうであったわけです。ところが、そのうちに杭州湾奇襲上陸作戦の成功から上海戦線は好転します。十一月二十日には、和平仲介をドイツに依頼しておきながら、対中戦争遂行のために大本営が宮中に設置されているのです。

脱線しますが、設置反対の声が陸軍部内にあったことをちょっぴりかいておきます。しかもその声たるや対中強硬派の最強硬論者の軍務課国内班長佐藤賢了中佐であったというからびっくりです。その理由というのを知ると、もっと驚かざるを得ません。

「上海の戦闘もまもなく終ろうし、さらに南京でも取れば、戦争は終るだろう。また終らねばならない。戦争の終るのを眼の前に控えて大本営を設置しようとはおかしいではないか」

(『大東亜戦争回顧録』)

完全に中国をなめている、侮蔑しきっているのです。大勝利が目の前にあるのに、わざわざ大本営など設置するのはムダなことだ、佐藤は自信満々です。反対論がこの調子なら、賛成論者だって本気で蔣介石軍が祖国防衛のために徹底抗戦をつづけるなどと予想もしていなかったことでしょう。むしろ大本営を設置することで日本の民草たちを勇気づけ戦意昂揚をはかり、蔣介石にこっちの決意がいかに凄まじいかを知らせる効果があるであろう、ぐらいの心づもりであったにちがいないのです。

✹「蔣介石はアホだ」

そしてまさに、その直後なのです。ブリュッセルの会議が何も決められぬまま休会に入り（十一月末）、それならばということで上海ついで南京、さらに臨時の首都を移した漢口で、蒋介石はトラウトマンと会談します。そして十二月二日に、日本側提起の基本条件を和平討議の基盤とすることを承認し、ドイツの調停を受け入れる姿勢をはっきりと表明したのです。この意思を確認してからトラウトマンは蒋介石にいいます。

「日本側の了解を得られれば、ヒトラー総統がみずから日中両国政府にたいし、戦闘行動の停止をよびかけるという方式で、和平会談をひらく、それでいいですな」

蒋介石はこれも承認しました。

さて、またまた歴史は皮肉にできているという常套句をもちださなければならないのはほんとうに辛いのですが、この間に日本側の情勢が大きく変わっていたのです。設置されたばかりの大本営には、はじめ南京まで進撃する計画などなく、現地軍に蘇州—嘉興《かこう》の線を追撃の限界線として、その線を越えて兵を進めることを許さず、ときつい命令をだしていました。しかし、上海戦にともかく勝ちをおさめた現地軍の意気は天を衝《つ》く勢い、南京攻略の意見具申がつぎつぎに大本営に送りつけられる。戦勝気分は中堅参謀たちにも横溢《おういつ》、さきに指示した作戦地域制限を解除せざるを得なくなります。これが十一月二十四日。そして参謀総長が、

「中支那方面軍司令官は海軍と協同して、敵国首都南京を攻略すべし」

という大命を、十二月一日に発するに至ってしまう。首都を陥落させれば戦いは終るという

古い戦略観がまだ支配していたのです。じつはそのとき蔣介石政府は漢口へ移り、南京は首都ではなくなっていたのですが。もともとが拳の一撃で相手は音《ね》を上げるであろう、としてはじめた戦争でした。ところが、相手の全面的抵抗で、予期しなかった対策をつぎつぎ打たなければならない。いうならば軍中央部に確たる戦争指導方針がないのに、とにかく勢いにまかせてたてられた南京攻略作戦であったのです。

歴史の皮肉というのはそこなのです。なぜなら、蔣介石が和平の意思のあることを表明したのが翌二日、そしてトラウトマンから知らされたディルクセンが、広田外相を訪問したのが十二月七日であったからです。六日の菖蒲《あやめ》、十日の菊というのは、このことをいうのか、と歎くほかはありません。ドイツ大使は、蔣介石が日本側提示の条件を基礎とする和平会談を承知したと伝え、さらにもう一言、

「その後、日本側の条件に変化はないでしょうな」

と広田外相に念を押したのです。これに広田が何と答えたか。外相も相当に上海戦の勝利にいい気味になっていたのか、それとも南京攻略作戦の発動を知っているためか、ニベもない答えを返しました。

「現在に至って、一ヵ月前の、つまり日本軍の大戦果が挙がる前に示した基礎条件にもとづいて、そのまま中国側と話し合うことができるかどうかは疑わしい」

ディルクセンはがっかりする気持ちを抑えて、ねばりました。

「例の基礎条件は不変であると、はっきり保証していたではないか」

これに広田はあっさりとネタを明かします。

「それはそうだが、じつは先週になって急に情況が変わってきた。現地派遣軍は以前よりも多くのものを要求するようになってきたのです」

ドイツの歴史家T・ゾンマー『ナチスドイツと軍国日本』に依拠してかいているのですが、この報告を駐日大使からうけたドイツ外相ノイラートの感想が、まことに先を見とおしたものでした。

「とにかく、ただ郵便配達夫としての単純な役目しか果たしてこなかったわれわれの立場は、屈辱的などうしても受容できないような要求を日本が中国に突きつけてきた今となっては、もはや限界にきている。しかも日本はこうした苛酷な新条件すら、近い将来に、さらに拡大すべきものであるといいだすだろう」

まことにいい得て妙、日本の和平条件は十二月十四日になってがらりと一変してしまったのです。じつは、その前日の十三日、遮二無二の総攻撃によって南京が陥落していました。大本営政府連絡会議で、変更なく元の案のままで蔣介石と交渉をつづけようというのは米内《よない》光政海相と古賀峯一軍令部次長だけで、杉山元《はじめ》陸相や広田外相や賀屋興宣《かやおきのり》蔵相や末次信正内相は強硬論をつぎつぎにぶちあげ、条件をぐんぐんとつりあげる。まずより莫大な賠償金を国民政府から取る。中国北部に特殊政治機構を設置せよ。さらに日本軍占領地域に非武装地帯を設置せよ。上海は日中両国が治安の維持で協力する、などなど。

末次内相は「なまじっかな講和条件では話にならん」「かかる条件では、わが国民は納得しないぞ」と、寛大な条件が一般に発表されれば、日露戦争のときの日比谷焼打事件のような国民的暴動が起こるぞ、といわんばかりに脅す。米内海相が「こんなにつり上げた条件では和平成立の公算はゼロと思う。前のままにすべきだ」と反対すると、広田外相が「マア三、四割は見込みがありはせぬか」と応酬、杉山陸相も「五、六割は見込みがあろう」と無責任に同調する。とにかく閣僚たちはいい気な調子でした。

こうした経緯がくわしく記されている『外交官の一生』の著者である当時の東亜局長石射猪《いしい》太郎《たろう》の感想が傑作といえば傑作です。

「こんな条件で蔣が講和〔会議〕に出てきたら、彼はアホだ」

おっしゃるとおりで、十二月二十六日、この強硬条件が改めてトラウトマンから伝えられたときの蔣介石の言葉が残っています。

「日本はまったく信用できない。自分のほうから提起してきた条件を平気で違反する。言動もグラグラする。まるで戦勝国の態度で臨んできている」

ヒトラーの顔をはるかアジアへ向けさせての、せっかくのドイツの仲介工作も、これではもう前途にほんのわずかな光明も見出すことはできない、日本の指導者はほんとうにそう思わなかったのでしょうか。

八時四十七分と九時三十一分

昭和十三年の年が明けて一月十一日、御前会議がひらかれ、和平条件はさらに日本に有利なように拡大されました。賠償金はもちろんぐんとあげられ、日本軍は無期限に中国北部・内蒙古に駐屯する。さらにどえらいことが、いや、ここで『昭和天皇実録』を引用します。

「国民政府の対応如何によっては事変解決を同政府に期待せず、新興支那政権の成立を助長するとした根本政策が決定する」

新たな条件をそのまま蔣介石に伝える、そして「十五日までに回答なき場合は、これを拒絶したものと認める」ということを通告する、という国策決定なのです。歴史年表などに「トラウトマン工作」として記されている和平工作は、これで完全に終止符がうたれました。思えば、意味も戦略目的もなく他国の領土ではじめられた戦争を、なんとか停戦へと導くいわば絶好のチャンスを逸したときといえます。このときドイツ仲介で何とか講和にたどりつければ、昭和史はずっと明るいものとなったであろうと、惜しいことであったと思います。

十三年一月初旬ごろまとめられた「講和問題に関する所信」と題された筆者不明の「近衛文書」に、じつにあからさまに近衛政府の主張が記されています（『現代史資料』日中戦争）。

「政府としては今次事変を契機として禍乱の根を将来に残さざるよう徹底的なる解決を期し、そのためには相当長期にわたる対戦もあえて辞せざる覚悟と用意とをなし、（中略）姑息なる妥協は極力排すべきものとす」

「独逸《ドイツ》大使を通じての今回の交渉にたいしても必ずしも衷心より賛成せるにあらず、ただ軍部側の切なる希望もあり、かつ今回提示せる要求はわが最小限度の要求なりとの了解のもとに賛成したものなり」

「政府側としては軍部がかくのごとき拙策を採りてまで講和を急がるる真意を了解するに苦しむ」

エッ、政府はこれほどまでに、勝った勝ったと有頂天になり、行け行けドンドンであったのか、と改めて仰天するのみです。指導者が聡明でないことは、民草にとっては不幸この上ないことと、心からそう思うのです。

ここから『昭和史』にもかかなかったことなので、余話となることを承知で、「世界史のなかの昭和史」とかかわりのないことを少々長々とかくことにします。「近衛文書」において「切なる希望もあり」とか「かくのごとき拙策」とかやや愚弄的にかかれている〝軍部〟についてなのです。

事実は、このとき参謀本部のなかには、とくに戦争指導班を中心に戦争不拡大派、トラウトマン工作に大きな期待をかけていた中堅参謀のグループがいたのです。その先頭に立つのが参謀次長多田駿《はやお》中将。歴史に学ぶという意味からは、やはりかいておかねばなりません。

一月十五日、蔣介石からの回答がとどかなかったからというので、大本営政府連絡会議がふたたびひらかれました。閑院宮参謀総長と伏見宮軍令部総長は欠席、責任が皇族に及ばないようにとの配慮からです。それで多田次長が矢面《やおもて》に立って「わが参謀本部は戦争を継続すること、つまり長期戦には断乎として反対である。何とか交渉の席について停戦協定を結んでもらいたい」ということをこの席で力説することになりました。古賀軍令部次長も多田を支持します。それで、「中国側はまったく誠意なし。もはや交渉の要なし、打ち切るべきである」という杉山陸相、広田外相らと大論争となりました。

議論は紛糾していつ果てるか見当もつかない状況になります。ここで米内海相がどうしたことか、「参謀本部は政府を信用しないというのか。統帥部がそういう風に反対するならば、政府はもう総辞職するほかはなくなる」などと、ほんとうに下らないことをいって、多田や古賀を黙らせようとする。多田は、

「明治天皇はかつて朕《ちん》に辞職なしと仰せられた。この国家重大の時期に、政府が辞職するなどといったい何事でありますか」

と懸命に抗弁します。しかし近衛首相をはじめだれも聞く耳もたず、会議はいったん休憩となります。

消沈して参謀本部に戻ってきた多田次長のもとには、陸士の同期生とか陸軍省の要職にあるものとか入れ代わり立ち代わり訪れて、説得するのです。このままいくと、嫌気がさすとすぐ放りなげる近衛は総辞職するであろう。そうなると参謀本部が内閣を倒したことになる。そん

南京陥落の祝賀行列に沸く国防婦人会（二条城前）

なことはすべきではない、輿論のことも考えなければならないのじゃないか、と。

たしかに世情はこのころ、日の丸の旗行列、提灯行列で、「勝った勝った」「南京陥落ヨヤサノサ」と沸いていました。新聞では無敵皇軍は連戦連勝、いまこそ暴支膺懲の秋《とき》、と威勢のいいことをかきまくって民草を煽る。日本全体が多田次長にたいして圧力をかけているわけです。多田次長の『多田駿遺稿』（非売品）が残されています。

「常に普通は強硬なるべき統帥部（参謀本部）がかえって弱気で、弱気なるべき政府が強硬なりしは、奇怪に感じらるるも真実なり」

結局、多田は午後七時に再開された会議で、「黙過して、あえて反対は唱えない」と発言することになります。わかりやすくいえば、もう勝手にしてくれ、ということになるでしょうか。疲れはてて帰ってきた多田は「本条件に関する処置は政府に一任することにした」と、迎える参謀たちにいいます。話はこれでジ・エンドではないのです。戦争指導班の参謀たち、高嶋辰彦中佐、堀場一雄少佐、今田新太郎中佐、武居清太郎少佐、秩父宮少佐、そうした秀才参謀たちがそれならば何とかうまい手はないかと、最後の智恵をしぼりました。そして、こうなれば伝家の宝刀たる直接に天皇に訴える「帷幄《いあく》上奏権」を使おうと考えだすのです。つまり「統帥権独立」の妙を発揮しようというわけです。

戦後になってですが、高嶋辰彦氏にインタビューしたとき、この元戦争指導班長どのは「あまり褒められたことじゃないがね」と、苦笑まじりに語ってくれました。

「大本営政府連絡会議で決定されたことは、そのあと閣議にもちこまれて、閣僚全員の意見一致をみてから近衛首相が陛下に報告にいく。そしてはじめて外交上の国策の決定となる。そこでだ、その首相の上奏の前に、軍がもっている帷幄上奏権を使って、われわれがその閣議決定事項に反対であるということを大元帥陛下にはっきりといっておこうと。天皇陛下も近衛の上奏をうけて、どうすべきかお考えになるに違いない……。

さあ、そこからが大変でしたな。参謀総長が大元帥にお渡しする上聞書をきちんとまとめねばならない。近衛より先に陛下に渡そうというので、手分けしてもう大車輪で。私が参謀総長の閑院宮様をお呼びにいった。宮様は何も知らないから、普段着ですっかり寛《くつろ》いでおられましたな。それにともかく軍服を着てもらって……」

いっぽうで参謀のひとりが宮中の侍従武官清水規矩《のりつね》大佐に電話をし、近衛の参内の予定時間は午後八時半であると確認する。時計を見たら八時二十分。とにかく参謀総長が参内するから陛下のお許しを得ておいてくれ、近衛上奏より先になるようにしてくれ。よし、わかった、となりましたが……。

この日（十五日）の『昭和天皇実録』にはこうかかれています。

「午後八時四十七分、御学問所において内閣総理大臣近衛文麿に謁を賜い、この日の大本営政府連絡会議並びに閣議において、国民政府との和平交渉打ち切りを決定につき、同政府否認の声明に関する奏上を受けられる。ついで、九時三十一分、参謀総長載仁親王に謁を賜い、同件に関する参謀本部の主張につき奏上を受けられる。これに対して種々御下問になり、参謀総長より和平の確たる根拠はなきこと、経費の問題から自発的進撃の意思なきこと等につき奉答を受けられる」

八時四十七分と九時三十一分、和平工作推進派の参謀たちの努力が水泡に帰したことがこれでわかります。せっかくの帷幄上奏権の実行は無効となったわけです。

高嶋元中佐が当時の日記をみせてくれました。

「日本は好戦のために持久戦となれり、千秋の恨事なり。殿下〔秩父宮〕を始め奉り、今田、堀場、武居など、一室一座悲憤の涙に咽《むせ》ぶ」

悔し涙というか、憤慨の涙というか、無念の涙というか。ともかく万事休すと涙をのんであきらめたのです。

こうして翌一月十六日、大日本帝国は「国民政府を対手《あいて》にせず」という、例のこれ以上に阿呆なことのない近衛声明を発しました。蔣介石の国民政府は政府として認めない、講和なんてとんでもない、戦いをやめたければ無条件降伏せよ、という宣言です。

のちになって、あんな声明をだしたゆえに日中戦争はあてのないドロ沼の長期戦となり、太平洋戦争につながっていったのではないか、ということをいわれると、近衛は「後から直せばいいと思っていた」とノホホンと答えたといいます。近衛は『失われし政治』という手記にこうかいています。

「抑々《そもそも》一月十六日の声明は、外務省の起案により、広田外相から閣議に諮《はか》られたもので、これに後の北支臨時政府の王克敏の要望に基き軍部が乗って帝国声明としたものである」

もう何をかいわんや、「軍部が乗って」とはいいすぎにも程がある。乗ったのは陸軍省の一部だけで、統帥部は反対していたことを忘れているのでしょうか。

米砲艦パネー号を撃沈

昭和十二年十二月十三日の南京攻略をあっさりとかきましたが、この日の前後にいわゆる南京事件つまり南京大虐殺という世界史的にもナチス・ドイツのユダヤ人虐殺と並べて特筆される大事件を、わが日本人が惹起したことはすでに『昭和史』などで何度かふれています。それここでは略しますが、歴史探偵としては、時を同じくして起こったパネー号撃沈事件のことについて、こんどは省《はぶ》かずに記しておくことにします。

これはいかなる事件なるか。じつはそれほどの大事件ではなかったのですが、日本政府と軍部とくに海軍にとっては深刻この上ない戦闘行為であって、当時の新聞で報ぜられた記事を読んでみるのがいちばんわかりやすいでしょう。十二月十三日の夕刊の第三艦隊（のちの支那方面艦隊）報道部発表の「上海特電」がそれです。各紙に小さくでています。

「十一日夕支那軍汽船にて南京を脱出上流に向ひたりとの報により、これが追撃爆撃に向ひたる海軍航空隊は、スタンダード会社汽船三隻を誤認し爆撃を加へ、該汽船及び傍にありたる米艦一隻を沈没せしむるの不祥事を惹起せり。右の事件はアメリカ海軍に対し誠に遺憾千万のことにして、長谷川長官は之に関する一切の責任をとるため直に適当の措置を講じつつあり」

ここにある「米艦一隻」が当時揚子江上にあったアメリカ海軍の砲艦パネー号。記事はごく小さくであったから民草にはほとんど気づかれなかったのですが、日中戦争はじまっていらい、複雑さをましている日米関係を一挙に破局にまで追いやってしまうような大事件でありました。当事者である日本海軍はもちろん、外務省もまたあたふたとし、近衛内閣は対応に窮して頭をかかえて立往生という状態になります。

ことの次第をちょっとくわしくかくと、十二月十三日に予定されている陸軍の南京総攻撃に先立って、日本の上海総領事が九日に諸外国に、揚子江上にある船舶の交戦区域外への移動と

「帝国軍ノ第三国財産尊重ノ努力ニ協力セラルル様」にとあらかじめ通報した。これにたいしてアメリカの上海総領事から返報がありました。

「十二日午前九時、パネー号は砲弾の危険を避けるため、南京の上流二十七マイルの地点に移動、スタンダード・オイル会社船三隻もその付近に移動する」

ところが、この通達が十二日正午ごろ日本領事館にとどき、総領事が陸海軍部隊に伝達するより先に、南京を脱出して揚子江上流へ逃げようとする中国軍ありとの報に飛びだした海軍航空隊が、まさしく通報どおり南京上流二十七マイルの江上にあったパネー号ほか三隻の艦船に猛攻をかけてしまったのです。これが午後一時二十五分、しかも五回にわたる爆撃で、パネー号を撃沈、「商船三隻を火災もしくは沈没せしめたり」という戦果をあげました。これは完全に誤認による爆撃で、旗艦出雲によばれたとき、褒められるものと思い意気揚々として出かけたのに、こっぴどく叱られたことをぼやいていた当時の搭乗員の回想を、戦後にわたくしはしっかりと聞いています。彼らは中国軍の砲艦ほかを撃沈、殊勲をあげたものと信じこんでいたのです。

ところが、ほとんど時を同じくして、陸軍が南京の上流にある蕪湖《ぶこ》で、イギリスの砲艦レディバード号にたいして砲撃する、という事件を起こしていました。指揮をとったのが陸軍きっての暴れん坊といわれた橋本欣五郎大佐。あっちもこっちもで広田外相は大忙しとなる。

グルー米大使の『滞日十年』に、外相みずからがわざわざ米大使館にくるのは「前代未曾有」のことであり、そして「これが中国の飛行機によるものかもしれないなどと見せかける努力は全然なさず」きちんと詫びた、とあります。

「広田は日本人が感情を面に現し得る最大限度に、心底から心を動かされたらしく見受けられ、〝われわれがこの事件をどんなにひどく感じているか、言葉ではいえない〟といった」ともかいています。こうしてグルー大使に詫びただけではなく、さらに外相は駐米日本大使に訓令し、ハル国務長官にたいして遺憾の意を伝えさせることにもしました。

日本へ宣戦布告?

事件は、当然のことながら、アメリカ国民をして大いに憤慨せしむるもので、でき得るかぎりの中立も静観も吹き飛んでしまったのです。事実、米海軍査問委員会は「当日、天候は良好、視界きわめてよく」誤爆など考えられぬと発表。たしかに、もし爆撃が意図的とみなされたならば、即戦争だと叫ばせるほどに、アメリカ国民を怒らせたのです。グルー大使も「あるいはこのまま戦争へと移行するかもしれない重大危機」と認識し、その日記に暗い文字をかき連ねています。

しかも、レディバード号砲撃を抗議した英艦隊司令長官にたいし、問題の橋本大佐が「交戦区域に進入する船舶はいかなる国の艦といえども砲撃するのみ」と答えた、という報が伝わるに及んで激昂は頂点に達します。パネー号誤爆事件もじつは挑発の意図的な爆撃であったのではないか、という疑念が、ほとんどのアメリカ国民の胸中に沸き上がったのです。

それに何より大統領ルーズベルトがもともと激しい反日感情の持ち主でありました。それに昭和十二年は大統領選挙の年で、ルーズベルトのニューディール政策は、右側からは社会主義であるとの非難がくり返され、とくに前大統領フーバー支持派からは自由への挑戦だとさんざんに批判され、共産党やこれに同調する左側の知識人からはニューディールの不徹底さを攻撃する批判や非難がくり返され、大統領選に当選したもののこの年は苛々のしっ放しであったのです。

しかも議会は、昭和十年のヒトラーのヴェルサイユ条約の軍備制限条項破棄を契機に成立した中立法をより強化せよと揉めに揉め、結局この年の五月一日、いっそう厳しい定義を加えた新中立法が議会を通ります。ルーズベルトの意に反して、侵略国と被侵略国を区別せず、たとえばスペインの共和国政府を見殺しにするような、それでも余計な紛争に巻きこまれないほうがよいとする輿論が圧倒的な力で新中立法の成立を支持したのです。

そうしたルーズベルトには面白からざる状況下で、盧溝橋での一発に発して大日本帝国の中国侵略が本格的戦争化していく。しかも自国の景気はさっぱり回復せず、失業者の数こそ一千万人をやっと割って昭和十一年には七百万にまで減少したものの、〝恐慌の中の恐慌〟と称される景気の後退がはじまっている。それゆえに、大統領第二期出発にさいしてルーズベルトはさながら自問自答のような演説をしているのです。

「一九三三年（昭和八）三月四日に描いたあの計画図の目標に、われわれは到達したのだろうか。われわれは幸福の谷間を発見したのだろうか。（中略）私は知っている。アメリカ国民の三分の一が貧しい家に住み、貧しいみなりで過ごし、貧しい食事をとっているのを」

それだからいっそう、といったほうがいいのでしょうか。アメリカの輿論はヒトラーのむきだしの軍事強国化にたいしても、軍国日本の上海への戦火拡大にも、なお余計な介入に反対の態度をとっていました。依然として戦争に巻きこまれることに反対していた。ルーズベルトはいくらかは躍起となっていたにちがいありません。

そして十月五日、日本では「国民精神総動員実施要綱」が発表され大いに盛りあげようと日比谷公会堂で大演説会がひらかれた直後のこと、ルーズベルト大統領はシカゴで熱弁をふるって国民の奮起をうながしていました。ヒトラーのナチス・ドイツと日本帝国を、一緒くたにしてファシスト呼ばわりし、伝染病にたとえました。そしてこういったのです。

「世界的な不法の伝染病が広がっており（中略）伝染病が広がりはじめたら、社会はその患者を隔離すべきであり、それを実行せねばならないのである」

ごく細かい歴史年表には「隔離演説」として載っている名演説であったらしいのですが、輿論の反応は好ましくなく、構想そのものがあいまいであるといって、ほとんど無視されているのです。大統領になったものの内政において指導力がやや疑われていたことも、ルーズベルトが期待したように国民が動こうとはしなかった理由なのでしょう。すっかりしょげ返ってルーズベルトはそれからは沈黙を守るようになる。

ところが、まさにそこに日本海軍によるパネー号撃沈の大ニュースなのです。ハル国務長官、スティムソン元陸軍長官たち対日強硬論者にとっては、この上ない日本攻撃の好材料となりました。大統領の「隔離演説」を見直さねばならないの声をあげます。しかもアメリカは、その過去において、一八九八年（明治三十一）にキューバ沖で軍艦メーン号が攻撃され沈没したとき、ただちにスペインに宣戦布告をした歴史をもっているのです。アメリカ人とは被害が直接自国の国益そのものに及んできたときには、中立もモンロー主義も何もかもたちまちにかなぐり捨て、一致してカーッとなり、〝自由〟と〝正義〟の名のもとに団結するように思われます。

斎藤博と山本五十六

駐米日本大使斎藤博は外務省でも指折りの対米協調外交論者であり、それだけにアメリカ人をよく知っていたのでしょうか。それに日米協調のためには火中に身を投じるも辞さない心意気のある人でした。この外交官が、このとき即座に立ち上がりました。事件第一報に接したあとの行動は迅速果敢、外相からの訓令のとどく前にすでに動きだしていたのです。そのことについて、当時大使館で働いていた坂西志保が「文藝春秋」にかいています。興味津々なので長く引用します。

「揚子江の沿岸でアメリカの戦艦《（ママ）》パナイ号が日本軍の襲撃にあい沈んだ。わっと世論がわき起こって、みんな数時間どうなることかと思った。日米戦争？　悪くするとそうなる可能性は多分にあった。大使館では本国からの指令を待っていた。時間は徒らに過ぎて行き、取返しのつかぬ重大事に発展するかも知れない。大使はご自分の責任でアメリカという大きな牛の角にかぶりつき、勇敢に取組む決意をした。大使に電話で頼まれ、私は啄木の〝働けど働けどなおわが暮し楽にならざりじっと手を見る〟を訳して大使館に駆けつけた。

一時間後に全米中継放送で斎藤大使はアメリカの全国民に訴えた。三分五十二秒の放送であったが、心の底から湧いて出る大使のまことに打たれ、パナイ号の危機は一応去った」（「文藝春秋」昭和五十年二月号）

斎藤大使が自分の判断で行った全米ラジオ放送の内容の一部は、春山和典氏の『ワシントンの桜の下』によればこういうものでした。

「詫びて済むことではありません。が、損害について、お金で解決できる部分があるならば、日本政府はいかなる条件にも応ずる用意があります。そのことは、アメリカ政府とも、充分、話し合いをするつもりです。日本は、アメリカに較べると、はるかに貧しい国です。働きづくめに働いても富める国になることは、なかなか難しい。しかし、いかなる犠牲を払っても、日本政府は今回のお詫びをしたいと考えています。そして二度と、再び、日本の軍隊が間違ったことをしないように日本政府は、陸海軍を厳しく監督するつもりです」

おそらく、「働きづくめに働いても」のあたりに、坂西志保の訳した啄木の歌を入れたのであろうが、それにしてもあっぱれなあやまり方です。しかも本国政府からの訓令のとどく前に、というところに意味がある。

同じように、あっぱれな謝罪を示したものに当の海軍があります。軍艦が出動し、米艦船の遭難者の救助に当たっています。また軍務局長井上成美《しげよし》少将は外務次官堀内謙介を訪ねて、「海軍としては、できるならアメリカ大統領と英国皇帝ジョージ五世にたいして親電を発して心からのお詫びをしていただきたい」と低頭して頼んでいる。

そして解決の衝《しょう》にあたった次官の山本五十六中将は、

「海軍は、ただ頭を下げるのみである」

と、率直この上ない一言をいい内外の新聞記者に深々と頭を下げ、責任者である第二連合航空隊司令官の三竝《みつなみ》貞三少将を直ちに更迭してしまう。少将はのち退役となる。さきに引用した事実そのままの第三艦隊報道部発表も、山本次官の指示によるものでした。国際法の上からも、国際上の儀礼の意味からも、海軍はこのように素早い謝罪に及んだのにたいして、夜郎自大《やろうじだい》となっていた陸軍は、橋本大佐になんらの処置をとろうともしませんでしたが。

しかも、このころの日本国民は、そんな陸軍中央部よりもはるかに健全な国際常識をまだもっていたようです。この事件が新聞には小さかったが、ともかく報じられると、二十三団体、三十五名の民間有志からなる団体協議会が弔意を表し、弔慰金の募集をはじめます。その結果、たちまちに三万円を超える拠金が計上されたといいます。都バス乗車賃十銭、都市銀行の初任給七十円、ダットサン千九百円のころの三万円です。そして多くの人がアメリカ大使館を訪れて陳謝し、全国の小学校から送られてくるお詫びの手紙が、グルー大使をびっくりさせました。『滞日十年』十二月二十日のところを引きます。

「パネイ事件の最初のニュースが来ていらい、当大使館に代表者、訪問者、手紙、義捐金が殺到している。あらゆる階級、職業の人々、政府の高官、医者、教授、実業家から学校の子供にいたるまでが、彼ら自身の海軍がやったことに対する恥辱と謝罪の言葉と遺憾の意を表明しようとするのである。（中略）すくなくとも深刻に心に触れるものがあり、日本人は心中いまだに武侠の人々であることを示している」

こうした海軍省と駐米大使と、そして日本の民草の、武士道精神を具現したような心からなる誠意の発露により、パネー号事件はそれ以上の紛糾をみせることとなく、賠償金総額二百二十一万ドルで、約二週間後に解決しました。盧溝橋事件いらいたび重なる国際法無視の日本軍の侵略行為、そこにこのパネー号撃沈ときて、グルーが憂慮したように「日米戦争」への崖っぷちに、思いもかけず日本の民草が立たされたかの感のある事件でした。その重大性に比してなんと早い解決であったことか、といえるのではないでしょうか。しかも、その交渉中に日本陸軍による南京での虐殺事件のことが世界に伝えられたのですから、当事者たちが解決のためにいかに真剣にとり組んだか、察せられるというものです。

無事に事件解決となった十二月二十六日夜、山本が次官談の形式で公表した文書が残されています。

「〔事件が解決したのは〕事件発生いらい各種誤解宣伝の渦中において、米国政府ならびにその国民が公正明察よく事件の実相と、わが方の誠意とを正解したるによるものにして、事件の責任者たる帝国海軍としてまことに欣快《きんかい》に堪えず。また、本事件発生いらいわが国民が終始冷静にして理解ある態度を持したることにたいし、深甚なる敬意を表するものなり」

これは戦時下の万事において武張ったときにあって、可能な範囲で、山本が自分の考え方をはっきり示した文章のように思われます。

と、以上、少しく斎藤大使と山本次官をもちあげましたが、じつは斎藤も山本も新潟県立長岡中学校卒（山本が二歳年長）。そしてわたくしもまた長岡中学卒、この正々堂々たる二人のはるか後輩なのです。なあーんだ、などと呆れないでほしいのです。国際問題化した事件にさいして迅速果敢に是非の立場を明確にし、非であるならばこれまたただちに率直明瞭に陳謝することがいかに大事であるか、ここに事件のよき歴史的教訓がある。そう思えるゆえに、少々文を舞わしたのです。

ただし、満洲事変いらいアメリカ人が共通して抱いたであろう日本という国への不信感は、「隔離」すべき国との思いは、この誤爆事件によっていよいよ深まっていったであろうことは残念ながら否定できないのではないでしょうか。

ドイツ首相官邸の機密会議

それにしても、いくら戦争の一歩手前までいった事件であったといっても、無事に収まったことを長くかきすぎました。ヨーロッパでは、それこそヒトラーがあえて戦争を辞せずという決断を明らかにしたときであったからです。世界史的にはこちらのほうがより重要といえましょうか。それはパネー号事件が起こるちょっと前の十一月五日のことです。

ヒトラーは首相官邸に軍部大臣、外務大臣ならびに陸海空三軍の最高司令官を集めて機密会議をひらきました。ヒトラーは全員に秘密を厳守するよう誓約させた上で、これからいうことはわが政治的遺書であり、自分が死ぬようなことがあっても必ず実行すべしと命じ、彼ら全員を腰がぬけるほど驚かせました。

ヒトラーの長広舌《ちょうこうぜつ》はかなりごたごたしていますが、要は、ドイツの生活圏を拡大するため積極的領土拡張の開始の時期がいまや到来した、というものでした。それはまさに『わが闘争』にかかれているそのものずばりのことでありました。

「民族の消長は、互いの人種的優越性を競い合う闘争の結果である。ドイツ東方地域の植民地化は、自存自衛を確保する最良の手段なのである。そこに住むスラブ系住民を劇的に減らし、生き残ったものは農奴とする」

　そこで、問題は最低限度の犠牲で最大限度の獲物を獲得できるのはどこか。その答えは中央ヨーロッパである。わがドイツが最終的にはポーランドとウクライナを領土とするために、予備的な段階としてまずオーストリアとチェコスロヴァキアを獲得しなければならないのである。その時機は「いま」である、とヒトラーはいいます。しかし、それをヨーロッパの国々、とくに英仏がはたして黙ってみているであろうか。

ドイツが領土を拡大してゆく1938年ごろのヨーロッパ

　この会議の内容を詳細に明らかにしているイギリスを代表するドイツ史家のI・カーショーの大著『ヒトラー』にこうかかれています。

「イギリスとその帝国は弱体化し、フランスは内政上の困難に直面している。ヒトラーの演説の前半部分の結論は、次のようなものだった。ドイツの諸問題は、つねにリスクを伴う武力行使によってのみ解決できる。残る問題は『いつ、どうやって』実行するかである」

また、ソ連についてですが、ヒトラーはただの一言ですまし、問題にしていませんでした。

「ロシアは、日本の脅威への対応に追われている」

ヒトラーは、そしてこう断言したようです。ヨーロッパのほかのいかなる国より秀《すぐ》れているわが軍事力も、時を経れば怪しくなろう。宿年の敵であるイギリスやフランスに追いつかれたり、追い越されたりすることになるかもしれない。時の経過によってドイツは何らの利得をも得ない。われわれが意図していることは、一九三八年の間であれば、かならず達成できるであろう、と。

カーショーの大著には、総統の豪語に、ほとんどの出席者が納得しなかった様子が語られています。

「とりわけブロムベルク、フリッチュ、ノイラートは驚愕した。彼らが憂慮したのは、領土拡張という目的ではない。この点では彼らとヒトラーの間に違いはなかった。（中略）彼らに衝撃を与えたのは、早期に武力を行使する予想と、ドイツが英仏との戦争に突入するという重大な危険だった。ヒトラーが無謀な危険を冒そうとしていると考えた彼らは、反対の声を上げた」

念のためにかきますが、ブロムベルクは陸相、フリッチュは陸軍最高司令官、ノイラートは外相、その重鎮たちがさすがに反対意見をのべたのです。征服せんとする両国はフランスと同盟を結んでいる、そのフランスは軽視できないと、やや恐る恐る意見具申する。ヒトラーは、これらの同盟は単なる紙の上の盟約でなんら恐るるに足らず、ヨーロッパの政治家軍人どもは威嚇すれば腰くだけとなり、事態を黙認するに違いない、それにイギリスは中央ヨーロッパに何らの利害関係をもっていない、フランスはイギリスの保証なしにはみずから動きだすことはない。

カーショーはさらにヒトラーの雄弁の結論をかいています。

「オーストリアとチェコスロヴァキアの併合は、ドイツ東部国境の安全性を高め、そのための諸力を他の目的に使い、さらに十二個師団を編成することを可能にするだろう。両国から三百万人を追放することを前提とすれば、併合は五百万人〜六百万人分の食糧の獲得を意味する。演説の最後にヒトラーは、その時がきたら、チェコへの攻撃は『稲妻のごとく迅速に』遂行しなければならないと言った」

つまり、のちにいう「電撃作戦で」ということです。

結局は、ゲーリングをのぞいてこの席に出席していた六人のうち五人までが、オーストリアやチェコスロヴァキアのような「二次的」な小国を差しだすことで、わが総統の途方もない欲望から〝逃れる〟ことができるかのように、もしかしたら英仏は思うかもしれない、とそう無理に自分を納得させることで、あとは黙りこんだといいます。こうして四時間十五分もかかった討議、というよりヒトラーの野望の独演は終りました。

✷「戦線を東へ！」

昭和十三年（一九三八）の年が明けます。

日本では、一月十六日の例の「爾後国民政府を対手にせず」の近衛声明によって、いっそう中国大陸における戦火は拡大し、事変は本格的な戦争となりました。さらに四月一日、国家総動員法が公布され、世はまさしく戦時下となります。戦争は国家の全智全能をあげてのみ遂行される。武力だけではなく、物的・精神的全国民力を総動員して戦わなければならなくなった。国家は民草に有無をいわせず従うことを命じました。

そしてヒトラーのドイツでは、一月二十六日にまずブロムベルク陸相が解任されます。警察の調査によれば、彼の再婚相手が過去に売春とポルノモデルをしていたことが判明したから、というものでした。つづいて九日後に、内相ヒムラーのファイルに、同性愛の証拠があがっているという理由でフリッチュ陸軍最高司令官も罷免されます。外相ノイラートもあっさりクビとなったのはそれから間もなくのこと。しかし、三人はまだ幸運であったかもしれません。これがスターリンのソ連なら、銃殺刑に処せられていたかもしれませんから。

そして、陸軍最高司令官にはブラウヒッチュ大将、ノイラートの代りにリッベントロップがその席につきます。このほか十六人の将軍が解任され、陸相兼国防軍最高司令官にはヒトラーみずからが着任、いわば旧軍事体制の最高の砦は抗議の声もだせないまま崩れ落ち、ヒトラーがしっかりと全軍の指揮権を一手に握ることになりました。

二月二十日、ドイツは満洲国を新国家として承認しました。さらに六月二十四日には、新外相リッベントロップが以下の命令を発しました。（1）トラウトマン大使は職を離れて香港に赴き、妻の健康回復をまって帰国せよ。（2）すべての軍事顧問団は即座に中国を離れ香港に集結すべし。（3）帰国を拒否するものは反逆者とみなす。これで七月五日には中国に派遣されていた軍事顧問全員が帰国することになりました。

このドイツの好意的な接近は日本陸軍を大いに喜ばせましたし、外務省のなかにふえつつあった親独派の面々を少なからず鼻高々にさせます。が、ヒトラーの魂胆が、やがてポーランドを手中におさめ、来るべき対ソ戦争のさいに東からソ連への攻撃を日本軍に強要するためのものと、はたして察していたでしょうか。

いや、元に戻って、国防軍最高司令官ヒトラー総統の命一下、ドイツ軍がオーストリアへ進駐したのは三月十二日。他国の思惑などまったく無視。ヒトラーは戦闘機隊をひきつれてベルリンを飛び立ち、ミュンヘンの空港に着陸、そこから親衛隊（SS）の先遣隊とともに夕刻にはリンツへ。そして市庁舎のバルコニーから、オーストリアがドイツ帝国へ併合されたことを宣言します。

さらに十四日にはウィーンへ先頭に立って堂々と軍を進めました。このナチス・ドイツのオーストリア併合は拍手をもって迎えられました。住民投票で九九・七五パーセントが賛成したというのですから。

地図をみればわかるように、オーストリア併合によって、ドイツの同盟国ハンガリーとイタリアが、ドイツと直接に国境を接するようになりました。そしてそのいっぽうでチェコスロヴァキアは、その北・南・西をドイツに包囲されたことになります。もうだれの眼にも明らかになりました。ヒトラーは前からの宣言どおり東方へ打ってでる、すなわちチェコスロヴァキアの併合がつぎの軍事行動となるであろうと、ドイツの新聞はあからさまにそう論じました。

四月九日、ヒトラーはウィーンで声も高らかに叫びました。

「この国から一人の少年〔ヒトラーのこと〕をドイツ国家に送り、彼を成長せしめ、彼をしてその故国〔オーストリア〕をドイツ国家に返還せしめるためにドイツ国民の指導者として立たしめたのは、すべて神の意志であったと、私は確信する。そこにはより高い命令があるのみである」

では、その全能の神はつぎにどんな命令を、もとはオーストリア人であるドイツ帝国の指導者に下し給うのでありましょうか。それは併合の準備として、まずはチェコスロヴァキアのドイツとの国境地帯に居住するズデーテン・ドイツ人をして反政府運動を起こさせるべく、ナチスの宣伝組織が巧みにリードすることからはじめられたのです。

ヒトラーもさすがに慎重でした。それにドイツ国防軍の将軍たちも、いくら最高司令官どの（ヒトラー）の命令とはいえ、併合の軍事行動がどんなに危険なことかわかっていました。ベック参謀総長が陸軍総司令官ブラウヒッチュあてにだした覚書が残っています。

「チェコスロヴァキアにたいする軍事行動が、自動的にヨーロッパ戦争または世界大戦に発展するという事実に、われわれは当面しているのである。かかる戦争は、人間的な先見の明をもってすれば、ドイツにとって、軍事的のみならず一般的な大破局に終るであろう」（ホーファー『ナチス・ドキュメント』）

それゆえに、ヒトラーの戦争決意に反対して、参謀本部幹部たちは全員辞任で対抗すべきである、それが国民と歴史とにたいするわれわれの義務というもの、とベックは賢明にも訴えたのです。その結果はどうなったか。八月にクビとなり、のちの昭和十九年（一九四四）七月のヒトラー爆弾暗殺計画に失敗したあと自殺（残念ながら未遂で連行され、内密に射殺されましたが）。人間の常識あるいは良識というものは、澆季末世《ぎようきまつせ》にあっては自滅するもの、それが非情の歴史的事実といっていいようです。

それにつけても、このときドイツの民草はどんな気持ちで、全ヨーロッパ列国を敵とするようなヒトラーの軍事行動の成り行きをみつめていたのか、どうしても気になるところです。ナチス一強にたいする国内の抵抗は昭和十年までにほぼ消滅。反対派でドイツに残っているものは、何とか秘密の連絡をとり合っていたのでしょうが、ヒトラーの体制を壊乱するようなことはまったく不可能でした。つまり大方《おおかた》の人びとはいまや国民共同体の一員であり、総動員体制に組みこまれ、民族的優秀性にもとづきわれらの未来には輝かしい展望がある、と思っていたのでしょうか。そうです、強大な軍事力に支えられた強引な外交によって、戦争をせずにわれらが望みはかなえられると信じていたのです。「戦線を東へ！」というスローガンのもとに、熱に浮かされたように、かりに戦争になっても短期間の局地的な戦いですむと確信していたのです。

✹ミュンヘンの愚かな協定

ヒトラーは世界戦争につながるかもしれないズデーテン地方への軍事行動については、あくまでも慎重でした。そこでまず得意の弁舌によって自分の決意が奈辺にあるかを、ヨーロッパの各国の指導者に警告として知らしめることから第一歩を踏みだします。九月十二日、ニュルンベルク党大会で滔々と弁じました。

「チェコスロヴァキアにおいて圧迫をうけている大多数の民族のうちには、三百五十万のドイツ人がいる。万能の神は、これらの人間がヴェルサイユ条約によって作られた国家組織によって、かれらを憎悪する外国権力に隷属せねばならぬ如くに、かれらを創り給うたのではなかった。（中略）私は、チェコスロヴァキアの三百五十万のドイツ人に対する圧迫が停止せられ、民族自決の自由なる権利をもって代えられることを希望する」

各国指導層は、あるいはドイツが最後通牒を突きだすのではないかと、このとき固唾《かたず》をのんで聞いていましたが、ヒトラーが平和的解決を望んでいると理解し、ホッと胸をなでおろします。しかし、これこそが投げた餌にまことに見事に喰いつかせた、と形容してもいいヒトラーの策略的な演説であった、といえるのではないでしょうか。

歴史的にも有名な、外交的には屈服、軍事的にも大失策と評される英仏独伊の指導者たちのミュンヘン会談がひらかれたのが、それからわずか二週間余たった九月二十九、三十日であったからです。会談は計十三時間で、あっさりとズデーテン地方委譲の協定に英仏の代表は署名してしまいます。ヒトラーは終始上機嫌でありました。

イギリス首相チェンバレンは、ヒトラーの存在が究極の脅威であるかどうか、最後まで決めかねていました。むしろスターリンこそが脅威だと確信していたようです。ドイツに脅威となるのは自由民主主義ではなく、ソ連の共産主義だとくり返し語るヒトラーの言葉を、本気に信じたといわれています。フランスのダラディエ首相も同様で、「ヨーロッパはぼやぼやしているとコサックに支配される」と、こっちもそう信じていたのです。

ヒトラーが「もしチェコが嫌だといったら」と問うたとき、チェコと同盟のパートナーであるはずのダラディエが容赦ない口調で答えたというのです。

「嫌だと？　閣下、嫌だなんて言わせませんよ」

つまりは、英仏の二人の指導者は、ヒトラーとスターリンという二人の稀代の極悪人の、その悪の軽いと思われるほうへの譲歩を選んだのです。妙ないい方かもしれませんが。

歴史は、しかし、アッケにとられる風景をつぎに見せてくれます。九月三十日午後五時三十八分、イギリスのヘストン飛行場に着陸した飛行機から姿をみせたチェンバレンが、快活な口調で、

「私は名誉ある平和を持ち帰った。これはわが時代のための平和であると信じる」

といったとき、人々は大歓迎の拍手で首相を迎えました。そしてチェンバレンは国王陛下にお目にかかりお褒めの言葉を戴き感激します。ダラディエもル・ブルジェ空港で凱旋将軍さながらに歓迎をうけました。「ダラディエ万歳!」の大歓声に首相はさながら少年のように喜びにわれを忘れて手をふりつづけたのです。政治的決断の恐ろしさは、時が経ってみないとわからない。時や場所に関係なく、歴史に共通している恐ろしさ、といってもいいと思います。

いっぽうのドイツです。翌十月一日、ドイツ軍は国境を越え、いささかの抵抗も受けることなく、マジノ線（独仏国境にフランスが築いた要塞線）を楽々と通過していきます。チェンバレンとダラディエとが、ヒトラーのためにあらかじめ開けておくように指示してあったのです。

その日の午後、ヒトラーはプラハ市内を車で走り回りました。ドイツ国内でそうするように、チェコ国民に新しい支配者の姿を拝ませてやるぞ、とばかりに、胸を張ってヒトラーは車の中にすっくと立っていました。そして翌日、ベルリンへの帰路に、随員に語りました。

「ミュンヘン〔会談〕のごたごたよりも、プラハ入城のほうがずっと楽しかったぞ」

こうしてオーストリアとチェコのズデーテン地方がなんらの血を見ずして「第三帝国」に併

合されてしまいます。ロンドンとパリでは「平和の救済」として大々的に発表され、市民たちは祝福を交わし合います。アメリカでは、たしかに一部に「チェンバレンは交渉の成功でいい気になっているが、ヨーロッパの民主主義を大きなリスクにさらしているのではないか」という声がなくもなかったのですが、全体としては国内の経済問題で頭がいっぱいで、ほとんどの人がヒトラーの野望には我不関焉《われかんせずえん》であったのです。ルーズベルト大統領その人も、このときはその声明の数々が、世界情勢に与える影響よりも、むしろ国内向けの政治的効果をねらったものばかり、といってよく、高潔で「進歩的な」イメージをアメリカ国民に与えようと懸命であったともいえるようです。

そしてヒトラーは、このとき、どんな思いでいたか。十一月十日、ミュンヘンでナチスの新聞記者やジャーナリストたちだけ四百名を極秘に集めて質問にも応じたりして、驚くほどの率直さで本心を語りました。いまの自分は、東方へ領土を拡げるために、ずうーっと平和を口にしなければならなかった。そのために、諸君をはじめドイツ国民の気がずるずるとゆるみすぎたことに、すこぶる残念な思いをしている。遺憾この上ないことだ。平和、すなわち生活の安定をさながら国際社会の常態として、わが国民が易々《やすやす》としてそれをうけいれることは間違っているのだ。それは敗北をうけいれるにひとしいのである。暴力は避けられないものなのだ。諸君はもちろん、ドイツ国民はその覚悟をあらためていまからしっかり固めなければならない。それを強く要望する。云々。

ミュンヘン協定が第二次世界大戦の進路を決定した、英仏の譲歩が途方もない愚かなことであったといわれる意味が、ヒトラーのこの本心の吐露、戦争を覚悟しての東方への侵略はまだこれからである、といわんばかりの言葉からもよくわかります。くり返します、これが歴史の怖さというものなのです。

✹漢口攻略作戦の下令

では、このころの大日本帝国は？　となると、すでにふれたように国家総動員法の公布（四月）につづく施行（五月五日）とともに、総力をあげて日中戦争完遂のための戦時下体制ががっちりと固められました。民草は、いや大日本帝国の国民はこの法律によって政府に全権を与えてしまったのです。中国大陸では〽徐州徐州へと軍馬は進む……の徐州作戦が進められ、国内では戦争ムードがもう昂揚するいっぽうで、新聞社が進んで軍に協力し、「新聞は戦争とともに繁栄する」とばかりに部数拡大のために国民を煽りに煽っていました。いちばん大事である〝言論の自由〟は完全に失われてしまったのです。

まさにそうしたときの六月、陸軍中央部を大喜びさせるような朗報が関東軍司令部から飛びこんできました。ソ連の極東地方内務人民委員部長官リュシコフ三等大将が、スターリンの粛清を恐れて脱出、日本に亡命してきた、という。革命のさいの功績でレーニン勲章を授与されている超大物の逃亡事件。はじめは亡命を装った謀略かと疑心暗鬼のところもあったのですが、ともかくこの大物がスターリンの恐怖政治の内幕を包み隠さず語りに語ったのですから、これは間違いなく本物の亡命だと納得することになります。とくに赤軍の実戦力が有能な指揮官を多く失ってガタガタになっている事実に、秀才参謀たちはひそかに欣喜しました。

ただし、長大なソ満国境に配備されている赤軍の戦力についても、リュシコフは歯に衣を着せずに語ったのです。航空兵力は全部で二千機、戦車千九百台と。参謀たちは、対するわが軍の兵力は、とただちに暗黙のうちに計算します。こっちの飛行機は三百四十機、六分の一だ。戦車は百七十台、十一分の一にすぎない……これは安心などしてはいられないではないか。

ところが、陸軍中央部は一応は「エッ、まさか」と驚倒しましたが、そこは例によって根拠のない自信によって、たちまち思い直すのです。有能な指揮官のいない過大の兵力は所詮はハンドルを失った自動車、いや案山子《かかし》の軍隊にすぎないと。そして、独りよがりの優越感にいっそうの拍車をかけることになるのでした。いまのソ連軍恐るるに足らず、チャンスだ、中国での作戦は予定どおりに存分に進めるべきである、と。

『昭和天皇実録』六月三十日の項にかかれています。

「午前十一時、大本営に臨御される。参謀総長載仁親王より漢口作戦の構想並びに各軍の行動の概要につき奏上を受けられる。また、第二軍参謀岡本清福《きよとみ》より黄河決潰の現況につき、北支那方面軍参謀寺田済一より山西方面の状況につき、中支那派遣軍参謀公平匡武より揚子江方面作戦進捗の状況につき、参謀本部第一部長橋本群より漢口作戦細部の構想につき、それぞれ奏上を受けられる」

陸軍が広大な中国大陸に身に余るほどに兵力を展開し、さらに漢口、漢陽、武昌のいわゆる武漢三鎮攻略作戦に踏みきろうとしていることがよくわかります。しかも、七月十五日には、ソ満国境の東南端、日本海にそそぐ豆満江の河口近くの、満洲国・ソ連・朝鮮半島の国境が接する張鼓峰で、越境してきたソ連軍に一帯の丘陵を占領されてしまいました。報告をうけた朝鮮軍司令官小磯国昭大将は、あと二日で中村孝太郎大将と交代することもあって、

「支那事変の最中、こんな場末の丘ひとつくらい問題にしなくてもいい。放っておけ」

と歯牙《しが》にもかけなかったのですが、参謀本部作戦課長稲田正純大佐が「漢口作戦が進みいる現在、ソ連はほんとうに心配ないか保証を得るため、たまたまこの限定地域に起こった事態を利用して、対ソ威力偵察を試みるのもまたよしだ」といいだして、結果として、「少兵力をもって張鼓峰の夜襲奪回」を朝鮮軍に命じることになってしまうのです。

現地の師団長はさっそく独断夜襲をかけて丘陵を奪回しますが、それ以上は進んではならぬと軍命令が下りました。そこで小さな丘を専守防衛となったのですが、ソ連軍が空軍を動員して大反攻。これにこっちも空軍動員となれば本格的戦闘になってしまう。やむなく丘陵にしがみついて頑張るのですが、あとで判明したところでは毎日二百名ずつの死者がでたというのです。この作戦のことを耳にした山本五十六次官が新聞記者に痛烈な陸軍批判を語りました。

「どこかにひどく頭の悪い軍人がいる。出ちゃいかん、引いちゃいかん、という。じゃあ、どうすればいいんだ。こんなバカな戦争が世の中にあっていいのかよ!!」

陸軍中央はカンカンになったといいます。

この張鼓峰事件は、八月十日にモスクワで停戦協定が成立して終ります。途中で、ソ連との全面戦争になったらどうするのか、と憂慮した天皇が、板垣征四郎陸相を語気を強めて「今後は朕の命令なくして一兵たりとも動かすことはならん」と叱りつけ、板垣は「もう自分はふたたび陛下のお顔を見上げることはできない。ぜひ辞めたい」といいだして、この陸相の辞職騒ぎで内閣はてんやわんや。そんなエピソードがあるのですが、昭和史に深入りすることになるのでここまでとして省略します。

いずれにせよ、参謀本部が結果的には千四百四十名の戦死傷者をだした（ソ連軍は八百四十七名）この戦いは、〝火遊び〟ぐらいの気持ちではじめたことに発したのです。ところが、張鼓峰でソ連軍が本格的には立たない、いや、立てないことを確かめることができたと、参謀本部はすっかり満足してしまうのです。

「所期の目的を十分に達成することができた」

それが稲田課長の評価でした（『別冊知性』「ソ連極東軍との対決」）。

そして参謀本部はそれならばと自信をもって八月二十二日、漢口攻略作戦開始の命令を下すことになる。日中戦争は拡大のいっぽうをたどることになりました。

✷ヒトラー・ユーゲントの来日

では、このころのわれら国民がどんなであったか、については『B面昭和史』で、「兵隊さんは命がけ、私たちはタスキがけ」の標語で代表させ、〝銃後〟がすっかり戦場と結びついてしまった世情をかきました。じつは、もう一つ、そのころから世の中がある色一色に染めあげられはじめていました。

文芸評論家中島健蔵の『昭和時代』を引用します。

「日本が、国体明徴以来、ファッショに近づき、ことに防共協定以後は、単にコミンテルンに対するだけでなく、イギリスやアメリカに対しても縁が遠くなっていくにつれて、ドイツ文学科がばかに景気がよくなっていった。ドイツ人でもなく、フランス人でもイギリス人でもない日本人なのに、ドイツ文学者の中には、あたかも自分がドイツを代表しているかのように、そしてフランス文学科にいるわたくしたちがあたかもフランスの利益を代表しているかのようないい方で、さかんにからかうやつがいる。フランスが落ち目でお前たちはかわいそうだ、という調子である。／こういう一種の国籍喪失者が出るのは、おかしなことである」

すでにかいたようにこの年の二月、リッベントロップが外相となり、国民政府からドイツ軍事顧問団を引き揚げさせたことは日本陸軍を喜ばせましたが、それを契機にしてドイツの対日政策が変わったのが明瞭になりました。ヒトラーが自分の東方への侵攻計画が成熟しつつある過程において対英関係の調整を見限ったのです。そして代りに東方への領土拡大（最終目標はソ連攻略）のために役立つものは、大日本帝国の強力な軍事力なり、というわけです。

十三年四月、ヒトラーは駐日武官であったオットー将軍を駐日大使に昇格させます。名目は日独防共協定を結ぶさいの功績により、というものですが、これがホームラン級の大当たりの人事となったようなのです。日本人にナチス・ドイツという国がいかにすばらしい国であるかを売りこむに、これほどほうぼうに目を配り、愛想よく、ある意味では巧みに見えざるように辣腕をふるった〝外交官〟はいないのではないか。そういってもいい人物でした。いや、単に売りこみ上手な宣伝マンというだけでなく、彼が大使になっていらい、日本におけるナチス宣伝体制というものが見事に確立し、そしてその年の夏ごろから日本陸軍への働きかけがぐんぐん活潑化していったのです。

いまは永田町の国立国会図書館となっているところに当時はドイツ大使館がありました。道を隔てたいまの憲政記念館と隣の駐車場が陸軍参謀本部です。あるいは正面から衛兵の敬礼をうけて堂々と、あるいは裏口から人に知られないようにすうっと、大使はもちろん、ドイツの宣伝部隊の隊員たちは進軍を開始したのです。建物の位置がまことに都合よかった。

そういえば十三年八月十六日、ヒトラー・ユーゲント使節団が東京にやってきたことが思いだされます。帰国の途についたのが十一月十二日（東京朝日新聞）とありますから、ほぼ三カ月。まだ子供のくせに大人以上に、命令一下、訓練どおりにすばらしい秩序を保ち、整然と行動す

来日したヒトラー・ユーゲントと記念撮影をする板垣陸相（下段中央）ら

るこの若ものたち。たった三十人なれど、ウヘェーとわれら日本の少国民を驚愕させた、というよりいま思いだせば、不愉快きわまりない来日であったのです。

当時わたくしは八歳の小学校二年生。創立したばかりで向島区でいちばんピカピカゆえにわが小学校にその実物の一部が来たものか、単にニュース映画で観せられただけか、耄碌《もうろく》したせいかややはっきりしません。が、とにかくその一糸乱れることなく行進する連中に、「お前たちもやればできるはずだ、よく見習っておけ」と先生にハッパをかけられ、大そう軍隊式に鍛えられた記憶だけはくっきり残っています。

のちに調べてわかったことは、当時のナチス・ドイツにおいては十歳から十八歳までの男子を、年少組織（十～十三歳）と年長組織（十四～十八歳）にわけ、この年長組織をヒトラー・

ユーゲントとよび、女子は少女団（十〜十三歳）と女子青年団（十四〜十八歳）にわけ、こちらは総称としてドイツ女子青年団とよんだ、とのこと。来日したのはそのヒトラー・ユーゲント、つまり「将来の兵士」として手榴弾投げ、射撃訓練、行軍演習など軍事訓練で十分に鍛えあげられた連中でした。ですから動作はキビキビして、眼光はキラキラと光を放ち、われら下町の悪ガキどもにとっては手本は二宮金次郎の銅像だけでもう沢山であったのに、余計なものの来日であったのです。

日本政府と軍部は明らかにこれに範をとって、太平洋戦争の末期の昭和二十年六月、本土決戦に備えて国民義勇兵役法を施行し、十五歳以上六十歳以下の男子と十七歳以上四十歳以下の女子の全員に「いざというときには鬼神をも哭《な》かしめる勇戦敢闘」を命じたのであると思います。そのための猛訓練もさせられました。いやいや、それ以前から中学生や女学生に軍事教練を必修課目とし、一旦緩急あらば義勇公に奉じとびしび鍛えることがはじめられていましたが、すべてヒトラー・ユーゲントに学ぶところが大きかったのではないか。そうに違いないのです。

平成二年（一九九〇）十一月、わたくしはベルリンを訪ねたとき、シュプレー川にかかったモルトケ橋の上でしばし感慨にふけりました。昭和二十年（一九四五）四月二十九日に、ここからソ連軍はベルリン中央の官庁街に突入しようとしました。この要衝を守備したドイツ軍の主体SS（親衛隊）第十二機甲師団は十六歳から十八歳までの青年団と、援護に加わった十三歳から十五歳のヒトラー・ユーゲントが主兵力でありました。彼らは〝ドイツ的誠実〟とあらんかぎりの勇気をふりしぼって訓練どおりに戦い、ほとんど全員が戦死。戦史にそうかかれているのをわたくしは読んでいました。大日本帝国敗戦のとき、わたくしは十五歳、かれらと同じ年代でした。もしあのとき、米軍を迎え撃っての本土決戦が作戦どおり遂行されたなら、との幻想が、橋を渡るわたくしをおのずから感傷にみちびいていくのをとめることができなかったのです。

脱線しすぎた話になりました。大日本帝国はほんとうに昭和十三年の夏ごろからナチス・ドイツにぐーんと身をすり寄せていった、その一つの象徴としてヒトラー・ユーゲントの来日があったことを語りたかったのです。

なぜ日本人はドイツ好きなのか

いまは古書店でも見かけなくなったようですが、ウッドヘッド著『日本におけるナチ第五列』という、日本にいかにしてナチスの影響が浸透していったかを明らかにしている本があるとのことです。その本によると、昭和十三年には陸軍省、内務省、外務省に潜入したナチスの第五列（宣伝部隊）は、中野正剛の東方会、天野辰夫の神兵隊など右翼勢力にも手を拡げていった。さらには日本の国民を懐柔せんとのプロパガンダがいっそう大規模になった、といいます。以下、長い孫引きの引用を。

「書物やパンフレットや写真やフィルムがさかんに持ち込まれた。ドイツの銃砲、タンク、飛行機などの写真を眺め、英人のその植民地における残忍性と、到る所におけるかなしむべき無力、米国の頽廃と偽善、あるいは内外における金権政治に対しては、手に手をとって進まねばならぬ日独青年の使命などについての講話を聞きつつ、日独文化の交流を促進するを目的とする諸種の学生団体が組織された。東京の日独文化協会および京都にある同様の団体はいずれもとっくの昔に純然たる宣伝機関と化していた」（鶴見俊輔ほか編『日本の百年』）

こうした日本のナチス・ドイツへの急速な傾斜そして心酔ぶりを読まされると、つられて宣伝相ゲッペルスのことが自然と想起されてきます。この男はある意味ではいまの商業宣伝の始祖といえるかと思います。彼はベルリンを舞台に祭日をふやし、大衆を動員し、広場と街頭での壮麗な儀式を連発しました。政治も経済も、彼にあっては宣伝であり、儀式であり、カーニバルなのです。祭りは、カーニバルは、社会全体によって演じられる政治的神秘のいわば大遊戯、同時に、大衆の一人ひとりに〝英雄〟の役割を演じさせることでした。ロマンチックに、そしてセンチメンタルに大統一国家を希求するドイツ民衆は、祭りの興奮に率先して身をゆだねていったのです。ゲッペルスはいっています。「宣伝とは単純化の技術である」と。

オットー大使を先頭にたてて、十三年秋ごろから日本におけるドイツの宣伝戦は、まさにゲッペルス流にいよいよ活潑になっていきました。大使館員たちは日本の祝祭日にはかならず参加し、宮城遥拝、君が代斉唱、神社参拝などの儀礼を、日本人以上に恭《うやうや》しく行います。神主の祝詞《のりと》の意味がわからなくてもとにかく深く頭を垂れて祈り、日本人の琴線をゆり動かすのです。かと思えば、新聞・雑誌などにドイツの不利益となるような記事が載れば、ただちに大使の出動です。外務省を訪れ、こうした記事が載ることはコミンテルンの謀略であり、日独防共協定の趣旨に反すると、口調は柔らかなれども厳重抗議なのです。それはもう日本のメディアが悲鳴をあげるほど徹底していました。

昭和十三年の日独接近は、歴史の〝必然〟というか、歴史の〝悪戯〟というか、驚くほどの急速さで展開されていきました。しかもベルリンでは、東京でのオットーたちの活躍をしっかりと見とどけた上で、外相リッベントロップが、十月初めに駐ドイツ大使となった大島浩と、防共協定をさらに強固とした軍事同盟にしようと、ひそかに囁くようになっていたのです。大島も本気になって賛意を表し、活動をはじめました。折からの十月二十七日、日本軍は武漢三鎮を予定どおり占領し、蔣介石は遠く重慶に落ちのびていきます。こうなって東京ではまたしても、「勝った勝ったの下駄の音」と昼は旗行列、夜は提灯行列で、連日のように民草は歓声をあげつづけています。

ドイツでも、日本でも、当たるところ敵なしです。〝世界の孤児〟であることなど忘れきったようです。当然のことながらヒトラーの東方拡大政策はつぎの目標であるポーランド攻略のために、ソ連を牽制する上からも日本との軍事同盟を必要とすることになるわけです。日独はますます接近していきます。

ところで、ここでまた余話的になりますが、オットー大使が日本で宣伝工作に奔走しはじめたとき、その情報顧問として片腕のように信頼されていたのがゾルゲであったのです。ドイツの新聞の特派員として来日していた彼が、ナチス党員であるとともに、ソ連赤軍第四部（諜報機関）の一員でもあったことは、いまはとくと知られています。そのゾルゲ・グループの活動で、想定外ともいえるほど強く結びつこうとしている日独の動きは、たちまちにスターリンのもとにとどいていたのです。この動きを狡智《こうち》と邪推《じゃすい》のかたまりのスターリンが手をこまねいて眺めているはずはありません。

こうやって視界を広げて世界史的にみてみると、この年を境目とする世界情勢の安定の崩壊は、もうとめようがなくなっていたのではないか。時が解決してくれるどころの話ではない。歴史に〝もしも〟はありませんが、ナチスのチェコスロヴァキア侵略のときに、英仏が強くでて戦争に踏みきっていたならば、第二次世界大戦にはならなかったのではないか、という議論がいまもされているのはそのためでありましょうか。

英下院議員チャーチルが十月十五日にミュンヘン協定の是非を討議する議会で、ヒトラーはオーストリア併合で十二個師団をあっさり手に入れ、チェコの武装解除でさらに三十個師団をほかの戦場へ配備することが可能になった、と指摘した上で、こう叫びました。

「決してこれが終りであると思ってはいけない。これはヒトラーの計画のほんの序の口にすぎない。これは、われわれが精神的健康と軍事力を最高度に回復し、むかしのようにふたたび起ち上がって、自由のためにわれわれの立場を守らぬかぎり、われわれに与えられる苦杯のほんの最初のひと口、最初の味わいにすぎないのである」（『第二次大戦回顧録』）

この場合の〝われわれ〟とはイギリス人だけではないのです。人類がひとしく直面しなければならなかった惨憺たる歴史の悲劇の、芝居にたとえれば開幕の拍子木が鳴ったとき、であったと思います。こうして昭和十三年が過ぎていきました。

＊1——この閣議決定の背景に、七月十七日に表明された蔣介石の有名な「生死関頭の演説」があった、とみるのが正しいように思う。すなわち「弱体国家の人民としてわれわれは、数年来隠忍自重、あらゆる痛苦を忍んで和平を維持してきたが、もし不幸にして最後の関頭に至ったならば、徹底的犠牲、徹底的抗戦によって、民族の生命を賭して国家の存続を求めねばならない。／そのときにあって、不徹底な妥協は許されず、全国民がいわゆる〈最後の関頭〉の意味を充分に認識すべきである」。この演説をうけて、二十日の閣議で杉山陸相が三個師団の動員問題を強くいいだしたのである。

＊2——アメリカの中立法とは昭和十年（一九三五）に制定され、大統領が外国間の戦争状態、および内乱の重大化と認めたとき、その旨を布告し、交戦国または内乱国に武器・弾薬類を輸出することを禁止する法律である。さらに昭和十二年五月に修正、より強化されていった。

第五話

「複雑怪奇」と世界大戦勃発

昭和十四年

頑強に抵抗する海軍

漢口を攻略したものの、兵站《へいたん》はのびきって戦勢は停滞し、進むも退くもならず、中国戦線はドロ沼の様相を呈しはじめる。首相近衛は「日本の戦争目的は東亜永遠の安全を獲得しうる新秩序の建設にある」と大いに謳いあげたが、対米英交渉といい、日中戦争の目途といい、ドイツからもちかけられ新たに外交懸案となった日独軍事同盟といい、さまざまな難問解決の困難さにすっかり嫌気がさしてしまいました。

やることなすことイスカの嘴《はし》の食い違い、傷口をひろげるばかりとなって、近衛は無責任にも内閣を放りだしてしまいます。そのあとをうけて、昭和十四年（一九三九）一月五日に組閣を完了したのが右翼団体「国本社《こくほんしゃ》」の総裁平沼騏一郎。さっそく組閣後の第一声として、「総親和・総努力という言葉を国民に贈りたい」といいました。近衛の東亜新秩序の大風呂敷とはやや違って、各方面において相剋対立をやめ仲好くすべし、そして日中戦争を遂行すべく国民一丸となり、総動員体制の下《もと》で精一杯の努力をつくすべし、というごく当たり前のことであったのです。

ところが、じつはそうは簡単に問屋がおろしませんでした。防共協定から日独伊三国同盟への拡大強化が、平沼内閣にとっても日中戦争の処理と同じ重さをもってドーンと頭の上に乗っているのです。「防共協定強化」とは日本側で名づけた呼び方で、じつはドイツ側ではその対象をソ連のみにかぎらず、イギリスやフランスにも拡大することを望んでいたのです。

それというのも、当時のドイツは、英仏ソを牽制し、ポーランドを孤立化させてそこに侵攻すべく、そのためには日本との間に軍事同盟を結ぼうと考えていたからです。これがうまくいけば、英仏ソはヨーロッパのみならず、アキレス腱ともいえるアジアのそれぞれの植民地にたいする日本の脅威にも眼を向けねばならず、ポーランド侵攻に介入してくる可能性は低くなるであろう。ドイツの外交攻勢の意図はそこにありました。

ちょっと時点を前に戻しますが、コトの起こりは十三年初夏のころのドイツからの急速な接近でしたが、ソ連軍の脅威がつねに念頭にある陸軍中央部（陸軍省と参謀本部）はむろん望むところであったので、この画策に簡単に乗ってきました。ドイツと同盟を結ぶことで、ぐんぐん強大化しつつあるドイツの軍事力をもってソ連を背後から強く牽制することができる。これによって北からの攻撃の心配なしに、中国にたいして全兵力を行使することが可能になる。また、そうした勢いを誇示することによって蔣介石をして日本の思うとおりの和平に否応なしに応じさせることができる、というものでした。

そうです、これはすでに『ノモンハンの夏』でかいたことですが、十三年の四月に行われたイタリア首相ムッソリーニとドイツ空軍の元帥ゲーリングとの会談内容が、ドイツの意図が明瞭に示されていてわかりやすいと思います。それでくり返しを承知でかくと、ゲーリングがこういったというのです。

「もし日本がどうしてもヨーロッパ戦争に参加するのが嫌だというなら、それでも構わないではないか。名目だけでもいいのだ。日独伊三国の軍事同盟を世界に発表することで、日本の強力な海軍力で十分に英仏を牽制し威嚇できる」

そのためにも、ソ連だけを対象とする協定では意味がない。ドイツは、結ぶなら英仏をも対象とする全面的な軍事同盟でなければならないと、この点にかんするかぎり一歩も譲ろうとはしないのです。

日本陸軍は、何度かの中央部の課長会議での討議をへて、それは当然のこととして意思統一し、ドイツ案をのむことに賛成しました。これを反映して政界の一部、そして右翼団体も三国同盟案を支持し、外務省部内にも陸軍にエールを送る親ドイツのグループが次第に勢力をまし、いまや三国同盟への回路は大きくひらかれたように思われました。

そこに「待った」と大手をひろげたのが、すでにかいたように、海軍でした。首相、外相、蔵相と陸海両相の討議する五相会議で、米内光政海相が猛反対をいいつづけるのです。十三年八月から何度も会議がひらかれたのですが、紛糾は深まるばかりで、ついには十二月初旬で決裂してしまった。以後は会議をひらくことも困難となってしまっていたのです。

そうした経緯がありましたから、平沼内閣がスタートすると待っていたかのようにすぐの一月六日、ドイツ外相リッベントロップから日独伊三国同盟案がいよいよ正式に提案されてきたのです。もう尻に火がついたようにあたふたと、新内閣は五相会議を再開しなければなりませんでした。が、問題の海軍は、海相が米内光政大将、次官山本五十六中将、軍務局長井上成美少将と、この頑強なトリオが、近衛内閣のときと変わらずそのままですから、首相が交代しようとぜんぜん態度を変えません。

それでも彼らはやみくもに反対するだけではなく、妥協しうるかぎりは妥協しました。一月十九日の五相会議で、米内が言明します。同盟はあくまでソ連を主たる対象とすること、状況により英仏等をも対象とすることもある。かりにその場合でも、軍事的な武力援助は、英仏等を対象とするときは「援助を行うや否やは、それは状況による」。つまり自動的にあらず、決定権はあくまでも日本側にある。これが譲り得る最大限の条件である、と。

ヒトラー内閣の外相リッベントロップ

簡単にいえば、ドイツがソ連と戦争をはじめた場合には、日本は武力援助をきっと約束する。しかし、ドイツが英仏と戦端をひらいたとき、日本は武力発動するかもしれないし、しないで静観するのみかもしれない、どうするかは、そのときの状況次第で決める、ということです。こんな曖昧模糊とした、自分本位の、煮えきらない軍事同盟をドイツが承知しないことは、はじめから明らかです。が、米内も山本も、不本意ながらここまで妥協したとの思いなのです。

山本五十六がのちに、このときの自分の判断について、こう語っています。

「世界新秩序を新たに形成することを目標とするヒトラーのドイツと与《くみ》するのは、必然的に米英中心に成立しているこれまでの秩序を打倒せんとする戦争にまきこまれることであり、日本の海軍軍備とくに航空軍備の現状をもってしては、対米英戦争には勝算はまったくない。それで自動的参戦などとんでもない、ということであった」

海軍トップの考えは、この山本の発言に収斂《しゅうれん》されるといっていいでしょう。ヒトラーに引きずられて、日本は英仏はおろかアメリカとの大戦争にまきこまれる。三国同盟は世界戦争への恐怖と抱き合わせである、それはご免こうむる、それが海軍の考えであったのです。

「世界史のなかの昭和史」と銘打ちながら、少々長々と国内の昭和史にのっけから打ちこみすぎました。しかし、もう少しつづけねばなりません。もう一つの大難問の日中戦争の処理についてです。

✳スターリンの関心と関東軍

大本営報道部の指導のもとに報じられている新聞紙上での戦局発表では、昭和十三年はまことに順調そのもの。南京（十二年十二月）にはじまって、徐州（五月）、広東（十月）、漢口（十月）と、つぎつぎに中国の主要都市を攻略。「土も草木も火と燃える／果てなき曠野踏み分けて／進む日の丸鉄兜……」と軍歌の文句そのままに、日本軍は中国大陸の奥へ奥へと進撃していきました。そのかがやかしい戦果を、日本本土では国民が昼は旗行列、夜は提灯行列をくり返すことで慶祝します。

しかし事実は、戦争継続の現況を仔細にみれば、悪化の一途をたどるばかりの戦勢であったのです。それゆえに「昭和十四年度帝国陸軍作戦計画」は前年末までに策定できず、その年度に入った昭和十四年二月二十七日にやっと全軍に示達するといった有様でした。いわば八方塞がり。形だけはたしかに連戦連勝ですが、漢口攻略をもって日本軍の積極的攻勢は終末点に達して、続行の強大な戦力は失われていたのです。

中国の広漠たる大地のここかしこに、二十四個師団以上（五十万人余）の兵力を吸収されて、対ソ戦に備えて満洲・朝鮮に十一個師団をおくと手持ちの動員可能な兵力は皆無に近い。兵器生産に代表される国力も、とうに限界を超えていました。見かけの戦力は国民総動員法にもとづく軍需動員でハッパをかけていますから増加しているものの、基礎となるべき全国力は前年が頂点で、十四年度からは下り坂になっていたのです。

そればかりではありません。満蒙の、東・北・西におよぶ四百キロメートルの長大なソ連との国境線での、ソ連軍の脅威は深刻化していました。十三年度における国境線での小競《こぜ》り合いの数は百六十六とふえている。[*1] また、十四年の春には、日本軍十個師団弱にたいしてソ連軍はじつに三十個師団。日本軍の戦車二百輛、ソ連軍二千二百輛、飛行機も五百六十機対二千五百機。中国大陸で戦いをつづけながら、満蒙ではこの劣弱な状況で、もしソ連軍が進攻してきたらという脅威は、参謀本部の作戦課の参謀たちの背筋をつねに凍らせていました。

ところが、当のソ連は、というよりもスターリンは、ということになると、じつはアジア方面の情勢になどまったくといっていいほど注意を向けていなかったのです。満洲侵攻など露ほども考えていませんでした。昭和七年末に第一次五カ年計画が完了するとただちに第二次五カ年計画を実施、極東ソ連軍の強力化に力をいれました。飛行機や戦車を中心にした兵力増強のみならず、国境線でのトーチカ陣地の構築にも主点をおき、トーチカは二列、三列と築かれ、塹壕も四通八達と野戦陣地を加えて、ほれぼれとするような縦深陣地が国境線にはでき上がっています。シベリア鉄道の輸送力も改善され、ソ満国境への兵力の集結に大車輪の働きをしはじめていました。日本軍は中国軍を敵として兵力を集中しているし、アジア方面はともあれ安泰と考えています。

それより問題は、スターリンにとってはヨーロッパの列強の動きなのです。ナチス・ドイツがチェコの一部を併合したときの英仏のミュンヘン協定によって、彼にはこれら〝帝国主義国家〟のあいだには、ファシスト国家であろうと民主主義国家であろうと、基本的には違いはない、との見方がいっそう強められています。とにかくヨーロッパ列強間の敵対抗争の局外にあって、これを利用することがいまのソ連にとっては国益のために最良の手段である、との確信を強めていたのです。

三月の第十八回党大会で、スターリンはこの考えをはっきりと明言しました。

「用心を怠らないことだ。そして、他人になんとか火中の栗を拾わせることを最良の手段としている戦争挑発者ども〔英仏〕が、わが国を紛争の渦中に引きずりこむのを許してはならないのである」

そしていまになると、多くの史書は、この演説はスターリンが英仏に背を向けて、ドイツに身を寄せることを暗に表明したものとしていますが、さて、どんなものでしょうか。スターリンのヒトラーへの接近はもう少しあとのことであると思うのですが、いずれにしてもソ連のこのころの関心が日本よりもヨーロッパ列強に向けられていたことは確かでした。

当時、そこまでは読みきっていない日本陸軍は、三月の人事異動で、関東軍の第一課（作戦）に寺田雅雄大佐、服部卓四郎中佐、島貫武治少佐を赴任させ、それに着任すでに一年半に近い辻政信少佐と、陸大優等卒の俊秀をずらりと並べているのです。参謀本部の戦略は「対ソ西正面作戦」、すなわちハイラルを起点として、ホロンバイル方面から一挙にバイカル湖方面に向かって決戦を求める作戦ですが、それがはたして可能かどうかを十分に研究してもらおう、ということにあったのです。

ただし、念のためにいいますが、あくまで現地で研究するための人事で、積極的な攻勢など夢にも考えてはいませんでした。が、現地の参謀たちは、そうは中央の思惑どおりに考えていません。なかんずく辻参謀です。中国大陸での連戦連勝を横目にしながら、最強を誇る関東軍が国境のいざこざ解決だけで東奔西走していることにもう我慢の限界がきていました。国家全体の国力のことなど考慮の外において、その信念とする「〝寄らば斬るぞ〟の侵すべからざる威厳を示すことで、まさに北辺の静謐は保持し得るのだ」と声を荒らげています。そして、その断乎たる威厳実現の、すなわち強烈な一発をかませるチャンス到来を待っていたのです。

国際情勢の動向や国力の限界を無視した、この軍人特有の功名心と名誉心とが何をもたらしたか。『昭和史』でもふれ、『ノモンハンの夏』でくわしくかいたご存じの、ノモンハン付近での日ソ戦争がそれであったのです。

ヨーロッパ情勢の虚々実々

そこへいきなりすっ飛んでいく前に、ヨーロッパの情勢にもういっぺん注目しなければなりません。立役者はもちろんヒトラーです。昭和十四年三月十五日夜明け、ほぼ半年前に英仏とかわした「チェコスロヴァキアの独立を保障する」というミュンヘンでの条約を破り、ドイツ軍がチェコの首都プラハに堂々と進駐、併合の意思を明らかにし、世界を驚倒させました。

ヒトラーを乗せた大型のメルセデス・リムジンの車列も、なんら危険のないことを確認してから、高台に位置するチェコの大統領府のおかれていたプラハ王宮城に急行します。そして由緒ある城に入るとすぐにこう宣言しました。

「ドイツ人を支配民族の代表と見なさないものは、財産を没収し、投獄し、処刑しなければならない。ドイツの支配に歯向かう村落はすべて焼き払われ、跡形もなくなるであろう」

ところが、このドイツ軍の条約無視のチェコの首都への侵略に対して、イギリスもフランスも、抗議の声明はするものの、なんらの行動に出ようともしませんでした。こうなると、ヒトラーが図に乗ってさらに領土拡張の計画を推進していくのは、もう目に見えています。プラハ占領から二週間もたたない三月二十八日、昭和九年（一九三四）に結んでいた不可侵条約の廃棄をポーランドへ通告します。戦争を辞せざる侵略の意思を宣言したものといえます。

イギリスのチェンバレン首相はこれに驚愕し即応するかのように下院で声明しました。

「ポーランドの独立を明らかに脅かす行動が発生し、ポーランド政府がそれに抵抗することが必要と決意した場合、イギリス政府はただちに持てるすべての力を結集し、あらゆる援助を与える」

そして三月三十一日に、チェンバレンはポーランドに軍事援助の約束をしました。さらに四月一日にはフランスとともにギリシャとルーマニアにも同じような約束をして、ヒトラーにたいするこれまでの宥和政策を英連邦は破棄することを明らかにします。ヨーロッパの情勢はがぜん急を告げはじめました。

ヒトラーはこのイギリスの動きにもたじろぐところはなかったようです。「よかろう。私は連中に地獄の飲みものを用意してやる」といったといいます。しかも、ポーランドの「独立」を認めたのであって、ヤツらの「保全」を保障してはいない。ならば予定どおりコトをすすめるだけである。四月三日にヒトラーは麾下《きか》の将軍たちを集め、厳命を下しました。

「八月末の発動をめざしてポーランド侵攻作戦〝白号作戦〟のための諸計画の準備にただちに当たるべし。戦争はポーランドに限定する」

ヒトラーの頭には、地政学的には戦略上大切な意味をもつチェコスロヴァキアに関して戦おうとしなかった英仏両国が、より遠い国で、政略的に何の意味ももたないといっていいポーランドのために戦うはずのあるべくもない。むしろこれら資本主義国が、ドイツのさらなる東方進出、最終的には共産主義国家の心臓部への攻撃を歓迎していないわけはなかろう、という、手前勝手な、かなり楽観的な思惑と観測があったのです。

それにリッベントロップのより楽観的な判断による意見具申がかなりヒトラーの心を動かしてもいました。外交的な種々の調査からみて、英仏はガタガタいっているが、ドイツがポーランドに侵攻しても敵対行動にはでてこない、それほどの戦術的用意はこの両国には完備していないというものでした。ヒトラーはイギリスとの間に戦争を起こそうという気は毛頭なかったゆえ、その報告を快く聞きました。

いっぽうスターリンは、こうしたドイツとイギリスのギリギリのやりとりの情報を得るにつけ、「坐して成り行きを待つことができるぞ」といっそう安堵していました。しかし狡猾であり策謀好きの彼らしく、もう少し深く英仏政府の腹を探ってやれとも考えます。四月十八日、中部ヨーロッパのどこかの国が侵略の脅威にさらされたとき、これを支援するための「相互安全保障」の枠組みをつくろうではないかと、スターリンは英仏両政府にもちかけたのです。

フランス政府は乗り気になったのですが、スターリンが虫唾《むしず》の走るほど嫌いなチェンバレンは、こんな話にうかうかと乗るのはヒトラーを挑発するだけだと、すげなく拒絶。これをまたスターリンは大満足でうけとめます。やがてドイツと英仏が互いに消耗戦を演じだし、互いに潰し合う展開となったならまことに都合よく、ゆっくりと高みの見物をきめこみ戦力増強をはかることができると心から喜んだようです。

ところが、スパイをはじめ外国紙の報道などからソ連の英仏との交渉の話を聞いて胸中に怒りをたぎらせたのがドイツの総統閣下なのです。着々と計画が練られている〝白号作戦〟のためには、ソ連の中立が是非とも必要であるからです。そもそもこの年の春さきから、独ソ間の経済関係再開の話し合いがつづけられており、六月には再開されるであろうと、リッベントロップから報告をうけている。それなのにそのソ連が英仏にちょっかいをだし仲良くなろうとしている。スターリンは何を考えているのか。よかろう、それなら、その前に、ソ連を政治的に英仏からはっきりと離反させ、わがドイツと友好を示すような協定が結べないかどうか、こっちから誘いをかけてやる、とヒトラーは考えだしました。

そんな途方もない考えをヒトラーが抱くようになったキッカケとして、遅々として進まない日本との軍事同盟の交渉があった？　そうなんです、ヨーロッパ列強の虚々実々のややこしい動きの裏側に、日本のまことに煮えきらない態度があった、そう考えてもいいのではないか。三国同盟案を送りつけているのに、それをうけて平沼内閣の五相会議は、なんという体たらくか。陸相も海相も意見を変えず衝突をくり返すだけで、さっぱり進展しません。たとえば五月六日の会議では有田八郎外相が、大島駐ドイツ大使からの長文の電文の趣旨を報告します。

「ヒトラー総統は、日本の『武力援助を行うつもり』という意向にはとうてい同意しがたいといっている。要は、もっと明確に、独伊が攻撃をうけた場合には、日本はただちに交戦国関係に入る覚悟であることを明示してほしい、と総統はいっているとのことです」

米内海相は、当然至極のように首を横にふり「ノー」といい、これに板垣征四郎陸相の顔がたちまちに真ッ赤になる。そんなことのくり返しであったのです。

その上に、陸軍にとっては、厄介な問題が中国本土の天津で起こっていました。四月十日、天津の英国租界で、日本の傀儡《かいらい》政権というべき汪兆銘《おうちようめい》政権の中国人官吏が暗殺されたことに端を発します。英国租界に逃げこんだ中国人容疑者四人の引き渡しをめぐって、はじめ天津の英国総領事は同意していたのに、ロンドンの英国政府が頑としてこれを拒否してきました。ここから両国政府間の外交交渉はこじれはじめ、現地の陸軍は躍起となってしまいます。いまや英国嫌いとなっている日本政府も、怒りを表明せざるを得なくなりました。

三国同盟問題といい、天津事件問題といい、紛糾するばかりでさっぱり燭光のみえないことに、参謀本部は日一日と殺気だっていきました。とくに同盟問題は議が起こってから半歳をへるというのに、外相までが海相に味方するようになり、事態はわけがわからなくなっていくばかり。日本の参戦は自主的に決定する、その一行をかいておけばそれでいいではないか。いざとなったら、状況如何で知らん顔ですませばいい。腰抜けの海軍どもがいつまでも煮え切らないことをいっているのが許せなくなってきていました。

これでは、もともといい訳がましい曖昧な言説が嫌いなヒトラーが、こうした情報を伝えられて躍起となるのも、無理からぬこと、と思われるのです。それならばと、白号作戦のために、スターリンに色目を使いたくなるのも当然といえることであったかもしれません。

ニューヨーク万博のこと

ところで、さっぱり話題にものぼってこない大国ルーズベルトのアメリカなんですが、このころどうしていたのか。まったく無視しているわけではありませんが、もう山ほどもある史料が証明するとおり、昭和十二年十月のルーズベルトの「隔離演説」いらい、まったくの音沙汰なし。これはかかなければと思うことがほとんどありません。英仏はドイツに対抗するための外交的支援をアメリカにとくに要請しなかったし、かりにしたとしても、中立主義を押し立てているルーズベルト政権は恐らく検討する姿勢をみせなかったであろうと思われます。ソ連に、それに日本にも、二股をかけた外交攻勢をかけるほど用意周到なヒトラーすらも、いまはいかなる状況にいたろうとルーズベルトが軍事介入してくることはないと、絶対的ともいえる確信をもっていたと思います。

はっきりいって前年の秋からこの年の春にかけて、アメリカ国家全体の中立そして軍事的孤立の気運は絶頂に達していました。もちろん、「隔離演説」が象徴するように、ドイツおよび日本のむきだしの侵略行為にたいして、アメリカ国民は不信と嫌悪の態度をかなり示してはいたようです。とくにパネー号事件いらいの日本にたいして、です。が、であるからといって、戦争にまきこまれることには強く反対なのです。イギリスに味方して第一次世界大戦に参戦し、十二万人の若ものを死なせてしまったことの記憶はまだ消えてはいませんでした。

アメリカ国民には、ヨーロッパやアジアの揉めごとにかかわるのはもうこりごり。それよりはいまはとにかくお祭りです。四月三十日、ニューヨーク郊外のクイーンズでニューヨーク万国博覧会がはじまっていました。アメリカ国民にとっては、この万博の大成功こそが大事でした。テーマは「世界の未来」。いまになると、このテーマはあまりにも皮肉な、と思うほかはないのですが、それくらいアメリカ国民は激変しつつある世界情勢にはそっぽを向いて、夢のような未来を描きたがっていた、ということの証となるのでしょうか。

近現代史研究家の渡辺惣樹《そうき》氏が「明るかった一九三九年・ニューヨーク万国博覧会」という論評を「Voice」誌（二〇一七年六月号）に発表している。

「最新技術を展示する企画（GM、IBM等）のパビリオンが多く、人類の明るい未来を謳っていた。大衆はここで初めてテレビやテープレコーダーの存在を知った」

そして、YouTubeの画像では万博会場を陽気に歩く人びとの姿を、いまも見ることができるそうな。

「戦後の歴史では隠された『明るい一九三九年』の姿である」

と渡辺氏は入場者四千五百万人とその盛況ぶりを伝えて、そのときの日本についてもふれている。

「ドイツは不参加だったが日本は参加していた。日本館は神社造りをイメージさせるデザインで、館内には日本庭園が造作されていた。そこでは多くの来館者が寛ぎの時間を過ごしていた」

YouTubeを見られないわたくしには確認しようもないが、多分に侵略国の悪評を払拭しようと、日本の当事者はあらんかぎりの工夫をこらして〝アジアの平和な楽園ニッポン〟のイメージをそこに実現しようとしたのでありましょうか。

その熱心な努力とは裏腹に、日本国内では三国同盟問題をめぐって、五相会議の激論はなおつづいていました。ラチがあかないからと、何とか解決の緒をみつけようとひらかれた陸海統帥部会議も決裂します。参謀本部作戦課の面々は、いまや撃滅すべき敵は海軍中央、それも米内、山本、井上のトリオだといわんばかりに怒りの炎を燃やしていたのです。そこに五月九日夜、看過すべからざる情報が飛びこんできたりしています。山本海軍次官が新聞記者を相手に、吹きまくったというのです。

「この問題に関するかぎり、海軍は一歩たりとも譲歩はせぬ。陸軍は狂っているよ。そんな陸軍に乗せられて五相会議をつづけているが、無駄もいいところだ。いまの平沼内閣じゃ政治など存在しないといっていい。それに首相と陸相はけしからん。五相会議でいったん決めて陛下への内奏もすんだ方針を、勝手にひっくり返すとは何事か」

それが正確な山本の発言かを問う前に、許しがたい山本次官の発言がさらに飛びこんできた。

「いずれ政変はまぬがれないことゆえ、諸君らはテントを張って待っているのがよろしからんと思うよ」

陸軍中央部の中堅参謀たちは、こんな親陸軍の新聞記者情報に完全に頭にきた。内閣が不一致なのは海軍が反対しているからではないか。その上に、倒閣をアジっているとは。いまの海軍のかたくなな態度の元凶は山本なり、との観測はずっと以前からあったが、改めてそれが明瞭になったかの感がある。陸軍中央部の山本をみる目は完全に硬化しました。それは「空気一段と悪化し、諸種の動きを見るに至れり」と当時の陸軍の史料にかかれているとおりなのです。

「諸種の動き」とは、「宣言」とか「要請」とか「辞職勧告」とかいう名の脅迫状の送りつけであり、右翼団体の抗議の海軍省乗りこみであり、あるいは一人一殺のテロの動きがはじまったということなのです。山本次官が万が一を覚悟してひそかに「遺書」をかいて机の抽出《ひきだ》しに納めておいた、という有名な話は、この二十日後のことでした。

日本における三国同盟問題がこのように海軍の反対ですったもんだするだけで一歩も進展しないのをみてとったヒトラーは、五月二十二日にムッソリーニとのあいだでさっさと軍事同盟を結びました。「鋼鉄協定」と名づけられたこの同盟で、イタリアもまたドイツとともに、世界の新しい秩序はいまや力によって建設され支配されるという事実を認めたわけなのです。

世界の複雑にからみ合って変転しつつある情勢、そして日本国内の騒然かつ殺伐たる状況は、ざっと以上のとおり。まさにこの直後に、ヨーロッパや東京から遠く離れた満洲北西部の、満洲国とモンゴル人民共和国（外蒙古）の国境の高原において、突然にはげしく銃火がかわされる大事件が起きました。五月十一日に生起したノモンハン事件がそれなのです。

突発的なノモンハン事件

この満洲国と外蒙古の小さな国境線をめぐる紛争に端を発し、やがてその両国のバックについていた日ソ両陸軍が大兵力を動員してのはげしい戦闘にまで拡大した〝事件〟についての経過は、すでに『ノモンハンの夏』でくわしくかいているので、ごく簡単に記します。

要は関東軍司令部が策定した「事件処理要綱」にもとづいて、大まかにわけて第一次、第二次、第三次と戦われた戦闘で、六月下旬にはソ連航空基地を越境爆撃し、主力の第二十三師団にさらに増強部隊も加えての第二次戦闘までは、日本軍が優勢ともいえる戦いを展開しました。しかし八月になってソ連軍が十数倍の戦力で反撃に転じ、巨大な火力と、過大なほど投入された戦車、新鋭航空機の攻撃で、第二十三師団は壊滅的な打撃を蒙り、九月には外蒙軍の主張する国境線を正式なものと日本側が認めて停戦せざるを得なかった戦い、というわけです。

関東軍をはじめ日本軍にとっては、はじめて味わう現代戦であったといってもいいでしょう。しかも後半は、強靭な機甲力と火力の前には、日本陸軍が信奉する攻撃的白兵主義と精神力だけでは無力そのものであることを学ばされた惨たる戦闘であったのです。

ただ一つ、さきの拙著ではごく簡単にしかかいておかなかったソ連軍の総指揮官ジューコフ大将が、スターリンの質問にたいして答えた日本軍の印象を、ここではきちんとかいておくことにします。

「日本軍兵士は訓練され、几帳面で、とくに防衛戦では頑強です。下級指揮官は非常によく訓練されており、狂信的な頑固さをもって戦います。一般に下級指揮官は降伏せず、『ハラキリ』を躊躇せずにやります。上級将校は、とくに年をとった上級将校はさほど訓練されておらず、あまりイニシアチブをとらず、紋切り型の行動をする傾向があります」

わたくしは『ノモンハンの夏』の最後の章に「万骨枯る《ばんこつか》」という見出しをつけましたが、敵の総大将の言葉は、そのことの正しさを証明してくれているのではないでしょうか。
本書では、それよりも「昭和十四年の夏」の世界情勢をしっかりとみつめてかかなければならないと考えています。たとえば、アメリカのスタンフォード大学のフーバー研究所にある『蔣介石日記』にもとづいて、岩手大学の麻田雅文准教授がまことに興味深いことをかいています。長く引用してみます。
「蔣は、ノモンハン事件と並行する英仏ソの交渉に期待をかけ、ソ連が日本の友好国ドイツではなく、英仏と同盟することを切望していました。六月二十二日には『〔ソ連と〕英仏との不可侵協定が極東も包括するなら、人類の歴史に貢献する雄偉なものとなる』という手紙をスターリンに送っています。／七月九日にはスターリンも、異例の自筆書簡で『交渉が成功裡に終われば、極東においても、平和を愛する国家のブロック結成への大きな一歩となる。中国との二年にわたる戦争で日本は正気を失い、英国やソ連、モンゴルに攻撃をしかけている』と返信しています」（毎日新聞　二〇一七年四月二十七日付夕刊）
つまり、この蔣介石とスターリンの往復書簡でもわかるとおり、英仏（それに米も含めて）と、独伊の両陣営が、ソ連を自分のほうの仲間に引きいれようとせめぎ合っていた、それが十四年夏の世界情勢のいちばんの肝どころであったのです。しかもスターリンも決断しかねており、蔣介石への手紙の内容とは異なって、明らかに二股をかけて音無しの構えを崩そうとはせずに、ドライにおのれの国益のみを追求する姿勢を保っていたようなのです。

ただし、アジアで思いもかけずはじまっている日本の関東軍を敵とする戦闘には、スターリンは音無しの構えどころか、猛牛のように突っかかることを決意しました。A・ビーヴァーが、六月一日、ジューコフ大将への至急モスクワに来いという電報から大著『第二次世界大戦』をはじめているのは、その意味ではまことに要を得ていると考えられるのです。トロツキストとしてあるいは死刑かと覚悟してモスクワに赴いたジューコフはこう厳命されるのです。ビーヴァーはかいています。

「現地司令官がほとんど〔ノモンハンの戦場で〕成果をあげないことに〔スターリンは〕激怒しており、国家の西方にヒトラーとの戦争の脅威があるいま、傀儡国家『満洲国』を根城にわがソ連邦に仕かけてくる日本の挑発的行為にこのさい引導をわたす考えであると」

それゆえジューコフに強大な兵力を与え、このさい日本陸軍に決定的な打撃を与えよと命じます。死刑どころか、ここで殊勲をたてればいっそう重用されると、ジューコフは勇みたちます。もちろん、関東軍はそんなこととは露思うことなしで、いつものように敵の実力を過小評価して、結果として大打撃をうけることになるわけです。

そして、このときヨーロッパでは――。

ヒトラーの、つぎの目標たるポーランド侵攻の意図が明白になるにともなって、もはや黙視できないとフランスは動員を開始しました。イギリスもまた七月中旬には海軍臨時演習の実施を発表、予備の艦船をつぎつぎに就役させます。それはヒトラーにもはや譲歩のないことを誇示し、われには戦争の準備が着々と進んでいるのだと知らせることでもあったのです。

日米通商航海条約の廃棄

このころモスクワでは、七月十五日、ノモンハン方面の各部隊は第一集団軍に改編せよ、とスターリンが命令を発します。そしてジューコフに軍司令官として全指揮権を与えました。それはスターリンがノモンハン付近の戦闘にいよいよ本式にとり組む決意を表明したことを全将兵に示し、大いに勇気づけたことでもありました。

当然のことながら、ソ連軍増強の情報は関東軍作戦課もキャッチしました。さっそく「各種の角度より観察の結果、ソ連極東全軍は大動員せられたり」との電報が大本営に送られます。が、三宅坂上の参謀本部の秀才参謀たちの面々はこれを素直に認めたくはありませんでした。認めれば、関東軍からの兵力増強の要求はかならず巨大なものとなるのはわかっています。ない袖はふれないのですし、なにしろほかに関心事が山積していたからでもあります。

第一に天津問題がありました。イギリスがいまヨーロッパ問題に専念せざるを得ない状況であることはわかっています。このために、アジア方面では日本と何とか妥協したいと考えている。その弱味につけこんで、問題解決のための日英交渉は七月十五日からはじまりましたが、日本側は最初からかなり強気でその席に臨みました。

新聞も大いに政府や軍部に激励を送ります。また新聞に煽られて国民も大々的な反英デモを展開、英国大使館をとり囲んで大騒ぎ。

「熱狂のあらし、国民的興奮の爆発だ。次いで府、市会議員らがこもごも立って老獪《ろうかい》英国は東亜新秩序を乱すものと喝破。東京会談を監視し当局を激励せんと雄々しい叫びを上げて会集は一斉に起立、九重〔皇居〕の奥にも届けよと聖寿万歳を三唱、午後三時市民大会を終え、いよいよ反英大示威行動に移った。……」（読売新聞　七月十五日付）

日中戦争がドロ沼化しつつあるのは、何よりもイギリスが蔣介石を支援しているためだ、という陸軍の宣伝が浸透しているから輿論はとにかく強硬になり、これに後押しされて交渉は、一方的にイギリスに譲歩を強制するものとなりました。七月二十二日には、その譲歩をもとに日英仮協定がいったんは成立したのですが、ここで妙な横槍が刺しこまれてきた。天津にも租界をもつアメリカ政府です。ひそかに、なのですが、猛烈に強い反対意見をイギリス政府にのべました。これにイギリス政府は煽られて突然に態度を曖昧にし、仮協定は事実上効力を失ってしまう。

いささか泡を食って対応に窮している日本政府に、七月二十六日、アメリカ政府はさらに日米通商航海条約の廃棄を表明してきたのです。アメリカの通告はこうでした。

「米国の利益をいっそう擁護するため、六カ月の予告をもって本条約を廃棄する」

青天の霹靂とはまさにこのことです。国務長官ハルが言明しました。

「日本が中国におけるアメリカの権益にたいし〔上海や天津において〕勝手なことをしているのに、なぜアメリカは通商条約をこのまま維持しなければならないのか。日本のスポークスマンが『東亜の新秩序』とか、『西太平洋の支配権』とか、『イギリスは日本に降参した』とか、日本は『徹底的外交の勝利を得た』とか叫んでいる。いまこそ、アメリカがアジア問題にたいする態度を再声明する機会が到来した。わが行動は、中国、イギリスその他を激励し、日本、ドイツ、イタリアを失望させるであろう」

イギリスがアジアの諸問題から手を引かざるを得ない現状に、かわりにアメリカが乗りだしてきたのです。つまり、アメリカ政府は日本にたいして条約破棄という行動にでることで、ヨーロッパには間接的に、アジアには直接的に「アメリカは暴力には威嚇されぬぞ」という強い意思を示したというわけです。

これには日本の政府も軍部も愕然たるものがあったようです。と、少々曖昧にかくのは、『昭和天皇実録』には、このきわめて重大事がこの時点ではかかれていないからなのです。そして、なんと『実録』に、この事実にかんして天皇の言葉が記されるのが八月一日、しかも〝ついでに〟という形でかかれています。かえって指導層の狼狽の程の深さが知れるものといえましょうか。

「侍従武官畑俊六より、汪精衛《おうせいえい》〔汪兆銘の字《あざな》〕工作に関し言上を受けられる。その際、去月二十六日の米国による日米通商航海条約の廃棄通告に関し、米国より経済断交を受けた場合には屑鉄・石油等の資源の立ち行かないとの情報を御懸念になり、支那事変の前途を深く憂慮され、陸軍の真意及び対策につきお尋ねになる」

ただこれだけ。もしかしたらと思って『畑俊六日記』を検《けん》してみたら、『実録』は『畑日記』に依拠してかかれたものらしく、まさしく天皇の発言というか憂慮はこれだけでした。

そうなると、アメリカからの通告は指導層にとってはそれほどの大事とは思われなかったのか。まさか、とは思うのですが。

しかし、ほんとうは通商条約を廃棄したアメリカが石油の全面禁輸を決断し、もし石油が一滴も日本に入らなくなったら、日中戦争どころか、日本の戦力はゼロにひとしくなる。飛行機も戦車も、否、堂々たる連合艦隊の艨艟《もうどう》はすべて動けなくなるのです。そんな断崖に立たされたような由々しきことを想像するのは気が早いとしても、アメリカの条約廃棄の通告は、結果としてはそのことのあり得ることを予告したものといえるのです。それなのに、いや、それゆえに天皇に心配をかけたくはなく重大視しようとはしなかったのか。単なる威《おど》し、容易に話はつくとでも楽観したのか。

何はともあれ、指導層がそんな楽観にまだとらわれている事態を、国民が察知することなどできるはずはありません。くわしくはわからないから日本国内の輿論は、ただもうアメリカの通告に完全に硬化するだけ。これまでにもアメリカ政府はわが大日本帝国にたいして不遜であり、非友好的であり、そこに寸毫《すんごう》の道義も見出すことはできない、との論が新聞や雑誌を飾ります。反米感情はかなり強まっていきました。

さらには新聞に載った二十九日付のヘラルド・トリビューン紙の論説に国民はひとしく憤慨しました。

「日本は独伊と同じく、鉄拳をもっておどすときにのみ理性の声を聞くとの信念の下に、日本は目下支那と交戦し、ソ連にたいしても〔ノモンハンで〕敵対行為を実行し、西欧諸国とかかわり合うの暇なき状態にある。ゆえに、主たる軍需品供給国たるアメリカの禁輸にあえばたちまち屈服するのほかなきであろう」

何たる無礼な言辞なるかな、と国民的な反米の熱狂は相乗化して昂《たか》まっていくばかりでした。

✺両巨頭の往復書簡

八月に入って、ほぼ一カ月も何事もなかったかのようなモスクワの音無しの構えに、ついにヒトラーのほうがしびれを切らしてしまいます。ロンドンでもパリでも、さらにはワシントンでも、凶悪なナチスの独裁者が自分のほうから頭を下げるとはだれひとり想像すらしていなかったときに、ヒトラーその人がまさしく態度を百八十度も変えたのです。

八月二日、リッベントロップがベルリン駐在のソ連代理大使に、独ソ両国の新たな友好的関係を構築しようではないかと、突如として、もったいをつけておごそかにもちかけました。

「バルト海から黒海にいたる全領域において、ソ連とドイツの間には何ら解決できない問題など存在しません」

その上で、ポーランドにたいする侵略的意図にまで隠すところなく言及しました。ポーランドは怪しからんことにいまやドイツ侵略の準備を整えていると、あり得ないようなことをいい、そうさせないために、わがドイツはやむを得ず自衛のための先制攻撃を考えないわけにはいかなくなった。ついてはソ連はわがほうを支援しないか。しかもそうすることで戦利品としてそれなりの分け前があることも示唆したのです。あとはソ連政府がその気になるならば、万事はうまくいくと、リッベントロップはニヤリと笑ったといいます。

この知らせにスターリンは両手を叩いて躍りあがらんばかりに喜びます。政治的な駆け引き、つまり多方面的な神経戦で、ヒトラーのほうがさきに参ってしまったことに大満足でした。イギリスとフランスにむけては正面の門を大きく開けておき、裏門から隠密裡にドイツとの連絡をきらずにいた自分の両面作戦が、ものの見事に図に当たったことにもスターリンはかなり大得意となります。

なお、余談ながら、ドイツから亡命したユダヤ人物理学者アインシュタインが、ドイツよりも先に原子爆弾をつくるべきである旨の書簡をルーズベルトにかいたのは、同じ八月二日のことでした（ルーズベルトがうけとって読んだのは十月十一日）。ここでも歴史は面白い別の一面をみせてくれます。

八月四日、プラウダ（ソ連共産党中央委員会の機関紙）はロンドンからの報道として、英仏両国が軍事使節団をモスクワに送ることにやっと同意してくれた、とことさらに大きく報じました。英下院で、イーデン議員が「ドイツの侵略を思いとどまらせるためにも、一刻も早く英仏ソの平和戦線を結成することが急務である」と主張している様子をも、プラウダは載せています。すべてヒトラーに読ませるためのものでした。

ドイッチャーがかくように「スターリンは、いまやヨーロッパが震えおののく人の求愛をうける立場に立った」のです。その言葉を借りれば、ヒトラーの〝求愛〟は、こうなるといっそう優しく、熱くかつ執拗にならざるを得ません。リッベントロップはその意見具申をうけて、一刻も早いスターリンとドイツ外相との会見を正式に申しいれました。いまや、スターリンのよき返事をもらおうと、英仏とドイツとが求愛の競争となったわけです。

ところが、事態は妙な展開をみせはじめました。八月五日、英仏の使節団がレニングラードへ向けて出発したことはしたのですが、空路でいけばひと飛びなのに、なぜか彼らは時間のかかる海路を、ソ連側がのちに不快そうにかいているように「時速十三ノットに制限された」汽船をノロノロと走らせてやってきたのです。しかも両国の代表はいわば二流の人物たちで何の決定権ももたず、彼らにできることはロンドンとパリに話をもち帰り、本国政府に報告するだけのこと。これでは何度会談しようと決まることなど何一つない。八月十二日から二十一日まで全七回の交渉が行われましたが、全権をもたない代表団が相手では、肝腎なことは何も決められずについには不成立というお粗末さ。

こうした経緯を正確ではない情報で承知しながら、ヒトラーは二十五万の大軍を十五日には東部国境線に集結させせました。また万一の場合の保険をかけることにして、海軍のポケット戦艦グラフ・シュペーとドイッチュラント、二十六隻のUボートに大西洋への出撃準備をととのえさせる。さらに、もう待ってはいられない、とばかりに、二十日に誇りも外交上の儀礼もかなぐり棄てて、スターリン宛ての書簡を送ることを決意します。かなり長いものですが、そのいちばん肝腎の部分は——。

「ドイツとポーランドの緊張は堪えがたいものになりました。いつなんどき、危機が生じるか測られません。ドイツは、いまからのち、あらゆる手段をもってドイツ国の権益を守る決意であります。

私の意見では、新しい関係に入ろうとする〔独ソ〕両国相互の意思にかんがみ、(中略)私は貴下が、わが国の外務大臣を八月二十二日火曜日、遅くとも二十三日水曜日に引見されることを重ねて提案します。ドイツ国外務大臣は不可侵条約とともに付属議定書を起草、署名する全権をもっています。(中略)貴下のさっそくのご回答を得られれば欣快のいたりであります」

二十日付のこの電信によるヒトラーの書簡を手にしながら、スターリンは待っていましたとばかりに二十一日正午ごろにはもうペンを走らせていました。

「閣下の書簡に感謝いたします。私は独ソ不可侵条約が、われわれ両国間の政治関係の改善に、決定的な転機を画してくれるよう望んでおります。

私はここに、リッベントロップ氏が八月二十三日にモスクワへご来訪くださることにたいして、ソビエト政府が同意する旨を、ソビエト政府より委任された権限によって、閣下にご通知いたします」

アジアの、ノモンハン方面のジューコフ大将総指揮の総攻撃は計画どおり開始され、機甲部隊を全面活用しての猛烈な攻撃は作戦どおりに日本軍の抵抗をいたるところで撃破し、勝利は確実なものとなりつつある、という極東軍司令部からの報告もとどき、スターリンには後顧の憂いはまったくありません。あとはちょび髭の独裁者の求愛にだけ顔を向けておけばいい。

この電信によるスターリンの書簡は二十一日午後九時三十五分にドイツの外務省がうけとり、ただちにヒトラーに知らされます。一説に遅い夕食中であったので、テーブルを拳骨でガーンと叩き、グラスをガタガタさせて、また一説には拳骨で壁をがんがんと打ち叩き、足で床をどしどしと踏みならし、とにかくヒトラーは大声で叫んだといいます。

「ついに全世界が俺のポケットに入った!」(また一説に「彼らが承諾したぞ!」)

いずれにしろ、ヒトラーが狂喜したことに間違いありません。

じつは、これはわたくしが『ノモンハンの夏』で、平井友義氏が発掘した「ソ連側史料」に依拠してかいたことですが、スターリンは八月中旬つまり英仏代表団との交渉がはじまってすぐ、英仏は相手にならずと素早く見通して、ヒトラーとの握手を決意した、と思われるのです。

なぜなら、ノモンハン方面での大総攻撃の作戦開始を八月二十日ときめていたからなのです。ドイツのポーランド侵攻を機に、ヨーロッパで大戦争の戦端がひらかれんとするときに、ソ連が中立でいられる保証もなくして、アジアで大攻勢を敢行するほどスターリンは無謀ではない。もっと慎重な、疑い深く、計算高い人物であり、しかも、中立が可能となった暁には、つまりヒトラーとの握手が間違いないものとなったときには、徹底的に日本軍を潰滅させてやるとの決意を固める、そのような人物であると考えられるゆえにです。

スターリンには底知れぬ魂胆があったと思われます。ヒトラーの求愛を受け入れれば、ヒトラーはポーランドに侵攻する、英仏は黙視していられないで、かならずや西部戦線で戦闘となるであろう。となると、ソ連は二重の利益を引きだすことができる。第一は自国の軍事的準備を完整する十分な余裕ができる、第二に参戦諸国の国力はともに消耗し、結果はヨーロッパにおけるソ連の国際的比重はぐんと重くなる。いずれにしても、わが国にとっては大きな利益をもたらすことになる。それがスターリンの予想でした。

そうみてくると、スターリンがヒトラーの求愛をうけいれる気になったのは、想像よりずっと早い時期と思われるのです。

二十一日午後十一時ちょっと前、リッベントロップから電話で、独ソの不可侵条約が間もなくモスクワで調印されるであろうと知らされた大島駐ドイツ大使は腰が抜けるほど驚きます。ドイツは日本との友情を裏切るというのか。ドイツ外相は淡々とした口調でいいます。

「実は、英仏がソ連に接近する可能性があったゆえ、こうする以外に道はなかったのだよ。それに、三国同盟の早期締結というわれわれの求めに、日本は半年も沈黙したままではなかったか。そうだろう。だから、ドイツはやむを得ずほかの道を探らねばならなくなったのだ」

大島はさすがにおのれの耳を疑ったが、

「ドイツの行動は防共協定違反である。厳重に抗議したい」

とそれだけをやっとの思いでいいました。

驚倒した独ソ不可侵条約

二十一日午後十一時すぎ、ドイツ国営放送は音楽番組の放送を中断し、ドイツ外交の大転回のニュースを早くも放送します。この独ソ不可侵条約が成立するであろうの報道は世界を震撼させました。世界各国の諸民族が大きな不安をかかえている重大な瞬間に、だれもがその事態を想像すらしていないことが現実となった。サル智恵をいくら働かしても、とても及びもつかないことが起こった、といえるのです。

駐独イギリス大使ヘンダーソンはロンドンにこんな報告を送りました。

「ベルリンの第一印象は（中略）戦争することなく目的を達成するヒトラーの能力に感嘆し、限りなく安堵感にみちている」

そして大日本帝国では、ベルリン時間午後十一時は、東京の二十二日午前七時。まず驚天動地の状態となりました。とくに参謀本部です。もはや五相会議もへちまもあるものか、倒閣をふくみとしながら、三国同盟の無条件成立に向かって最後の手段にでようとして策を練っているとき、まさかと思う独ソの握手がなされるという、このすべてを無にする報道がベルリンから躍りこんできたのです。[*2]

海軍省調査課長の高木惣吉大佐の日記が面白いことをいっています。『昭和史』でいっぺんかいていますが、お許しを願って——。

「政府も陸海軍もそれぞれに違った意味で開いた口が塞がらない格好である。平沼内閣の立場は全くゼロということになった。（中略）独逸《ドイツ》が（日独）防共協定をソ連に売ったからといって、さまで驚くにあたらないであろう。ソ連でもまた独ソ不可侵条約をいつ英米に売らないとは保証できない。今日の国際信義は要するに国家的利害の従属にすぎないと見なければならぬ」

長い再引用となりましたが、そのとおりで、国際信義の頼りのなさは昔も今もそれほど変わってはいないと思うのです。昭和八年の国際連盟脱退いらい、「栄光ある孤立」でいい気になっている当時の日本が、国際外交の非情さ、苛烈さに無智蒙昧であったとしても、それはやむを得ないことであったといえるでしょう。

それをそのままに語ってくれるような話が、T・ゾンマー『ナチスドイツと軍国日本』にあります。八月二十二日に、ヒトラーが国防軍の幹部を前にして大声でいったということに痛烈な日本人批判がそれです。

「結果として、日本が脱落してもやむを得んだろう。余は、日本にほとんど一年間の余裕をもたせてやった。日本の天皇は、ロシア最後の皇帝そっくりだ。弱体で、臆病で、なんの決断も下せない。天皇など革命の餌食《えじき》になってしまえばいい。日本と協調していって人気のあった例はない。われわれは今後極東とアラビアで不安をかきたててやろう。主人であるわれわれは、これらの地域の民族は、革鞭《かわのむち》がどこにあるか見つけようとしている紐でくくられた猿人ぐらいにしか思っていない」

ゾンマー氏自身は、その出所があまり確かな資料でなく価値に疑いがある、と断りながらも、「八月中旬のヒトラーの日本にたいする考え方は、これと同工異曲のものであったことは疑う余地がない」とかいていています。たしかに、「今日も五相（五升《しょう》）、あしたも五相、一斗《と》をついに買えない内閣」と国民そのものが嘲笑している平沼内閣の不決断。外からみれば、半歳以上も揉みに揉むだけでただ分断を深めるばかりの日本の政治には呆れ返るほかはなかったろう、と思われますが、それにしても「猿人ぐらい」とは⁉　これが〝盟邦〟とドイツ贔屓《びいき》の連中がぞっこん参っている国家の領袖のいうことかと、いささか呆れ返るばかりですが。

しかし、よく考えてみれば、ヒトラーが真に抱いている野望とは、日本との軍事同盟でもなければ独ソ不可侵条約の締結でもなかった。つまりは、東方への領土拡大にたいして、英仏がただ拱手傍観《きょうしゅぼうかん》せざるを得ない政治的状況をつくる、そのことにあったのです。かりに、無謀にもこの両国が挑戦するようなことがあったとして、その場合にも背後（つまりソ連）が中立を保って〝安全の条件〟がつくられていればそれでいい。もともとがソ連に中立を保持させるための日独伊三国同盟案であったわけです。第一次世界大戦のときのような東西二正面戦争は望まない。ともかくソ連がしばし静かに、つまり東正面がより安穏であることが確かであれば、それでよかったのです。

ですから、同じときに、ヒトラーは国防軍の幹部にこうも豪語しています。

「戦争をする口実はどうにでもつく。勝ってしまえば、真実を語ったかどうかは問題にならない。戦争で重要なのは、最初から最後まで正義ではなく、勝利なのである」

八月二十三日正午すぎ、リッベントロップ外相がモスクワに到着。交渉は順調にすすみ、条約が調印されたのは夜半すぎになりました。条約は、①両国はお互いに攻撃せず、②第三国から攻撃された場合、これを援助せず、③紛争は友好的に解決し、④締結国と対立する連合勢力には加盟しない、の四条です。期限は十年。ただし、発表しない秘密の議定書もかわされました。フィンランド、エストニア、ラトビアのバルト海諸国はソ連が奪《と》り、リスアニア（リトアニア）はドイツが奪る。ポーランドは両国で分割して領土とする、と。

この秘密議定書の署名がすむと、スターリンが提案しました。ヒトラーのために乾杯しようではないか。ドイツ国民がどのくらい総統を熱愛しているか、よく承知しているよ。この言葉にはリッベントロップは思わず微笑んでしまったということです。

いくらかドイツ側が領土的には譲歩しましたが、これによってヒトラーは完璧にスターリンの好意的中立を手にすることができたのです。独ソ不可侵条約締結の大ニュースそれだけで、英仏の戦意を沮喪《そそう》させることができ、ポーランドを孤立させることに見事に成功、いよいよ、得意の電撃的侵攻のときが到来したと、ヒトラーはほんとうに大満足しました。

✵石橋湛山の名論

独ソ不可侵条約が正式に発表されて、八月二十四日には改めて全世界を驚倒させましたが、イギリスのチェンバレン首相は議会にて「まったく不愉快きわまる条約であるが、だからといって、英仏両国のポーランド保護の決意にはいささかの変化もない。ヒトラー総統がこれを誤解すると、きわめて危険な事態を招くことになるであろう」と演説します。

それを知らされたその夜のヒトラーはじつに不機嫌であったといいます。宿敵スターリンとの握手という世界的な離れ業をやってのけたというのに、イギリスとフランスにさしたる効果を与えなかったのかと、大きな失望を感じたからです。そして不機嫌の底のほうから憤怒のつきあげてくるのを感じていました。

いや、いまは各国の指導者が何を思ったかということより、わずかな情報を知るのみの国民の一人ひとりがうけた衝撃がどうであったか、そっちに視線を向けるべきかもしれません。いつの時代でも、日常の生活をせっせとやっている人びとにとって、あり得ないと思うような政治状況の急変は、いつでも天から降ってくるように突然のものであるからです。

ドイツの作家ケストナーは、急激に破局に向かいつつある地球上で、ただ一つ残された希望の象徴と思っていたソ連という国と共産主義に、愕然としつつ最後の訣別の辞を送ったのがこの日であると、はっきりとかいています。

「それは、リッベントロップの到着を歓迎してモスクワ空港でハーケン・クロイツ〔鉤十字〕の旗が掲げられ、赤軍の軍楽隊がナチス党歌を演奏した時であった。それが最後であった。その時いらい、ヒトラーの同盟者〔共産党〕が私を反革命家と呼んでいるかどうかなどということは、もはやまったく気にならなくなったのである」（ヴォルフガンク・レオンハルト『裏切り』より引用）

ソ連の作家エレンブルグも、パリでソ連政府機関紙イズベスチヤの通信員として働いていたが、この報をニュースで聞いたときのことをかき残しています。

「その日のうちに、身体の調子がおかしくなってしまった。しかも、その病気は医者にも診断不可能なものであった。要するに、それから八カ月もの間、私は食べることができなくなり、体重が十八キロ以上も減ってしまったのである。（中略）私はカカシのように痩せ細ってしまった」（『わが回想』第四部）

それでは日本人は？　となると、歌人斎藤茂吉も詩人木下杢太郎も、その日記をひらいてみたがまったく一行たりともそれらしい記載は残していない。まして永井荷風においてをや。それらしいことは噂でもうさんざん聞かされたこと、いまさら何だ、すべては遠いヨーロッパでの出来事と、だれの関心もよばなかったわけでもないでしょうが。とにかく日本国民は大した衝撃をうけなかったようです。また『昭和天皇実録』にも二十四日の記述にはそれらしいことはまったくない。それでやむなく『畑俊六日記』からあえて引っぱってみると——。

「〔駐独大使の〕大島は、今回の独政府の措置は防共協定付属秘密協定に違反するものにして、日本政府及国民は之《これ》を絶対に承服せざるべし。かかる措置より生ずる憂うべき事態一切に対しては独政府として責任を負うべきものなりと抗議したるに……（後略）」

こうやっていくら抗議の言をくり返してもすべては後の祭りであったといえます。亀が甲羅のなかでちぢこまったように、何の動きもみせなかった平沼内閣は、八月二十八日、やっと総辞職することになります。平沼は首相談話で、昭和史に残る名言を残して去っていきます。

「今回締結せられたる独蘇不可侵条約により、欧州の天地は複雑怪奇なる新情勢を生じたので、我が方はこれに鑑《かんが》み、従来準備し来った政策はこれを打切り、さらに別途の政策樹立を必要とするに至りました。これは明らかに、不肖が屢次《るじ》〔しばしば〕奏聞したるところを変更し、ふたたび聖慮を煩《わずら》わし奉ることになりましたので、補弼《ほひつ》の重責に顧み、洵《まこと》に恐懼《きょうく》に堪えませぬ」

この「欧州の天地は複雑怪奇」が、日本の外交のあまりにも情けない無為無策ぶりをそのまま表明している、ということでいまに残っているのですが、当時にあってもきびしくそのことを指摘し強く弾劾した言説もあったようです。東洋経済新報社の役員でもあった石橋湛山がその一人。「ドイツの背反は何を訓《おし》えるか」と題した社説をその雑誌にかいています。

「我が外交の上から論ずれば、古往今来こんな恥辱を国家が蒙り世界に顔向けならぬ大失態を演じた例が、二千六百年の我が歴史にかつてあったか。盟友だ！　防共協定だ！　全体主義だ！　臆面もなくこれらの名辞に讃嘆の声を挙げていた我が国は悪《にく》むべきかな。しかし誰が一体かような恥辱を我が国に蒙らせたか。それはドイツでも、他の国でもない。我が国自身だ」

（「東洋経済新報」昭和十四年九月二日号）

いまさらドイツにだまされたの、ドイツは背信の国だと悪口などいうなかれ。ドイツという国つまりヒトラーがそんな人物だということを見抜けなかった日本。日本の指導層が勉強不足、研究不足、なっていないのだ、と石橋湛山はスパッと喝破したのです。いまの日本にも同じようなことが起きていないのか、やっぱり疑問に思いたくなります。トランプ大統領と意気投合したとか、プーチン大統領と親身であるとか、さかんに安倍首相の、湛山流にいうなら「臆面もなく」いう言葉、さてさて、あとで「複雑怪奇」などという結果を、われら民草がみせつけられることがないと、はたしていい切れるのか。余談ながら一言つけ足しておきたくなるのですが。

平沼内閣総辞職とほとんど時を同じくして、といってもいいでしょう、ヒトラーは首相官邸に親衛隊とナチ党の幹部を集めて演説をしています。手段はどうあれポーランド問題に片をつける決意だと表明して、何があっても容赦はしないといい切りました。あとはI・カーショーの大著『ヒトラー』下巻から長く引用します。

「ハルダー〔参謀総長〕は、ヒトラーが次のように言ったと記している。『私が生きている限り、降伏の話はしない』。ソ連との条約は、ナチ党内で全く誤解されている。それは『悪魔を追い払うための魔王との条約にすぎない』とヒトラーは断言した」

ヒトラーの狙いはポーランドを越えて、もうこのとき魔王につけられていたのでしょうか。

第二次世界大戦はじまる

九月一日未明、ルントシュテット、ボック両元帥指揮の百五十万のドイツ軍部隊が、南北からポーランド国境を越えました。ゲーリング指揮の二千機以上の戦爆連合の大編隊が、あわただしく集められたポーランド軍を攻撃し粉砕する。ドイツ軍の侵攻は迅速であり、かつ周到でした。まさに電撃的でした。ヒトラーが命令書に署名したのは三十一日午後十二時四十分でしたが、総司令部の作戦計画はずっと前から十分に検討が加えられ、練りあげられたものであり、ポーランド軍は抵抗する暇もなく撃破されつづけ、早くも前線というものは存在しなくなります。

ドイツ国内では、人びとはいつもと変わらない日々の仕事に精出していました。戦闘は開始されたが、敗北の恐れのほとんどない対ポーランドに限定された短期決戦と、ほとんどの人が思っていた。第一次世界大戦の記憶のあるごく一部の人のみが、これによって恐れていた資本主義列強との大戦争、それも長期になるかもしれない戦争は避けがたいものとなったと、心から憂えた。この人たちの表情にのみ、不安や恐れ、そして一種の諦めの気持ちが表われていた、ということになっています。

つまりその人たちにとっては、これは「ヒトラーの戦争」であったということです。これがずっと定説としていわれてきたことですが、いや、かならずしもそう単純にきめつけることはできない、という説を、最近は強く主張する研究者もいるようなのです。「大砲かバターか」ではなく、「大砲もバターも」というナチスの政策を熱烈に支持するドイツ国民がほとんどであった、というわけです。ナチス・ドイツの国民は、すなわちヒトラーは危機克服のために戦争を選ばなければならないところまで追いつめられているのだ、そう理解していた、というのです。わたくしの友人で、ドイツ国防軍の研究の第一人者の大木毅君は、こんな事実も明かしてくれています。

「国民の多くの『自主的』な通報、密告のネットワークが、ゲシュタポ（国家警察）の捜査活動を支えたのであった。この例が端的に示すように、ヒトラーは彼の戦争を遂行するにあたり、さまざまな問題をはらみながらも国民の支持を獲得しうる国内体制を固めていたといえる。／だとするならば——『ヒトラーの戦争』は、ドイツ人の戦争としても読み解かねばならないだろう」（『灰緑色の戦史』）

なぜ、余計なことをかいているのか。じつは、近年の日本を騒がしている共謀罪問題がふと頭をかすめてきたからなのです。というのも、太平洋戦争直前のわが大日本帝国の民草の日常を、まだ少年でありましたがわたくしは体験しているからです。〽トントントンカラリンと隣組……の調子のいい流行歌の背後にひそんでいた〝自主的な通報、密告のネットワーク〟の脅威。戦争というものはそういう国民の協力があって推進されるものです。それがいいことだと、思考を停止し、信じこむ。集団化された人びとは熱にうかされやすい。画一的で、異質を排除する不寛容の傾向をもち、ときには暴力性をはらむ。共謀罪という法律が、「核兵器もアベノミクスも」と主張する人びとに想像以上に妙な力を与え、危機克服のためにナチス・ドイツと同じような道を日本人に選ばせるようなことが……いやいや、まさかとは思うのですが。

まったくの余談でした。元に戻ります。九月三日の日曜日の朝、駐独イギリス大使が最後通牒をリッベントロップに渡そうとしました。十一時までにポーランドから撤退しなければ戦争状態に入る、という通告です。独外相がうけとろうとしないので、英大使は通訳官の手にしっかりと通牒をにぎらせました。通訳官から報告をうけたとき、長い沈黙がその場を支配したといいます。やがてヒトラーは冷たく暗い眼を外相に注ぎ、一言、

「ヴァス・ヌン？（これからどうするつもりなんだ）」

と怒声で詰問したといいます。まさしく、イギリスが起《た》つことはないと確言していたリッベントロップに、〝貴様の責任だぞ〟と本心から叱りつけた一言であった、と通訳官が手記にかいています。

一時間余り遅れて、駐独フランス大使も最後通牒を持参してきます。ヒトラーやナチスの幹部たちの落胆は倍加しました。

三日昼すぎ、イギリス国民は首相の疲れきったような悲痛な放送に耳を傾けました。

「今日は全国民にとって悲嘆の日である。私にとっては痛恨きわまりない日である。（中略）いまからわれわれが戦わんとする相手は悪そのものなのである。私は正義が勝利を得ることを確信している」

そして国家総動員令が発せられます。

そういえば、チェンバレンは前日の午後に戦時内閣を組織することを決意していました。そして宿敵ともいえるチャーチルに入閣を要請することとして、辞を低くして頼みこんでいます。チャーチルは快諾、海相になることを希望しました。この報に、イギリス海軍の全艦隊は「ウィニー・イズ・バック（ウィニーが戻ってきたぞ）」と信号を交換して歓声をあげたといいます。チャーチルの名はウィンストン、つまりウィニーというわけです。

オーストラリアとニュージーランドもその日のうちにドイツに宣戦布告。第二次世界大戦がはじまったのです。

ロンドンでもパリでも、学童疎開はすでにはじめられており、そしてその夜、二つの首都では灯火管制が布《し》かれました。国民は暗黒となった通りを眺めながら覚悟を固めました。

アメリカでは、ルーズベルト大統領が国民にその決意を告げます。

「私は米国がこの戦争に局外者でいられることを衷心より願う。わが政府が、参戦せざることに全力を傾けることを、強く、強く、私は約束する」

そしてこの場合、いちばん肝腎なのはスターリンです。英仏が対ドイツ宣戦を布告したと知らされるまで、一日、二日と周りのものに怒りをぶつけ、壁を蹴飛ばしていました。しかし宣戦布告したと知ったとたん、革命いらいはじめてといっていい微笑を満面に浮かべて、妻にやさしい言葉をかけ、

「これで完全に目的を達したぞ。私のために火中の栗を拾わされたのは、ヒトラーばかりではない。チェンバレンもダラディエも、そしていまにルーズベルトも……」

というと、壁面に飾られていた世界地図の前に歩みより、ポーランドを真っ二つにわける赤線を、力強くぐぐっと引きました。そして、

「ジューコフは命令を守っているだろうな」

といい、さも愉快そうに安楽椅子に深々と身を沈めたのです。

はるか東方、ノモンハンの戦場では、ジューコフはたしかに命令を忠実に守っていました。

日本軍を撃破につぐ撃破で、モンゴル共和国が主張する国境の外にまで駆逐すると、それ以上に追撃せず、ピタと攻撃をやめ、九月一日からソ蒙軍は長大なその新たな国境線にそって、防衛線を強化するために陣地を構築しはじめていたのです。日本軍が誇る関東軍を叩きのめしたことで、彼もまた十分に満足していたようです。

大戦争どこ吹く風?

第二次世界大戦がヨーロッパに勃発したことは、遠い日本にどんな影響を及ぼしてくるか。平沼内閣総辞職をうけて八月三十日に成立した陸軍大将阿部信行を首班とする新内閣は、九月四日には「この欧州戦争の勃発に際して、帝国政府は、これに介入しない。ひたすら支那事変の解決に邁進をするものである」と宣言しましたが、結果として世界大戦がドロ沼化している日中戦争および日本の国情にやがては大きく影響してくるであろうことは、だれにでも予感できたことでありました。

東京大学法学部教授の南原繁《なんばらしげる》氏が、その歌集『形相《けいそう》』に、「九月三日英国遂に対独戦線布告、仏これに倣《なら》ふ」と前書きした歌を残しています。時代を語るにいい歌なので引用することにします。

・目つぶりて屢々《しばしば》思ふこの日はや第二次世界大戦はとどろき起りぬ　九月一日

・息づまるごとき世界大戦の重圧を感じつつ部屋をわれ起ち歩く

が、はたして日本の民草は、南原教授のように、居ても立ってもいられぬ思いで、うろうろと歩きまわるほどに、ショックをうけたかどうか。じつは、とりあえずは揉みに揉んだ三国同盟問題も天津事件問題もこれでふっ飛び、九月十五日にはノモンハン事件の停戦協定も調印され、残ったのはアメリカからの日米通商航海条約廃棄の通告だけとなったわけです。ごたごたした政治はやっと落着きをとり戻したの思いです。まさかアメリカがイギリスと肩をならべて、正確にはイギリスに代って敵性国家の相貌をあらわにしてきた、とまでは察せられなかった民草は、ホッと一息つきながら、新聞紙上でドイツ軍のポーランド侵略の電撃作戦の行方を追っていた、そんなものでしかなかったかと思うのです。そして西部劇やミュージカルのアメリカ映画やジャズをいつもどおり楽しんでいました。

そして、これは『B面昭和史』でもふれたことですが、成立したばかりの阿部内閣は九月一日から毎月一日を興亜奉公日としてさっそく実施しています。「全国民が特に戦場の労苦を想い、自粛自省、的確に之を実際生活の上に具現し、一億一心、興亜の大業を翼賛し、以て国力の増強を図り、強力日本の建設に邁進する日」という趣旨できめられた日です。それゆえに、第二次世界大戦勃発が現実となったいまこそ、平和を愉しむようにたるんだ民草たちの気持ちを引き緊《し》めなければならぬ。挙国一致、国民精神総動員、戦時下にあることをあらためて強く意識させなければならない、というわけです。

東京朝日新聞が興亜奉公日その日の東京の情景を報じています。

「去る七月七日の事変二周年記念日いらい、酒抜き、ネオン抜きの『歓楽街』を実現したのはこれが二度目のこと。『謹んで休業』の貼紙をしたビヤホールやバー、『午後十時限り』と『酒類の販売休止』等々を宣言した料理屋、待合、カフェー。ネオンの消えた銀座通りでは柳の緑がことさら美しく、また裏通りのカフェー街では退屈し切ったバーの女給さんが手相観《み》の前にたたずむといった有様。（中略）ただ浅草六区の活動街だけは朔日《ついたち》の定休日を楽しむ人達で平常通りの賑いだった」（九月二日付）

また、『昭和天皇実録』には、この日、こう記載されています。

「天皇は、九月一日は震災記念日につき例年御昼餐は簡素な御食事とされてきたところ、思召しにより、この日より毎月一日は朝・昼・夕を通じて一菜程度の極めて簡素な御食事とすることを定められる」

こう断じてしまうと誤解を招くかもしれませんが、ドロ沼の日中戦争下の生活はいくらかは窮屈になってはきましたが、ドイツ軍のポーランド侵略が世界戦争の発端となっている地球上の由々しき事態を、日本の民草ははたしてどれほど正確に把握していたか、とやっぱり疑いたくなってくるのです。報道にたいするきびしい規制もあり、世界の動向が正しく伝えられていなかったゆえに、第二次世界大戦どころか九月十五日のノモンハン停戦協定すら上の空。ちょっとくわしい昭和史年表の世相欄を眺めていると、軍需景気もあって盛り場は前よりも人出でごった返し、愉快に遊び呆けていたのではあるまいか、と思われてくるばかり。司馬遼太郎さんに直接聞かされたことがあります。「大阪ではノモンハン事変のこと、それも二十三師団が大敗したなんてことは、ほとんど話題になっていませんでしたな」と。

たしかに、一部輸入関係物資の品切れの予想はあったでしょうが、民草の消費生活の不足はまだまだ実感としてはそれほど迫ってはきておらず、軍需景気をエンジョイしていたといっていいのです。

でも、そう思ういっぽうで、永井荷風『断腸亭日乗』九月四日にはこんなこともかかれています。それで、オヤオヤと思い直すところもある。

「六区の興行物はオペラ館のみならずいづこも興味索然、看るに堪えざるものとなれり。看客及び散歩の人々も去年に比すればその風俗次第に変化し、人をして時代の推移を感ぜしむること頗《すこぶる》深刻なるものあり。東京下町の風俗人情には今や何等の詩趣もまた何等の特徴をも認ること能わざるに至れり」

とすると、民草も国家が危機的状況に追いこまれつつあることをあるいはきちんと意識し、世情はすでに大戦争前夜のような殺伐さを示していたのかな、とも思いたくなってくるのですが。いや、そのいっぽうで徳川夢聲の朗読による吉川英治の『宮本武蔵』のラジオ放送開始（九月五日）に大喜びして、時勢の推移よりそっちのほうに耳を傾けていたのです。さてさて……？

＊1――国境紛争百六十六の内訳は、やや大きな戦闘6、銃撃事件26、小さな国境侵犯22、ソ連機の上空侵犯25、宣伝ビラなど強迫事件24、ソ連船の水域侵犯20、そのほか農民などの国境侵犯44、ということであった。その大部分の衝突はアムール川、ウスリー川、アングル川で発生した。

＊2――中国政府はこの独ソ不可侵条約の締結を好意的に迎えている。理由は、この条約がソ連を強化し、間違いなく日本に打撃を与えることになるからである。ただ、このあと、日ソ不可侵条約が締結されるのではないか、あるいは日英条約が結ばれるのではないか、と観測し、「もしイギリスが日本とうまく話をつけるようなこととなれば、中国がいまいろいろな軍備を受けとっている数少ない港が閉鎖されることになって、由々しきことになる」と駐ソ中国大使はソ連政府に、しきりにそのようなことにならないようにと訴えかけていたという。

第六話

昭和史が世界史の主役に躍りでたとき

昭和十五年

✹独ソでポーランドを分割

世界の軍事史で初めて展開された空軍と機甲兵団による電撃攻勢で、ポーランド軍は疾風に散乱する枯葉のように追いまくられました。惨劇はそれだけにとどまらず、昭和十四年（一九三九）九月十七日には東部国境線からソ連軍も侵入を開始し、こちらはポーランド軍が予期せぬゆえに、無人の野を往くごとくに東部一帯を席捲していったのです。

首都ワルシャワがドイツ軍によって占領されたのが二十七日。対独戦におけるポーランド軍の戦死者七万人、戦傷者十三万三千人。たいするドイツ軍の戦死者一万一千人。翌二十八日には、リッベントロップ外相がスターリンに招かれて、再度訪ソし、独ソ両国はポーランド分割協定を微調整して、あらためて結びます。ドイツ軍の電撃作戦があまりに見事に進んだので、はじめに決めていた分割線の東方にまで、占領地域が及んでいたからです。しかし、その協議をはじめる前に、二十八日付で両国政府の驚くべき「声明」が世界に公表されました。

「……ドイツと英国・フランスの間に生じている戦争状態を終結させることが、すべての民族の真の利益に即応するであろうという見解を表明する。独ソ両国政府はそれゆえに、場合によっては他の友好国と協調して、両国政府の共同の努力を、この目標を可能なかぎり速やかに達成することに向ける。（中略）戦争が継続される場合には、ドイツとソ連の政府は、必要とされる有効な措置について協議するであろう」

ところが、イギリスもフランスもこんな独ソの無法な侵略を正当化し、さらに脅迫しているともいえる声明にうんともすんともいいません。

もとはといえばフランスは戦争をはじめから望んではいなかった。ミュンヘンの妥協で、東方政策は終結したとし、ポーランドに関してはいわばお義理で動いたまで。仕方なしにイギリスの強硬な宣戦布告につき合ったにすぎなかったからです。ヒトラーのナチス・ドイツを敵として全面戦争に突入するのは、第一次世界大戦のくり返しになりかねないと、はじめから逡《しゅん》巡《じゅん》しました。ですから、九月二十二日にはポーランド戦線から絶望的な報告が伝わると、フランス軍は対ドイツ攻撃計画をすべてご破算にしていました。

では、イギリスはどうであったか。こちらもまたおかしな戦闘態勢をとっていたようで、ちょっと開いた口が塞がりません。イギリス空軍はドイツ上空にたしかに飛来してきていることはいましたが、宣伝ビラを投下するだけ。あれでは「マイン・パンフ」（わが伝単）であるとか、「紙吹雪戦争」にすぎないといったジョークが飛び交っていたというのです。ソ連軍がポーランド東部に侵攻したときも、両国はおよそ我不関焉《われかんせずえん》で、冷淡そのもの。チェンバレン政府は「さしたることにあらず」と、休暇でロンドンを離れていた首相と外相ぬきで閣議が行われ、躍起となるチャーチル海相を閣僚がみんなで抑えつける、といった有様でした。

ただし、現実には、ドイツの西部国境線には、英仏の兵力百十個師団が集結していたのです。これにたいし、ドイツ軍は二十三個師団がやたらに広く展開しているだけ。歴史に「もしも」はありませんが、英仏連合軍が周到に作戦計画を練り本気になって攻勢にでたならば、ドイツ軍はひとたまりもなかったのではないか。ヒトラーもじつのところそれを認め、そのことを恐れていたのですが。それゆえに史書は共通して互いに戦いを宣しながらその後も銃火を交えようとしない「まやかしの戦争」（Phoney War）とよんでいるわけです。

スターリンとリッベントロップの協議はそのまやかしの状勢にうまく乗っかった形で、とんとんと進められました。スターリンの提案は、すでにドイツ軍が占領してしまった地域はドイツに委ね、バルト三国のいちばん南に位置するリトアニアをそのかわりにドイツがソ連に委ねるというものでした。ベルリンに連絡してヒトラーのOKをもらい、リッベントロップはスターリンに「もちろん、バルト沿海三国（エストニア、ラトビア、リトアニア）は差し上げます」といい、スターリンはいっぺんに相好を崩しました（これら三カ国は翌年初夏にはすべてソビエト社会主義共和国連邦に組み入れられました）。

三宅正樹『スターリン、ヒトラーと日ソ独伊連合構想』によると、さらに二人はこのとき日本についても話し合ったということなのです。リッベントロップは、ご機嫌のスターリンをみてとって、日本軍部がノモンハン事件停戦後のソ連とのさらなる親密な和解を希望している、ついては、共同声明の終りのところに、日ソ和解の意思表示をかきこむことにしては、と提案します。しかし、スターリンはこの提案をにべもなく拒否しました。第一に、わが情報網によれば日本に和解の意思はこれっぽっちもない。第二に、スターリンはリッベントロップよりはるかにアジア人のことを知っていて、日本人という連中が真に服するのは力だけ、言葉なんか関係ない、といい捨てました。ドイツ外相にはひそかに抱いているある魂胆〔四国同盟〕があったのですが、スターリンはてんからうけつけようとはしませんでした。

冬戦争と〝神ってる〟出来事

傍題を昭和十五年としながら十四年の、昭和史とあまりかかわりのないヨーロッパ情勢をいささか長々とかきましたが、もう少しつづけなければなりません。やがて、それが日本に大きく影響を与えることになるので、やむを得ないことと了解して下さい。

十月五日、ワルシャワにわざわざ赴いたヒトラーは、占領軍指揮官の一人のロンメル少将を傍らにはべらせ、ドイツ軍部隊の大々的な祝賀パレードを観閲したあと、外国人記者団にこう豪語しました。ビーヴァー『第二次世界大戦』を引用します。

「紳士諸君！　きみたちはワルシャワの廃墟を見たはずだ。いまだに戦争を続けようと考えているロンドンとパリの政治家たちに、警告として諸君の見聞をきちんと伝えてくれたまえ！」

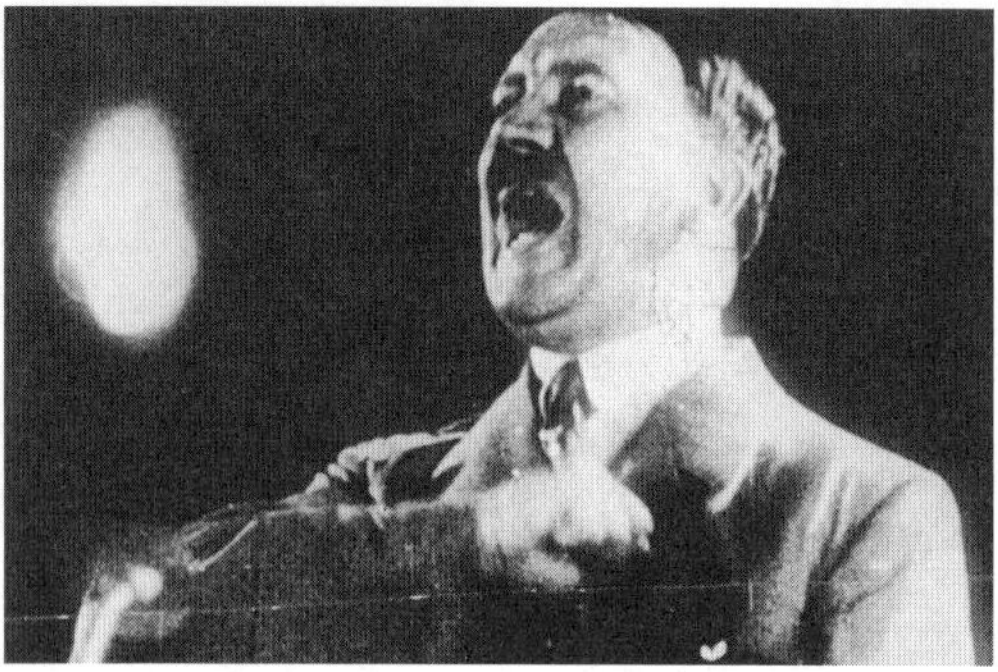

絶叫演説するヒトラーに人心は集まり、ついに神も味方した（？）

敵国の首都で戦勝観閲式を行ったのはヒトラーにとってはこれが最初であり、最後の儀式ということになります。そしてすぐにベルリンに戻ります。翌六日、ヒトラーはドイツ国会で演説し、英仏両国にむけて「平和の呼びかけ」を行いました。

「私はフランスにたいして一片の敵意も抱いてはいない。さらに、ドイツとイギリスが理解し合えば、ヨーロッパと世界に、真の平和がもたらされるであろう」

英仏両政府とも、さすがにヒトラーのかかる甘言に惑わされることはなく、まったくこれを無視します。さりとて「まやかしの戦争」が正真正銘の戦争となったわけではなく、国境線で睨み合っているドイツ軍と英仏連合軍の歩兵の間では、ドロップやチョコレートやボンボンをたがいに投げ合ったりしていたといいます。のどかなものであったのです。

これとほとんど時を同じくして、いっぽうのスターリンは領土拡大の野望をむきだしにしました。ヒトラーのワルシャワでの観閲パレードが行われていた十月五日、まさにその日にソ連政府はフィンランド政府にたいして、外交使節をモスクワに派遣するように要請します。その外交使節が一週間後にうけとったのは、まことに理不尽で無道な要求の箇条書でした。ハンコ半島の租借にはじまり、ルイバチー半島の一部とペッツァモ港、さらにフィンランド湾に浮かぶいくつかの島々の管理権などをソ連側に引き渡すこと、その見返りとしてソ連領カレリアの北部に広がる無人地帯をフィンランド側に進呈する用意がある、というものでした。

返答や如何？　と迫られてフィンランド政府がハイハイと首を縦にふるはずはありません。これでは自国の領土の掠奪ではないか。モスクワでの交渉は十一月十三日までつづいたといいますが、ソ連側は終始高飛車で、いやなら戦争だと使節団をぐんぐん追いつめます。戦端をひらく正当な事実がなくともまったく意に介しません。スターリンはいまのフィンランドにはどこからも支援はなく、また政府と軍部には戦争の覚悟もないと頭からきめこんでいたのです。フィンランド政府はドイツに助けを求めましたが、なんと、ナチス政府の返答は「貴国はソ連に当然のこと譲歩すべきである」との助言でありました。

十一月二十九日、ソ連はフィンランドとの外交関係を断絶。翌三十日、レニングラード軍管区の赤軍部隊が攻撃を開始し、爆撃機が首都ヘルシンキに爆撃を強行しました。いわゆる「冬戦争」がはじまったのです。フィンランドはかならずはかない抵抗をしてくる、叩き潰すチャンスだと、スターリンの思惑どおりでした。国際連盟はソ連邦を除名しましたが、やったのはそれだけ。ちなみに、このことがこの国際平和機関の最後の仕事であったといいます。あとはあってもなきが如しとなりました。

ところが、ソ連国防委員（国防相）ヴォロシーロフが、スターリンの六十歳の誕生日にあたる十二月二十一日までにすべては終る、と胸を張って確言した楽勝の夢は、たちまち霧散しました。総兵力は二十万にすぎませんが、高い文化と果敢な抵抗精神をもつフィンランド軍の防衛戦は、あっぱれの一語につきます。ソ連軍を深い森林地帯に誘いこんでおいては、スキー部隊が縦横に走り回ってはこれに奇襲を加え、抵抗の余裕を与えず撃破したのです。のちにフルシチョフが『回想録』で、ほぼこんな風にいっています。

フィンランド人は赤ん坊が歩くのを覚えるより先にスキーを覚えた。この高速自動ライフル銃を装備したスキー部隊に、ソ連軍は手も足もでなかった。ソ連兵にもスキーをはかせたがまったく役立たずで、そこで専門のスキーヤーを駆り集め送りこんだが、意気揚々と出発した彼らはほとんどが還ってこなかった、と。

この「冬戦争」における小国フィンランド軍の猛奮闘と善戦とに、世界の国々はあげて拍手を送り、理不尽なソ連の侵攻を非難しました。

そのなかにあって、ヒトラーは神はつねにわれに庇護を与え給うてくれる、つまり神意はわれにありと強く確信できる事件に遭遇していたのです。十一月八日午後八時、ミュンヘン一揆の前夜に檄《げき》をとばした記念のビヤホールで恒例の演説をしました。ところが、急用ができてベルリン行きの特急夜行列車の時間に合わせるために、彼は演説をいつもより三十分ほど短くして終え、会場を立ち去る。と、その十三分後に、演壇背後の柱にしかけてあった爆弾が爆発、古参党員七名が死亡し重軽傷者六十三名、という惨事が起こったのです。

じつのところ、この「冬戦争」のソ連軍の大苦戦と、ヒトラーの〝神ってる〟奇蹟的命拾いが、昭和史に大へんな影響を与えることになった、とわたくしは考えています。それで少しくわしくかいてきたのですが、いくら何でもそれは探偵の勇み足だと否定する人も多いでしょう。が、一人の人間の強烈な、そして一途な思いこみによって動かされてしまう歴史の流れの微妙さは、安倍首相の憲法改正へのやみくもな突進を事実として知っているわたくしには、あまりバカにはできないですよと思えるのです。

その証として、邦訳未刊行のドイツの新進歴史家フライシュハウアー『「バルバロッサ作戦」に対する外交の抵抗』に基づいて三宅正樹氏がかいているヒトラーとゲーリングの会話がとてつもなく面白いので、長く孫引きさせていただきます。

「しばらく後にヒトラーのソ連攻撃計画を知ったゲーリングはヒトラーに、これほど短い間にソ連についてのあなたの意見を変えさせたのは何であったのかと質問した。それは何よりも第一にフィンランドであった、とヒトラーは答えたという。さらにヒトラーは、この戦争がソ連軍の弱体ぶりをさらけ出しただけではなく、ソ連の好戦的な攻撃計画をもさらけ出したと述べ、ドイツが西部戦線で手詰まりになれば、〔東から〕ソ連が攻撃してくるものと考えなければならない。自分はソ連の軍事力が危険なものに成長する前にこれを粉砕したいのだと言った」

まったく驚くほかはありません。冬戦争がはじまった直後の誕生日にあたっての祝電に答えて、スターリンはヒトラーにこう返電しました。「ドイツとソ連の国民の血に結ばれた友情は、堅固で永続するあらゆる理由をもっております」。そんなことはヒトラーの念頭からはアッという間に消え失せていたのでしょう。〝血に結ばれた友情〟もへちまもあるものか、つぎの攻撃目標はソ連だと洒々《しやあしやあ》といっているのですから。

政治家の決断とは、近松門左衛門の名言ではありませんが「虚実皮膜の間にあり」で、政治家が本気で何を考えているか、その実と虚の見分けをするのは、容易にはできかねるということなのでしょう。

もう一つ、十一月二十日、ヒトラーは軍首脳を集合させ、「戦争指令第8号」を発令、オランダ、ベルギーの電撃的占領準備を命令しました。そしてこうきびしく訓示します。

「ドイツの運命は、かくいうヒトラーひとりにかかっているが、この私はいつ暗殺されるかわからない。輿論は私が闘争を好みすぎるというが、民族が生き残るためには常に戦わねばならない。ドイツは生活圏を必要とするが、それは武力によってのみ獲得できる。ビスマルク、モルトケにしても非情性が足りなかった。好機を逸せずに敵を徹底粉砕せねばならぬ。英仏の脅威を完全に排除してドイツは初めて安泰となる。軍の使命は戦うことにある」

ヒトラーは、このあと〝やがてソ連邦も徹底粉砕〟とここでもいいたかったのではないか。しかし、いまはやめておこう、と考えた。そう思えるのです。

✺無力な米内内閣の成立

さて、昭和十五年（一九四〇）となりました。パッと昭和史へと飛びます。前年の暮の十二月二十六日に衆議院議員二百四十名余が内閣不信任案を議決し、それに発して軍部も完全にソッポを向いて、阿部信行内閣はまったく何の成果らしい成果をあげず一月十四日に総辞職に追いこまれてしまいました。わずか四カ月半という短命内閣で、陸軍の長老宇垣一成大将は「無定見、出鱈目」と酷評しています。そしてあとをうけたのが海軍大将米内光政内閣（一月十六日成立）。

海軍出身、親英米派の米内光政（1880–1948）率いる内閣は敵を増やしていった

しかし、米内首相、外相有田八郎の登場には陸軍ははじめから猛反対でした。なぜなら新内閣の標榜する政治方針——「新体制とかいうものには反対、あくまで立憲的に行動する。ドイツとの軍事同盟には絶対反対。欧州戦争の渦中に巻きこまれることを避けて静観、妄動しない。米国との協調に真剣に取り組む」ことは、軍部とくに陸軍の主張する「外交の転換と国内新体制」のスローガンには邪魔になることばかり。陸軍はさっそくに

も内閣打倒の策謀をめぐらしはじめます。

と、折も折から内閣を困惑させる事件が生起しました。ホノルルから横浜に向けて帰航中の日本郵船の客船「浅間丸」が、イギリスの駆逐艦に停船を命じられ、ドイツ人船客五十一人のうち兵役に関係ある二十一人が連行されてしまったのです。国際法上はイギリス側に違法な点はなかったのですが、このことが外務省から公表されると、天津事件いらいくすぶりつづけていた排英・反英運動にふたたび火をつけました。右翼ナショナリストたちはいっせいに蜂起、新聞も軍の指導のままに「この敵性！　この挑戦！　英国を撃て！」「対英媚態《びたい》をやめ、断乎！　交戦権を発動せよ！」と輿論を煽り立て、できたばかりの内閣の米英国交調整の政策など吹き飛ばしてしまいました。グルー米大使の日記はその様子をずばりと記しました。

「日本全国の感情的愛国心と好戦主義とが、解き放たれた」

内閣参議であった末次信正、松井石根《いわね》の陸海軍の大物と、外務省の重鎮松岡洋右が、いっせいに留任拒絶を表明。なかでも松岡は、陸軍がつぎはこの人と早くも期待をかけている近衛文麿邸にわざわざ訪れて、大いにまくし立てて、いわば売りこみをはかるといった調子でした。

松岡はこう弁じたといいます。

「いまどき八方美人的外交などあり得るはずはない。（中略）米国の主張に屈して支那事変以前に立ち還るのではない限り、日米関係の将来は衝突という事態に立ち至ることは免《まぬか》れないと思う」（近衛文麿『平和への努力』）

その数日後の一月二十六日、日米通商航海条約が完全に失効し、対イギリスばかりではなく、日米関係もいっぺんに険悪化します。日本の国民感情は反米・反英に傾くいっぽうとなり、親英米派つまり米内内閣の評判はガタ落ち。それでなくとも敵対視する勢力が多く、いつ倒れてもおかしくはない状況に早くも立ち至っていました。なんともはや、ヨーロッパ情勢を離れて、日本に視線を向けたとたんに、この状況ではかきすすめるのはどうにも楽しくなくなりますが、もう少しつづけます。

じつは、この昭和十五年は、初代の神武天皇の即位の年を元年とする日本独自の年号で数えると皇紀二千六百年で、全国民があげて祝うべき記念の年でありました。しかし、この内外の険悪化するいっぽうの政治情勢下では、はたして目出たい年であったかどうか。二月二日には、帝国議会で代表質問が行われ、民政党の斎藤隆夫議員の陸軍にたいする二時間にわたる弾劾演説が大騒動を惹き起こします。

「ただいたずらに聖戦の美名に隠れて、国民的犠牲を閑却し、いわく国際正義、いわく道義外交、いわく共存共栄、いわく世界の平和、かくの如き雲をつかむような文字をならべ……（中略）支那事変がはじまってからすでに二年半になるが、十万の英霊をだしても解決しない。どう戦争解決するのか処理案を示せ」

圧力も恐れぬ命がけともいえる斎藤の激烈な詰めよりに、陸軍中央部は「聖戦目的を批判した」と激昂します。しかし斎藤は「だれが何といおうと俺は議員を辞任しない。文句があるなら除名せよ」と堂々と啖呵《たんか》をきり、後日、その希望どおり「除名」されてさばさばとして議場を去っていきました。斎藤の別れの一言が意味深長です。

「奈落の底だよ」（朝日新聞　二月四日付）

もちろん自分のことをいっているのではない。この日本という国家のおかれている状況を指しているのです。『昭和史』にも『B面昭和史』にもかいたことですが、議会政治はいまや言論の自由も許されないほど形骸化してしまったことを示すこの名演説のことを、やっぱり抜かすわけにはいきません。

しかし、そのいっぽうでこの反戦演説事件がもたらしたものは、となると、まことに情けないものであるのです。衆議院には「聖戦貫徹議員連盟」なるものが結成され、この非常時に及んでは全政党が解散、与野党もない強力な一大政党を結成すべきである、体制を根本的に刷新すべきである、つまり米内内閣打倒の動きががぜん活発となりました。一言でいえば、斎藤演説はせっかくアメリカとの協調を何とか回復しようと努力する米内内閣の命運を尽きさせる結果となった、というわけです。歴史とは皮肉なもの、同じ歎きをくり返さざるを得ません。

✸アッという間のパリ陥落

三月十二日、ソ連とフィンランドの和平条約が締結されました。フィンランドにとっては条件的には不満でありましたが、ともかく自国の独立を決然として守りぬいたことを全世界に示した、そこに大きな意義を認めて調印することにしました。ソ連軍の戦死者八万四千九百人余、たいしてフィンランド軍は二万五千人余。スターリンにとっては何とも納得できぬ戦いでした。フィンランド人共産主義者による傀儡政権の樹立、という当初の目論見《もくろみ》を引っこめるほかはありません。さらには自分の意のままになるヴォロシーロフ国防相を辞めさせ、チモシェンコをその任につけることとなり、また収容所に入れていた少なくとも四千人の高級将校を、背に腹はかえられず釈放し軍務に戻す書類にサインをせねばならなかったのですから。

もちろん、すべての情報はヒトラーのもとに達しています。そして容易に想像されるように、スターリンおよび劣弱化したソ連軍にたいする侮蔑の感情が彼の胸中により広がっていきました。ソ連軍には、しっかりと指揮された近代的な軍隊と戦える能力はないのではないか。その逆上《のぼ》せ上がった気持ちゆえ、と断定するわけではありませんが、イギリス軍の先行上陸をだし抜く意味から四月九日、突然にドイツ軍はデンマークとノルウェーへの攻撃を開始しました。例によって陸上では戦車主力の機甲部隊、空からは戦爆連合の大編隊による攻撃という電撃作戦で、デンマークは国王が抵抗を禁止し、わずか三時間余で降伏、ノルウェーは英仏連合軍のわずかな支援をうけて果敢に抵抗しましたが、六月十日に降伏しました。

それ以前の四月二十七日、ヒムラー内相が「アウシュヴィッツ強制収容所」をポーランドに建設する命令を発し、五月四日には親衛隊の首席警備隊長ヘス大尉がその所長に任命されています。そして北海を制圧して背後を安全にしたドイツ軍は、五月十日、こんどは機甲部隊と空爆編隊を主力に、いっせいにオランダ、ベルギー、ルクセンブルクの三国に侵攻しました。かねてから十分に研究されていた「黄色作戦」（西部侵攻計画）がいよいよ実行に移されたのです。英仏とドイツは睨み合った「まやかしの戦争」のまま、世界大戦は拡大しないのではないか、近く和睦するのではないか、という世界の人びとが描いた幻想は消し飛んでゆきます。

ドイツ軍の電撃作戦は、ここでも世界戦史にかつてみられぬほどの鮮やかさを示しました。五月十四日、オランダ降伏、十七日にはベルギーの首都ブリュッセルが陥《お》ちた。その上にフランスの防衛線であるマジノ線を突破したドイツ軍は、英仏連合軍をドーバー海峡に追いつめた。五月末日は三十万のイギリス軍をダンケルクから辛うじて撤退することを許した。そして六月十四日、パリを無血占領。二十二日、フランスは第一次大戦の勝利の思い出の地コンピエーニュの森で、ヒトラーの軍門に下った。連合軍十三万五千人にたいして、ドイツ軍は二万七千人という戦死者の割合からみても、ドイツ軍の圧倒的な勝利であったことがわかります。

と、よく知られているであろうことゆえに、トントントンと戦況をかいてしまいましたが、くわしくわけ入ってかけば、たとえばマジノ線突破の内実など、さまざまな驚くべき事実も多いのです。[*1] が、すべて略して、ここにはジョンソン『現代史』（上巻）の一部を引用します。

「軍需相のアルベルト・シュペールによれば、急降下爆撃機シュトゥーカにサイレンをつけることを思いついたのはヒトラーだった。これは電撃戦に心理的パンチ力を加えたみごとな一例である。（中略）戦車の砲身を長くすることもその一つ」

こうした戦術的な図抜けた創意工夫が、連合国の将兵にショックから立ち直る隙を与えなかったのです。字義どおり疾風怒濤の勢いで、連戦連勝。

「ドイツの勝利は本質的には頭脳の勝利である。（中略）両陣営はそれぞれ歴史上まったく異なる時代に属しているかのようにみえた。われわれは長年の植民地拡張のうちに、投げ槍対ライフルの感覚で戦争をとらえる習慣がしみついていた。しかし今回、未開人の役に回っているのはわれわれのほうである」

と、フランス軍の特務大尉として戦った経験をもつフランスの歴史家ブロックはその著『奇妙な敗北』に、致命的な数週間の記録をかいています。

そしてイギリスでは五月七日に、チェンバレンが首相の座を退き、十日にチャーチルが国防相も兼任して首相となっています。その決断力、行動力、雄弁の才はよく知られ、イギリス国民がひとしく待望していた人物の登場です。遅きに失したの感さえあります。そして就任三日後の演説は、二十世紀を代表する名言の一つ「血と労苦と涙と汗」を残しているのです。

「私は、血と労苦と涙と、そして汗以外に、捧げるべき何一つももっていない。（中略）諸君は、政策は何かと尋ねられるであろう。私は答える——海で、陸で、また空で、神がわれわれに与え給うたわれわれの全力をあげて、戦うだけである」

けれども正直な話、そのチャーチルでさえ、イギリスの力だけではドイツに勝てないことを

国民の待望のすえ1940年、チャーチル（1874-1965）は首相に就任した。戦艦レパルス艦上にて

知っていました。世界の人びとはひとしく、早晩アメリカ合衆国が介入してきてくれるだろうと考え、またそれを願っていたのです。パリ陥落を知ったあとの六月十八日、さらにチャーチルは熱に浮かされたように演説します。

「もしわれわれが敗れれば、世界全体が、アメリカも含めて、新たな野蛮の深淵に落ちこむであろう。だから目覚めよう、そして強烈な義務感をもとう。後世の人々から『あれこそがイギリス人の歴史のもっとも美しい時期であった』といわれるように振舞おう」と。

が、チャーチルによって仲間に「含め」られた当のアメリカは？

六月初旬、息も絶え絶えのフランスが必死に援助を要請したとき、ハル国務長官は「異常な、ヒステリックというべき懇願など聞く耳をもたない」と冷たく一蹴していたのです。そしてまた、駐英アメリカ大使ケネディはチャーチルの要請にこういい捨てたといいます。

「援助を期待してもそれはゼロだと私は最初から申し上げている。援助はしないし、できない。物資にしてもわけてやる余裕はない」

それくらいアメリカ第一主義は徹底し、中立政策保持の輿論が強かった、というわけです。まさしく得意絶頂のときにあったヒトラーが、このアメリカの孤立主義を好機とみなし、イギリス本土上陸作戦（アシカ作戦）の準備を国防軍に指示したのは、七月十六日のことでした。

「イギリスは、すでに絶望的な軍事情勢下にあるにもかかわらず、いまなお和解を覚悟した兆候を少しもみせない。それ故、余はイギリス上陸作戦を準備し、その必要あるときは、これを実施する決意を固めた」

このときスターリンは何を考えていたか。はっきりいって彼は、ヒトラーが英仏に完全に勝利をおさめる前には、東と西と二正面作戦の冒険をおかすことはまさかあるまい、とタカをくっていたのです。ですからフランスの降伏にはいささか警戒したことはしたのですが、なおも独ソ不可侵条約を信ずる気持ちのほうが強く、戦争にはおかまいなく、条約で許される範囲での領土拡張、すなわち沿バルト海諸共和国に共産党の支配する政府をつくらせることにせっせと精出していたのです。

✳「バスに乗り遅れるな」

ところで、わが日本は――、ヨーロッパ戦線でドイツ軍の電撃作戦の破竹の勢いがつづいているとき、五月十一日から二十一日にかけて早くも日本海軍中央は大々的な図上演習を極秘裡にやっているのです。軍令部が中心となり、山本五十六大将の連合艦隊司令部には知らせず、それでも海軍省、航空本部、艦政本部の主要参謀たちが参加した大規模なもので、その狙いはオランダ領印度支那（蘭印＝現インドネシア）の石油などの資源獲得作戦の実行にありました。予想どおりドイツ軍はオランダを降伏させた。その植民地である蘭印はいまや主《あるじ》なき空き家同然。この機に乗じて日本が資源を求めての軍事行動を起こせばどうなるか、それがテーマでありました。戦史叢書の海軍の『開戦経緯』（第一巻）にはこうあります。

「企図を秘匿しながら応急戦時編成（平時と戦時の中間編成）の艦隊をもって、海軍独力でパラオ群島方面から、まず蘭領ボルネオの油田地帯およびニッケル鉱産出のセレベス島など、蘭印の資源要域を占領する。勢いイギリスおよびアメリカが日本に対し参戦し、対英米蘭三国作戦のやむなきにいたり、英領マレーの攻略並びにハワイを根拠地とする米太平洋艦隊に対する長期作戦へと発展する」

演習最終日の二十一日の研究会の結果は、以上のとおり長期戦しかも大戦争となってしまう。しかし、それを承知で、海軍は蘭印攻略をあえてやるか。

「海軍は開戦後二カ年半の作戦所要を賄《まかな》い得る燃料を貯えているが、米英の全面禁輸を受けた場合、四、五カ月以内に南方武力行使を行なわなければ、主として燃料の関係上戦争遂行が出来なくなる」

つまり、それが図上演習の結論でした。「極めて有益なる」と軍令部は自讃したようですが、要は、日本がアメリカから石油の全面禁輸をうけた場合、四、五カ月以内に開戦、という現実が明らかになったことでした。つまり南方に手を出すことは戦争を覚悟せねばならない、ということです。事実、このあと昭和十六年八月一日にアメリカの対日石油禁輸という強硬政策に直面し、「こうなったら戦争だ」と軍令部作戦課の参謀が叫びます。このときの日本の貯油量は九百四十万トン（陸軍八十七万トン、ほかに民間貯油も含む）。で、ご存じのように四カ月後の十二月八日に対米開戦へ。まさに図上演習の結論どおりでした。

国際情勢の変動にたいして外務省より開明的であったとされている海軍ですらが、すでにドイツの勝利の連続に、いわゆる「勝ちに乗じる」といっていい動きを示していたのです。

こうしたときに、陸軍中央部やその宣伝機関と化している新聞がどこよりも活気づかないわけはありません。この年の大流行語「バスに乗り遅れるな」が、日常の挨拶語のようにいわれだしたことも不思議ではありません。民草のほとんどが新聞に煽られて目がくらくらとしてしまったといってもいい。

参謀本部は六月に入ると東南アジアの各地のいざというときの用兵地誌を作成するために、

作戦および情報担当部員を一般商社員の資格でぞくぞくと派遣しはじめます。陸軍中央部では「南進論」がいまや声高に叫ばれています。ドイツ軍のヨーロッパ制圧を千載一遇の好機として、主を失った東南アジアの植民地へ一日も早く進出すべし、という他人の褌《ふんどし》で相撲をとるよ
うな、と形容してもいい主張ですが、それが政略戦略の主流となっていました。アジアの資源地帯を手に入れる。間違いなくやがてヨーロッパにはドイツが君臨して新秩序が形成されるであろう。そしてアジアはわが国が盟主となって新秩序をつくる、機会を逸すべからず、それが「バスに乗り遅れるな」ということの意なのです。

しかし、そのためにも米内内閣が邪魔なのです。ヨーロッパ戦争不関与、米英協調を第一義の政策とするこの内閣ではバスに乗り遅れるのは目にみえています。その上にドイツのオットー大使がやたらと日本政府に接近し、またしても軍事同盟問題をもちかけてきました。米内内閣はそれにも目もくれません。輿論の後押しもうけて陸軍中央部はついに堪忍袋の緒を切りました。政治介入というような生やさしいことではなく、邪魔になる内閣を、いかに天皇の信任が厚かろうが知ったことではないと、正面から叩き潰しにかかります。右翼も米内首相暗殺を計画した未遂事件を起こします。[*2]

こうした緊迫した状況下で、七月十六日朝、何の理由もなしに畑俊六陸相が辞表を提出しました。米内は「陸相後任を出すように」と求めましたが、陸軍中央部は「後任になる人はいない。選定は至難である」とニベもない返事で突き放します。二・二六事件後、広田内閣が「軍

部大臣現役武官制」を復活させたため、当時は閣僚がいないと内閣は崩壊しましたので、陸相のいない米内内閣は辞職しないわけにはいかなくなる。やむを得ません。この夜、米内は辞表を天皇に奉呈して内閣は総辞職しました。

戦後になって、米内は東京裁判でこのときのことを証言しています。総辞職したあと、畑陸相を部屋によんで、米内はこういったというのです。

「貴下の立場はよくわかる。苦しかったろう。しかし、俺は何とも思ってはおらぬよ。わかっている。気を楽にして心配するな」

畑は黙って淋しく笑っただけ、といいます。でも、恐らく米内も畑も、つぎにくるものが何であるか、口にはだささないが痛いほどわかっていたのではないでしょうか。それは日独軍事同盟であり、南方進出であり、結果として対米英戦争へと転げこんでいく道であろうと。

げんに十六日には、陸・海・外務三省のあいだで、日独伊提携強化策なるものが審議されていたのです。それは、日本の参戦が義務とはならない範囲で、日本とドイツは最大限に提携するという内容のものでした。

✵英本土上陸作戦成るか

米内内閣が倒れ、第二次近衛文麿内閣が輿論の大歓迎をうけて成立します（七月二十二日）。

その三日前の七月十九日、ヒトラーは国会で最後の対英和平提案の大演説をやっています。ベルリン生まれのジャーナリストのフェストのかいた大冊の評伝『ヒトラー』(下巻)から少し長く引用します。ヒトラーは滔々と述べました。

「戦争のため、世界にまたがる大帝国が崩壊するであろう。これを絶滅することはおろか、これに傷をつける意図は私にはさらになかった。だが、この戦いをつづけると、闘う両者の一方が完全に破壊することを私は知っている。チャーチル氏はそれがドイツだと考えているかもしれない。だが、私はそれがイギリスであることを知っているのである」

そしてゲーリングを特別の国家元帥に任命するとともに、十二人の将軍を元帥にし、ほかにも多数の軍人を昇進させ、ドイツの軍事力の強大さをヒトラーは鼓吹《こすい》してみせました。ヒトラーは、イギリス帝国を温存するかわりに、ヨーロッパにおけるドイツの自由行動を認める、という寛大な条件を示せば、イギリスは渋々であっても和平に応じるであろうと、信じていたようなのです。

しかし、チャーチルは少しも動じません。ハリファックス外相をして、勝利への不退転の決意を表明させ、ヒトラーの半分脅しの講和提議を一蹴します。独英戦争はもうのっぴきならない本格的な戦いとなったのです。

このとき、まさにファー・イースト(極東)にあった島国日本では、「東亜新秩序」のスローガンをうち立てた近衛内閣のもと、政府や陸海軍の首脳たちはどのように独英戦争の成りゆきを観望していたのでしょうか。元帥杉山元の残した参謀本部編『杉山メモ』（上巻）にかかれている元大本営参謀稲葉正夫中佐の「資料解説」がいちばんわかりやすいと思います。長く引用します。

「（フランス降伏、英軍のダンケルク撤退）次ぎに来るものはドイツ軍の英本土上陸であろうと、世界の耳目はドーヴァー海峡にそそがれた。このときわが陸海軍の大勢を支配した情勢判断は、『ドイツ軍の英本土上陸作戦は間もなく行われ、そして成功するであろうし』、『たとえばドイツ軍の英本土上陸作戦が行われなくとも、ドイツの欧州大陸制覇と大英帝国の没落崩壊は今や決定的である』というのであった」

かくまでもないことですが、民草が軍部や政官の指導者がどんな世界情勢判断をしていたかについて、くわしく理解していたとはいいかねます。ただナチス・ドイツの人気がいっそう高まっていくのに乗っかって、「近衛さんの新体制運動の手本はドイツにあるんだ」「ヒトラーにならって東亜新秩序をつくるんだ」と肩を組むようにして、民草はワッショイワッショイやっていました。ヒトラー著『我が闘争』（室伏高信《むろふせこうしん》訳）が売れだしてあれよという間に十万部を突破しました。スローガン「バスに乗り遅れるな」を中心に、いわゆる一つの方向に向かっての大衆同調社会がいつの間にか日本中に成立していたというわけです。

こうしたとき、ナチスの頭領ヒトラーや軍部の指揮者たちは何を考えていたか。ナチス統治下のアメリカ特派記者であったW・L・シャイラーの大著『第三帝国の興亡』のなかに、いくつもの興味深いドイツ国防軍の幹部の証言がかかれています。

たとえば英本土侵攻作戦の総指揮をとることになっていた陸軍のルントシュテット元帥は、戦後のニュルンベルク軍事裁判にさいしての検事尋問調書で、こうあからさまに答えています。

「英国侵攻計画は意味のないものだった。充分な船舶が整えられていなかったからである。わが方の海軍が〔陸軍の〕海峡横断を援護し、あるいは増援部隊を輸送できる立場にないとき、侵攻が不可能なのはわかりきったことで、われわれは、その全体のことを、一種のゲームとしてながめていた。（中略）総統はほんとうに英国侵攻を望んだことはついぞなかったと、私は感じている。彼には、それだけの勇気はなかった」

ルントシュテットの参謀長ブルメントリット大将は、これを肯《うべな》っていい放ったという。

「われわれの仲間では、あれ（アシカ作戦）をハッタリだと話し合っていた」

そして当の海軍参謀本部は、はるかに強力なイギリス海軍と、かなり積極的な敵の空軍を目の前において、波の高い海峡を横断して大軍を輸送することに確信はまったくない。それゆえに海軍総司令部の『戦争日誌』七月二十九日にはっきりとその事実がかかれている、とシャイラーは指摘しています。

「今年中に、この作戦を企てることには反対する。もし実行するならば、一九四一年五月かそれ以降にする」

こう写しながら、どうしてもさきに引用した稲葉元中佐の解説のなかの「わが陸海軍の大勢を支配した」という言葉のなかの「海軍」にひっかかるのです。ほんとうに日本海軍中央の秀才参謀たちはドイツ軍の英本土上陸は可能と考えていたのであろうかと。それはあまりにもイギリスの海軍力を見くびりすぎてはいなかったかと。

✵バトル・オブ・ブリテン

その探索はあと回しにして話をすすめますと、七月三十一日、ヒトラーはベルヒテスガーデンの山荘に陸海軍首脳を招集し、英本土上陸作戦について頂上会議をひらきました。その内容をくわしくかくとすると何ページも要するので、いちばんの勘どころをいくつかの史書をならべて、それらにもとづいてかくことにします。

とにかくこの会議では海軍総司令官のレーダー元帥が長広舌《ちょうこうぜつ》をぶったようです。上陸作戦が非常に困難であることの条件をいくつもあげて、来春まで延期するように提案します。これに陸軍総司令官ブラウヒッチュ元帥がときに反論しましたが、ヒトラーはあまり発言がなく黙って聞いていたようです。そして奇妙なことにレーダーが中途で退出してしまい、そのあとで陸軍参謀総長ハルダー元帥が加わって会議再開となります。

そこでヒトラーが発言するのです。上陸作戦が技術的に可能かどうか、自身は懐疑的であるということ。わが小さな海軍はイギリスの一五パーセントの力しかない。駆逐艦は八パーセントしかない。これでは上陸部隊の援護がとても万全とはいえない。「しかし、かりに英本土上陸作戦が実行されないと仮定しよう」と彼は言葉をつづけます。

「いま、戦闘それ自体では勝っている。フランスは英国護衛の任務から脱落している。〔地中海方面では〕イタリアは英国の力を釘づけにしている。潜水艦戦争と航空戦は勝敗を左右することはできるが、〔それだけでは〕戦争そのものの勝利は一年も二年もかかるであろう」

といったあとで、ヒトラーは列席の将軍や提督たちが思いもかけていなかったことを、半ば訓示的にいいだしました。

「イギリスの希望はロシアとアメリカである。ロシアにかけた希望が消えるなら、アメリカも消えてしまう。何となれば、ロシアの消滅は東アジアにおける日本の価値を恐ろしく増大させることになるからである。（中略）日本はロシアと同様、自分たちの計画を持っており、この計画を戦争がまだ終わらぬうちに彼らは片づけるつもりでいる。（中略）

とにかくロシアを打倒するならば、イギリスの最後の希望は消えるのである。その暁には、ヨーロッパとバルカンを支配するのはドイツである。

決断――以上の分析からみて、ロシアを清算せねばならない。一九四一年春」（ホーファー『ナチス・ドキュメント』）

突然に、日本がでてきてびっくりさせられますが、ヒトラーは本気で、ソ連が崩壊してしまえば、日本のアジアでの立場は飛躍的に強大になる。そうすれば、その日本の軍事力（とくに海軍力）に太平洋方面で強く牽制されるため、アメリカは大西洋では動けなくなる、イギリス支援どころではなくなる、とこのときに勝利への方程式をそう解いていたのです。つまりソ連を撃破し、日本を仲間に引き入れてアメリカを牽制できれば、英本土上陸作戦をあえて強行する要はない、ということであったのでしょう。

いいかえれば、日本をドイツの同盟国として、東アジアと太平洋でのアメリカに対抗できる重しとして活用すること、それしかこの戦争の勝利を確定する方法はない、とヒトラーは判断したというわけです。『わが闘争』で徹底的に侮蔑した日本という小国が、ヒトラーの頭の中で突如として最重要な強力な存在として立ち現れてきたことに、やはり驚かざるを得ません。

ヒトラーはこのあと総統指令17号「対英航空戦ならびに海上戦実施計画」を発令しました。八月十三日を皮切りにドイツ空軍によるイギリス本土各地への猛攻撃が開始されます。ゲーリング総指揮のもと、主力部隊だけで九百三十機の戦闘機、八百七十五機の爆撃機、三百六十機の急降下爆撃機が勢揃いしました。これを迎撃するイギリス空軍は戦闘機八百機。ドイツ空軍の主要目標はイギリスの空軍基地と軍需工場、レーダー施設に定められました。総統指令には、一応はイギリス南部に集中的な攻撃を行い、甚大な被害をもたらすことができれば、上陸作戦を年内に実施することができるであろう、とあります。

これにさも呼応するかのように、アメリカとイギリス・カナダが密接な支援関係を結ぶことを宣言します。十七日、ルーズベルトとカナダのキング首相が会談、両国の共同防衛会議を常設するとと発表。二十日にはチャーチルが、アメリカに基地を貸与する見返りに五十隻の駆逐艦を譲りうけることが決まった、と得意そうに議会で発表します。これにヒトラーは不快の念をまし、焦燥感にかられました。アメリカの参戦の意思をそこで感じとったゆえにです。あとは推理になりますが、そうであるゆえに軍事同盟を結ぶことによる日本の軍事力によるアメリカ牽制の必要を、いっそう急がねばならぬと考えたにちがいないと、そう思うのです。

こうして、いわゆる英本土防衛戦《バトル・オブ・ブリテン》がいよいよはじまりました。チャーチルは『第二次大戦回顧録』にかいていています。ほんとうはゴシック体で強調したかったにちがいありません。

「国民には狼狽の色はなかった。かれらは降伏するよりは、むしろこの島を修羅の巷《ちまた》と化してもよいと思っているようだった。これは立派な歴史の一頁になる」

本土防衛のための陸上の武器としては二百台の戦車と五百門の大砲しかなく、小銃すら不足していました。しかし、有力な戦闘機スピットファイアーが一応そろっています。それと、忘れてならないのは、本土防空戦のためにレーダー・システムが完備しており、「ウルトラ」という隠語で知られる暗号解読のシステムができ上がっていたということ。ドイツ空軍の攻撃計画をすべて見通して迎え撃ったのです。

たしかに最初のころはドイツ空軍が、軍事基地や施設に目標を定めて攻撃、イギリスの戦闘機隊がこれにたいし必死の防戦をくりひろげます。レーダーも「ウルトラ」も大いに役立ちました。が、ドイツ空軍の攻撃でレーダー・システムは次第に大打撃をうけ、この事態がつづくと応戦不能になるおそれがでてきました。

そうした状況のなか、〝偶然〟が戦闘の様相をがらりと変えてしまうことになるのです。八月二十三日夜、ロンドン郊外の飛行機製造工場とオイルタンクを爆撃するはずであったドイツ爆撃機が、目標を見失い、ロンドン中心部の市内に爆弾を誤って投下してしまいます。二日後の二十五日、イギリスは報復としてベルリンの中心部をねらって爆撃、さらに二十八日には大編隊でベルリン市街にいわゆる無差別爆撃を敢行しました。これはチャーチルが提議し内閣が同意、国会が承認し、イギリス国民の大多数の熱狂的な支持をうけて行われました。つまり民主主義的国家の法的承認をすべて満たした上での無差別攻撃であったのです。ここに戦争というものの非人間的な恐ろしさがあると思うのです。

これに怒ったヒトラーは報復として、ゲーリングにロンドン大空襲、つまりこれも軍も民衆も区別なしの無差別の攻撃を命じました。はじまったのが九月七日。このあと連続的にロンドン空襲が行われます。この結果、イギリスは死地を脱することになったというのですから皮肉です。レーダー網がこの間に修復され、より補強されることになったからです。

そしてのちに防衛線の華と謳われ、記念すべきバトル・オブ・ブリテンの日とされる九月十五日の戦いがやってきます。ドイツ空軍は七百機の戦闘機と四百機の爆撃機とで、白昼のロンドン市街を空襲しようとしました。「ウルトラ」がドイツ空軍の戦術を解読し、海岸線の修復されたレーダー網がこれを捕捉します。そして可動の三百機のイギリスの戦闘機が迎え撃つ。

少数ながら火力に勝る英戦闘機は粘り強く、弾丸がなくなると着陸し補充し休むことなく飛び立ち、果敢に戦いつづける。ドイツ戦闘機は速力で優位に立ったが、航続距離の短いことが致命的となりました。いつまでもイギリス上空にとどまっていられません。ドイツ空軍は五十六機が撃墜され、イギリス空軍の損失は二十六機。

ロンドンの街はかなりの部分が廃墟と化し、空襲で死んだイギリス市民は四万人。しかし、チャーチルは「攻撃せよ、攻撃せよ、たとえロンドンが廃墟になろうと攻撃するのだ」といいつづけました。こうして軍配はイギリス側に上がった、といえます。ドイツ空軍はそれまでに千五百機以上を失っており、ゲーリングはさすがにこの大損害に戦術的失敗を認めざるを得なくなった。九月十七日には、ヒトラーも英本土侵攻のための船団の集結を中止、すべての侵攻準備の延期を命令するに至ったからです。集められていた運送船二千三百余隻とモーターボート千六百隻が解散することになりました。*3

そしていっぽうのチャーチルは、「これほど多くの人が、これほど少数の人〔戦闘機パイロット〕から、かくも多大な恩義をこうむった戦いは前代未聞である」と心からの感謝の言葉を、死にもの狂いで戦った搭乗員たちに贈りました。戦争の潮目が変わりはじめたのです。

たしかに、もしヒトラーが怒りにまかせてゲーリングに戦術の変更を命じていなかったならば、ドーバー海峡の制空権はドイツ空軍ににぎられていたかもしれません。しかし、歴史に「if」はないのです。そしてヒトラーの視線は、英本土上陸作戦をあきらめたこのときに、東のほうへ、すなわちソ連へとはっきり向けられました。イギリスが譲歩しないのは、スターリンの方針変更を当てにしているからだ。こう考えるヒトラーは、イギリスをひざまずかせるにはロシアを粉砕せねばならない、と結論づけていたのです。

ドイツ人への親近感

紀元二千六百年の祝典の準備がすすめられています。そのいっぽうで、「米国に対しての無用の衝突を避くるも、東亜新秩序の建設に関するかぎり、彼の実力干渉をも排除する」とか、「全国民を結合し得べき機能を有する新体制の政治組織の結成に邁進する」とか、いろいろな大命題をかかえて、第二次近衛内閣は、まことにあわただしく発足しました。その近衛のもとに外相をとおして、駐独大使来栖《くるす》三郎から、リッベントロップ外相との会談報告がとどいたのは、八月二十八日のことでした。それはヒトラーが特使として党外交部員シュターマーを日本に派遣する、ということを伝えたもので、そして独外相はこういったというのです。

「日独関係が強化されれば、アメリカは本来の勢力範囲であるアメリカ大陸に戻るしかなくなるので、日本にとっては中国での戦争の処理をしやすくなる。日本が毅然とした態度を示せば、アメリカとの経済問題のこじれも好転するのではないか」

同じ二十八日に、外相松岡洋右のもとに駐ソ大使東郷茂徳から電報が届き、「日本へ向から途中のシュターマーが訪ねてきた」、彼の訪日の目的は「もし日本が希望するなら政治協定の実施に結びつけたい」というものであることを、東郷は知らせてきたのです。

日本とドイツとの軍事同盟問題はこのようにして、近衛内閣の最重要課題として、またしてもドイツからもちこまれて再燃するのです。

そして海軍が反対して……と、ごく自然に考えたくなるのですが、こんどはそうは問屋がおろしませんでした。海軍大臣は及川古志郎大将。シュターマー来日直前の九月五日に就任します。その漢学の素養の深さは軍人というより学者、それで彼は文人提督とよばれていました。その上に翌六日、海軍次官に豊田貞次郎中将が任命されます。風見鶏よろしく機会主義的な面を多くもつ目立ちたがり屋の仕事師。この学者肌の及川と策士的な豊田のコンビの……とかいていては『昭和史』の二番煎じとなります。それで以下略。

いっぽうの陸軍は……『昭和史』ではふれなかったことを追記しておきますと、もちろんドイツとの同盟には大賛成、その裏にこのとき陸軍中央部にはドイツ贔屓が多くいたということについてです。それも幼年学校時代にドイツ語を第一外国語とするドイツ班出身がずらりと揃っていました。陸相東条英機は幼年学校ドイツ班、ドイツに駐在した。軍務局長武藤章、軍事課長岩畔豪雄《いわくろひでお》、軍務課長河村参郎《さぶろう》、人事局長野田謙吾、参謀本部作戦部長田中新一、そして第二部長（情報）岡本清福など、いずれもドイツ班出身。

最初に学校で習得する外国語が人間を規定してしまう、とまで強引な論法を押しつけるつもりはありませんが、その言葉への愛着がその国への愛情となる、それは何だか否定できない気がするのです。

海軍だって同じなのです。留学して習い覚えた外国語の場合も同じことがいえるのではないか。三国同盟推進派であった海軍きっての政治的軍人の石川信吾が留学したさきがドイツ、それも昭和十年秋から翌年にかけて。このとき、ドイツにだれがいたか。近藤信竹、柴勝男、神《かみ》重徳《しげのり》、横井忠雄、山本祐二などなど親ドイツ派の錚々《そうそう》たるところが駐在武官として集まっていました。ヒトラー・ドイツが隆々として興《おこ》るのをみて、それこそが日本の進むべき道と錯覚してしまう。ナチスの唱える「ヨーロッパ新秩序」を見習って「東亜新秩序」（のちに大東亜共栄圏）を彼らは夢見たのです。ドイツの海軍力を過大に評価し、ヒトラーの上陸作戦にたいするイギリスの海軍力を見誤っていたのも、そのせいであったといえる。つまりは、それが人間というものか、とも思えるのですが。

いや、軍人ばかりではありません。日本の民草もぐんぐんドイツに傾斜していったのです。そのことをよく語るものとして当時の出版物があります。一例として昭和十五年から十六年のはじめにかけて刊行された「ナチス叢書」をあげておきます。元駐独大使陸軍中将大島浩、小島威彦編でアルス刊、一冊どれも六十銭というシロモノです。

・日本とナチス独逸　海軍大将末次信正
・日独伊枢軸論　外務省外交顧問白鳥敏夫

・ナチス・独逸の世界政策　小島威彦
・戦時下のナチス独逸　大東文化学院教授藤沢親雄
・ナチスのユダヤ政策　清水宣雄
・ナチス運動史　ナチス党前東京支部長ザール
・ナチスの科学政策　深尾重光
・ナチス思想論　文学博士山本幹夫
・ナチス・独逸のスポーツ　独逸文部省報道官クラウゼ
・ナチス政治論　八条隆孟
・ナチスの美術機構　嘉門安雄
・独逸の資源と代用品　木村捨象
・国防国家とナチス独逸　通信監察官奥村喜和男
・実戦場裡のナチス　陸軍中佐於田秋光
・独逸精神　デュルクハイム

どうですか、本屋の書棚にずらりと並んだ光景、思わず〝ヘェーとなるでしょう。考えてみれば、日本人のほとんどがもう米英にたいしては嫌な感情をもっていましたし、「バスに乗り遅れるな」のスローガンを本気になって叫んでいたのです。いわばこれらのドイツ礼讃の本はその米英敵視と盾の両面となっていた。いまの日本もヘイト韓国、ヘイト中国の本がやたらに刊行されていることをみれば、少しも不可思議ではないといえるのではないでしょうか。

どんどんとドイツ贔屓となった当時の民草もふくめて、日本人が、いったいナチスのどこに共感したのか、ということを考えると、日本人と共通するある種のイメージを彼らのうちに描いたからではないか、といまになると思われるのです。堅実、勤勉、几帳面、徹底性、秩序愛、律義さ、端正といったポジティブな面から、頑固、形式偏重、無愛想、唯我独尊というネガティブな面まで、日本人はおのれの投影をドイツに認め、すこぶるつきの親近感を抱いた、と。

そしてまた、日独はいずれも単一民族国家、団体行動が得意で、規律を重んじ、遵法精神に富み、愛国心が強い。日独はどちらも教育水準が高く、頭がよく、競争心が強く、働くことに生き甲斐を感じている。日独はともに組織にたいする忠誠心に溢れ、勇敢で、軍事的潜在力が高い。しかも日独は、近代国家としては「おない年」で、統一国家を形成した一八七〇年ごろには、世界の帝国主義強国の地球上における領土分割はほぼ完成し、後発であったばかりに優秀でありながら〝持たざる国家〟として国家発展のための苦闘をともにしている。こうしてお互いに国際連盟からも脱退し、国際的孤立感に悩みに悩み、かつアメリカ大統領からはさながら「黴菌《ばいきん》」のごとくにさげすまれている日独両国は、いまこそ盟邦としてより強く手を結び合うべきではないか。

そんな空気がいまや日本中に充満しはじめていた。バスに一緒に乗ろう、民草もそのつもりになっていたのです。

✳三国同盟交渉のはじまり

九月七日、特使シュターマーは東京に着きました。東京時間とベルリン時間には七時間の差がありますが、日付でいえばまさにヒトラーがロンドン市街への無差別爆撃を命じたその日に当たります。交渉の日本側の中心となったのは松岡外相。正確には九日午後五時にオットー大使とシュターマー特使とが新聞記者などに気づかれないように、千駄ヶ谷の松岡の私邸に裏口から入ったときに交渉は正式にはじまったことになる。

この時点での松岡はどんな考え、というか交渉にさいしての構想をもっていたのか、それが大事といまは思われます。結論をまずかいてしまうと、それは三国の同盟にとどまるだけではなかったのです。この日独伊三国同盟の威力をかりて、これにソ連もなんとかして引きこんで、日独伊ソ四国協商の実現をはかる。そしてこの四国協商の力で米英を牽制して、日本の南進政策を推進する。こうしてヨーロッパ、アフリカ、アジアで四国間に新たな世界秩序を樹立する、というものであったのです。

そんな大風呂敷な、とあるいは呆れる人も多いでしょうが、事実、松岡は外相としてその大構想をもっていました。ですから、今度は海軍の反対があろうが、かならず実現してみせると自信満々でした。史料からそれを示します。

「まず三国同盟の成立をはかる。次にこの同盟の威力をかりて日独伊ソ四国協商の実現をはかる。その際、とくにドイツのもつ〝対ソ影響力〟を活用して、ドイツをして日ソ国交調整の斡旋の役割を担当させる。さらに四国協商が成立すれば、この提携の力の威圧を利用して対米交渉に乗出し、諸懸案の妥結をはかると同時に、アメリカをしてアジアおよびヨーロッパでの干渉政策から手を引かせ、同時にこれらの地域での平和回復に共同協力することを約束させる。なお、この間三国同盟および四国協商の力で英米を牽制して、日本の南進政策を推進する。こうしてヨーロッパ、アジア、アフリカで四国間に生活圏を分割し、世界新秩序を樹立する」

(日本国際政治学会太平洋戦争原因研究部編『太平洋戦争への道』第五巻)

いやはや、というほかのない大構想です。こう得意の弁舌をふるって松岡はぶちまくったのです。それが本気であったことを示すさらにもう一つの史料を引用します。新名丈夫編『海軍戦争検討会議記録』にある豊田貞次郎(元海軍次官)の証言のなかの松岡の言葉です。

「彼〔松岡〕の同盟の趣意は七、八項目あったが、その主眼点は、英独戦争においては日本の援助を要しないこと、および日独伊ソ連にて米の参戦を牽制して、なるべく早く世界平和を回復したいというにあり」

しかし、読者のみなさんはすでにヒトラーが七月三十一日には、「決断――ロシアを清算せねばならない。一九四一年春」と豪語したことを知っているわけです。松岡はそんなことは知りません。それでこんな構想、いや思惑、いや妄想を抱いた、というのか。三国同盟がとんでもない考えを土台においてぐんぐん進められ、あれよあれよという間に結ばれたことを、やがて歎かねばならなくなるわけなのです。

こうした松岡の妄想（すなわち日独伊ソ四国協商）のもと九月九日からはじまった交渉はほとんど松岡の私邸で行われ、日本側は原則として松岡ひとり、ドイツ側はシュターマーとオットーの二人。日独伊三国同盟にかんしてはたちまちに両者の意見は一致する。そして交渉三回目の九月十一日には、条約の基本条項は早々と決定、というトントンとした進み方でした。

そのかんの九月十日の日本の各新聞の朝刊は躍るような筆致で、ドイツ空軍によるロンドン空襲の模様を報じました。巨大な火のドームがテムズ川にかかり、橋や塔が恐らく真ッ赤なのであろうシルエットを浮かびあがらせます。大英博物館も爆撃にさらされようとしていると報じました。

『昭和天皇実録』はそのことについて記しています。

「内大臣木戸幸一に約一時間にわたり謁《えつ》を賜《たま》い、御用談になる。その際、『朝日新聞』にドイツ軍機のロンドン空爆により〝大英博物館炎上か〟との記事が掲載されたことに関し、文化の破壊を懸念され、独英両国に対し、何とか申し入れる方法はなきやと御下問になる」

その天皇は、はたして松岡の三国同盟、いや四国協商の妄想を知っていたのかどうか、大いに気になるところです。

しかし、そこまでいく前に、少しかいつまんで日独交渉の順を追っていきたいと思います。昭和史がいわゆる「ノー・リターン・ポイント」を越えて、戦争への坂道を転げはじめる大事なときなので。

九月十一日、特使シュターマーがやっと〝ヒトラーの切り札〟を松岡に示しました。

「日本、ドイツ、イタリアの三国のうち、一国が現在のヨーロッパ戦争または日支事変に参入していない一国によって攻撃された場合には、あらゆる政治的、経済的および軍事的方法によって相互に援助すべきことを約束する」

すなわち自動参戦の義務を負う完全な軍事同盟の意思表示です。この義務をきちんと明示することによって、日本がアメリカを強く牽制しその戦争参加を阻止してほしい、と、ヒトラーの悲願が聞こえてくるような提案でした。松岡は、しかし、慎重なふりをしました。個人的には同意するが、やはり最高会議にかけて諮《はか》らねばならないから、と説明し、会談を打ちきります。松岡の頭には、さてこの点に関してうるさい海軍をどうやって納得させるか、面倒な、という思いが明滅していたと思います。

翌十二日、シュターマーの提案を松岡は四相会議（首相、外相、陸相、海相）に提出します。これまでの交渉経過をこまごまと説明したのちに、松岡は明瞭にいいます。

「このまま呑んだらよいと思う」

東条陸相はすぐに賛成。近衛は海相の顔を見守りました。三人の列席者が当然のこと強く反対するであろうと予想するなかで、及川海相がぼそぼそといいました。

「考えさせてほしいと思う」

外相も陸相もこれを諒としました。「絶対反対」の強い言葉ではなく、海相の口からでた意見留保とも思われる返答は、むしろ思いもしないことであったからです。はたして海軍もバスに乗り遅れまいと決心したのであろうか。外相も陸相もしばし及川の顔を見つめていました。

✸海軍が折れた日

その海軍にとって運命の日がやってきました。九月十三日、金曜日。海軍大臣官邸に、及川海相、豊田次官、軍務局長阿部勝雄少将、軍令部次長近藤信竹中将そして作戦部長宇垣纏《まとめ》少将の五名が参集します。もちろん議するのは三国軍事同盟案――。

すでに前日、及川と豊田との談合もあり、ヨーロッパ戦線でドイツとアメリカが戦火を交えるようになった場合、〝自動的に参戦する〟ことなく、日本は〝自主的に〟参戦するかしないかを決める、そのように条項が改められるならば、日独軍事同盟やむなし、と二人は合意していたのです。海軍にとっては松岡がしきりに主張するソ連を加えての四国協商のことにはさしたる関心はなかったようです。

それをうけての海軍の会議では、豊田の説明にたいして、はじめから反対の意を表したのは宇垣だけでした。しかし、豊田は個人的にも松岡外相と親しく、十分にその構想を聞かされ納得していたから、宇垣を説得するための論理の筋道だては完璧にできている。日本をとり巻く条件は十四年夏とは違っている。いまや蘭印も仏印（現ベトナム）もドイツの主権下にある。このまま手をこまねいていては、アジアの資源地帯はドイツの手に帰してしまう。アメリカが石油の対日輸出をとめるという強硬策にでてきたとき、われら海軍が何としても欲しいのはボルネオやスマトラの油田地帯ではないか。

豊田はそう説いてきていいます。

「しかも自動参戦については、これを改めさせ、自主的決定にゆだねると条項を正す。これは絶対不可欠の条件として、海軍は強く申し入れてある」

この言葉をうけて同盟推進派の阿部局長がおもむろに口をはさみます。

「同盟はこの機を逸せば今後は完全に不可能になります。また条約締結せざれば政府は崩壊するでしょう。海軍としては、近衛公を措《お》いて人なき現状を考え、国家のため早急に締結すべきものと考える」

近藤次長はなお黙念としています。が、この人もまた親ドイツ派。宇垣がアダ名「鉄仮面」そのものの傲岸な面もちを突きだして、なおも反対しようというのを抑えて、及川が、

「もう大体やることにしてはどうだね」

とあっさり腹の中をさらけだします。さすがの宇垣もやや鼻白んでいいました。

「おやりになるというのなら、それはもうやむを得んでしょうが、米参戦の場合、わが国が自主的に行動することは絶対に必要であります。そのことだけは強く申しておきます」

海軍首脳が苦しい立場におかれていることは確かなのです。ヨーロッパの戦場ではドイツの快進撃だけがあり、明日にでも英本土上陸作戦が敢行されるのではないかと、巷ではかまびすしく叫ばれています。「バスに乗り遅れるな」の声は海軍部内でも高唱されるようになっていました。巷間では弱虫の海軍不要論まで飛びかっているのです。会議にはこれ以上もはや弱いことがいえない空気が充満していました。

その九月十三日夜、豊田は軍令部第三部長（情報）岡敬純少将をつれて、外相の私邸に赴き松岡に面談を強要しました。松岡も渋々ながら会いました。海軍の二人の面《おもて》をおかしての弁舌に饒舌この上ない松岡もややたじろぎましたが、彼もまた長州出身の強情な男です。容易に降参するようなことはありません。自動参戦の問題を条約の本文からはずすことは、条約そのものが弱くなる、ばかりではなく、ヒトラーが気分を害し同盟自体が吹っとぶかもしれない、と外相は難色を示しつづけました。

「しかし、それなくしては軍令部がウンといいませんから、われわれとしても……」

と豊田は必死になって口説きます。

密談は声を荒立てることもなく長くつづきましたが、やがて松岡が折れてきます。条約本文ではなく附属議定書と交換公文をつくり、そのなかで〝参戦は各国政府の自主的判断による〟という趣旨の規定をおくようにする、それでどうだ、と妥協を求めてきたのです。

豊田も親ドイツ派でこり固まった岡も、わが事成れりと胸中で手を拍《う》つ思いでしたが、面に

はださずに、

「ともかく外相の説のとおり、同盟は世界平和のためなりと信じ、海軍も同意するのでありますから、とにかく附属議定書なりにハッキリと明記し……」

といって会談をしめくくりました。

数時間後、豊田も岡も、鬼の首をとった思いで、深夜の外相邸をあとにします。肝腎の〝参戦の自主的判断〟はもとより、同盟に同意するかわりに〝海軍軍備の強化増進にかんし内閣も陸軍も真剣な協力をする〟つまり予算増大に協力する、という海軍の要望的条件にたいしても、外相のしっかり協力するとの約束を得たのです。いわば海軍の希望を完璧に政府に呑ませたことになる、これを成功といわずしてほかにどんな言葉があるか。

この知らせが及川海相にただちに届けられたのは、いうまでもありません。

「そういうことであれば、これまでの海軍が反対してきた理由はすべてなくなったな」

と及川はいいました。及川は国内を分裂してまで陸軍とやり合うことを好みません。摩擦回避を第一と心得る及川は、この知らせに、自主的参戦条項だけではなく、予算面での協力も獲得した、上出来だ、どうやらまた漢籍に親しめることになるな、と素直に喜んだのです。

海軍中央の秀才参謀たちも大喜びとなった。これでアメリカは英独戦争への参戦をさし控えるに違いない。そのうちにヨーロッパ戦争の決着がつくであろうと、そうした近視眼的な戦略観によって、彼らは三国同盟を是としたのです。

オットー大使のペテン

海軍が同意した、話はこれで万事目出たしとなるはずでしたが、じつは最近になってわたくしは朝日新聞社の渡辺延志記者の取材をうけ、そのときにじつに奇妙奇天烈《きてれつ》な（?）といっていい英文の史料を見せてもらいました。それまで同盟条約の本文とは別の附属議定書に「自動参戦の義務は負わない」という秘密協定が明記された、そう判断していたのですが、それは真ッ赤な嘘ということがわかったのです。お蔭で天地がひっくり返ったような覚えを味わったのです。

しかも、それはあろうことか、ヒトラーにもリッベントロップにも、まるで相談せず、オットーとシュターマーの二人だけが勝手な判断で「私信」の形でかいた文書だというのですから。その後に渡辺さんは自身の発掘したスクープ的史料にもとづき『虚妄の三国同盟』という名著を刊行されました。以下は、勝手ながらその本を土台にして新事実をごくかいつまんでかくことにします。

さて、海軍首脳がついにOKで一致した九月十三日の『昭和天皇実録』にこんなことが記されています。

「午後三時より二時間余にわたり、御学問所において外務大臣松岡洋右に謁を賜い、独国特派公使《（ママ）》スターマーとの交渉に関する奏上、及び人事内奏を受けられる」

このとき、明らかに松岡は得意の饒舌で自分が抱懐《ほうかい》し実現を意図する日独伊ソ四国協商の構想を、天皇が納得されるまで説きに説き、かならずやそのことで対米戦争を回避することができると力説したものとわたくしは考えるのです。「二時間余」と記されているところに注目して下さい。ふつうは十分か十五分、長くても三十分間が、近衛首相以下ほかの閣僚の内奏時間なのです。それが、なんと、二時間余！　ただし、天皇が松岡の説く四国協商案に同意、までいかなくとも納得されたかどうか、その点について『実録』には何の記載もありません。ではあるけれども、この二時間に松岡は天皇にわかってもらえるまでねばりぬいた、と考えてもそれほど無理はないのではないか。

昭和天皇についてはともかくとしても、間違いなく近衛は松岡説を信じ、すっかりその気になったのです。十六日の閣議で近衛は閣僚たちにこういい切っています。

「松岡はこの三国同盟を断行すれば、旧ドイツ領の南洋諸島は無償とまではいかないにしても日本にもらえる。シュターマーは石油も、ドイツの占領地拡大によって豊富になっているし、ソ連やルーマニアからもとれるといっているから、日本にも相当もらえるだろう。ソ連と国交調整ができれば、北カラフトの石油利権をもらうように斡旋してもらうつもりだ。場合によっては全部買収してもよい」（矢部貞治『近衛文麿』近衛文麿伝記編纂刊行会編）

そして九月十九日午後三時から宮中で御前会議がひらかれ、陸軍の閑院宮《かんいんのみや》参謀総長が簡単に「陸軍は同意します」といい、最後に海軍の伏見宮軍令部総長が発言しました。

「政府提案の日独伊三国同盟の件、大本営海軍部として同意いたします。ただしこのさいつぎの希望をのべます」
一、なし得るかぎり日米開戦を回避するよう施策の万全を期すこと。
一、南方への発展は極力平和的に行うこと。
一、言論の指導統制を強化し、ほしいままな論議を抑制し、有害な排英米言動を取締ること。
一、海軍戦備および軍備の強化促進の完遂にたいし真剣なる協力を望みおくこと。
こうして海軍の、いいか、海軍戦備の強化に一致協力するんだぞ、との念押しを前提とした賛成によって、御前会議は終り、三国同盟条約締結は国策として決定しました。あとは九月二十六日の形式的な、枢密院の諮詢《しじゅん》を残すだけとなったのです。

ところが、その直後の九月二十一日、オットー大使とシュターマーが松岡を訪ね、松岡には思いもかけないようなドイツ政府の強い意思を伝えてきたのです。

「ドイツ政府は秘密の義務を付属させることはこれを拒否する」

つまり「自動参戦の義務」も正式の条約に明記することを、ヒトラーもリッベントロップも強く望んでいる、ということです。松岡はこの通告にただうろたえるばかり、であったようです。そしてオットーの袖にすがってお願いするようにいった、というのです。

「天皇に条約の意図と秘密条項についてすでに伝えてあるんです。外相として説明してご納得いただいておきながら、あれはでたらめというか間違いでしたなどということはできない。

日本のしきたりでは、それは非常に悪いことなのです」

こうまでいわれてはドイツ側の二人は当惑するばかり。三人は困りぬいて、何かいい案はないかと知恵をしぼったのです。そして苦肉の策ともいうべき名案（？）をひねりだす。渡辺さんの著書から長く引用します。オットーが東京裁判を前にしての連合国の検事の尋問に答えての供述なのです。

「誰が言い出したのか覚えていないが、松岡に対して（私が）手紙を書くことにした。政府によって信任されている私の署名を添えた個人的な手紙を松岡に書くことに決めた。シュターマーの署名も添えた。内容の中心となったのは、三国同盟の締結をもたらした松岡の努力への感謝だった。そして攻撃を受けた時の協議、原材料物資の相互援助、ソ連を三国同盟に参加させるためにドイツ政府は最善を尽くすということの保証だった」

そして渡辺さんの取材をうけたとき見せられたものは、その「絶対極秘―在京ドイツ国大使より外務大臣あて来翰」と銘打たれたオットーの手紙のコピーであったのです。これをはじめて読んだとき、「閣下に向かいて深甚なる謝意を表明する」とあることから、要するにオットーとシュターマーの松岡にたいする礼状ぐらいに思ったのですが、そんな単純なものではない。じつは二人のドイツ外交官と松岡の三人合作の大いなる詐術、ごまかしの文書であった。ヒトラーもリッベントロップもまったく知らなかったことであった、というのです。

渡辺さんの著書からさらにわかりやすくして引用します。オットーと検察官との一問一答のくだりです。

オットー「私が意図したのは三国同盟の成立だった。協議についての責任は私がとればいい。

　実際に軍事衝突がおきた時には、自動的に戦争に入らない機会を私が設ければいい」

検察官「そのような私的な解釈は、〔ドイツ〕政府から了解を得たものですか」

オットー「いや、そんな時間はなかった」

検察官「時間がなかった？　なぜです」

オットー「ベルリンでの調印は九月二十七日と決まっていて、日程が迫っていた。東京では
　枢密院の審議が二十六日と決まっていた」

そしてオットーはこういい切ったというのです。

「ドイツ政府は条約の細部にはあまり関心がなかった。関心があったのは、強い調子の文言が世界に向かって発信されるということだった」

であるからといって、一外交官が独断で、政府の許可はおろか了解もない空手形《から》で、わが日本政府をペテンにかけることがあっていいはずはない。

渡辺さんはかいています。

「秘密議定書に代えて、自主参戦権やソ連との関係改善の仲介など日本の要望をもりこみ、日本では『交換公文』とされているものを、オットーは『私信』としてかいていた」

しかも、この検事調書は東京裁判においては、証拠としての必要なしと却下されてしまった

という。したがって裁判記録にはでてこないのです。もちろん、ニュルンベルク軍事裁判においてそんな文書があるべくもありません。

とにかく松岡外相だけは承知してそのペテン劇の主役の一人をつとめていたのです。ただし、その松岡もヒトラーがすでにソ連攻撃の意志をかなり強く固めだしていることは知らなかった。松岡の四国協商の構想など富山湾の蜃気楼のごときはかないもの、と思うと、「世界史のなかの昭和史」がなんとも可哀想になるのです。

三国同盟調印のあとに

九月二十七日、日独伊三国同盟条約がベルリンで調印、公表されました。内容をわかりやすくかきますと、

・欧州と東亜における新秩序建設の指導権を認めて協力する。

・欧州戦争そして日支事変に参加していない国から攻撃された場合には、あらゆる政治的・経済的・軍事的手段を用いて相互に協力する。

・ソ連との政治的状態には影響を及ぼさない。

そんなことを主とする条約でした。

外務省顧問の白鳥敏夫は頰を紅潮させて、記者団にこう語ったのです。

「こんなに早い条約締結はないね。九月初旬シュターマー氏が入京した翌日にこの話がはじまって、今日まで二十日足らず。スピーディだ。超スピードだ。しかし下地ができていたのだよ。日本が東洋で、ドイツがヨーロッパで戦うのも、同じ理想によるものさ」

翌二十八日の朝日新聞の朝刊は、社説で「誠に欣快に堪えざるところである」と手放しの喜びを表わし、紙面に大きな活字が躍っていました。

「いまぞ成れり〝歴史の誓〟／めぐる酒盃　万歳の怒濤」

報知新聞も負けずに第一面に筆を躍らせました。

「三国同盟条約は、日本の壮快な行進曲であって、挽歌ではない」

日本国民はほんとうに歴史を画する大いなる同盟と喜び合ったのです。ただし、いつものような旗行列や提灯《ちょうちん》行列といった熱狂ぶりは、なぜかどこにもありませんでした。

ドイツでは、ドイツ国民のだれもが不意打ちを喰らった思いで、この報を聞いたようです。二十七日の朝から小学生が手に手に日の丸の小旗をもってブランデンブルク門から中央の大通りを行進し、ベルリン市民を驚かしました。もちろん政府の指令で動員された小学生の行進でしたが、何事が起きたのかと市民は訝しく思ったようなのです。ベルリン駐在の中立各国の新聞や放送の特派員には、午後一時に総統官邸で「重大発表」があると知らされました。それほど極秘裡というか、大きなニュースにならぬままコトは進んでいた、そうとしかいえません。

そうではありましたが、ドイツのその日の新聞は鳴り物入りの宣伝で、ほかのいっさいのニュースを第一面から完全に追い払って、三国同盟を特筆大書しています。ドイツ国民よ、この条約は世界が震撼するほどの重要性をもつものであり、いずれ遠からず、イギリスは降伏し、最終的な世界平和がもたらされるであろうことを確信せよ、と煽りに煽りました。なるほど、これによってイギリスが頼みにしているアメリカの援助などなくなるのか、とドイツ国民はいい気持ちになったようです。

しかし、この三国同盟が何を意味するか、については世界情勢に関心をもつ人びとにはかなりの物議をかもしだしました。大著『第三帝国の興亡』をかいているアメリカのジャーナリストのシャイラーは、昭和九年（一九三四）から十五年までベルリンに滞在し、貴重な『ベルリン日記』を残しています。その日記の二十七日の項に、まことに意味深長な見方をかきとめています。長く引用します。

「条約の核心は第三条で、次のようになっている。『ドイツ、イタリア、ならびに日本は、この条約を結んだ三カ国のうちいずれか一国が現在ヨーロッパ戦争もしくは日中事変に加わっていない一国の攻撃を受けた場合には、あらゆる政治的、経済的、軍事的手段をもって相互に援助を行うものとする』／この二つの戦争に加わっていない大国は二つある。ロシアと合衆国だ。しかし第三条はロシアには言及しておらず、第五条は言う、『ドイツ、イタリア、ならびに日本は、前記の条項が条約三カ国ならびにソヴェート・ロシアの各々のあいだに現存する政治的状態にはなんらの影響を及ぼさないことを確信する』」

つまりドイツと条約を結んでいるソ連は第三条からこれで除外されているわけです。となると、三国同盟が〝敵視〟している大国というのはアメリカ合衆国だけとなります。

シャイラーはそう見抜いた上でかいています。

「ほんの数日前にヒトラーは（中略）イギリス侵攻が、計画どおりには実施できなくなったという報告を〔伊首相の〕ムッソリーニに伝えた。ムッソリーニはすでにエジプト侵攻に着手していたが、それはイギリス本土攻撃に時期を合わせて大英帝国の兵力の分散をはかるためであって、この秋にはそれ以上のことを狙うつもりはなかったのである」

そんなときであるから、ヒトラーは同盟を結んだのか。シャイラーはさらにかいています。

「これの生む効果は、アングロ＝サクソン民族について誤った判断しか下したことのないヒトラーやリッベントロップの期待するものとは、まさしく正反対のものになるだろう」

シャイラーはさらに日本に言及しています。

「いったい日本がこれでどういう利益を得るのか、さっぱり分からない。なぜなら、もしわれわれが日本と戦うことになった場合、ドイツもイタリアもイギリス海軍を征服してしまうまでは、アメリカになんの危害も加えることはできないからである。（中略）

一つだけははっきりしている。ヒトラーは冬までに戦争が終るともし思っていたなら、こんな三国条約など発表しなかっただろう。戦争がすぐ終るのなら、こんなものの必要はないはずだ」

当時、日本の駐ベルリンの外交官や駐在武官が大勢いたはずなのです。いくらシャイラーが鋭敏なジャーナリストとはいえ、彼にこれくらいヒトラーやドイツ軍部の行き詰まった英本土上陸作戦の戦略戦術が推察できたというのに、日本の専門家はだれひとりそれを見透すことができなかったのか、ほんとうに情けなくなる。そして日本本土では、天皇をはじめ（？）近衛首相も大本営陸海軍部も、松岡の誇大夢想的な日独伊ソ四国協商の構想がやがて実現し、これを背景にして米国と交渉し通商条約を元へ戻し、日中戦争を解決し、平和的に南進政策を推進できるとでもほんとうに思っていたのでしょうか。

唯一の〝敵国〟として

問題は、三国同盟によって〝敵視〟された唯一の大国アメリカです。シャイラーのいうとおりヒトラーばかりではなく日本も、アメリカを見誤っていた、といまはいうほかはありません。こんなびっくりするような裏話が、ハル国務長官の『回想録』にかかれているのです。つまり、八月末にはもうヒトラーのソ連攻撃計画をアメリカは察知していた、という信じられないような話なのです。

ベルリンにいた米大使館のウッズ商務官に、八月末のある日、一枚の映画の指定席券が送られて来た。送り主は反ナチスでありながら、政府やナチス党の幹部に深く食いいっているドイツの友人であった。彼は映画館でウッズの横の席に坐ると、暗がりを利して素早く紙一片を渡した。それにはこうかかれていたという。

「ヒトラーの司令部で、対ソ戦の準備についての会議がひらかれている。英本土空襲は、ヒトラーの本当の練りあげた計画と不意にソ連を攻撃せんための準備をかくす煙幕である」

スパイ小説によくあるような話で、ハルはこの報告にはじめは半信半疑であったらしいですが、さっそく検討せよと指示したフーバー連邦捜査局長の「本物だと考えられる」という報告に、腰を抜かさんばかりであったといいます。さらにその後にも、ルーブル紙幣を山のようにドイツ政府が印刷していること、ヒトラーの「ウラジオストックからジブラルタルまでドイツ軍でうずめるつもりだ」との側近たちへの豪語など、ぞくぞくと決定的な情報がとどき、ハルは確信をもってルーズベルトに独ソ開戦の近いことを伝えることになりました。

当の大統領その人は、昭和十四年の初めごろには、すでにヒトラーの野望によるヨーロッパ戦争の勃発を見通していて、はじまれば英仏側に味方し、いずれはアメリカも参戦するとの決意をすでに固めていた、といわれています。しかし、であるからといって、その決意を実行に移すには、国内になおかなりの困難がありました。強固なアメリカ国民の孤立主義的な気運、さらには不景気がいぜんとして解決されていなかったからです。

何があろうと中立主義で通すべきだと強固に主張するのは、ドイツ系のアメリカ人グループ、イギリス嫌いのアイルランド系アメリカ人、さらに強力なアメリカ・ファースト委員会（ヨーロッパ戦争参戦に反対する団体）が加わりました。その指導者のなかには大西洋横断飛行で世界的に有名な飛行家リンドバーグもいました。彼らはドイツ経済との活撥な取引きを夢見ていたのです。とにかくアメリカ国民の多くは平和主義的であり、中立固持であり、ナショナリズム一色に染まっていました。

ところが、一九三九年十一月の第四次中立法では武器禁輸条項が緩和されることとなります。このころからアメリカ国内の空気はわずかずつではありましたが、変わりはじめていたのです。四〇年になって、パリ落城、六月二十二日のフランス降伏、イギリスの孤独な戦い、ドイツ空軍の英本土大挙爆撃という事態は、輿論をルーズベルトの思う方向へと動かしていきました。イギリスの飛行機生産量が年間八千機にたいして、「わが国のそれは年間五万機にすべきである」との大統領の主張を、孤立主義者たちの介入によって一応は抑えられますが、ルーズベルトはもうひるまなくなりました。米駆逐艦五十隻とカリブ海の英基地との交換、選抜徴兵法の制定、陸海空三軍の大拡張と、臨戦態勢へとアメリカ全体が動きだしました。アメリカ国民もようやくその気になりだしていたのです。

そこにハルからの独ソ開戦はやがて起こるとの極秘報告です。ルーズベルトの決意は強まり、実行への道の模索というより具体化が注意深くはじまります。折からルーズベルトは三期目の大統領選挙に立候補し、その選挙に勝つためにも、巧みに自分の真の意図を隠しつづけながら、イギリスや中国に援助の手をさしのべていました。それまでの英仏への援助強化は輿論を恐れて秘密裡にとられたものが多くあり、蔣介石への援助強化もまた同様でした。ところがそこに日独伊三国同盟によるアメリカにたいする敵対的な動きを日本が明らかにします。ルーズベルトは完全に戦争を意識しはじめました。

のみならず、三国同盟がベルリンで調印される直前の九月二十三日、蔣介石政権への米英の援助ルートの遮断と、きたるべき南進政策上の必要の両面から、仏領インドシナ（仏印＝現ベトナム）北部に武力進駐を日本陸軍が強行しました。これにアメリカ政府は強く抗議するとともに、ルーズベルトの指令で十月十六日以降、全等級の屑鉄《くず》の日本への輸出を禁止すると発表、蔣介石政府に二千五百万ドルの借款供与、アメリカは決して引き籠ってばかりいないぞという選挙支持者も喜びそうな強硬な政策で応じてきたのです。つぎは、工作機械やアルミニウムやボーキサイト、そして最後の切り札は石油です。政府のなかには、思いきって石油の全面禁輸を、と主張するものもいましたが、国務長官ハルがとめたといいます。

仏印への武力進駐につづいて日独伊三国同盟の正式調印。その可能性の大きいことは知っていましたが、その発表はいわば寝耳に水。しかしハルは大統領と会談したあとで声明書を発表します。その勘どころは、「日独伊同盟協定は、米国政府の見解では、ここ数年間存在してきたような状況を実質的に変えるものではない」と、いくらか輿論を気にしてか、第三条〝大国〟の意味することにたいする怒りを押さえての、抑制されたものでした。なのですが、アメリカ政府の腹の底は、暗い見通しの第一歩を大日本帝国が踏みだした、という危機意識でいっぱいでした。いいかえれば、日本との戦争があらわに眼に見えてきた、という思いでした。

そうです、駐日米大使グルーですら、その日記にこう記しています。

「九月の日記を書き終る私の心は重苦しい。これは過去に私が知っていた日本ではない」

まさしく、グルーのいうとおりです。昨日の日本ではない。強力な海軍力をもつとはいえ、大日本帝国はそれまで極東（ファー・イースト）の島国であったのですが、いまや三国同盟の締結によって世界史のなかに割って入ってきた軍事大国へと相貌を一変させた、そういっていいと思うのです。

アメリカにとって、三国同盟はすでにでき上がっている世界の秩序・体制に対抗し、新しい秩序をつくろうとする日本の戦闘姿勢を示すもの。アメリカ一国を〝敵国〟として、その行動を牽制する軍事同盟であり、アメリカの国民は、このときからナチス・ドイツにたいする不信感と敵意と不気味さとそっくり同じものを、日本および日本人にたいしてもちはじめました。アメリカの輿論は、日支事変をアジアにおける局地的な戦いとしてではなく、ヨーロッパ戦争と連動したグローバルな戦争と認めるようになったのです。

それはまたアメリカ国民に、中国大陸での戦闘における日本兵の暴虐と野蛮とにたいする激しい憎悪をあらためて思い起こさせたのです。「ジャップ」という言葉が、多くのアメリカ人にとって「侵略的で残忍で嘘つきの黄色い小男」という意味をもつようになっていきました。中国の運命を心配するというような問題よりも、はるかにアメリカ人の感情に深く刻まれる直接の〝敵国〟として、大日本帝国がアメリカに対立する存在となったのです。[*4]

✷「日米戦争は避けられるか」

昭和十五年（一九四〇）十月十四日、プリンストン輿論調査計画（ギャラップ調査を利用した）の報告（九月三十日実施）がルーズベルトに手渡されました。

質問「あなたは、米国が日本に中国を支配させるべきだ、と考えますか。それとも、米国が日本にそうさせないために日本と戦争すべきだと思いますか」（百分比）

・日本に支配させる　32
・戦争をする　29
・その他　16
・意見なし　23

アメリカ人の十人のうちの三人が中立主義を捨て、対日戦争を決意していたことがわかります。

そのアメリカでの調査報告の少し先になりますが、この年の終りごろの日本人の考えについてのアンケートがあります。「文藝春秋」十六年一月号に発表されました。回答カードは六百八十五枚、十二月五日締切り。いくつかの項目のなかに〈日米戦争は避けられると思うか〉という興味深い質問があります。その回答はこうです。

〈避けられる〉　　　四一二
〈避けられぬ〉　　　二六二
〈不明〉　　　　　　一一

一見して明らかなように、十五年末には三分の一強の日本人が、もはや日米戦争は避けられないと考えていたのです。

こうなると、『B面昭和史』ですでにかいたことですが、もう一度引用したくなります。九月二十九日、日独伊三国同盟締結の報に、作家野上弥生子は日記に〝不敵な〟としかいいようのない文字を残しています。

「英米の代りに独伊というダンナもちになって、十年後にはどんな目に逢うか。国民こそいい面《つら》の皮である」

また、いままでに何度もわたくしの著作で引いたものですが、作家永井荷風の九月二十八日の日記もやっぱり忘れられませんので、もう一度。

「愛国者は常に言えり、日本には世界無類の日本精神なるものあり、外国の真似をするに及ばずと。然るに自ら辞を低くし腰を屈して、侵略不仁の国と盟約をなす、国家の恥辱之《これ》より大なるは無し」

たしかに、まだ冷静にものをみる日本人がいることはいた。しかし、どうもほんのひと握りくらいしかいなかったのではないか、とそう思えてなりません。民草の多くはだれもがヒトラーと手を握ることを「国家の恥辱」なんて思ってもいませんでした。

十月十四日、折から上京中であった連合艦隊司令長官山本五十六大将は、知友の原田熊雄に三国同盟締結にたいする憂慮と怒りをぶちまけています。

「実に言語道断だ。自分の考えでは、この結果としてアメリカと戦争するということは、ほとんど全世界を相手にするつもりにならなければ駄目だ。ソビエトなど当てになるもんじゃない。アメリカと戦争をしているうちに、条約を守ってうしろから出て来ないと誰が保証するのか。もうこうなった以上、やがて戦争となるであろうが、そうなったときは最善をつくして奮闘する。そうして戦艦長門《ながと》の艦上で討死することになろう。その間に、東京大阪あたりは三度ぐらいまる焼けにされて、非常なみじめな目にあうだろう。……実に困ったことだけれども、こうなった以上はやむを得ない」

海軍の長老岡田啓介も『日記』に「三国同盟が日本のわかれ道だった」と記しています。

くり返します。しかし、政府も軍中央部も、多くの日本人はそうは考えていませんでした。松岡の、そして同調して近衛の、対米和平のために、日中戦争解決のために、これを日独伊ソ四国協商までひろげて、という強調を信じていたのです。しかし、そうではなかったのです。じつは、日本はこの軍事同盟によって、アングロサクソン陣営にたいする一大闘争の渦中にあえて身を投じることになったのです。間違いなく、いまや世界史の主役の一つに躍りでたのです。もう引き返せない一線を越えてしまったのでした。

そして、政府はそれゆえに日本精神運動に血道をあげて民草、いやもう日本国民を煽ります。英米というより米英というようになって、つまりアメリカを主敵とみる輿論は、日本国民の間に燃え盛るようになっていきます。たとえばアメリカの国技であるということで、十月十七日に日本野球連盟は選手、監督、マネージャーの名称を、戦士、教師、秘書などに変えさせられます。また十月三十一日から、煙草の名称「ゴールデンバット」は「金鵄《きんし》」、「チェリー」が「桜」に不意打ち的に変えられました。敵性国家の言葉を使うな、という無茶苦茶な政策にもとづくものでした。

こうした事実を外電で知らされたアメリカ国民も、「何だと、ジャップの野郎め」という思いで、いっそう日本にたいする敵国視を強めていったのです。

＊1——フランス侵攻のドイツ軍の作戦構想は、完全にフランス軍の意表をつくものであったという。攻撃軍主力のA軍集団参謀長マンシュタイン大将の着想にもとづく作戦で、ルクセンブルクからベルギーと東南部に広がっているアルデンヌ高地の深い森林地帯を突破し、北フランスから攻めこむというもの。陸軍総司令官も参謀総長も、兵学の常識に反すると強く反対していた案であったが、ヒトラーが面白いといってこれを採用した。結果、マジノ線突破の大勝

利はマンシュタインの功績とはならず、ヒトラーの軍事的天才によるものとされてしまった。そしてこのことがのちのちまで尾を引いた。

＊2——事件は、昭和八年七月の神兵隊事件に関係した前田虎雄、影山正治が「大東塾」の塾生三十人ほどを率いて起こしたもの。七月五日朝に首相官邸を襲撃して米内首相を暗殺するとともに、岡田啓介、牧野伸顕、池田成彬ら自由主義の巨頭らも殺害しようというものである。事前に警視庁が探知し、彼らが出発しようとするところを全員逮捕、ことなきを得た。

＊3——史書のいくつかは、もしゲーリングが戦術を変更せず、九月七日以降もレーダー・システム破壊をつづけていたら、イギリス空軍は応戦不能となり、ドーバー海峡の制空権はドイツ空軍が完全に握ったであろう、としている。まさにヒトラーは長蛇を逸したということになるのであるが。

＊4——軍事同盟というものの恐ろしさがここにある。そもそもが軍事同盟とは仮想敵国を想定しないことには成立しないものである。その「仮想」であるはずの敵国が、情勢の展開のなかで、いつ「真性」に転化するかわからない、というリスクを軍事同盟はいつも背負っている。日独伊三国同盟からわれわれが学ばなければならない教訓はそこにあると考えている。

第七話

「ニイタカヤマノボレ」への道

昭和十六年

もっとも輝ける祭典

昭和十五年（一九四〇）十一月は、大日本帝国の〝もっとも輝けるとき〟でした。十日、十一日と二日間にわたって「紀元二千六百年」の慶祝式典が宮城前広場で挙行されたのです。

一日目の十日には、文武高官、外国使節、地方代表など五万五千人が参列し、君が代合唱のあと、近衛首相が帝国臣民を代表して寿詞《よごと》をのべ、天皇の勅語朗読、陸海軍軍楽隊による紀元二千六百年頌歌斉唱とつづき、最後に近衛の音頭で「天皇陛下万歳」が三唱されて式が終ります。首相の万歳はラジオで中継放送されて、全国の国民もそれに合わせて万歳三唱。おそらく日本全土に「大日本帝国バンザーィ」の声が響き渡ったことと思われます。まさしく国を挙げてのお祭り騒ぎの日でありました。

二日目の十一日、奉祝会総裁秩父宮の代理として高松宮宣仁《のぶひと》が、奉祝の詞を天皇に奏上しました。ラジオに明晰な澄んだ祝辞が流れ、多くの国民は直宮《じきみや》の声をはじめて耳にすることになり、さらに国民を感銘させたことは、宮がそのはじめに、

「臣、宣仁」

と読んだことでした。国民は皇族は、とくに直宮は、臣下にあらずと思っている、そのとき

に高松宮が率先して「臣」と自称したことに、驚き以上のものを感じたのです。元老西園寺公望のように「情においては兄弟でも、あるいは母子でも、天皇にたいしては義において君臣の間柄である……。ことにお直宮あたりは、いかにして陛下に忠節を尽くすか、ということについて、国民にたいしてはっきり範を示すだけの覚悟がなければならない」と明言する人がいたとしても、そのことを知らない国民に、直宮もまた「臣」つまり〝国民〟のひとりと思うものはほとんどいなかった。それだけにその発言に思わず耳を疑うものがあったとしても不思議ではなかったのです。

わたくしのおやじもそのびっくりしたものの端くれであったことを、妙に記憶しています。「なに、たしかに高松宮さまは〝臣〟といったよな。俺の聞き間違いじゃねえよな」と、おふくろに何度も確かめていた。そして、軍国おじさんたちがよくいっているように天皇陛下だけが神様（現人神《あらひとがみ》）なんだなと、あらためてわたくしが思ったのもあるいはこのときではないかと、うっすらと覚えています。当時、十歳のわたくしはこの二日間の祭典のことはほとんど記憶に残ってはいないのですが、いま調べれば、祭典は日本全国にわたって大々的に催され、五日間にかぎって許可されたお御輿《みこし》、山車《だし》、提灯《ちょうちん》行列、旗行列などがほうぼうの街をねり歩いたということです。昼酒の販売も特別に認められたらしい。それに酔っぱらっておやじがおふくろに何度も念を押したのかもしれません。

わたくしがたしかに覚えていることといえば、奉祝の花電車を浅草まで見にいったことと、

「金鵄《きんし》かがやく日本の、栄えある光身に受けて、今こそ祝えこの朝《あした》、紀元は二千六百年」の奉祝歌ぐらいのものです。しかし、いま思えば、その数日間は、まさしく日本精神昂揚の熱が最高に盛り上がったとき、そしてもろもろの国家の政策の実現を、国民がひとしく夢みた日々といえるのかもしれません。

モロトフ、ベルリンに行く

そしてそれと時を同じくしてベルリンでは、お祭りで浮かれている東京のことなどそっちのけで、歴史的にみて重大なことが独ソ間で話し合われていました。ソ連の外相モロトフが、十一月十二日の朝（ドイツ時間）ベルリンに到着、朝食もとらずにリッベントロップ外相との第一回目の会談をはじめていたのです。

ことのはじまりは十月十三日付で、ドイツ外相がスターリンにあてて「当面の政治問題を討議するため」にという目的で、長文の書簡を送り、スターリンをベルリンに招待したのです。こんど結んだ日独伊三国同盟条約はソ連に対抗するものではなく、ソ連との友好関係はこの条約によって影響をうけるようなことはないことを前提として、リッベントロップはこうかいています。

「独ソの善隣友好関係ならびにソ日の善隣友好関係は、賢明に指導されるならば、すべての当事国にもっとも有利に作用し得る自然な政治的状況の所与の要素なのであります」

そしていろいろと甘い言葉でスターリンを誘ったあとで、こう結論づけます。

「要約しますれば、総統の見解によってもまた、四国の政策をもっとも長期的な視野で調整し、四国の利益を時間を超越した規準によって確定することによって、四国の発展を正しい道に指向せしめることが、ソ連、イタリア、日本ならびにドイツの歴史的課題であるということを、私は申しあげたいのであります」

スターリンがこの手紙を読んでどんな思いをいだいたか、はっきりしません。が、駐ソ独大使が十月二十二日に、リッベントロップあてに、自分のかわりにモロトフ外相を訪問させる、そのもっとも望ましい日として十一月十日から十二日の間を希望する旨の書簡を、スターリンが至急電報で発したことは明らかになっています。

こういう通信の往復があってモロトフ訪独の日が来たわけです。出発前にスターリンはモロトフに、フィンランド問題をはじめ最大限の要求をヒトラーに突きつけよと、きつく命じました。スターリンは明らかにヒトラーはいまイギリスとの戦争が思うようにいかず、立場上自分のほうが優位にある、自国との戦争に追いこむことなくヒトラーをして根本的なところで譲歩させることができると、かなり強気の判断をしていたようなのです。ならば、招待に応じることにしよう。そう自分にいいきかせて、外相に「突っぱねるべきときは十分に突っぱねろ」と命じたものと思われます。

独ソの政治討議は、首相の厳命どおりに、モロトフの強気で冷やかな発言ではじまります。さりとて、リッベントロップも決して負けてはいませんでした。なぜなら、モロトフがベルリンに着いたその日、陸海空三軍にヒトラーがスペインのジブラルタル占領を目標の「戦争指令第18号」を発令していたのを、独外相も心得ていました。そのなかにこんな文句も加えられていたからです。

「ソ連との政治的討議は、当面のソ連側の意図を探りだす狙いをもって開始される。だが、その結果いかんにかかわらず、すでに口頭で指令された東部戦線に関するいっさいの準備を継続すべし」

これでは外相同士の討議がスムースにいくはずはありません。とくにドイツ側にカチンときたのは、ノルウェー領のキルケネス港を目前に、フィンランドに駐屯するドイツ軍の引き揚げ、ソ連の利益を損ねるあらゆるドイツとフィンランド間の協定の破棄、の要求でした。そのほかモロトフが列挙する要求に、リッベントロップは眉をひそめ口を尖《と》んがらかして反撥します。

この日の午後三時から、外相からの報告をとっくり聞いたあとで、ヒトラーはモロトフを総統官邸に迎えて、会談をひらきました。ヒトラーはイギリスの敗北は決定的であり、イギリスの遺産分配をソ連と相談することを第一の主題としたい、といい、

「独ソの二大国民が協力すれば、対立する場合よりも、より多くのものを獲得できる。両国民が対立すれば、それ以外の諸国が漁夫の利を得ることになる」

というと、モロトフは、

「総統のお考えは完全に正しく、とりわけ現在の情勢に妥当性をもっております」

と調子よく答えます。何となく会談はうまくいきそうな雰囲気でした。

が、話し合いが進むにつれて、ソ連外相はスターリンの名をもちだして、フィンランド問題を提起します。「スターリンは自分に厳密な指示を与えました」と、ヒトラーの想像以上に言葉を強めて、なぜフィンランドにドイツ軍が駐留するのか、独ソ協定はフィンランドに関してまだ有効であるかどうか。ルーマニアでドイツの軍事使節団は何をしているのか。さらに、「こんどの日独伊三国同盟にみられるヨーロッパとアジアの新秩序の定義を明確に示してほしい」と要求したのです。

ヒトラーは不愉快きわまりないといった声調で答えます。

「日独伊三国同盟はヨーロッパ情勢に秩序をもたらすものである。その際、ソ連をわれわれは排除してはいない。アジアでは、ソ連は大東亜圏の明確化に協力し、みずからその範囲についての要求を明らかにすべきであると思う」

その日は、そのへんまで討議したときに、イギリス空軍のベルリン空襲の情報が入り、急遽中止となり、これ以上は翌日に延期されることとなりました。その夜、ソ連大使館別館で訪独記念のパーティがひらかれましたが、ゲーリングが出席したものの、ヒトラーの姿はついにならなかったといいます。

✺バルバロッサ作戦の発動

翌十三日の会談は、ヒトラーの発言からはじまりました。例によっての雄弁さで、前日のモロトフの詰問やら疑問やら説明要求につぎつぎにふれていきます。ほとんどモロトフに言葉をはさませないいくらい滔々《とうとう》と弁じていきます。そしていちばんの懸案のフィンランド問題をとりあげ、こう弁じました。

「ドイツはフィンランドにいっさいの政治的関心をもっていない。このことは貴国政府もご承知のとおりである。げんにロシア・フィンランド戦争の間、ドイツは絶対的な好意的中立に関するあらゆる義務を、細心の注意を払って履行してきたではないか」

モロトフはやっと口をだした。

「そのことに関しては、ソ連は何らの非難する理由を見出さなかったのであります」

ヒトラーがさらにつづけます。

「ドイツは戦争継続のために、フィンランドから産出されるニッケルと木材の供給にきわめて強い関心をもっている。しかし、ドイツはバルト海で新しい紛争が起こるのをまったく望んではおらぬ。ドイツ軍はフィンランドを通って、ノルウェー領キルケネスに向かって輸送されているのであり、このことはドイツから公式にソ連に通告してある。旅程が長いので列車は途中で二度か三度、フィンランド領内で停車しなければならない。駐留ではない。ただそれだけのことで、部隊の通過が終了すれば、それ以上ドイツ軍がフィンランドに留まることはない」

しかし、モロトフはヒトラーのこの弁解に近い饒舌に耳を傾けようとはせずに、これはスターリンの強い指示だとくり返し、ドイツ軍のフィンランドからの撤兵要求をいいつづけ、ついにヒトラーをカンカンに怒らせてしまう。さらには、いまフィンランドでしきりに起こっている反ソ示威行為も、ドイツがやらせているに違いないとまで、モロトフはヒトラーの睨みつけもものともせず、外交官らしい冷静さをもっていいのけたのです。

そして、モロトフとリッベントロップの最後の会談は、十三日午後九時四十五分から、リッベントロップ専用の防空壕の中で行われました。空襲警報が発令されたためで、もちろん、ヒトラーが出席するはずはありません。

このとき、独外相は日独伊三国同盟がソ連には何ら影響を及ぼすものではないと、さかんに力説したようです。日本が唱える「大東亜圏」という概念は、ソ連の死活にかかわる勢力範囲とはまったく関係がない、それはハッキリといえると。そして三宅正樹氏の著書から長く引用すれば、こうもいったというのです。

「ヒトラーは、ソ独伊日の四国間に、勢力範囲を画定する試みがなされるならば有益であろうという見解を持っている。熟慮の結果、総統は、四国が世界の中で占める位置から考えて、四国の進出の方向はいずれも南に向かうのが賢明であるとの確信に到達した。日本は南進の進路をすでにとっており、南方で獲得した領土を固めるのに数十年を必要とするであろう。ドイッは西欧での新秩序確立を達成した後、南へ、すなわち中央アフリカのかつてのドイツ植民地に領土を拡大するであろう」

まことに外交官らしいリッベントロップの甘言と思うほかはない。ヒトラーがこのとき、南へと視線を向けているはずはないからです。諸史料をみると、ほぼ一致して、ヒトラーが対ソ戦を最終的に決断したのは、この十二、十三両日のモロトフとの会談の直後と結論されています。わたくしもまたそれに同感します。

余談ですが、この夜の独ソ両外相の会談のとき、こんな会話のかわされたこともいろいろな史料に残されています。これがまことにおかしい。外交というもののむずかしさが自然にわかってきます。警報どおりにイギリス空軍のベルリン空襲がはじまりました。リッベントロップは平気の平左を装ってか、モロトフに話しかけました。

「イギリスはもう滅びたも同然です。さあ、われわれ両人で遺産分割の話をしましょう」

するとモロトフが冷然といってのけました。

「もしイギリスが滅びたも同然ならば、なぜわれわれはいま防空壕に入っているのですか。落ちてくる爆弾はどの国のものなのですか」

このやり返しにも、リッベントロップは顔色一つ変えずに平然と、「さあ、どこの国のものかな」といったというのです。

いまになると、このモロトフとの会談前にあっては、リッベントロップがしきりに主張するように日独伊三国同盟にソ連も加えての四つの世界新秩序構想をえらぶべきか、それとも電撃戦でソ連軍を撃破してしまい敗者としてのソ連を加えてやっての新構想とすべきかの、二つの可能性を考えて、ヒトラーは迷っていたと考えられます。しかし、リッベントロップだけの見送りをうけて、モロトフが十一月十四日にベルリンを去ったのち、彼の決心はきちんと定まったといっていいようです。ゲーリングや海軍総司令官レーダーが対ソ戦反対の意見具申をしてももはや動じませんでした。ブラウヒッチュ陸軍総司令官は黙認、ハルダー陸軍参謀総長とカイテル国防軍最高司令部長官はやや消極的な反対意見をのべましたが、結局は彼らも反対することをやめました。

こうして、ヒトラーが対ソ戦争にたいして具体的な命令を発することになります。十二月十八日、「戦争指令第21号」がそれで、作戦名は〝バルバロッサ〟。神聖ローマ帝国皇帝フリードリヒ一世の別称で、「赤ひげ」とよばれた名君を意味します。

つまりはこの日、日本の指導層が〝もっとも輝けるとき〟の祭典で描いた大いなる夢想〔四国協商の威圧をバックとする対米交渉、そして東亜新秩序〕が、空に帰したときなのです。その十三日前の十二月五日は、日比谷公園で元老西園寺公望の国葬が行われた日でした。その日は冷たい木枯しが吹きすさび、樹々の荒々しい葉ずれの音がいっそうの悲しみを誘っていたともいわれています。

昭和十五年は暮れていきます。

十二月一日　大政翼賛会の本部が東京・丸の内の東京會舘に設置される。
十二月十二日　日本海軍は海相の認可を得て海軍国防政策委員会を設置する。第一委員会（国防政策・戦争指導）、第二委員会（軍備）、第三委員会（国民指導）、第四委員会（情報）の四委員会構成によって、いざというとき（南進の結果としての対米戦争）に備える。
十二月二十七日　横須賀海軍工廠で航空母艦〈瑞鳳《ずいほう》〉の改装・竣工が終る。
十二月二十八日　商工省が洋紙配給統制規則を公布する。
そして作家永井荷風は大晦日《おおみそか》の日記にこんな皮肉な文字をかきつらねました。
「〔いまの日本は〕石が浮んで木の葉の沈むが如し。世態人情のすさみ行くに従い人の心の奥底、別に見届けむともせざるにおのづから鏡に照して見るが如き思をなせしこと幾度なるを知らず。此の度の変乱にて戊辰の革命の真相も始めて洞察し得たるが如き心地せり。之《これ》を要するに世の中はつまらなきものなり。名声富貴は浮雲よりもはかなきものなる事を身にしみじみと思い知りたるに過ぎず」
荷風のこの国の傲岸そして無謀ともいえる軍事行動への慨嘆、いまになるとムべなりと思われるのみです。たしかに世情は荒々しくなっていくばかりなのです。

野村を駐米大使に任命

昭和十六年（一九四一）も明けていわばすぐの一月九日、ヒトラーは政治・軍事の幹部を集めて長い訓示を与え、ソ連攻撃計画を明らかにしました。要点を引用します。

「ロシアの支配者スターリンは利口な男のようだ。彼は公然とドイツに反対するようなことはしないだろうが、しかし、情勢がドイツに不利になると、やはり彼はドイツにとって厄介者と化すものと予想しておかねばならない。スターリンは、窮乏状態におちいったヨーロッパの相続人になろうと欲しており、しかも成果をあげる必要があり、西方進撃を志しているのだ」

「われわれは一歩前進するためには、敵のもっとも重要な陣地を粉砕するという原則によって、行動してきた。それゆえ、いまやロシアを粉砕せねばならないのである」（ホーファー『ナチス・ドキュメント』）

開戦を避けるべく駐米大使に就任した野村吉三郎（1877-1964）だが……

かくまでもないことですが、ヒトラーのこのバルバロッサ作戦計画は極秘とされていました。が、すでにちょっとふれたように、アメリカの外交官たちはもうこのころにはドイツの対ソ攻撃戦略の情報を十分に承知していたようなのです。ハル国務長官の『回想録』には、実際の日米交渉は少しのちのことになりますが、そのことが明確に記されています。

「われわれがドイツのロシア侵攻準備の情報をも

っていたことは、私には日本と交渉する上でとくに有益だった。この情報はロシアと日本が合意する可能性〔つまり四国協商〕を完全に排除したのである」

じつはここが歴史的事実の不思議としかいえないところなのですが、一月のころには、日本はドイツのソ連侵攻の計画についてはまったく感知していなかった、というのがこの国の常識になっているのです。もちろんドイツがその最高の軍事機密を、いくら軍事同盟を結んだからといって伝えてくるはずはないでしょう。日本ほど各国の秘密情報戦でゆるゆるの、いわゆるいい鴨《カモ》の国はないというのが当時の定評であるし、第一にヒトラーはもともと日本および日本人を軽蔑しきっていて信頼していないことはすでに何度もかいています。したがってまったく知らされていなかったといい切ってもいいと思うのです。

ところが妙な史料にこんどぶち当たりました。現在のロシアの歴史学者でアジア問題の第一人者と目されているスラヴィンスキーの『考証 日ソ中立条約』にこんなびっくりする記述があったのです。長い引用となりますが、これはどうしてもかいておきたくなるのです。

「ドイツが対ソビエト戦争の準備をしているという情報はすぐ、さまざまなルートを通じて東京に伝えられ始めた。その一つは一九四〇年秋から日本とアメリカが両国の相互関係の緊張緩和に関して始めた交渉の場であった。アメリカの外交官たちは、自分たちの諜報機関が入手したドイツのソビエト連邦に対する攻撃が差し迫っているとの情報を日本外交官たちにも与えた」

いったいこれはどういうことなのか。首をかしげざるを得ません。なるほど、ここではくわしくかきませんが、アメリカの司教ウォルシュ、神父ドラウトの二人が来日、積極的に動き回って、外相松岡洋右、アメリカ局長寺崎太郎、陸軍省軍務局長武藤章少将ら要人とつぎつぎに会談、日米和平についての交渉をはじめたのは昭和十五年（一九四〇）十一月二十五日から二十八日まで。退役海軍大将野村吉三郎が駐米大使に任命されたのが、その間の二十七日。と、

炉辺談話にさいしてマイクの前に坐るルーズベルト（1882-1945）

日本政府もその気になって、日米交渉がはじまろうとしていることはたしかなのです。そのときに、すでに独ソ戦争にかんする情報が、アメリカの外交官の口をとおして日本側に伝えられていた!?　これはほんとうなのでしょうか。

それを探る前に、そのころのアメリカ情勢についてふれておきます。日独伊三国同盟がアメリカを牽制するどころか、唯一の〝敵視〟すべき大国としてかえって怒らせ、屑鉄の対日輸出全面禁止という敵対行動にださせたことは、すでにかいたとおりです。そして十一月五日に大統領に三選されると、ルーズベルトは十一月三十日には中国に五千万ドルの追加

借款供与をする。さらに十二月二十九日には、国民に語りかけるため好んで行っていたラジオの炉辺談話で、アメリカが民主主義諸国の兵器廠となる、との決意を明らかにしました。

「今日、アメリカ文明は最大の危機にさらされている。われわれはデモクラシー諸国の偉大な兵器廠たらねばならない」

そしてナチス・ドイツにたいして初めてきびしい批判を加えます。

「虎は背を撫でてやったところで仔猫にはならぬ。ナチスと平和を保つには完全な降伏をその代償に提供する外に方法はない」

さらに、わが日本にちょっとだけ言及する。ただし、日本と名指すかわりに「アジアにおける枢軸国」とよんで、若干の目くらましをしていましたが、いずれにしても日本が独伊枢軸の仲間に入ったことを指摘し、それは日米関係のさらなる悪化をもたらすゆえに、日本が一日も早くその同盟の外へでることをそれとなく要求したのです。

そうはいいながらもルーズベルトは、なお足から中立法の鎖をはずせないようでした。

「お父さん方《がた》、お母さん方、私はここでもう一度くり返しいっておきたいし、今後もくり返しいうだろう。あなた方たちのお子さんは、外国の戦争に送りだされたりはしないのである」

この放送は日本でも聞くことができました。三国同盟から脱退せよと、アメリカの対日態度が硬化していることはあまりにも明瞭です。そんなアメリカの外交官たちからそっと極秘情報を耳打ちされても、日本の外交官さらには政府や軍部が信じないのは、あるいは無理からぬことだったのかもしれません。首をかしげるほうがおかしいのか、とは思いつつも、それにしても日本の情報筋はお粗末すぎる、という溜め息はやっぱりつかないわけにはいきません。

✺アメリカ大統領の年頭教書

話があちこち飛びますが、また昭和十六年の初頭に戻ります。

・狂ひ咲く躑躅《つつじ》の小庭初日さす
・からすみを別送すとや初便り

随筆家で芸能家でもあった徳川夢聲の初春の句です。そして夢聲は自解を加えています。「この正月は、珍しく庭のツツジの花が狂い咲いた。まさか、太平洋戦争の前兆という訳でもあるまいが、年賀状というものがほとんど来なかった」と。

ついでに例によって永井荷風の『断腸亭日乗』の一月二日の記をごく短めに。

「午後銀座より浅草に行く。家に在る時は炭の入用多くなればなり。浅草公園の人出物すごきばかりなり。駒形辺また田原町辺より人波を打ちたり。赤十字の白き自働車二三台警笛を鳴して飛び行くを見る。浅草にかぎらず今年市中の人出去年よりも甚《はなは》しきがごとし」

と、なべてこの世はこともなしであったとかきたいのですが、そうもいきません。一月七日の国民新聞は「日米戦争は必然的だ」と長文の社説をかかげて論じているのです。そして、近衛内閣は年明け早々からいっそう日本精神強調による戦時体制確立への動きを増強していました。大袈裟にいえば、やがて戦うことになるかもしれない対米英戦争のための準備は着々と、といってもいい。

一月六日、そのアメリカでは、ルーズベルト大統領は議会への年頭教書として、また談話を発表しました。これは炉辺談話とは異なり堂々として、なかなか立派なものでありました。

「人はパンのみにて生きるのではないと同様に、武器のみにて戦うものでない。みずからの生活様式にたいする信念にもとづく活力と勇気とをもつことが大事なのである」

といい、「四つの自由」の実現をアメリカ国民に訴えたのです。

①言論と表現の自由
②信教の自由
③欠乏からの自由（健康と平和的な生活の保障）
④恐怖からの自由

かくまでもないことでしょうが、大統領がとくに強調したかったのは④の自由であったと考えられます。つまりヒトラー・ドイツの世界制覇の恐怖と断乎として戦おう、というアメリカ第一主義にたいする批判に重点があったのではないか。基本的な人間の自由の上に立って恐怖を排除し平和な世界の実現をめざそうと、ルーズベルトは国民に訴えたのであると思われます。この④の恐怖のなかに〝枢軸国〟日本も含まれていたかどうか、ハッキリしませんが。

この年頭教書を太平洋を隔てて遠くに聞いていた日本では、その翌々日の八日に、陸軍は陸相東条英機大将の名で「戦陣訓」を全軍に発令していました。あるいは「世界史のなかの昭和史」とは関係のない話かもしれませんが、大統領談話に対比して、何か妙に気持ちにひっかかるものがあるので一筆しておきます。

「生きて虜囚《りよしゆう》の辱《はずかしめ》を受けず、死して罪禍《ざいか》の汚名を残すこと勿《なか》れ」

の一行に代表されるように、わずか三千文字あまりのこの訓令が、「四つの自由」がアメリカ国民に与えた影響以上に、これからの日本人の精神にたいして、あまりにも深刻な打撃を与えたことはたしかであったからです。

そしてまたその陸軍の中央部では、ルーズベルトのいう〝恐怖〟の一端を荷《にな》うかのように、一月十六日「大本営陸軍部会議」がひらかれ、大東亜長期戦争指導要綱というはなはだ剣呑な計画を採択していました。このときの作戦部長田中新一大佐の説明は意気軒昂、すこぶる楽観に満ちたものでありました。曰く、日米戦争の危険は相当大なるものがあるが、昭和十六年内に本格的戦争に入るものとは想定していない。ただし、いつ戦争となっても差し支えない作戦準備は一日も早く完成しておく。曰く、ソ連の対ドイツ、対日本の二正面作戦の準備はできていない。曰く、南方の要地攻略作戦はおおむね五カ月ですむであろう。曰く、大東亜共栄圏建設の第一段階として仏印とタイを共栄圏内に編入することになる、などなど。

そしてそのあとで、質疑応答が行われている。そのなかで興味深いのは、陸軍の指導層を悩ませている重大問題はやはりソ連で、いよいよ南進を進めていくとき、はたしてソ連軍が満洲に出撃してくるようなことはほんとうにないか。それともう一つ、ドイツがソ連と戦端をひらく危険はないか、また、そうなったら三国同盟の加盟国としてこれに巻き込まれないではたしてすむか、という点であったようなのです。

「東条陸相　ソ連の対日戦争準備の程度はどうか。

田中部長　決意後三、四カ月を要する。しかし、ドイツがソ連に進攻し、東西両正面同時戦争の場合には、いまのソ連では準備には数年を要する。

東条　ソ連に対する開戦準備すなわちわが兵力の北方転用にどのくらいの期間が必要か。

田中　おおむね四カ月で十分」

と、そんな一問一答が戦史叢書『大本営陸軍部』に残されています。

しかし、はっきりいって、世界情勢はまことに不透明であり混沌としているように思われ、日本の政府も軍部も採るべき明確な戦略政略もなくいわば立往生していたというのが、いちばん正しいいい方なのかもしれません。事実、せっかく策定した陸軍の長期戦争指導要綱でさえ、陸軍だけがいわば勝手につくってみた計画にすぎず、大本営政府連絡会議はおろか海軍中央にみせる気さえさらさらなかったのです。その時点で、上層部が考えていたのは野村新駐米大使をアメリカに送りだして、日米交渉の端緒を早くひらきたいということであったといえます。大統領とは知己の関係にある野村ならうまく話をつけるであろうという楽観であったのです。

松岡外相の訪欧の旅

「自分はこれからアメリカへ行き、日米戦争が起こらないように、懸命な努力をする決心であるが、今後、日米の外交関係が緊迫するにつれ、日本人が熱して、日本から戦争を仕掛けないよう注意してもらいたい」

何度となくひらかれた送別会の席上でそう挨拶した野村を乗せた商船が、横浜港を出帆したのは一月二十三日でした。ところが、桟橋に集まった外務省の幹部たちは、少数の人をのぞいて、ほとんどがこのシロウトの新大使の船出を冷やかな眼で見送りました。[*1] まったく他人事の如くでした。駐日大使グルーもひそかに危惧していることを日記にかいています。

「彼は英語を話すことが、明らかに得手ではないのである。私には彼ががっちりした米国の上院議員や下院議員、さては新聞記者や官吏に取りまかれて、自分の議論を押し進めるところを、想像することもできかねる。（中略）野村提督の任命に私が見出す唯一の潜在的有用さは、彼が日本の政府に、米国政府と国民が何を考え、書き、話しているかを忠実に報告するだろうとの希望である」

しかし、新大使を送りだしたあとの外務省では、親独派の局部長の面々が、日米交渉とは異なった方向に日本外交の新しい展望を見出そうとしていました。それはこの不透明の世界情勢下にあっては、日本の進むべき道を見出すために必要な情報を、ベルリン、ローマそしてモス

ベルリンの総統官邸を訪れた松岡外相（左から２人目）と握手するヒトラー

クワで直接入手する必要があるということ、そのためにも外相みずからのヨーロッパ旅行がいまやいちばんの検討課題となっていたのです。

折も折から、ヒトラーから松岡外相をベルリンに招待する誘いがきていました。リッベントロップが直接にそのことを無線電話で伝えてきました。三国同盟調印のとき、電話で挨拶を交わしただけでしたから、是非にも総統がお目にかかりたいといっている、とドイツ外相は松岡を喜ばせる一言をつけ加えて。じつは、いまになるとこのときのドイツの魂胆には、イギリスをなんとか降参させるために日本に東洋の牙城たるシンガポールを攻略させるという戦略的思惑のあったことが明瞭になっています。シンガポール攻略は日本にも大きな利得のあることを納得させるために、松岡に招請状をだしたというわけなのです。

松岡はがぜん張り切りました。「松岡は思いつきのいいところもあるが、間違った方向をしゃにむに突進する。日独同盟問題のときでも、ドイツと手を握ればアメリカは引っ込むというのが、松岡のかたい信念であった。物事を客観的に判断しないで、自分の主観を絶対に正しいと妄信するから危険である」（『海軍大将米内光政覚書』）との米内の評どおりに松岡の主観妄信の突進がはじまります。さっそく二月三日の大本営政府連絡会議で松岡は提出した「対独伊ソ交渉案要綱」をめぐって熱弁をふるいます。そして強引に全員の承諾を得ます。

訪欧の主目的は、日独伊の三国が協力してソ連を三国同盟の趣旨に同調させ、仲間に引きこみ、領土尊重を互いに約すとともに、日ソ国交調整（北樺太の買収、ソ満国境紛争処理など）を期す、というものでした。

こうなるとその焦りはもう止まりません。二月十日の『昭和天皇実録』にあります。

「病気の首相に代わって参内の外務大臣松岡洋右に一時間四十分にわたり謁を賜う。その際、外相より自身の欧州訪問、及び対独伊ソ交渉案要綱につき奏上を受けられ、外相の訪欧を御聴許になる（以下、くわしく要綱の内容が記されているが長すぎるので略）」

そして外務省に戻るとさっそくオットー大使を招いて、リッベントロップの招待に応じて訪独すると、ニコニコ顔で告げると、そっと耳もとにささやくのです。

「日本政府はシンガポールに予防的攻撃を考慮している」

連絡会議の席上で、軍部から「訪欧には賛成するが、くれぐれも軽々しく妙な言質や約束をしてくれるな」と念を押されていたにもかかわらず、まったくどこ吹く風の調子のよさでありました。

こうして三月十二日、松岡外相は訪欧の途につきました。東京駅頭は見送りの人の波であったといいます。じつはその前日の十一日に、アメリカ議会は武器貸与法を制定しました。これはある国の防衛がアメリカ防衛に不可欠であると大統領が認めた場合、その国にたいして物資を「販売、権利移転、交換、賃貸、無償貸与、ないし処分」する権限を大統領に無条件で与える、というものでした。すなわち、ルーズベルトは中国やイギリスにタダで無限の軍需品を送ることが可能になった、というわけです。

そんな大きな決定がアメリカにおいてなされているのも知らず、松岡外相は頭のてっぺんから足の先までご機嫌で、日本を離れていきます。『B面昭和史』で、このときの外遊の往復に詠んだ松岡の俳句をめぐって、わたくしは文人俳句の第一人者の作家嵐山光三郎氏との対談をすでに引用しています。どうも余談もここに極まれりの感がありますが、ここでもういっぺんそれを引きたくなりました。確たる腹案もさしたる自信もなくしての渡欧なのに、松岡がいかにいい気になっていたかが、よく察せられるからです。なにとぞご容赦を。

嵐山：「ウラル山何時越えけるか雪つづき」。なるほど、得意絶頂の頃で、自慢してる。

半藤：つまらない句だねえ（笑）。

嵐山：若山牧水みたいで（笑）。「花の園花の顔《かんばせ》花曇」も、気取って鼻にかけてるし。

半藤：「松岡座稼ぐ旅路や十万里」。ヨーロッパへ行った連中を全部集めて「松岡座」と称している。旅芸人じゃあるまいし、松岡座と得意になっている。

嵐山：いい気なもんです。自分で「松岡座」と言っているのが高慢ちき。

半藤：人間、有頂天のときはそういう気持になるのでしょう。

嵐山：「万歳の唇紅し花の人」は、ファシスト松岡洋右の本性が出ていますよ。ヒトラーの人民の煽り方と似てますね。美しく着飾らせたヒトラー・ユーゲントの少女隊が目に浮かびます。（以下略）

✹ヒトラーの悪魔のささやき

松岡外相らの御一行は賑々《にぎにぎ》しく、いや騒々しくか、シベリア鉄道を西進し、いっぺんモスクワに立ち寄ったのちにドイツに入り、三月二十八日にベルリンに到着します。その夜には、ヒトラー主催の晩餐会がひらかれるという大歓待で迎えられました。松岡の句ではないですが「花の園花の顔」に囲まれて、松岡はさぞ有頂天になったことでしょう。

と、この晩餐会の席上で、新任の駐ドイツ日本大使大島浩が松岡に、独外相から知らされた話として、新情報をそっと伝えたというのです。

「ドイツは現在百五十個師団もの大兵力をソ連にたいし配置しているということです。もしソ連が日本を攻撃することがあれば、ドイツは武力をもってソ連を攻撃することを辞せず、といっております」

この秘密情報の意味することはまことにむずかしいのです。イギリスの外交官ニコルソンの名著『外交』をその昔読んで思わず唸ったことを思いだします。こと外交においてはきびしい通告も婉曲な言い回しがなされる、とニコルソンはかいています。「自らの利益を考慮せざるを得ない」とは関係断絶の示唆であり、「明確な留保を表明する」といえば「許せない」ということを意味する。となると、このリッベントロップの大島へのささやきは、言っていることの正反対のことで、そこから〝ドイツはいまやソ連に矛《ほこ》さきを転じようとしている。そのときには日本も即応してソ連に進攻してほしい〟という意味を読みとるべきなのかもしれません。いまや得意満面になっている松岡にはそれだけの判断がはたして可能であったでしょうか。

こんな風にドイツでの松岡を細かくかいていてはキリがありません。それに『昭和史』ですでにいっぺんかいておりますし、それと重なるのを承知で、以下はできるかぎりわかりやすく簡略にかくことにします。

松岡はヒトラーと三月二十七日と四月四日の二回、膝をつき合わせて会談しました。「東京裁判」では、そのとき同席した当時の情報局長のメモが、証拠資料として提出されています。それによってかくと、三月二十七日、二人はまず日本のシンガポール攻撃とイギリスの壊滅という将来の問題について真剣に討議しました。そして一九四一年が歴史上決定的な年となるであろう、という点で大いに共鳴し合った。イギリスは間違いなく崩壊すること、アメリカは自国にこもって孤立すること、ヨーロッパとアフリカはドイツが、アジアは日本が、それぞれ盟主としてこれを統治する、という夢みたいな世界観をたがいに披露します。

そしてヒトラーはいいました。

「いまほど日本にとって歴史的未曾有の絶好の機会はない。若干の危険は必然的にともなうが、ロシアと英国がとりのぞかれ、米国の戦備がまだ整っていないときにおいては、その危険は非常に小さいものである。それゆえに、シンガポールを一日も早く日本は攻撃すべきなのである」

「日本とドイツの間になんの利害の衝突が存在しないという事実は、とくに好都合である。日本がヨーロッパにほとんど利害関係をもたないのとまったく同様に、ドイツもアジアにたいしてはほとんど利害関係をもたない。このことは、日本のアジアと、ドイツのヨーロッパとの間の協力に、最善の基礎をなすものである」

おそらくこのときヒトラーは、よく記録映画などでみるように、大きなジェスチャーをまじえて滔々とやったものでしょう。松岡はじっと耳をすませて聴きいっていたにちがいないのです。が、大言壮語の好きな松岡としては「わかりました。よろしい、仰せのとおりシンガポールをやりましょう」とは、さすがにいわなかったらしいのです。かろうじて抑《おさ》え、約束はしなかったことをほめてやりたくなります。

越えて四月四日には「日米戦は不可避である」といいながら松岡は、だからといって、いまただちにアメリカにたいして戦端をひらくことには反対する多くの日本人がいることを訴え、こう語っています。

「米国の指導者は、南方からアメリカ向けにゴムおよび錫《すず》の輸送の自由を日本が保証するならば、中国や南方（東南アジア）植民地のためにあえて日本に戦いを挑むようなことはしないであろう。しかし、日本が大英帝国の没落のためにドイツに力を貸して対英参戦をするという印象を与えるならば、アメリカは日本にただちに開戦するであろう、ということを前々から宣言している。この宣伝はイギリス文化に育まれてきた日本人には相当な効果を発揮している」

これにたいし、ヒトラーはきびしく批評を加え、松岡を励まします。

「そのようなアメリカの態度は、イギリスが存在するかぎり、いつかイギリスと手を結んで日本へ進撃してくる、という野心を表明していることにほかならないではないか。裏を返せば、イギリスが没落してしまえば、勢いアメリカは孤立せざるを得ないことになる。その場合は日本にたいしてなんらの手段も構ずることができない、という憂慮をもっていることを証明しているではないか」

こんな風に、ヒトラーの雄弁によって尻を叩かれ鼓舞されたのでは、松岡がだんだんにその気になって、アメリカ恐るるに足らずと、シンガポール攻撃を約束してしまった、と思ったとしても、それほど不思議なことでないかもしれません。しかし、いくつかの史料をみてもその事実はなく、やっとの思いで踏みとどまったのはたしかです。『昭和史』で、その理由として、帰国してそのことを報告したときに「大義もなくドイツの手助けのためにシンガポールを叩くとは」とそれこそイギリス贔屓の天皇が激怒するのが目に見えていたから、としましたが、その思いはいまも変わりません。

モスクワ駅頭での抱擁

こうして松岡は、ヒトラーと三国同盟を祝い、今後ドイツはヨーロッパとアフリカ、日本はアジアで新秩序をつくると確認し合って鉄道に乗り、モスクワに向かいました。四月六日朝、独ソ国境の小駅マルキニアに一行が着いたとき、ラジオは勇壮なドイツ国歌につづいて、特別ニュースを報じました。早暁、ドイツ軍がユーゴスラヴィアとギリシャへの進攻を開始したのです。その前日にソ連はユーゴ反ドイツ新政権と「相互不可侵条約」を締結したばかりのときでした。作戦名が「刑罰作戦」とは、それにたいするヒトラーの怒りでもあったのでしょうか。例によって空からの連続的猛爆撃によってユーゴの首都ベオグラードは廃墟と化し、市民一万七千人が爆殺されました。何の資料であったか忘れてしまいましたが、燃えさかる首都の動物園から一頭の大熊がさまよい出て茫然自失の態で、うろうろよろよろと火の中を歩き回っていた、と妙なエピソードがかかれていたのを思いだしました。結果としてユーゴは十二日に降

モスクワ駅頭でスターリン（右）やモロトフ外相らの見送りを受ける松岡外相（左）

伏。ユーゴとほぼ同時にギリシャも降伏しました。そして翌十三日、ドイツ軍はベオグラードに入城します。

スターリンは顔色を失いました。ユーゴ新政府と条約を結んだのがまずかったか。茫然自失したのはベオグラードの大熊だけではなかったのです。

と笑ってはいられません。松岡外相の一行がモスクワに着いたのが、じつはその四月十三日。通過点のつもりであった松岡は、はじめからスターリンに会えることなどは期待していませんでした。ところが、なんと、儀礼的にモロトフ外相と話し合っている席に、滅多に交渉の席には顔をみせないスターリンが何を考えたのか忽然《こつぜん》と姿をみせたではありませんか。そして、いきなり日ソ両国は中立条約を結ぼうではないか、とソ連側から提議してきた、というのです。一説に、日独伊ソ四国協商の構想を強く画いている松岡のほうから、いい機会とばかりに、スターリンにもみ手をしつつ、二人で「電撃外交」をやって全世界をあっと驚かせようじゃないか、といいだしたという説も残っていますが。

松岡は、ソ連の提議にたいして中立条約ではなく、不可侵条約を結ぶことを希望します。これにあまり口をきかないスターリンが、モロトフの助けを借りながら松岡に、

「それなら南樺太と千島列島を、ソ連邦に返してもらいたい」

とソ連政府としての重要な条件を直接に口にしました。松岡はその要求はのめないといい、結果的には不可侵条約でなく中立条約への変更が余儀なくされたといいます。

不可侵条約とは、双方の領土はおたがいに攻撃することを禁止し、相互間に侵略は行わない、とするとりきめです。ソ連側は「わが国の輿論は、日露戦争で失った地域の返還をともなわない不可侵条約を想像することはできない」と正直にいい、日本側はその熱望をやむなくひっこめるほかはなかったわけです。それでも松岡は十分に満足しました。そしてものすごいスピードで三カ条から成る中立条約がつくりあげられ、その第一条に「両国の領土の保全および不可侵を尊重する」の条文を織りこむことができるからです。また、主文である第二条はいう、「締結国の一方が、一または二以上の第三国よりの軍事行動の対象となる場合、他方の締結国はその紛争の全期間中、中立を守る」と。意味するところは、かりに独ソ戦が起これば日本は中立を守り、いっぽう日米開戦となってもソ連は中立を守る、ということです。松岡の政略的計算は見事に達せられたのです。そして条約の有効期間は第三条で五カ年の長さときめられました。

思いもしていなかった成果に、松岡はすっかり御機嫌になります。日露戦争いらい仮想敵国

視しつづけてきたソ連と、中立条約を結ぶのです。しかもたがいに不可侵を尊重するのです。松岡は、ソ連の首脳を前に得意の八紘一宇論を展開し、スターリンが執拗に「ならば南樺太と千島を売ってはくれまいか」といいだすのにたいして、

「小さい、小さい。世界地図を見よ。ソ連はインド、アフガニスタンに出よ、日本は目をつぶっているから」

と大気焔をあげる始末でした。

こうして午後二時四十分に、日本側は松岡と駐ソ日本大使建川美次《たてかわよしつぐ》、ソ連側はスターリンとモロトフが出席して中立条約は調印されます。とにかく急げ急げで、松岡が日本へ帰るために乗り込む予定の列車を、スターリンの命令で一時間のばして調印するという、まことに芝居がかりの演出まで行われました。そして調印が終ると、ウォツカ、コニャック、シャンパンがぬかれ、乾杯また乾杯でした。

モロトフは「本日をもって、日ソ中立条約が成立をし、ここに世界平和および日ソ国交の基礎ができ上がった」と乾杯をし、スターリンは満面に微笑をうかべて、「天皇陛下および日本国民のために乾杯！」とやってのける。近衛首相や松岡のための乾杯もあいつぎました。たいして松岡は「私は約束を実行する。私がウソをついたら、日本流に腹を切って、この首を差し上げる」とスターリンに大見得をきる。スターリンが「汚い首なんかいらない」と断ると、満場は爆笑につつまれました。

また、このときスターリンは日本大使館付の海軍武官に近づくと、

「これで日本は安心して南進できますなあ」

と声をひそめていったといいます。南進したくてたまらない海軍中央の思惑をじつによく見越していたことがわかります。

お祭り騒ぎはそれだけですみません。午後五時、松岡の一行がモスクワを出発しようとしたとき、発車寸前に酔って千鳥足のスターリンが現れたのです。同じように酔っていた松岡も大喜び。その上に、スターリンは衆人の面前で松岡の肩を抱いていったというのです。

「おたがいにアジア人なんだからなあ、われわれは」

スターリンが大勢のみているところで人を抱擁するということは、その生涯でかつてなかったことであったといいます。このことは松岡を心から感激させました。もっともスターリンは見送りにきていた駐ソ独大使にも、こっちは肩に手をおいて「われわれはいつまでも友人であらねばならない。そのために私は何でもする」とやさしいことをいったという。日本と手を握ったいまは、スターリンの心配はドイツのみとなったのです。

こうしてみると、日ソ中立条約の締結に、松岡以上にスターリンが喜んでいたといったほうがいいようです。ドイツが対ソ侵攻を計画していると告げるいくつかの情報がとどいていたが、かりにそれがほんとうだとしても、東の日本と西のドイツから、同時挟撃という悪夢から解放されたのですから。条約のアッという間の締結は、日本流にいえば、天佑神助《てんゆうしんじょ》は松岡よりスタ

ーリンの頭上にあったといえるのかもしれません。

日米諒解案の行方は?

日ソ中立条約の思いもかけない締結は、スターリンにとって喜悦の極みでしたが、日本側の松岡〝座〟の一行にも大いなる成功と考えられていました。スターリンが宴席でささやいたように、これで日本は背後を気にすることなしに南進が可能になったことを意味するからです。松岡の得意たるや、これは想像を超えていたと思われます。そして新聞がかきたてるその〝救国の英雄〟の帰国を迎え、東京市民は朝から深夜まで、千駄ヶ谷の松岡邸の門前で万歳を三唱しつづけました。松岡の増上慢の鼻はいよいよ高くなるばかりです。

ところが、ちょうど時を同じくして、日本政府には日ソ中立条約の成立を喜んでばかりはいられない重大な案件がとどけられ、その対応に頭を悩ませているところでした。日米交渉です。

それは四月十六日、松岡の一行がシベリア鉄道で帰国の途中のことに発します。ワシントンでは野村大使がハル国務長官、ウォルシュ司教、ドラウト神父たちとじっくりと話し合っていました。その前におかれた机の上には、四月九日にまとめあげられた「日米諒解案」の草案がおかれていました。[*2]

その草案にはまずこうかかれています。

「日米両国間の伝統的友好関係の回復を目的とする全般的協定を交渉し、これを締結せんがために、共同の責任を受諾する。両国政府は、左記の諸点につき、事態を明瞭にし、調整し得べしと認めらる」

そして三つの項目がかき連ねられています。結局は無と化したそれらをすべてかくのはうるさいだけと思われますので、例として第三の項のみを掲げておくことにします。

「〈一、太平洋の政治的安定に関する両国政府の方針〉日米両国代表間の会談は、ホノルルにおいて開催。米国を代表してルーズベルト大統領、日本を代表して近衛首相。本会談は第三国オブザーバーをいれざるものとする」

ほかに〈一、欧州戦争に対する両国の態度〉と〈一、支那事変に対する両国政府の関係〉と、当面している諸問題にきちんと対応し、細部にまで目の配られたことが記されています。

ところが、ハル長官はこの草案を黙読すると、ポイと机の上に投げるようにおいて「わが国はこの案については、修正、拡大、抹消、拒否、別個の示唆、反対提案、独自案などのあらゆる自由を留保する」と明言したのです。例の外交的言辞でわかりづらいのですが、要するにこの案はアメリカ政府の正式の提案ではないし、承認しているものでもないぞ、と念を押してきたわけです。一言でいえば、単なる作文にしかすぎない、といわんばかりです。それでも野村は、とにかく交渉の緒口《いとぐち》というか基礎ができたと内心ホッとするものがあり、この案文を日本政府に至急に打電送信しました。

四月十七日午後から十八日朝にかけて暗号で送られてきた「諒解案」の解読がすすむにつれて、政府も軍部も次第に喜びを大きくしていきました。

「これをそのままに受けとれば、アメリカは八紘一宇の趣旨を了解する、満洲国承認、三国同盟も現状のままでよし、そして石油・ゴムなどの資源の輸出も従来どおり……ということになるのじゃないか。それをきめるためにホノルルで近衛・ルーズベルト会談がひらかれる。まるで渡りに舟、棚からボタ餅みたいないい話ということになる」

参謀本部作戦部の戦争指導班の『機密戦争日誌』四月十八日にも、自然と筆が躍ったようにこう記されています。

「一、ユーゴー遂ニ対独無条件降伏ス
　欧州情勢独伊有利
　極東情勢〔日ソ〕中立条約ニ依リ日本有利
二、突如米ヨリ飛電　日米国交調整妥結ニ至ラント　至急回答セヨト
　米モ亦《また》太平大西二正面作戦困難
　中立条約成立ニ依リ日本ノ南進有利
　米モ亦日米開戦ヲ欲セザルモノノ如シ
三、帝国外交モ積極活発化セリト云フベシ
（四以下略）」

さらにこれを近衛首相の側近富田健治の手記『敗戦日本の内側』でみれば「東条陸相も武藤軍務局長も、岡軍務局長（海軍）も大変なハシャギ方の喜びようであった」ということになるのです。しかし、そうはトントンと運ばないのが国際関係というものの常。こっちの思うとおりに運んだら何の苦労もいらないのはかくまでもないことです。

まずイスカの嘴《はし》の食い違いは、松岡外相が四月二十二日に小雨降る立川飛行場に到着、帰国の第一歩を踏んだときからはじまったことは、昭和史にちょっとでもくわしい人にはよく知られています。あっさりとかけば、この日米諒解案の話し合いが自分のいない留守に勝手に進められたものと誤解したところに発したのです。当時世界的に日の出の勢いであったヒトラーやムッソリーニと会見し、他国の外交官とは会ったこともないといわれるスターリンと中立条約を結び、モスクワ駅でその見送りまでうけたこの俺を、蚊帳《かや》の外において何を近衛はやっているのか。三国同盟と中立条約を武器にアメリカと堂々と正面から渡り合い、日米国交調整ができるのはこの俺しかいない。何がホノルル会談だ！　そう考える松岡は完全につむじを曲げてしまったのです。二十二日夜にひらかれた大本営政府連絡会議で、松岡はいい放ちます。

「アメリカは、第一次世界大戦のとき、石井・ランシング協定を結んで、背後の脅威をのぞいてから、大戦に参加した。戦争が終ると日本との協定を破棄してきた。これと同じで、アメリカの真意はわからない。われわれをだましているのかもしれない。自分は、二週間ばかり考えてみたい」

会議は〝英雄〟松岡のこの気焔に押しまくられて閉会。そのあとは近衛首相はすっかり不機嫌になり、苦りきった顔で私邸に閉じこもったままとなり、側近が訪ねても会おうとすらしない始末。まったくやる気を喪失してしまいます。

それで結論はどうなったか？　簡単にかいてしまえば、五月三日になってやっとまた大本営政府連絡会議がひらかれますが、松岡が突然に日米中立条約案を提議し、日米諒解案については無茶苦茶に高姿勢な日本側対案を追加的に提出し、得意の饒舌でまくしたて強引にこれを決定させたのです。そして五月七日、野村大使は送られてきたこの訓令にもとづいて新たに日米中立条約案を示し、その意向を打診すると、ハルはいともソッ気なくいった。

「それは四月九日の文書とはまったく関係ない話だ。アメリカ政府はいまは交渉の基礎となる基本原則についてだけを考えている」

そこでつづけて野村が、松岡案ともいうべき日本側の対案があるが「お渡しいたしましょうか」というと、ハルは「いや、渡してもらわなくともいい」と、これまた冷たくいい放った。野村はやむなく日本政府の対案を机の上において帰らざるを得ませんでした。いまになれば、暗号解読機構〝マジック〟の開発によって、アメリカ政府は日本外務省の暗号送受信はすべて解読することが可能になっており、ハルはすでに内容を知りぬいていたのです。

前首相米内光政の言葉を借りれば、「三国同盟を結んでおいて日米国交調整をやろうというのは、はじめから無理な相談」（小泉信三『私の敬愛する人びと』）であったとするのがいちばん正しいこと。松岡がごねて諒解案を無効にしなくても、はっきりいって日米交渉がうまく軌道に乗ることはあるいはなかったのかもしれません。というのも、アメリカがこの諒解案の第一次修正案を示してきたのが五月三十一日、さらに二十日もあとになって第二次修正案が日本にもたらされたのです。しかもそれは「満洲国承認」などは完全に除かれ、日本側が落胆せざるを得ないほど冷やかなものであったのです。アメリカ政府ははじめから本気でなかったというほかはありません。

たしかにドイツとの同盟を結んだままでは、日米交渉は日本が考えていたほど最初から容易に進むものではなかったのです。

謎に包まれたヒトラーの書簡

五月八日、野村大使が日米諒解案の日本側の対案をハルに渡した日の翌日のことになりますが、松岡は宮城に参内し、天皇にまた一時間三十分にわたって、何ともびっくりするようなことを奏上しています。それは目下いちばん重要な日米諒解案を真ッ向から否定するような松岡流の時局観の開陳でした。『昭和天皇実録』から長く引きます。

「外相は天皇に対し、米国が欧州戦争に参加する場合には、日本は独伊側に立ってシンガポールを攻撃せざるを得ないため、日米国交調整もすべて画餅に帰すること、また米国が参戦すれば長期戦となるため、独ソ衝突の危険あるやもしれず、その場合我が国は日ソ中立条約を廃棄し、ドイツ側に立って対ソ攻撃をせざるを得ないこと等を奏上する。奏上の要点は、三国条約に抵触する如き日米諒解案は取り付けないこと、米国問題に専念するあまり、独伊に対して信義に悖《もと》る如きことがあれば辞職のほかないということにあり」

天皇はさぞ驚倒せんばかりであったであろうと想像するのですが、『実録』にはかかれていません。三国同盟も日ソ中立条約も、戦争回避のためのものではなかったのか。そう思われていた天皇は、その翌日、「外相をとり代えたほうがいいのではないか」と木戸幸一内大臣に洩らしたという。

と、昭和史に注目している間にヨーロッパ情勢のほうがよりはげしく動きだしていました。それは四月三十日のこと。ヒトラーはユーゴとギリシャとを降伏させると、バルバロッサ作戦の発動日を六月二十二日と、国防軍最高司令部の作戦部長ヨードル大将に内示したのです。ユーゴ攻撃作戦のために予定より五週間も遅れたことになりました。じつはこの一カ月余の遅れがのちに対ソ作戦を挫折させることになるとは、ヒトラーも神ならぬ身で予想だにしなかったのですが。というのも、この年は例年よりも早くきびしい冬が到来したからです。

と、一気に独ソ開戦に飛んでいってしまう前に、字義どおり余話ではありますが、まことに面白い書簡についてやはり落とせないと思うのでかいておきます。それは前にもいっぺん紹介したわが友人で、ナチス研究のいまや第一人者といってもいい大木毅君の『ドイツ軍事史』にある秘話、ということになります。

すなわち、その驚くべきことというのは、この年の五月十四日付のヒトラーの書簡で、宛てさきがなんとスターリン。しかも、なんでまたこのときに!? ヒトラーはすでにソ連攻撃のバルバロッサ作戦の発動を国防軍に下令しているのです。そのときにかかれたヒトラーの書簡というのですから、おのずから舌なめずりがでてしまいます。大木君の著書から引きます。

このヒトラーの手紙には、

「ドイツ国民のあいだにはイギリス人に対する親近感があり、(中略)なんとか独英戦争をやめさせたいとする気分があるとする。加えて、イギリス軍の偵察を避けて、東部国境に集結している約80個師団のドイツ軍、そして、それに対抗してソ連軍部隊が展開している事実は、独ソ戦の噂を引き起こさずにはおかないだろうとも指摘した。/しかし、ヒトラーは『国家元首としての名誉にかけて、そのようなことは起こらぬ』と保障し、にもかかわらず、かような状況では偶発的な衝突が生じぬともかぎらないと危惧してみせる」

とかかれていたというのです。これを素直に読むと否応もなしに、〝いやはや、ヒトラーは役者よなあ〟と感嘆するほかはないのですが……。

さらに引用をつづけると、

「ヒトラーは、およそ一ヵ月後、六月十五日から二十日にかけて東部のドイツ軍を西部に移動させる計画だと打ち明け、『これに関連し、貴下にお願いしたいのは、責務を忘れたわが将軍たちの一部がしでかしかねないあらゆる挑発に、断固として応じないようにしていただきたいということである』と結論づける」

と、ここまで読むと、やはり眉に唾をつけたくなってきます。およそ一カ月後のドイツ軍大部隊の動きを明かす必要はまったくない。まやかしもここまでくると、度を越していると思いたくなります。それにこの書簡の現物はなし。加えてドイツ側からは、ヒトラーとスターリンが書簡を交わしていたことを証明する文書も証言もいっさいでてきていないという。大木君も同書で結論づけています。

「問題のヒトラーの秘密書簡も、なんらかの意図があってつくられた偽文書である可能性を疑わなくてはなるまい」

これに同意しつつ、さてさて歴史をかくことの面白さとともに恐ろしさをあらためて痛感する。偽文書であろうと、無数の情報源からドイツ軍の侵攻作戦が着々と整えられているとの報告をうけていたにもかかわらず、なぜスターリンはなんら対抗処置をとらずに緒戦で大敗を喫してしまったのか、その戦史の大きな疑問に答えるためにも、このヒトラーの極秘書簡はまことに有効とつい思いたくなってしまう。それで、恐るべし、恐るべしと、呪文のようにとなえたくなってくるのです。

そういえば、スターリンがドイツの攻撃を軽視していた証の一つとして、日本人にも関係あるような面白いエピソードがあるのでつけ加えておきます。[*3] 例のノモンハン事件のときのソ連の〝英雄〟ジューコフにかかわる話です。あれいらいスターリンに重用されていまや赤軍参謀総長にまで昇進していたジューコフは、ドイツの対ソ攻撃は必至とみて、スターリンに西部国境の防衛強化をうるさいくらいに意見具申していました。そのしつこさに激昂したスターリンは窓が割れんばかりの勢いで怒鳴りました。

「君は持っている勲章が足りないので戦争を望むのかッ。もし君が私の許可なしに軍隊を移動させ、国境地帯でドイツ軍を挑発しようとしたら、その時は首が飛ぶぞ、いいか」

そしてスターリンはドアをバタンと大きな音を立てて閉めて、部屋を出ていった（バトラー『ローズヴェルトとスターリン』）。

天皇のきびしい質問

スターリンが「あり得るはずはない」とどんなに否認しつづけていようが、〝壮大な〟ともいえるドイツ軍のソ連侵攻作戦は、六月二十二日未明に開始されました。総統ヒトラーは、対ソ宣戦布告を夜明けとともにラジオで流しました。

「私は、ドイツ国民とドイツ帝国、そしてヨーロッパの運命を、ふたたび国防軍の手中にゆだねる」

その叫びに応ずるかのように、百五十三個師団三百万人、戦車三千五百八十輛、飛行機二千七百四十機の大機甲兵力が攻撃を開始。迎え撃つはずのソ連軍兵力は戦車二万四千輛、飛行機二万三千二百四十機、しかし準備不足もはなはだしかったといいます。が、いずれにしても、かつてこれほどの両軍の戦闘力がいっぺんに戦場に投入された例は世界史上ありません。

三国同盟締結時の目的である日独伊ソが提携してアングロサクソン陣営に当たるという日本政府の大いなる目論見は、この瞬間に崩壊し、ソ連も米英側に加わったことになります。世界はいまや二つの陣営にわかれました。理論的には、このとき、約束を破ったドイツと手を切って三国同盟を廃棄、局外中立の名のもとに世界戦争から脱出できるチャンスが日本に訪れたのです。せっかくアメリカもイギリスも、日本がこの戦争（ソ連攻撃）に加わらないように、日本を苛立たせることは何としても避けようと配慮することを決めていたのですから。

しかし、日本政府はあえて三国同盟に固執しました。ドイツの勝利を信じて、その後にきたるであろう新秩序の世界地図を想像したからです。そのために、日本がいま採るべき方策は、ただちにソ連に戦火をひらくべきか、黙って見守るべきかの、すこぶる物騒な二者択一ということになったのです。いままでの強気一点張りの判断の延長線上にあるものとはいえ、ほんとうに惜しいチャンスを逃しました。みずから国家敗亡の道を選んだといえます。

はじめて〝対英米戦争〟という文字があらわれた「情勢ノ推移ニ伴フ帝国国策要綱」は、こうした世界情勢の激変を背景に、六月二十五日に、苦心して作文されたものでした。一言でいえば「大東亜共栄圏の建設」「南北併進」「目的達成のためすべての障害を排除する」、そして

「帝国ハ本号目的達成ノ為対英米戦ヲ辞セス」と明文化した最初のものであり、日本としては戦争決意を表明した運命的な国策の決定であったのです。対米英戦争への大日本帝国の第一歩は明らかにここに踏みだされました。

そしてこの国策は、七月二日の御前会議において、昭和天皇の裁可をえて正式に決定される。ちなみに開戦まで昭和十六年に四回御前会議がひらかれており、これはその第一回目のものとなるわけです。

そして、この日の御前会議では、松岡が強く主張する「ただちにソ連を撃つべし」という〝戦争〟論よりも、〝平和〟的な南方進出〔南部仏印平和進駐〕のほうがましと考えて、やや妥協的な匂いの強い作文が国策としてとりあえず「南北併進」と決定されました。ただし、この決定にたいしてどんな思いを天皇が抱いたか、については『実録』には明らかにされていません。ただわずかに木戸の「手記」〔『木戸幸一関係文書』〕に、「南北併進」の政策にたいして、六月二十二日の時点で、天皇がいかに憂慮していたかを示す発言が記されています。

「松岡外相の対策は北方〔ソ連〕にも南方〔南部仏印〕にも積極的に進出する結果となる次第にて、果して政府、統帥部の意見一致すべきや否や、又、国力に省《かえり》み果して妥当なりや等につき頗《すこぶ》る御憂慮被遊《あそばせら》る」

このころアメリカはすでにふれたように日本の外交暗号の解読に成功しています。外務省よりドイツ・イタリアの日本大使館あてに打たれた秘密電報により、七月八日には、アメリカは御前会議決定の日本の国策をくわしく知るところとなっていました。ルーズベルトもハルも、もはや黙ってはいられない気持ちになっていました。

七月二十三日、予定どおり大本営は南部仏印進駐を決定します。ただちに二十六日にはアメリカは在米日本資産を凍結する。二十八日、日本軍はサイゴンへ堂々と無血進駐。待っていたとばかりアメリカは、八月一日に石油の対日輸出を全面的に禁止すると発表する。日本の軍事行動にたいしてアメリカは強硬な戦争政策で対応してきたのです。

日本軍部の目論見は、七月中に進駐すれば十一月には基地が完成する、十二月以降の戦争の危機にも十分に対応できるということにありました。十月から仏印は雨期に入る。その前に航空基地を完成しておかなければならない。これが進駐を急いだ大きな理由なのです。それがまさか石油の輸入全面禁止というしっぺ返しに遭うとは、だれも予想すらしていませんでした。

しかし、天皇にはある種の予感があったのかもしれません。石油の対日輸出禁止の直前の七月三十日、仏印進駐と対米作戦に関することの上奏のため参内した軍令部総長永野修身《おさみ》大将と、御学問所でこんなきびしい会話をかわしています。

「博恭王《ひろやすおう》が軍令部総長在職時代に対英米戦争を回避するよう発言していたとして、現総長永野の意向に変化あるや否やにつき御下問になる。永野より、前総長と同様、できる限り戦争を回避したきも、三国同盟がある以上日米国交調整は不可能であること、その結果として石油の供給源を喪失することになれば、石油の現貯蔵量は二年分のみにしてジリ貧に陥るため、むしろこの際打って出るほかない旨の奉答を受けられる。天皇は、日米戦争の場合の結果如何につき御下問になり、提出された書面に記載の勝利の説明を信じるも、日本海海戦の如き大勝利は困難なるべき旨を述べられる。軍令部総長より、大勝利は勿論、勝ち得るや否やも覚束なき旨の奉答をお聞きになる。暫時の後、侍従武官長蓮沼蕃《はすぬましげる》をお召しになり、前軍令部総長の博恭王に比べ、現軍令部総長は好戦的にて困る、海軍の作戦は捨て鉢的である旨を漏らされ、また勝利は覚束ないとの軍令部総長の発言につき、成算なき開戦に疑問を呈される」

『実録』に記されているこの永野総長の返答には驚くほかはないのではないでしょうか。ジリ貧になるから、このさいこちらから先制攻撃に打って出たほうがいい、しかし勝つかどうかは覚束ない、といっているのです。対米戦争となれば海軍が主役です。その海軍の総指揮官がそういっているのです。

さらに同じ三十日、参謀総長杉山元大将にも天皇はきびしい質問をしています。

「天皇は、南部仏印進駐の結果、経済的圧迫を受けるに至りしことを御指摘になる。参謀総長より予期していたところにして当然と思う旨の奉答を受けられたため、予期しながら事前に奏上なきことを叱責される」

南部仏印進駐が想定外ともいえる結果をうんだこと、それは「予期していたこと」とぬけぬけと答える参謀総長に、天皇はかなりショックをうけたのでしょう。「なぜ、それをいわなかったのか」ときびしく「叱責」の言葉をぶつけています。

しかし、すべてはあとの祭りでした。営々として貯蔵してきた日本海軍の使用できる石油量は、連合艦隊が、一年半くらい活躍できる量しかない。いまやそのエネルギーの根源をとめられたのです。座して対米屈服か、一か八かの戦争かの、二者択一を迫られた日本は、戦争を覚悟で三、四カ月以内に石油を求め、南進せざるを得なくなったわけです。

と、じつは、ここで本書は「完」としてもよい、あとは「対米英戦争に一瀉千里に突き進んでいった」とかいて……。いや、そのほうがあるいは正しいのかもしれません。なぜならこのあとの「四つの御前会議」をへて対米英開戦に突入していく道程については、『昭和史』『「真珠湾」の日』『B面昭和史』そして『聯合艦隊司令長官　山本五十六』など、いままで上梓したいくつもの拙著でなんどとなくかいているからです。結局は同じことをくり返してかくというのはあまり楽しいことではなく、ましてや読まれるほうの皆さんにはさらに面白くなく、あるいはアクビがでるだけのことでしょうから。

米英のソ連への接近

とはいうものの、これを世界史的な観点からみると、新しい、興味深い事実がみつからないでもないのです。それで、やや尻込みしつつなお報告をさらにかき進めていくことにします。その一つが、アメリカの輿論の変化とルーズベルトのスターリンへの急速な接近なのです。

ドイツ軍の電撃侵攻作戦はものの見事な成功をみました。ソ連軍は完璧な不意打ちを喰らって、前方守備態勢はアッという間に崩壊してしまう。ポーランド軍やフランス軍を相手に目の覚めるような集中決戦をドイツ軍がみせていたにもかかわらず、ソ連軍の防衛計画は双方の主力が激突するまでには十日以上はかかるとの想定のもとにつくられていたからです。スターリンがラジオをとおして、「われわれの大義こそが正当であり、敵は粉砕され勝利はわれらのものとなろう」と、いくら獅子吼《ししく》しようと、その甲斐はまったくなく、ドイツ軍は南、北、中央の三方面からぐんぐんと侵略の地を拡げていきました。

七月十二日、それまで単独でドイツ軍と苦しい戦いを戦っていたイギリスのチャーチルが、やっと行動を起こしてソ連との軍事協定に調印しますが、アメリカ政府は日本の動きに焦点を定めているためか、それに呼応する気配すらみせません。その間にもドイツ軍の攻撃は衰えることなくつづいていました。そのアメリカで、八月一日、日本への石油の全面的禁輸を決定した閣議で、なによりもヒトラー嫌いのルーズベルト大統領がはじめて怒りを交えた声でこういったというのです。

「ソビエト人たちはすでに六週間も戦闘をつづけている。ソビエト人たちは武器を必要としており、六週間も前からわれわれは武器を送る約束をしているのだ。それなのにここワシントンではぐらかしてばかりいて、彼らのために何も行っていない。いったいどういうことなのだ」（『スティムソン日記』）

じつはルーズベルトは、ドイツ軍のソ連進攻がはじまると間もなくの七月二十七日、側近のホプキンスをモスクワに送りこんで、スターリンと二時間もの長い会談をさせ、ソ連の要望を聞きとどけていたのです。ホプキンスが、自分はソ連の対独戦闘を援助したいと希望するルーズベルトの個人的使者として来たのだ、といったとき、スターリンは満面を喜びでくちゃくちゃにしつつ、即座に対空砲二万門、ライフル銃百万挺を望んで、こういったというのです。

「米軍部隊がソビエト戦線のいかなる部門へも、米軍の完全な指揮のもとに、来援することをわれわれは歓迎すると、大統領に伝えてくれ給え」（バトラー『ローズヴェルトとスターリン』）

その約束（いくらか個人的ではあった）があったのに、閣僚も軍部も容易に腰を上げようとはせず、輿論もまた、ソ連援助は得るものより失うものが多いと、そっぽを向いたままであったのです。苛立ったルーズベルトは我慢ならないとばかり、小児麻痺のため動きもままならぬ身を奮い立たせ、重巡洋艦オーガスタに乗りこみます。そして八月八日に英首相チャーチルとニューファンドランド沖合で落ち合って、対ドイツ戦勝利のための諸問題について話し合うことを決意するのです。

この会談の最終日の八月十四日に、二人の国家指導者による初めての共同声明が世界に発表されます。これが大西洋憲章で、八カ条から成っていて、あらゆる秘密条約を断罪、民族自決権を主張、力による領土併合に反対、そしてすべての国の国民に自国国境内で安全に居住できる平和の確立を希望することを宣言したのです。そうした堂々たる宣言の裏を丁寧に読みとれば、これは明らかにルーズベルトがドイツ軍の侵略を徹底的に批判し、ヒトラーを挑発し、それに乗ったヒトラーから一発アメリカへ向けて撃たせようとの意図が透《す》いてみえます。つまり、イギリスおよび民主主義諸国の残存勢力によってつづけられている戦争の戦列に、アメリカも加わる意志のあることを示した、といえるのではないか、そう思われるのです。

そしてこのとき、ルーズベルトとチャーチルは連名で、わざわざスターリン宛てにかなり長い書簡を送っているのです。そこでモスクワ会議を提案し、米英ソが共同してヒトラー打倒に力を合わせようとまで述べているのです。その上で書簡は最後にこう締められています。

「われわれは、ソビエト同盟の勇敢な、毅然たる抵抗がヒトラー主義を打ち破るのにどんなに重要であるかを十分に知っています。だから、われわれは、われわれの共同の資源の将来の配分計画を立案するというこの仕事で、事情のいかんを問わず、急速かつ遅滞なく行動しなければならないと考えます。

フランクリン・D・ルーズベルト
ウィンストン・S・チャーチル」

八月十五日に受けとったスターリンは、もちろん、大喜びでした。ソビエト政府も。そして軍部はとりわけ勇気づけられました。

そして重要なのは、ヒトラーがこの大西洋憲章の挑発には乗らなかったということ。じつは別のことに関心をもっていたのです。八月十八日、ゲッペルスが提案してきた「ユダヤ人迫害ろ、アメリカとの戦争に強い関心をもっていたのは、わが大日本帝国であったのです。

放することを承認しています。アメリカのことなどに気を使うことはぜんぜんなかった。むし

強化」、すなわちベルリンのユダヤ人約七万六千人を東方（アウシュヴィッツなどの収容所）へ追

✹「可分論」と「不可分論」

欧米においてそうした表面には派手ではない外交の裏工作がすすめられているとき、[*4]日本では、暑い夏が空しく過ぎていっていました。日米交渉は何らの進展もみせない。その間に近衛首相のしたことは、対ソ攻撃の無茶苦茶な強硬論者であった松岡外相を、始末に窮して、内閣総辞職することで追いだし、第三次近衛内閣を組織（七月十八日）したことだけ。しかし、天皇はなお信頼を近衛に寄せ、日米諒解案にかかれていたルーズベルト大統領との頂上会議に期待をもちつづけています。

けれども、歴史というものは、なんどもかきますが、素直に素早く、そしてまっすぐには進んではくれない。アメリカ政府の日本への回答は煮えきらず遅々たるもので、時間だけがどんどん過ぎていく。

そして九月五日午後四時半ごろ、しびれをきらした大本営政府連絡会議で意見の一致した御前会議の議案「帝国国策遂行要領」をもって、近衛首相がいわば不意打ちといっていいくらい

突然に参内してきました。その内容たるや、天皇はもちろん木戸内大臣をすら驚かせるに十分のものがありました。「要領」を簡単に記すと、

一、米英に対し戦争を準備する。
二、これと併行してとにかく日米交渉は進める。
三、十月上旬になっても日米交渉成立の〈目途なき場合は〉米英に対し戦争を辞せざる決意をする。

というもので、臥薪嘗胆の外交努力ではなく、国策の第一が戦争準備となっています。しかも御前会議は明日にひらきたいという。木戸は驚いて、近衛を難詰します。

「突然に、こんな重大案件をもってこられては、陛下にお考えになる暇もなく、お困りになるほかはないではないか」

と木戸は身を震わせて怒ったものの、じつはこのとき、軍の戦争への歯車はすでにフル回転していたのです。軍の力学というものは動きだすと、それはすさまじい勢いで働きだす。もう止めることができない激しいものとなるのです。

つまり、軍部では、対米戦争を覚悟せよ、という空気がもう醸成されきっていました。太平洋戦争の絵図を陸海軍がいつ描いたのかは諸説ありますが、わたくしがいちばん信憑性があると思う説は、参謀本部と軍令部、陸海双方の参謀が初めて顔を合わせて討議した十六年四月十七日です。この日、海軍側の素案をたたき台として両方の参謀が討議した結果、「対南方施策

要綱」を策定しました。ポイントはつぎの点です。

〈大東亜共栄圏建設の途上に於て帝国の当面する対南方施策の目的は帝国の自存自衛の為速《すみや》かに総合国防力を拡充するに在り〉

陸海双方が合意したこの要綱で明らかにされたことは、開戦目的が「大東亜共栄圏の建設」であると同時に「自存自衛のため」ということです。

そして、自存自衛のためにやむを得ず武力行使する場合についても陸海軍で討議して、次の二点に限るとしました。すなわち、
① アメリカ、イギリス、オランダの対日禁輸によって帝国の自存を脅威せられた場合
② アメリカが単独もしくはイギリス、オランダ、中国などと協同して、帝国に対する包囲態勢を逐次加重し、帝国国防上忍び得ざるに至る場合
ちなみに②は後のABCD包囲網の原型となりました（ただ、このABCD包囲網という言葉は、軍部ではなくマスコミがつけた名称ですが）。

この対南方施策要綱は、陸海軍双方の軍人官僚である参謀たちが捻り出した作戦計画でしたが、すでにかいたように、世界情勢は、日本の想定を上回る急速なスピードで激変しています。もし戦争に突入しなければならないとなった場合、アメリカからの石油輸入が断たれてしまっているであろう日本は、次善の策を東南アジアに求めなければなりません。蘭領東インドや仏領インドシナが産油国ですが、これらの国々は宗主国の国力が疲弊しきっているので日本が

1941年ごろの南洋地図

抑えやすいと目論んだわけです。しかし日本軍がここへ軍事的に進駐するにはフィリピンやマレー半島のシンガポールの防御的要衝を突破しなければなりません。フィリピンは実質的にアメリカ領ですし、マレー半島もイギリス統治が進んでいます。

ここで、陸軍と海軍の間で見解が分かれました。

陸軍はマレー攻略、なかでもシンガポールを最重要ターゲットとして攻略することを主張します。しかし、シンガポールはイギリスが鉄壁を誇る、難攻不落の一大根拠地です。

いっぽう海軍では、戦力集中が容易なフィリピン近海およびパラオ諸島に主力を集結し、そこからオランダ領東インドに進駐するのが合理的だとする声が大勢を占めています。シンガポールを落とすには二～三カ月、いやもっと長期間かかる恐れがある。それゆえにまずはパラオから蘭印を経て時計回りに順に進攻し、資源をきっちり確保し、最後にシンガポールへと大挙して進軍する――これが理に適《かな》っているというのです。

要するに、南方の石油を確保するためには「資源確保最優先」の海軍と、「シンガポール最優先」の陸軍の間で意見が真っ二つに割れて、大論争になるのです。

そしてもう一点、米英の連携をめぐる認識でも、陸軍と海軍は対立します。

シンガポール攻略戦を開始したとき、イギリスが応戦するのは当然ですが、そのときはたしてアメリカがイギリスに加担するか否か？　アメリカも一緒に起《た》つので戦況はかなり危ういという認識を示した海軍にたいして、陸軍はフィリピンに手を出さなければアメリカは静観して、イギリスと共同歩調をとることはない、という立場を譲らなかったのです。

つまり、アメリカとイギリスの対日関係について、「可分論」をとる陸軍にたいして、海軍は「不可分論」をとって、真っ向から対立したのです。しかし、陸海軍双方の認識は、最終的にはシンガポール攻略が必要で、そのためには航空機の発着拠点を確保するための南部仏印進駐はどうしても欠かせない、ということでは一致しました。事実、計画はそのとおりにその後運びました。

さきの九月三日の大本営政府連絡会議での重大決定のウラには、四月いらいの陸海軍の対米戦争へ向けての力学が働いていたことは否めないと考えられます。が、対米英戦争の主役となるべき海軍には、陸軍の相反する意見を押しのけての開戦の全責任をとるだけの確信も蛮勇もありません。それで連絡会議では、字句の修正で何とか責任の一端をとることにしようとあくせくしました。陸軍案の「戦争を決意し」というのは直接的にすぎる、と難癖をつける。「戦争を決意の下に」にしたらどうであろうか、ちょっと間接的になる。いや、それでもまだ……と海軍。ならば「戦争を辞せざる決意の下に」では、どうか？ ここで陸海が意見一致します。日米頂上会議に夢をつないでいる近衛も、これを了承。そして、九月三日のたった一日の会議でこの重大な「帝国国策遂行要領」がきまったのです。

そんな経緯を知らぬ天皇がいきなりの御前会議開催の奏上に憂慮の念を深くしたのは当然です。陸軍中央部も海軍中央も、勝算のとぼしい大戦争に眼をつぶって飛びこもうというのですから。六兆五百五十億円の戦費を投じ、十九万人が戦死、九十五万人が傷つき、しかもなお七十五万人が戦場である中国大陸にあった昭和十六年に、さらに大戦争に突入することの正否や無謀さは、勝算よりもさきに論ずべきであったのです。

しかし、引き返すべきときはとうに去っていた、というほかはありません。何とか和平交渉の成立を、と歩みはじめた道を振り出しに戻す、ただ一度ともいえるチャンスは、こうしてはるかに遠のいていったのです。

✸よもの海みなはらからと……

翌九月六日午前十時、御前会議は宮城内東一ノ間でひらかれ、筋書きどおりに「戦争を辞せざる決意の下に」外交交渉を行い、「十月上旬頃に至るも尚我要求を貫徹し得る目途なき場合に於ては直に対米（英蘭）開戦を決意す」という国策を決定してしまいました。十月上旬までは、九月六日から一ヵ月しかない。

この決定は、日本軍部が日本政府に与えた〝どにかく短期間で外交のケリをつけろ〟という引導といってもいいようです。しかも錦の御旗のサイン入りです。四月いらい五ヵ月もかかってまとまらなかった日米交渉が、あと一ヵ月でまとまるということに、確信をもてた日本の政治・軍事の指導者がはたしていたのでしょうか。十中の八、九は戦争突入であるとし、陸軍も海軍も、天下晴れて戦争準備に精をだすことになります。銃剣の音を高鳴らせても文句をいうものがいないのです。天皇が首相、外相、陸海統帥部に念をおした外交第一主義による和平は、所詮気休めにすぎなかったようです。

御前会議は、はじまるとすぐに永野総長が立って、先制攻撃と作戦地域の気象の関係から、開戦決意の時機を決定したといい、「大坂冬の陣のような平和をえて、翌年夏には手も足も出ない状態になってから戦争せよ、ということにならないよう、国家百年の計のために決心すべきである」と主戦論をぶつ。つづいて杉山総長も永野に負けじと主戦論。日米交渉は米英の術策だといわんばかりに、果敢な戦争決意をうたいあげます。

そして、このあと多分長くかかったであろう外交交渉にかんする細かいやりとりの間に、主戦論をぶった統帥部の両総長の発言はまったくありませんでした。まさか外交のことは政府の仕事で、われら統帥部にはまったくかかわりのないこと、もはや戦争のほかに国家のとる道はないと、知らぬ顔の半兵衛をきめこんだわけでもありますまい。なぜなら政治（外交）の延長線上の、そのはてに軍事があることは、杉山も永野も十分に認識しているはずです。

「よもの海みなはらからと……」に昭和天皇はどのような思いを込めたのか

天皇はそのことに大いなる危険を感じたのかもしれません。『昭和天皇実録』にあります。

「会議のまさに終了せんとする時、天皇より御発言あり。天皇は、事重大につき、両統帥部長に質問すると述べられ、先刻枢密院議長が懇々と述べたことに対して両統帥部長は一言も答弁なかりしが如何、極めて重大な事項にもかかわらず、統帥部長より意思の表示がないことを遺憾に思うと仰せられる。さらに天皇は、毎日拝誦されている明治天皇の御製『よもの海みなはらからと思ふ世になと波風のたちさわぐらむ』が記された紙片を懐中より取り出し、これを読み上げられ、両統帥部長の意向を質される」

ここにある「よもの海みなはらからと……」の御製をもって、戦後刊行された多くの史書は、天皇の平和愛好の精神を示されたものとしています。たしかにそれに違いないし、事実、軍にたいする最大の警告でもあったと思います。

そうなのでありますが、ここに奇妙ともいえる一つの証言があるのです。当時軍令部作戦部長であった福留繁少将の『海軍生活四十年』にあるもので、会議一決の後に、永野総長がこういったというのです。

「統帥部の判断では戦うもまた亡国免れ難いかも知れませぬ。戦うも戦わざるも亡国ということでありますならば、戦って九死に一生の活路を求めるほかないと存じます。戦わずして招く亡国は心の底まで亡びる永久の亡国になります。護国のために最後の一兵まで戦い抜いた亡国は、必ずや我らの児孫《こまご》が受け継いで再起三起するでありましょう。われら将兵は陛下の御命令一下最後の一兵まで戦う覚悟であります」

かくまでもありませんが、『実録』にはこの永野の〝最後の一兵まで〟戦わんの壮語はない。『実録』には、参考文献としてほかのところよりはるかに数多いさまざまな史料があげられていますが、福留のこの戦後の著書は影すらもありません。それに福留はこの会議に列してはいませんので、会議退出後の永野から聞いた話なのでしょうか。ほんとうに会議一決のあとの発言であったかどうか、信憑性がどこまであるか、いまになるとそれはわかりませんが。

✺ドイツ軍の快進撃

ドイツ軍の快進撃は、この間にもつづいていました。ヒトラーは全軍を鼓舞するように、陸海空三軍の総司令官に強い言葉で訓示しました。

「ロシアの崩壊は、他の戦線から引き抜けるすべての兵力を使用して強行せねばならない。それは一九四一年中に完全に実現しないかぎり東部戦線の継続は不可能となるからだ」

それゆえの猛攻をうけて、ソ連軍は、指揮の中枢である各方面軍司令部が後退し指揮が途絶えたので、退却することが戦闘となり、各部隊はばらばらになって、退却戦を戦いつつ、とにかく後退をつづけなければならなくなりました。九月十九日、要衝のキエフが陥落、街は完全に瓦礫化しました。そして翌日には、余燼と銃声の残る市街を、武装解除されたソ連軍捕虜が、延々と列をなして市外の収容地に向かって歩いていました。

キエフ占領はドイツ軍に全ウクライナとクリミア半島の大半を手中におさめる道をひらき、モスクワに進撃するための南方からの足場を与えることになりました。

また、ドイツ軍に包囲されたレニングラードでは、その攻撃が激烈を極めもはや支えきれないと考えた守備軍司令官ヴォロシーロフ大将は絶望的となり、市を明け渡すことを決心しようとしていました。市が完全に孤立した九月十一日に、スターリンはジューコフ大将に特命をだし、ヴォロシーロフを解任し、レニングラード守備軍司令官に任じます。しかし、ジューコフが途中で戦死することが十分考えられます。「やむを得ん。新軍司令官に任命する辞令は、君がレニングラードに無事に着いてからだすことにする」といったといいます。それほど包囲攻撃はドイツ軍が圧倒的に優勢であったのです。

しかし、ジューコフはまさしく無事にレニングラード市に到着し、ただちに市の防衛態勢を一新します。ソ連軍の抵抗は一気に強まりました。のちにアメリカ軍最高司令官アイゼンハワー大将が語ったといいます。「ヨーロッパの戦争が勝利をもって終ることのできたことに、連合国軍はジューコフ大将に大きな恩義がある。彼以上に恩義のある将軍はほかにはいない」と。その言や佳《よ》し、レニングラードを陥落させなかったことが、その後の戦勢の潮の流れを変えさせた大きな契機となったのはたしかです。

その数日後の九月二十四日、ヒトラーはご満悦で自分が構想しているヨーロッパ新秩序について、党総務局長ボルマンと国家保安本部長官ハイドリヒに得々として語っています。

「私の構想では、ノルウェー、オランダ、フランダース地方、デンマーク、スウェーデンは永久に占領下におくつもりだ。英国？　そうだな、英国はもともと五、六世紀にゲルマン民族が征服した地であり、英国人はつまりドイツ系だといえる。人道的に指導し、ドイツと緊密な同盟関係を結ぶようにしたい」

そしてソ連については、モスクワを攻略してからゆっくり考えようではないか、とニコニコしながら二人にいったというのです。

ところで、そのソ連では、そのころモスクワ防衛戦のための築城に大童《おおわらわ》であったのです。三方面に布陣した師団数は歩兵師団八十、機械化歩兵師団二、戦車師団一、戦車旅団一、騎兵師団九。総計は独ソ戦に投入された第一線の全ソ連軍の半分にあたります。それに全航空兵力の三分の一が集められました。といっても、一個師団の兵数は七千人以下、平均では五千人でしかなかったので、兵力の総数は約八十万、戦車七百七十輛、航空機は三百六十余機でしかなかったのです。

そして防衛線の築城といっても要塞をつくる時間的余裕はなく、地雷敷設、塹壕の延長、鉄条網の拡大、防禦物の積みあげなど、いずれも基本的ないし古典的な防禦対策でしかなかった。しかも最高司令部から、たとえば西部方面軍司令官コーニェフ中将に与えられたのは、第一次大戦型の陣地固守であったのです。これで勝利につぐ勝利で怒濤の勢いで攻めかかってくるドイツの機甲兵団を防ぎきれるのでしょうか。

当然のことながら、ソ連政府がドイツとの単独講和（降伏）に走るのではないか、との懸念をチャーチルをはじめイギリス政府筋が抱くようになります。事実、スターリンは外交ルートを使って、新たな連合国の対独第二戦線が設定されず、米国も参戦しない場合には、ドイツとの講和の可能性をチャーチルにほのめかしたりします。

このことをチャーチルから知らされたルーズベルトはさっそくスターリンに、書簡を送信しました。その一部、肝腎のところを。

「われわれがみなソビエト軍の勇敢な防御戦闘にどんなに感嘆させられているか、私は、あなたにお伝えすることができないくらいです。私は、貴国自身の戦線をふくめて、あらゆる戦線で、ヒトラーと戦うのに必要な資材と補給をするための道が見出されるものと確信していきます。／この機会を利用して、私は、貴国軍隊が結局にはヒトラーに勝つという、私の確信をとくに表明したいと思います。また、できるかぎりの物質的援助を与えようとするわれわれの堅い決意を、あなたに保証したく存じます。敬具」

九月三十日にこれを受けとったスターリンは、十月三日付でルーズベルトに返信を送ります。これも肝腎のところを引きます。

「私は、ヒトラー軍が対ソ戦線にありとあらゆる圧力を加えるために、きっと冬季前の数カ月を利用しようとつとめることに顧《かえり》みて、モスクワ会議の決定事項の実現〔武器援助など〕をできるだけ速やかに、完全に保証するに必要なあらゆる措置をとられることを疑いません。／あなたと同じように、私もまた、血に飢えたヒトラー主義の一掃を——そのためにソビエト連邦はいま大きな、苦しい犠牲をはらっているのですが——早めるために、いまその努力を統合している国々が、ヒトラーにたいして最後の勝利をおさめることを疑いません。敬具」

じつは、その前日の十月二日午前五時三十分、その〝血に飢えた〟ヒトラーは、モスクワへの壮大な総攻撃タイフーン作戦開始を下令していたのです。ボック元帥総指揮のもと、グデーリアン、ヘプナー、ホート各将軍が指揮する二千輛の戦車が轟々《ごうごう》たるキャタピラの音を立て、きれいな秋晴れの陽光をあびて、北、中央、南の三方面から東への進撃を開始しました。作戦に参加する兵士は約百三十万人。参謀総長ハルダーは日記にかいています。

「きらめく秋気の中を彼らは前進した」

翌三日夕刻、ヒトラーはベルリン市民を前にして、例によって両手を広げたり振ったりして大演説をぶちました。

厳冬のモスクワ攻撃で活躍を期待された勇将グデーリアンだったが……

「過去三ヵ月間、ドイツ国防軍は勝利から勝利への道を、たゆみなく勇敢に進み、いまも進みつづけている。電撃戦が話題になってはいるが、まさにドイツ軍の勝利は電撃的であり、同時に敵の敗退も電撃的である。（中略）ソ連はすでに敗北した。二度と立ち上がれないであろう」

ヒトラーの勝利の確信はゆるぎないものであったのです。

✳陸海軍統帥部の衝突

ところが、ヒトラーとは違って、九月六日からつぎの御前会議の十一月五日までの正味二ヵ月は、日本にとって、苦悩と難局打開のための苦闘のときとなっていたのです。そして、平和より戦争へと、日本の姿勢が急速に傾斜し加重されつつあったことが、さまざまな記録や史料にはっきりと残されています。その背景に、ナチス・ドイツの破竹のソ連進攻があった。それはかいてきたとおりです。

日本の戦争への傾斜は、このドイツ軍の進撃をうけての軍統帥部の天皇への積極的な働きかけによる、天皇のあきらめというような形であらわれてきたようです。『木戸日記』を通してみただけでも、それが感得できます。たとえば九月二十九日、天皇は木戸にこんなことを聞いています。

「米国のゴム保有量並びに中南米に於ける生産高、及び錫の保有量並びに米国が獲得し得る産地。右調査方御下命あり、依って秘書官長より企画院総裁に連絡す」

資源万能といわれているアメリカも、ゴムと錫だけは、ほかの国に依存していました。このゴムと錫とが不十分であるため、アメリカはいま戦争をやる気がないとする意見が、政府や軍部の内部にあったのです。

ただし、『昭和天皇実録』には二十九日の木戸への下命のことは記されていません。

天皇の身のまわりには、見るもの聞くもの、ことごとに戦争を現実のものと考えなければならない空気がいっぱいでありました。二十四日には、吹上御苑内に建設中の大本営会議用の地下室について工事経過の報告がとどきます。そして十月に入って九日には、伏見宮が訪ねてきて、およそ天皇が思ってもいなかった情報を（それが本当かどうかわからないが）伝えるのです。

「午後一時四十分より三時まで、奥内謁見所において博恭王と御対面になる。王はその際、米国とは一戦を避け難く、戦うとすれば早いほど有利であるとして、御前会議の開催を求めるとともに、人民はみな対米開戦を希望していること、開戦しなければ陸軍に反乱が起こるべきこと等、強硬に主戦論を言上する。これに対して天皇は、結局一戦は避け難いかもしれざるも、今はその時機ではなく、なお外交交渉により尽くすべき手段がある旨を述べられ、御前会議の開催に反対される」

おそらく日本国民がみな「対米開戦を希望している」などという話は、天皇が考えてもみなかったことではないでしょうか。たしかに、新聞の紙面などにはＡＢＣＤ包囲網の文字が躍り、「〔十月〕一日、警視庁、乗用車のガソリン使用を全面禁止する」「四日、外国郵便物の開封検閲など臨時郵便取締令公布」など、国民の生活はもうかなり息苦しくなっていたのですが……。

さらに十月十三日の『木戸日記』。この日、十時四十分より十一時四十五分まで、天皇は木戸と会い、こんな重大なことを語っています。『実録』に『木戸日記』とそっくり同じ内容が記されています。

「対米英戦を決意の場合、ドイツの単独講和を封じ、日米戦に協力せしめるよう外交交渉の必要があること、さらに戦争終結の手段を最初から十分に考究し置く必要があり、そのためにはローマ法王庁との使臣の交換など、親善関係を樹立する必要がある旨を述べられる」

注目すべきは、天皇が戦争終結の手段をすでに考えているということです。

こうした木戸との懇談のあったすぐあとで、近衛内閣が倒れた（十月十六日）。倒れたというより、さきの九月六日の御前会議できめられた「十月上旬頃に至るも尚我要求を貫徹し得る目途なき場合」の、ギリギリの日が訪れて、近衛はにっちもさっちもいかなくなり自分の職責を投げだしたのです。陸軍が御前会議の決定をタテに開戦決意をせまったとき、肝腎の海軍は和戦の決は首相に一任すると申し入れました。このとき、戦争の主役となるべき海軍の曖昧な態度をテコにして、はっきりと自分の信念に立って「和」を主張すべきであったのにそれをせず、宰相近衛は無責任にも逃げだしたのです。陸海軍の意見不一致をいいがかりにして。

後に出現したのが東条英機内閣。断々乎として開戦を近衛にせまった陸相東条を強力に推したのは木戸です。議に列した重臣の多くは反対でしたが、「天皇の御言葉があれば、東条は従うから」と木戸は強調し、押しきったのです。ですから、開戦となったとき、「木戸にだまされた」というホゾを噛む思いを重臣たちは抱いたといいます。

十月十六日、まさに近衛内閣総辞職の日の『機密戦争日誌』にはきわめて興味深いことがかかれています。陸軍からみた海軍の無責任さが、このざまを見よとばかりに記されているのです。

「富田書記官長、〔近衛首相の意をうけて〕軍令部総長に『戦争は出来ぬと言って呉れ』と述べたるが如し。軍令部総長『そんな事が云えるか』と。然らば、何故戦争出来ると海軍は正式意志表示し、開戦を決意せざるや。（中略）国賊的存在は海相その人にあり、及川その人の性格に依るや。蓋《けだ》し青史《せいし》に特筆すべき汚点なり」

すでにかいたように、陸海統帥部のいざ開戦にさいしての戦略戦術の不一致は、いっそうぬきさしのならぬほどに深まっていました。激論は火を発せんばかりです。陸軍のシンガポール攻略を第一義とする主張にたいして、「それには時間がかかる。その隙にハワイの真珠湾に常駐するアメリカの太平洋艦隊がどんな攻撃を、どの方向からしかけてくるか予想もできない。それよりも一日も早く東南アジアの資源地帯を占領し資源を確保、対米長期戦に備えねばならない」。そのためには時計回りに一気に攻撃をかけるべきであるとする海軍の、すでに成っている作戦計画が立ちはだかり、頭のいい両軍参謀たちの論争は日ましに激越さを加えていたのです。その海軍の態度が、陸軍にはよほど戦争を回避したがっている弱虫とみえたのです。

ところが、この南方をめぐる攻略法で対立する陸海軍中央部の主張と、まったく異なる考えを秘めていた人物がいました。連合艦隊司令長官・山本五十六大将です。

「そもそも軍令部の思惑通りに、アメリカ軍の太平洋艦隊が太平洋を素直に、真っすぐに進攻してくれるだろうか？」

という、アメリカ側の情勢分析にもとづいた根本的な疑問です。

ハワイの主力艦隊が南方に進むコースは、広い太平洋上で何通りも考えられます。オーストラリア北岸を迂回する可能性もあれば、フィリピンの北側、いや南側を進む選択肢だって十分にありえます。そんなことをせずに北方アリューシャン列島ぞいに日本本土に急襲をかけることも考えられる。寡兵であらゆる可能性に対処しなければ日本に不利な状況にもかかわらず、一点にだけ戦力を傾注するのは危険で、現実的でないという主張でした。

シンガポール攻略戦に全兵力を投入しているときに、米艦隊が日本本土に大空襲をかけてきたら、どう対処したらいいのか。むしろ、ハワイにいる米主力艦隊に先制攻撃を加えて壊滅的なダメージを負わせ、後方を安泰にしたうえで、その後ゆったりと南方へ進軍すべし――これが山本五十六の秘策、まさにコペルニクス的転回でした。

ただし、この作戦計画は山本の発想にもとづいて、連合艦隊司令部の内部だけでひそかに練られていたもので、海軍中央の与《あずか》り知らぬことであったのです。

太平洋戦争のいろいろな作戦の是非を巡っては、いまだに賛否両論があります。なかでも代表的なのが、山本五十六による真珠湾攻撃などというバカげたことを実行したから日本は負けたのだ、という意見です。山本は愚将だという意見はかなり多いのです。

しかし、丁寧にみてみると、陸海軍双方の意見がまとまらず紛糾したなかで、第三の候補として浮上し採用された山本五十六案でしたが、もしこの山本のアイディアがなかったらどうなったのでしょう。シンガポール重点主義の陸軍とパラオから時計回りの海軍とが、そっぽを向き合ったまま戦ったのでしょうか。山本案が採用されたのは真珠湾攻撃の六週間前です。開戦のその日までさらに紛糾がつづいていたことは間違いなく、戦い方も現実とはガラリと違ってゴタゴタしたはずです。

ですから、山本五十六案を実施せずに、従来の陸海軍それぞれ勝手な作戦を踏襲していたら南方作戦も現実的にうまくいったほどすらすらと成功裡には終らなかったのではないか、とわたくしは考えます。あえて実行した真珠湾攻撃で敵の主力を緒戦において徹底的に叩いたことの功績はまことに大きいのです。

つまり、戦争をすべきではないと思っていた山本五十六が、もしどうしてもやれということなら、何とか短期戦で講和に導くためにはこの戦法しかないと考えていた奇襲作戦案は、いわば瓢簞《ひょうたん》から駒ではありましたが、それだけに陸軍と海軍の対立構想をいっぺんに解決させたのです。あえていえば、このときはまだ幸運の女神の微笑が日本の上にあった、というほかありません。

そして不退転の山本の決意のもとに、連合艦隊案の開戦と同時の真珠湾軍港攻撃は、十月十九日に、軍令部の反対を押し切って、

「山本長官がそれほどまでに自信があるというのなら、希望どおり実行してもらおう」

という軍令部総長永野修身大将の決裁によって海軍の正式の作戦となったのはご存じのとお

りです。海軍中央としては、計画している第一段南方作戦の支作戦として、しぶしぶ認めたまでなのです。乾坤一擲の、捨て身の全力決戦など考えたくもなかったのですが……。

✺モスクワ前面で立往生

日本で、陸海の統帥部の激論がまだ極秘裡ながら激しくつづいていたころの十月十四日、モスクワ防衛の西部方面軍の「死守防衛線」の北端カリニンが、ドイツ戦車軍によって突破されました。ソ連国家防衛委員会は、政府と党機関の一部と、モスクワ駐在の全外交団の疎開、そして周辺の工場や学術機関の移転を決定します。モスクワに残留するのはつぎの機関ととくに指定されます。

「共産党中央委員会政治局、国家防衛委員会、軍最高司令部およびそれらに不可欠な付属機関」

翌十五日のプラウダ紙は、きわめて強い語調で危機を伝えます。

「血に飢えたファシストの大軍は、われわれの国の心臓部に迫りつつある。モスクワにのしかからんとしているのだ」

そしてこの日の午後二時には、モロトフ外相が駐ソ日本大使建川美次中将に、外交団用の避難列車は「午後八時または九時にモスクワ駅を出発する」と伝えてきました。米英の大使たちにも同じことが伝えられ、各国の外交団はその時刻に駅に集まったが、発車は延々と遅れ、列車が動きだしたのは十六日午前一時三十分であったといいます。時差がありますが、同じ日に日本では近衛内閣が総辞職したことはすでにふれたとおりです。

ところが、その日、ドイツではヒトラーがほんとうは聞きたくはなかった報告を、モスクワ上空を飛んだ偵察機のパイロットから受けています。

「モスクワ方面は一面に数インチの雪で蔽われております」

その年の冬が、それも例年になく長い雨期をともなう寒い冬が、すでにソ連には訪れてきていたのです。それはまた、ドイツの冬とはまったく異質のものであることを、ドイツ軍の将兵は痛感させられることになりました。十八日の日記に、ドイツ軍の中部方面参謀長グライフェンベルク少将が記しています。

「吹雪が荒れ狂うかと思えば、たちまちに粉雪に変わり、その粉雪が突然雨に変わり、雨が激しくなったと思うと、不意に雪になる……」

そのために、舗装道路にはいたるところ地雷が設置されていてうっかり進撃できないからと、別の道をえらべばそこは粘土をとかしたような泥の海となっている。戦車はもちろん自動車までも深い泥の層にはまりこんでしまう。ドイツ軍の進撃速度は極度ににぶっていく。モスクワに近づくにつれて、いまやドイツ軍にとっての敵は、農民や労働者、さらには囚人に軍服を着せた素質の悪いソ連軍部隊ではなく、天候と路面の悪化という思ってもいなかった自然との戦いとなっていたのです。

このきびしい冬将軍の猛威と、補給不足という想像以上の難敵に遭遇し、モスクワ正面で長く薄く延びたドイツ軍の戦線は、実のところ、いまやいかなる作戦的な名指揮によってもどうにもならない危機に直面しつつあったのです。第二戦車軍司令官グデーリアン大将は妻にあてて、苦々しく悲観的に二十四日に書き送っています。

「ひどい寒さ、みじめな宿舎、不足がちの衣料、人員と資材の損害、どうにもならない燃料補給のひどさ、これらのため戦いはいま苦しみそのものになっている。私は恐ろしい責任の重みに打ちひしがれそうだ。いくらきれいごとを並べても、この責任を肩がわりできる人間はいない」

それは、ドイツの戦勝が幻想となりつつあることを意味する文面でもあったといえるでしょう。潮流はおもむろに逆流しはじめていました。

グデーリアンが妻あての書簡をかいていたとほぼ同じころ、二十三日から連日のように日本では閣議や大本営政府連絡会議がひらかれ、天皇の要望にもとづく内外情勢の分析、国力再調査などの作業がすすめられていました。律儀な東条首相はほぼ隔日に宮中に参内し、天皇に詳細な数字を用いて国策再検討の経過を奏上し、天皇はそれを容れていく。

そのかんにもさまざまな反米・反英的な情報が国内をかけめぐり、国民の好戦熱は巧妙な操作で煽りたてられていました。隣組で鶏卵配給、二人当たり一個、兵役法改正で徴兵延期は適用されず、金属類回収令と生活の窮迫が、米英にたいする敵愾心を燃やすことに役立った。十月二十六日の東京日日新聞の社説は、東条内閣をけしかけるような調子でかかれています。

「戦わずして日本の国力を消耗せしめるというのが、ルーズベルト政権の対日政策、対東亜政策の根幹であると断じて差支えない時期に、今や到達している。われらは見る。日本及び日本国民は、ルーズベルト政権のかかる策謀に乗せられてはならない。われらは東条内閣が毅然としてかかる情勢に善処し、事変完遂と大東亜共栄圏を建設すべき最短距離を邁進せんことを、国民と共に希求してやまないのである」

歴史の流れは滔々として、戦争へ戦争へと、だれによっても止めるべくもないほどの激流となっています。個々人の反対など、元首相の米内大将がいうように、ナイヤガラの瀑布に逆行して孤舟を漕ぐような、はかないものであったのです。戦争はすぐそこにきていました。

このような情勢下、世論に尻を叩かれたためではなく、東条内閣と軍部による国策再検討は、とてつもなく長い生真面目な時間を費やして、〝開戦〟という結論に到達しました。いま起つならば勝算があるというのです。

わが兵力は、陸軍兵力五十一個師団と留守師団十一個師団の総員二百十二万人。十分に米英のアジア方面の兵力と戦える。海軍兵力は三百九十五隻（戦闘艦艇二百三十五隻、その他百六十隻）、一四六万トン（戦闘艦艇九七万トン、その他四九万トン）、重油四五〇万キロリットル、ほかに特設艦船六百十隻、一三五万トン、総員二十三万二千人。そして一般徴用船舶二〇〇万トンです。

これもいまなら米太平洋艦隊と互角に戦えます。また陸海軍航空機は五千七百機、航空揮発油の備蓄は九〇万キロリットルと、これもいまなら十分なのです。

まさに、いざ戦わんかなの秋《とき》であったのです。

ヒトラー、挑発に乗らず

十一月五日、皇居で行われた御前会議は、昭和天皇が即位してから第七回目、十六年になってから三回目のそれでした。事実上の太平洋戦争の開戦を決定づけた会議です。ここで二日に東条首相と両総長より奏上された「帝国国策遂行要領」が天皇によって裁可されました。

その内容は、日本側よりの交渉妥結のための譲歩的提案「甲案」、それが成らぬときは最終譲歩提案「乙案」によって、なんとか天皇の希望どおりに交渉の打開をはかる。そうした懸命の努力にもかかわらず、不成立の場合には、武力発動の時機を十二月初頭とする、ときめたものであります。

会議終了後、用意されていた甲乙両案はワシントンの駐米日本大使野村に送られていきました。「本交渉は最後の試みにして、我対案は名実共に最終案なりと御承知ありたく」と、一緒に発信された外相訓電は、悲壮なことを野村に伝えています。さらに翌日の訓電は「諸般の関係上遅くも本月二十五日迄には調印を完了する必要」があることを強く訴えていました。が、これら甲乙両案と訓電がアメリカ側に傍受されていたことは、改めてかくまでもないことでしょう。

交渉の当事者である米国務長官コーデル・ハルは『回想録』にかいています。

「ついに傍受電報に交渉の期限が明記されるにいたった。（中略）この訓電の意味するところは明白であった。日本はすでに戦争機械の車輪をまわしはじめているのであり、十一月二十五日までにわれわれが日本の要求に応じない場合には、アメリカとの戦争もあえて辞さないことを決めているのだ」

日本側の手の内は、いかに秘すとも、すべてお見通しとなっていたのです。

少し横道に逸れますが、十一月五日、海軍では軍令部総長永野修身から連合艦隊司令長官山本五十六に対して大海令第一号という命令をだします。

〈一、帝国は自存自衛の為十二月上旬米国英国及蘭国に対し開戦を予期し諸般の作戦準備を完整するに決す

二、連合艦隊司令長官は所要の作戦準備を実施すべし

三、細項に関しては軍令部総長をして之を指示せしむ〉

この文言に注目してください。「自存自衛のため」であることが明言されているいっぽうで、「大東亜秩序」や「大東亜共栄圏」という、陸軍が錦の御旗よろしく掲げているお題目は、海軍にはまったく含まれていないのです。要するに、のるかそるか、なのです。

ところが陸軍の大陸命五六四号では、参謀総長杉山元大将から南方軍総司令官寺内寿一《ひさいち》大将に対して、「大本営は帝国の自存自衛を全うし大東亜の新秩序を建設するため南方洋域の攻略を企図す」と命じている。この期に及んで陸軍はあくまで「大東亜共栄圏」を謳いあげているのです。陸海の戦争観の違いがはっきりしています。

のちの「開戦の詔勅」をめぐっても、「自存自衛」という文言は盛り込まれましたが、大東亜新秩序とか大東亜共栄圏、あるいは植民地の解放といった文言は刻まれませんでした。これを盛り込むか否かをめぐっても大もめにもめました。結局はなくなりましたが。

このとき、アメリカでは――。十一月七日、暗号解読されているとも知らない野村は、ハルに甲案を手交している。ところがハルはこれをまったく問題にしようともしませんでした。ニべもなく読み捨てます。なぜならそれはあまりにも現実ばなれしたものであったからです。たとえばその第一項は、

「支那派遣の日本軍は、日支和平成立後、北支・蒙疆・海南島については所要期間(おおむね二十五年目途)駐兵し、それ以外は日支和平成立と同時に撤兵を開始し、二年以内に完了する」

とありますが、一九四一年から二十五年後といえば一九六六年になる。これでは当面の外交交渉というよりも、未来学の範疇に属するというものです。

当然のことながらハルは、単なる駆けひきのための机上の提案として問題にしようともしない。というのも、アメリカ外交は軍部の要請もあり、すでにずるずるとひきのばし作戦をとっ

ていたからです。「攻撃に出るなり後退するなりの決断を日本にまかせる」という坐して待つ態度に終始しているのです。

そしてルーズベルト大統領の関心はもっぱらドイツのほうに向けられていました。夏が終ってからのアメリカのドイツにたいする態勢は「宣戦布告なき戦争」へとエスカレートしていたのです。大木毅さんの『ドイツ軍事史』からまた引用します。

「九月四日、ドイツの潜水艦U－652は米駆逐艦グリーアに追跡され、魚雷をもって反撃した。（中略）ローズヴェルトは九月十一日に、ドイツ海軍の行動は海賊行為であるとし、この事件を契機として、護送海域においては独伊艦船にたいし発見次第発砲すると宣言したのである。こうして、十月十七日には米駆逐艦カーニーの被雷撃、十月三十一日には同ルーベン・ジェイムズの沈没と、一連の遭遇戦が生じ、以後大西洋における独米紛争はより緊迫した状態を迎えることとなる」

ヒトラーはできる限り忍耐をもって応えたのです。彼にとっての第一義はソ連を屈服させること。それゆえに、リッベントロップをとおして、独米戦争を招きかねない日本の南進政策を捨て、独ソ戦援護のための北進を、日本に執拗に要請してきていたのです。

ところがその要請も拒否し、日本は対米英戦を招致するであろう南進政策のもとに、軍部は着々と「いざ、鎌倉へ」とばかりに戦闘準備を整えている。

そして政府もまた、十一月十五日より五日間にわたる臨時国会で、追加の軍事予算三十八億円を、まともに審議することもなく成立させました。これにともなう公債および増税も通りました。代表質問に立った小川郷太郎議員は叫んだ。「私はもはや決戦に移行すべきときであると主張したい」。これに呼応して島田俊雄議員も「ここまで来れば、やるっきゃないというのが全国民の気持ちである」と大声をあげて政府の尻を叩くのでした。東条首相も例のごとく特徴のある抑揚をつけたおごそかな口調で、「帝国は百年の大計を決すべき重大な時局に立っている」と獅子吼します。

そして新聞はそれぞれが勇ましい論陣を張りました。「一億総進軍の発足」（東京日日新聞）、「国民の覚悟に加えて、諸般の国内体制の完備に総力を集中すべきとき」（朝日新聞）。どこもかしこも、対米強硬を笛や太鼓で囃《はや》したてているのです。

「東条の演説が終わると米海軍武官は書記官のほうへ身を乗り出し、『やれやれ宣戦布告はしなかったね』とささやいた」

とグルーの日記にあるほどの強気一点張りでした。

ワシントンの野村がこの時点で頼みの綱としているのは、アメリカ政府が対ドイツはともかくとして、かならずしも日本との戦争を望んではいない、という自分の観察の正しさというものだけなのです。ならば、いまこそ最低限の受諾可能の条件がかかれている乙案を、ハルに提示すべきときであろう。野村は外交的な余計な駆けひきをすべきときではないと考えました。

そしてアメリカがこの最終条件を受諾できないと拒否するならば、日本に残された道はもはや戦争しかないと、強い決意を示すことが、かえって和平の道をきり拓くことになるやもしれない。じつは野村が胸中に描いたこうした期待、可能性への熱き想いは、日本の政治指導者がひとしく抱いた願いでもありました。

そしてまた、もしアメリカが否という答えを示したら、日本は自存自衛のために宣戦をするという正当な理由をもつことができる、そうひそかに決意をもしていたのです。

同じころソ連では、十一月七日、クレムリン前の赤の広場で、十月革命を祝う恒例のパレードが行われていました。ただし、ドイツ軍機の空襲を避けて午前五時から行進がはじまりました。まだ夜も明けず、空は雪を降らす雲で蔽われていましたが、壇上にならぶ首脳らの中央にスターリンの姿がはっきりと認められて、パレードの将兵たちや、少数の観衆たちは大いに胸を喜びではずませました。われらが首相はモスクワにとどまっているのだ、われわれと一緒に戦っているのだ、と。その彼らに向かってスターリンの短いながら力強い言葉が拡声器から流れでます。

「諸君！　敵は、恐怖におののいているわが国の弱いインテリどもが考えているほど、強くはないのである。（中略）諸君の戦いは正義の戦いなのである。ドイツ人侵略者に死を！　レーニンの旗のもと勝利に向かって前進せよ！」

ヒトラーが期待するほどは、押しまくられつつもソ連軍は闘志を失ってはいなかった。その粘り強い民族性がなお生々としていたのです。

✹あとは陸海軍の番だ

あとのやや錯雑した歴史の流れをくわしく追うことは省筆しますが、こうして十一月二十六日、アメリカは日本からの交渉妥結案を拒否して、いわゆるハル・ノートを突きつける日がやってきたのです。

いまその文飾を洗い流してしまえば、ハル・ノートが日本に提示しているのはつぎの四条件ということになります。

(一) 中国およびインドシナからの日本軍および警察の完全撤退。

(二) 日米両国政府は中国において重慶(蔣介石)政権以外の政権を認めない。

(三) 日米両国政府は中国におけるいっさいの治外法権を放棄する。

(四) 第三国と締結した協定を、太平洋地域の平和保持に衝突する方向に発動しない。

わかりやすくすれば、(一)は中国や仏印など日本の占領地放棄を、(二)は汪兆銘《おうちょうめい》政権の否定、満洲国の解消を、(四)は日独伊三国同盟の有名無実化を要求するものと、日本に解釈されるほど強硬なものでありました。つまり大日本帝国は一九三一年の満洲事変以前の線に戻れといわれたことになるのです。ですから、これはアメリカの対日交渉断絶、宣戦布告だとの判断を、政府や軍部が抱いてしまったのは当然かもしれません。前後合すれば営々一年近く話し合いをつづけてきた意味はすべて水泡と帰したことになるからです。

ハル・ノートの前日、南方軍総司令官寺内寿一大将はすでに征途につき東京を発《た》っています。真珠湾の米太平洋艦隊を攻撃する任務をもつ南雲《なぐも》忠一中将指揮の海軍機動部隊は、ハル・ノート到着の日の午後六時、千島の単冠湾《ひとかつぷわん》から勇躍出撃しています。ハル・ノートがあろうがなかろうがすべては予定どおり。十二月一日午前零時までに交渉が成立しなければ、対米宣戦布告が発せられる。外交交渉には、はや残された時間はなくなっていたのです。

二十九日、宮中御学問所で、天皇と重臣（首相経験者）たちの懇談会がひらかれました。重臣たちはこもごも自分の意見をのべましたが、政府の開戦決意にやや疑問を呈したのは、岡田啓介、近衛、若槻礼次郎、米内光政、広田弘毅《こうき》であったとされていますが、『昭和天皇実録』はそのことを明確にしています。

これを知らされた軍部は憤然とします。『機密戦争日誌』にはその怒りが記されています。「国家興亡の歴史を見るに国を興すものは青年、国を亡ぼすものは老年なり。重臣連の事勿《なか》れ心理も已《や》むなし。若槻、平沼連の老衰者に皇国永遠の生命を托する能わず。吾人は孫子《まごこ》の代まで戦い抜かんのみ」

すべての手続きは終りました。あとは十二月一日の御前会議で、形式的に開戦を決定すればいいだけです。戦闘開始の準備はすべてととのっていると考えられていました。矢は弦につがえられ、弓は満月のように引きしぼられているのです。

アメリカでも、野村にハル・ノートを手交したあと、スティムソン陸軍長官から電話をうけたハルは、まことに意味深《しん》なことをいっています。

「I have washed my hands of it, it is in the hands of You and Knox, the Army and Navy」（私はそれから手を洗ったよ。あとは君とノックス〔海軍長官〕の手中に、つまり陸軍と海軍の手中にある）

スティムソンは「こんどはお前の番だ」といわれてがぜん動きを活潑にしだします。もともと対日強硬論者のかれは、日本とうまくやっていくには、ヨーロッパの国々と違い、手荒く、強引に扱うことだという信念の持ち主でありました。午前九時半、参謀本部作戦部長ゼロー准将、海軍作戦部長スターク大将、そしてノックス長官をよぶと、てきぱきと指示を下しました。

こうして陸軍参謀総長マーシャル大将の名のもとに、マッカーサーやハワイ方面陸軍司令官ショート中将に送られた「極秘・優先扱」戦争警告はつぎのものでした。

「対日交渉はすべて事実上終了したものとみる。ただし日本政府が思い直し、会談継続を提案してくればこのかぎりではない。日本の今後の行動は予想しがたい。いつ敵対行動に出るかもしれない。もし敵対行動が避けられないものとすれば、アメリカは、日本が最初の歴然たる行動を敢行するのを欲する」

「日本が最初の歴然たる行動を敢行」すなわち「第一撃を日本にやらせよ」、それを欲している、これは間違いなくルーズベルトの意思でもありました。

ルーズベルトは世論の支持のもとの戦争ということを必死に願っていたのです。感情的な孤立主義者たちがひっくり返って、逆に感情的な好戦主義になる、そんな状態をつくって戦争に突入することをはじめから意図していました。かれの政策はその点では一貫していたといえます。どんなことをしても〝大統領の戦争〟になることは避けねばならない。そのためにも、「ヒトラーからの一撃」が必要でした。なのに、ヒトラーは忍の一字をとおしている。それならば、「日本軍の第一撃」が必要ということになる。それなくして、世論の支持なしに戦争に巻きこまれれば、かれの政策、いや、かれ自身の地位が危うくなることは明白なのです。その目論見と工作が図に当たって、日本が間違いなく攻撃をしかけてくる。それゆえに、スタークン海軍作戦部長が麾下の極東艦隊司令長官ハート大将（在フィリピン）と太平洋艦隊司令長官キンメル大将（在ハワイ）などに発した命令に、ルーズベルトはすこぶる満足したのです。

「日本の侵略行動がここ数日中に予期される。日本陸軍部隊の兵力装備および海軍作戦部隊の編成は、フィリピン、タイまたはクラ地峡（タイ南部）もしくはボルネオにたいする上陸作戦を示唆している。……」

これでもわかるように、日本軍は南方方面で作戦行動を開始する、第一撃は南方方面において、として、南アジア各方面は所要の措置をとるよう強く指示しています。しかし、ここに明らかなことは、この警告に「真珠湾」はふくまれてはいない、ということです。

同じころ、モスクワ時間二十八日午前零時、クレムリンの地下参謀本部では、夜になると生き生きとしてくるソ連軍最高司令官スターリンが、暗い顔で大地図テーブルの前を行ったり来たりしていました。前線からはいぜんとして、モスクワ陥落近しを告げるような報告ばかりが送られてくるからです。

ついに意を決したかれは、いまは前線のモスクワ守備軍総司令官になっているジューコフ元帥に電話をかけ、戦術的決定を下します。「反対するものがあろうとかまわず、戦線東北端のドイツ軍に即刻二個旅団を投入し、犠牲をいとわずこれを撃退せよ」と。

しかし、スターリンもジューコフも知らなかったのですが、そのときドイツ軍の多くの師団では、四〇パーセント以上の将兵が足に凍傷を負って、動きもままならない状況にあったのです。凍ったのは足ばかりではない。カービン銃も機関銃も役に立たなかった。戦車のエンジンも凍って容易にかからなくなっていました。補給物資がとどかず飢えた兵士たちは、凍死した軍馬を食べはじめます。ジューコフがのちに語っています。

「ドイツ兵の捕虜を見たとき、将校も兵も全員がぴったりと合う靴をはいていた。ドイツ参謀本部にたいする敬意がいっぺんにぐらついたものである」

ソ連軍の将兵はひとまわり大きな靴を給与されている。かれらは冬期にはその隙間にわらや新聞紙をつめて暖かくして、凍傷を防いでいたのです。

ソ連軍も防戦につぐ防戦で疲労困憊していましたが、わずかに冬将軍の下で戦う方法を知っていたゆえに、辛うじて持ちこたえている。戦場全体が降雪ときびしい寒さに凍結してしまっていたのです。

重慶では、二十八日朝の五時、蔣介石は早起きもなんら苦とせず、宋子文《そうしぶん》のアメリカからの電報を受けとり、すっかりご機嫌になっていました。電報は、宋子文が面談したときのスターク作戦部長の言葉を伝えていたのです。

「中国於此絶対無須顧慮、美方対日所提主要条件之一、即為日本須離脱軸心、此挙日本勢難弁到、恐日本切腹之時非遠矣」（中国は少しも心配することはない。米国は日本につきつけた条件の一として日独伊三国同盟からの離脱を要求した。日本はこれを受諾することはできないであろう。結果として日本は切腹〔自殺的戦争〕のときを遠からず迎えることになる）

アメリカはやっぱり中国を見捨てなかった！　蔣介石にとっては、この事実は最高の老酒をのむよりも美味であったのです。

その前日の二十七日、南雲《なぐも》機動部隊はきめられた航程を一路突き進んでいます——この日天候はよかったのですが、波濤のうねりは大きかった。気温四・五度、針路一〇〇度、速力十二ノット。戦艦霧島は開距離三万メートルで砲戦訓練を行います。駆逐艦霞《かすみ》の艦上から水兵一名が海中に転落し、そのまま波にのまれて行方不明となる。艦隊は事故を見捨てて進む。あとは異状なし。この日まで、すでに二六七海里を航行し、ハワイに刻々と近づいているのです。

そして十二月一日、十六年になって四回目の御前会議がひらかれました。それはまさに儀式そのものといってよいものでした。それでも長々と『昭和天皇実録』は記録にとどめています。

「まず首相より、十一月五日の御前会議以降、対米国交調整の成立に努力したが、米国が我が軍の支那よりの無条件全面撤兵、南京政府の否認、日独伊三国条約の死文化等を要求したため、我が国は自存自衛上、米英蘭各国に対して開戦の已むなきに立ち至りし次第を述べた後、本日の議題『対米英蘭開戦ノ件』につき審議を願う旨を表明する。（中略）枢密院議長より、我が国は対米交渉において譲歩によって平和維持を希望したが、米国は蔣介石の主張を代弁し、従来主張の理想論を述べ、その態度は唯我独尊にして甚だ遺憾であり、我が国として仮にこれを甘受すれば日清・日露戦役以来の成果を失い、満洲事変以来の結果をも放棄することとなるため、到底忍びがたいこと、特に四年以上の支那事変を克服してきた国民にこれ以上の苦難を与えることは忍びないが、我が国の存立を脅かされ、明治天皇の御事蹟をも全く失うことになっては、これ以上手を尽くしても無駄であるため、先の御前会議決定のとおり開戦も已むを得ないと考えること、なお今回は長期戦となることは已むを得ないが、その場合には勝利を得つつ民心の安定を図るべきこと、なるべく早期に戦争を終結することを考えておく必要があること等を述べる。（中略）最後に首相は、今や皇国は隆替の関頭に立っており、開戦と決定すれば、一同共に政戦一致施策を周密にし、挙国一体必勝を確信し、全力を傾倒して速やかに戦争目的を完遂し、誓って聖慮を安んじ奉らんことを期すと述べ、会議の終了を宣言する。午後三時四十五分、天皇は入御される」

木戸内大臣は天皇から御前会議の様子を聞いて、「運命というほかはない」といったといいます。

翌二日、山本連合艦隊司令長官は全軍に命令を発しました。
「ニイタカヤマノボレ　一二〇八」[*5]
開戦は十二月八日と決したのです。

✺モスクワ前面での大反攻

そして十二月四日、ヒトラーは日本からの強い要望をうけて、日米戦争勃発のさいに単独講和ないし休戦協定を結ばない、ただちに対米参戦をする、という日本との約定にOKを下しました。つまりドイツは日本とともに対米戦争に突入することを、すでに真珠湾攻撃の直前にきめていたのです。ルーズベルトの深謀遠慮は見事に的を射たことになるわけです。

その翌五日、モスクワを防衛していたソ連軍が、新しい兵力を加えて、零下二〇度の極寒をついて、突如大反撃に転じました。ドイツ軍にとってはまさかのソ連軍の全面攻撃でした。ルーズベルトとチャーチルの個人的といってもいい援助が見事に実を結んだのです。ウルトラ情報機関を通じて、モスクワ前面に展開するドイツ軍の配置や兵数や作戦計画について極秘に詳細をチャーチルが知らせてきていたのです。さらにはアメリカより送られてきた厖大な軍需物資の投入があります。大西洋憲章のあとの往復書簡での約定をルーズベルトはできる範囲ぎりぎりできちんと守ったのです。こうした武器弾薬のお蔭で、ソ連軍は反撃が可能になり、絶望的な戦況を一変させることができたのです。

バトラー『ローズヴェルトとスターリン』を引用します。

「船積みは事実上ただちに開始された。十月末までには爆撃機一〇〇機、戦闘機一〇〇機、戦車一六六両（すべてに予備部品と弾薬が付けられていた）、さらにトラック五〇〇台を輸送する船が航海中であった」

このようにしてアメリカからの軍需援助はかぎりなくつづけられました。これでソ連軍は潰滅の危機から救われたばかりではなく、反撃のための強大な戦闘力を一気に回復していったのです。しかも、日本の北進はなしとの情報を得て、ソ満国境から精鋭の二十個師団をモスクワによび戻すことが可能になっていました。[*6]それで、ジューコフがスターリンの命をうけて、モスクワ東北方から反攻を開始したときは二個旅団であったのが、いまや全戦線を合して十個軍（百師団）が戦列に加わるという大兵力になっていました。ソ連軍の兵力は枯渇していると信じていただけに、ドイツ軍はこの大攻勢に虚をつかれすっかり浮き足だってしまいました。

ドイツ軍のグデーリアン大将は、モスクワの市街を遠望できる『戦争と平和』の作家トルストイの墓のそばにある前線司令部で、戦況報告と地図を前に完全に絶望していました。文豪が描いたナポレオンのモスクワ退却のときの惨たる情景がいやでも思いだされます。われわれもまた、ひとたびこの雪と泥のなかでの退却をはじめたら、それは収拾のつかない壊滅状態で敗走につぐ敗走となるであろう、と。

将軍は進出している戦車と装甲車の部隊をよび戻し、強固な防禦線を固めることを決意しました。それ以外に、ソ連軍の大攻勢をうけとめて麾下の機甲部隊の崩壊を喰いとめる術はない。しかし——。

「結局においてモスクワ攻撃は挫折した。われわれは敗北を喫したといわざるを得ないのだ」

と、不屈の名将グデーリアンも、この日の午後になって、ついに認めました。そののちに、ヒトラーはあっさりとこの歴戦の闘将をクビにして機甲部隊の訓練を任務とする検閲総監に飛ばしました。のみならず、かれを筆頭に三十五人もの軍司令官ならびに師団長たちが不名誉な扱いをうけ、帰国を命じられているのです。

「この野獣（＝スターリン）を屠るべし！」とプロパガンダや精神力で、ドイツはなおもソ連軍に抗戦しようとした

このように惨たる状況下で、常勝を誇ったドイツの全機甲師団は敗走するほかはなくなります。ドイツ軍不敗の神話はここに崩れ落ちました。もはやこの戦争にドイツの勝利はなし、といい切ってもいい戦勢へと一挙に逆転していったのです。モスクワ前面でのドイツ軍の捕虜五十万、捕獲された戦車一千三百輛、火砲二千五百門と記録に残されています。そうした絶望的な戦勢

にもかかわらず、ヒトラーは全指揮官にたいして、一歩も退却することを禁じ、厳命を下しつづけるのです。

「敵味方とも力を使いはたしているいま、勝利をもたらすのは意志の力である。最後の努力をもう一度ふるい起こせ。そうすればモスクワはわれわれのものとなる」

長々と、ほんとうに長くこの探偵報告をかいてきながら、わたくしはどうしても、国家というものは所詮、〝天〟の意志というものの抗し難い力によって押し流されていく、とする歴史観にとらわれてしまうのです。人間の愚かさゆえ、それから逃れられないのだ、天の意志を汲みとることはできないのだ、という思いを抱かざるを得ません。有能な指導者がその流れに逆らって、方向を変えようと、あるいは速度をゆるめようと、どんなに奮闘努力しても、歴史の大きな勢いのある流れを押しとどめることはできない、という無力感、体系的な思考の空しさ、といいかえてもいいかもしれません。

なるほど、国家はそれぞれがきまった運命をもっている、ということの合理的な証拠はありません。そうした運命論は無意味であるとの理性的な説も首肯できます。しかしながら、日米関係の、戦争か平和かの危機的な状況を世界史の上においてみると、理性の力より〝天〟の意志によって……と、悪いほうへ悪いほうへと引っぱりこまれていってしまう、といわざるを得ないのです。いっさいを呑みこむ歴史のうねりへの畏怖といったらいいでしょうか。それがこの長い長い探偵報告の結論である、とは、まことに情けないことながら、です。

対米英戦決断の日

歴史に「もしも」はない、とは承知していながら、モスクワ前面に展開していたドイツ軍がすでに十月末には雪と泥にまみれて全滅的な苦境に陥りはじめ、モスクワ占領は夢と化しつつあるということを、もしも日本政府や軍部が早く知っていたならば、といささか未練がましく問いただしたくなるのです。二ヵ月とは欲ばりません。一ヵ月の余裕で十分です。いや、日本政府と軍部が冷静になって、国土と民草の安全を第一に考えて、ハル・ノートを受諾することにして交渉を、そのままゆっくりとつづけていたら、です。そうすれば、世界史の潮流が逆流したことを知り得て、日本人の熱くなりきっていた頭がさあーと冷えたに違いないのです。急転回する世界情勢に、開戦決定の御前会議から十日もたたないうちにいやでも直面することになったはずなのです。結果としては、戦争の見通しは成立し得なかった。それはいかに誇大に勝利を妄想しても、不可能という結論をださざるを得ない事態の到来であったからです。

くどい説明になりますが、過ぐる十一月十五日、じつは、大本営政府連絡会議は十分な討議をへて戦争終結（講和）の目途についての結論をだしていました。そこに注目したいのです。それは簡明にしてしまうとつぎのとおりで、アメリカを戦争で全面的に屈服させることができるなどとは、さすがの〝無敵〟陸海軍も考えてはいませんでした。

①南方諸地域への初期作戦が成功し、石油・ゴム・錫など自給の途を確保し、長期戦に耐え

ることができたとき。
②敏速積極的な行動で重慶の蔣介石が屈服したとき。
③独ソ戦がドイツの勝利で終ったとき。
④ドイツのイギリス本土上陸が成功し、イギリスが和を請うたとき。
そのいずれかのときには、アメリカは孤立して戦意を失うであろう、そして栄光ある講和にもちこむ機会がある、と想定したのです。それが日本の戦争終結案の骨子でした。それ以外の方策はないのです。とくに、③と④とがかならず到来するものと信じ、ゆえに勝算われにありと。つまりドイツの勝利を徹底的にアテにしきったのです。

しかし、そんな目論見で開戦を決断した半月後には……。

架空の話はこれまで、です。大日本帝国は十二月一日の御前会議で、対米英蘭との開戦を決定し、陸海軍は練りあげた作戦どおりの行動を開始していました。

ハワイ時間の十二月七日午前六時、日本時間では八日午前一時半、機動部隊の旗艦である空母赤城の甲板より零戦がエンジンを一杯にふかしてすべりだしました。戦闘機隊隊長板谷茂少佐機です。先頭であるがゆえに、発艦距離が短く、飛行甲板を離れた瞬間に機体がすうっと沈んで視界から消えた。しかし、たちまちにふわっと浮き上がるような感じで、ふたたびその姿が現れたとき、艦上からは喜びと感動の歓声が一気にわきました。

その日、攻撃隊総隊長淵田美津雄中佐機を先頭に立て母艦上空で進撃隊形をととのえて、十五分後に真珠湾に向かった男たちは、生涯においてもっとも美しい夜明けをみました。天候はあまりよくはなかった。雲量五ないし七。編隊は高度三千メートル、畳々《じょうじょう》たる雲上をはうようにして飛んでいきます。真っ黒にみえていた脚下の雲が、しだいに白みをおびてくる。それを切り裂くようにして、真っ赤な大きな太陽が水平線から光の矢を放つのをみました。日の出は現地時間六時二十六分。白い雲海のまわりが黄金色にふちどられ、壮麗に輝きはじめます。

淵田中佐が戦後に語ったところによりますと、

「グロリアス・ドーン！」

と、中佐は眼に眩《まばゆ》い朝の光に心うたれ、思わずつぶやいたといいます。Glorious Dawn、それは大日本帝国の新時代の夜明けを象徴するかのように、中佐には思えました。「よき時代に男に生まれたことを誇りに思い、日本の運命がわれわれの双肩にかかっている」ことを痛感したといいます。

おそらく、その日、真珠湾上空に飛んだ第一次・第二次を合わせた七百六十五人の搭乗員全員が同じ感懐を抱いたに違いありません。彼らはえらばれた戦士の一員として、新しい時代の開幕を告げる戦闘に参加していると考えた。彼らは未来のなかに、新しい歴史のページのなかに、自分たちの姿をはっきりと思い描くことができたのです。それこそが男子の本懐というものであると思いました。

しかし、昭和史における事実はどうであったでしょうか。大日本帝国の輝かしい未来があったかどうか。それはもう、これ以上はかくまでもないことであったのです。

＊1――昭和十四年の阿部信行内閣のとき、野村吉三郎は外相として入閣した。シロウトそのものの海軍大将の外相着任、それだけで外務省はひっくり返った。その上に野村がやったのは、外務省の主流となっていた革新派にたいして人事異動という容赦ない大鉈《おおなた》をふるったこと。新次官の谷正之に、野村はいったという。「革新派とか何とかと称する白鳥敏夫一派の親独派の若いものはそれぞれ外に転出させて、今年中にほとんど全部中央から外へ出ることになる。すべて徹底的にやる」。そしてこの荒療治を実行に移し、これまでの枢軸外交から自主外交へと転換する方針を大きく打ちだした。そして……とくわしくはかく余地がないが、その後に、結局はふたたび中央に戻ってきた枢軸派の秀才官僚たちが、野村の大使着任を快く迎えるはずもなく総スカン。新駐米大使として日米交渉の衝にあたる野村に、外務官僚が親身になって協力する、なんてことはありようはずがなかったのである。

＊2――この草案は、ウォルシュ、ドラウト、井川忠雄の三人と、その後に陸軍省軍事課長岩畔豪雄大佐が野村大使から「日中戦争に通暁する人物を特派してほしい」と依頼されてワシントンに赴いてこれに加わり、この四人でまとめあげたものである。岩畔の回想によれば、実質的には「岩畔案と呼び得るもの」であるそうな。いずれにしてもハルがその作成に関係するところはまったくなかった。

＊3——スターリンのもとには、さまざまなところからドイツ軍の侵攻近しの情報が入っていた。イギリスのウルトラ情報で知ったチャーチルが直接に伝えた、というし、日本のゾルゲからも「ユーゴスラヴィアとギリシャにたいする攻撃が、ソビエトへの攻撃時期を六月下旬に遅らせるかもしれない」との極秘情報が暗号で伝えられてきていた。しかし、スターリンは「イギリスとの戦争にケリをつけていない状態で、ヒトラーがソ連を攻撃することはなく、少なくとも一九四二年までは戦争は起こらない」と勝手に信じきり、それらいっさいの危機情報を無視してしまったという。

＊4——事実、九月二十九日より十月一日まで、アメリカは武器貸与計画局長、イギリスは軍需大臣が代表となって、モスクワで米英ソ三国会議が行われて協定を結んでいる。そして日本のモスクワ駐在の同盟通信特派員がたしかに「近く開催の予定」とその記事を九月十八日に日本に送ってきている。それによると、「ソ連にたいする軍需品供給は如何なる方法経路によって行うかが会談の中心となろう」とあって、「ウラジオストク経由が最良なれど、当然のこと日本が黙ってはいないであろうことが議題となった」と報じている。さらに興味深いことは、「官辺情報によれば、英米両国は『日本〔の侵略行為〕を止める』共同政策に、ソ連も直接参加する確約をモスクワから得たといわれている。英米のソ連にたいする〔援助の〕代償としてであるが、協定内容の詳細は全然わからない」とも情報を送りとどけ、日本の新聞もそれを掲載した。米英ソの接近がもうこんな早いときから行われていたとは!?　とやはり思わざるを得ない。

＊5——隠語による命令は陸軍に発している。「ヒノデハヤマガタ」というものであった。意味する

のは、ヒノデは開戦日、ヤマガタは八日のことである。かねて開戦日については十二月一日から十日まで、それぞれ(一)ヒロシマ、(二)フクオカ、(三)ミヤザキ、(四)ヨコハマ、(五)コクラ、(六)ムロラン、(七)ナゴヤ、(八)ヤマガタ、(九)クルメ、(十)トウケフの順に、都市名による隠語がきめられていた。

また、この有名な「ニイタカヤマ……」も、そのまま打電されたものではない。暗号ゆえに、当時海軍の使っていた数字暗号で打たれているが、当時の「D」暗号書は現存しない。ミッドウェイ海戦後にD暗号を継承した「呂」暗号書は残っている。そこで、それを使って「ニイタカヤマ……」を再現すると、つぎのような五ケタの数字で打たれたのである。

「95905 98336 23472 86246 05084 28192 75920 14315 34090 79633 29327」

＊6――この情報は、スターリンが信頼をよせていた暗号分析官からもたらされたものという。彼らは、真珠湾攻撃の約十日前の十一月二十九日に、日本の外務省が駐独日本大使館あてに打電した暗号電報から読みとったという。しかもそれは解読に何とか成功したその日のことであったというから、何という偶然かとびっくりさせられる。日本大使からリッベントロップに渡されたこの暗号電報の内容――「攻撃は北にたいしてではなく、南にたいしてなされると総統に伝えて下さい」。そこでスターリンは、ソ満国境線にあった部隊を急遽ヨーロッパに呼び戻す命令を発した。モスクワ正面のドイツ軍への総攻撃の最終段階で、この大部隊が加わることを間に合わせることができたのである。

エピローグ

「ソ連仲介」と「ベルリン拝見」

敗戦から現代へ

＊八月や六日九日十五日

つい先ごろ、ある俳句雑誌でこんな句を見つけて、思わず唸《うな》ってしまいました。

・八月や六日九日十五日

作者名もかいてありましたが、あえて記しません。なぜなら、この話を友人の俳人にしたら、「その句はね、『八月や』を、『八月の』『八月は』『八月に』などと変えていろいろな人につくられていて、俳句の世界ではすこぶる有名なんだよ」と教えられたからです。最初に詠んだ人は不明ということで、作者未詳となっているそうな。[*1]

ところが、いま若い人にこの句を示しても感心するどころか、何ですかこの句は？　という顔をされる。日付がピンとこないようなのです。ということは、この日にあった歴史的大事はすべてが遠い、消えた出来事なのか。昭和史や太平洋戦争についてある程度の知識をもつ人は、六日のヒロシマ、九日のナガサキ、十五日の天皇放送と句意がすぐにわかり、わたくし同様にある種の感慨を示します。いずれにしても、日本敗戦のあのくそ暑かった夏を体験した高齢者が作者であることは間違いありません。

じつは、わたくしはこの九日に、アメリカの原爆投下だけではなく、ソ連軍の不法なる満洲侵攻を加えて、ウムと唸ったのです。要はまだそのことに大いにこだわっているのです。それで以下に、蛇足かもしれませんが、少しそのことについてふれることにします。

すでにかいたように、昭和十六年（一九四一）四月に締結した日ソ中立条約は有効期間は五年間、二十一年四月まで条約は厳として存立していました。この日、それを踏み破ってスターリンは十五日に策定されていた侵攻作戦の計画を早めて、対日宣戦布告をし、極東軍に進撃命令を発したのです。これ以上の理不尽なことはありません。兵力は将兵百五十七万余、戦車・自走砲五千五百輌、飛行機は海軍の掩護もふくめて四千六百五十機。

たいして日本側です。この報告をいち早く関東軍からうけた陸軍の参謀次長河辺虎四郎中将の手記があります。その冒頭に、

「蘇は遂に起《た》ちたり！　予の判断は外れたり」

とあるのですが、この言葉には悲痛をとおり越して、その〝お人好し〟ぶりは滑稽にすら思われてきます。ソ連軍の侵攻はないものと判断していたのです。軍部ばかりではありません。日本政府そのものも腰を抜かさんばかりに驚愕しました。なぜなら、首相鈴木貫太郎が率いる政府は、日ソ中立条約をたった一本の頼みの命綱としがみつき、何とかこの戦争を講和に導きたく和平工作の仲介をソビエト政府に依頼し、その返答をうけとるまではと、戦いをつづけながらじっと待ちつづけてきていたからです。つまり、六日の広島への原爆投下で、もう戦争は土壇場に追いこまれていました。そこへ待ちに待ったソ連政府からの回答がきた。それが、ソ

満国境を越えて撃ちこまれてきた無数の砲弾であり、戦車を主力とする大機械化部隊の侵攻であったのです。

日本人の約束厳守、律義さにはあらためて感服、というより呆れるといったほうがいいか。国際政治の非情さ苛酷さを知らぬ日本人の愚直さもいいところで、日独伊三国同盟を守りに守りすぎて、世界大戦から脱《ぬ》けでて中立国であり得た機会を逸し、日ソ中立条約を頼みの綱としてソ連仲介に国家の運命をあずけた。裏返せば、それほどに外交的な情報収集そして分析能力、国際感覚が欠如していた、ということになるのでしょうが。それにしても、なぜ日本政府も軍部も、ソ連の仲介が可能であると信じ、そのためのいかなる妥協をも辞せずとまで考えたのでしょうか。通説では、対ドイツ戦が終ったあとのヨーロッパでの対立抗争をみれば、対日和平をめぐって、米英とソ連との対立はアジアではより激化する、という手前勝手な希望的観測が日本側にあったから、と説明されています。はたしてそれだけでしょうか。

どうも当時の日本人は、スターリンという独裁者およびソ連人というものを、まったくわかっていなかった。端的にいって、日露戦争の復讐というソ連人が根に深くもちつづけていた対日本への心理的動機を、ついに見抜くことができないままであった、ということになるのではないでしょうか。

老骨の手に余る論議はそれまでとして、あとは余談的になりますが、日本側がソ連仲介による和平にいかにしてのめりこんだのかについて、ちょっと長々と振り返ってみます。「世界史のなかの昭和史」の本道でなく、少しく横道にそれることになりそうですが、真珠湾攻撃とマレー半島奇襲上陸で大戦争を自分のほうからはじめたものの、ついに〝戦争終結〟の方法を見出せぬままに、さきの「八月や」の俳句ではありませんが、美しい国土が瓦礫の山となるまで戦いつづけた大日本帝国の無為無策ぶりを知るためには、いくらかは参考になるかと思います。

昭和二十年の悲惨の裏に

ご存知のように、昭和十九年七月にサイパン島、次いでテニアン島、グアム島が相次いで陥落した瞬間から、この戦争での日本の勝機は完全に失われました。敗北は決定的です。同年六月、米英仏の連合軍はノルマンディー上陸作戦に成功しました。東からのソ連軍だけではなく、西からのこの連合軍を敵として二正面作戦を戦わねばならなくなったドイツ軍もまた、同じころに勝機を放棄せざるを得なくなっていたのです。

戦争「遂行」ではなく戦争「終結」――昭和十九年七月以降の日本にとって、これが最大にして唯一のテーマになったのです。しかし現実には、そこから昭和二十年八月まで、一年もの長きにわたって苛烈な戦争が継続されました。

いったい政府と大本営は、戦争終結の方策をまったく考えようともしなかったのか。

いや、戦争終結を模索していたのは確かです。ですが、そこで直面する最大の障壁が、昭和十八年一月のカサブランカ会談で突きつけられた連合国の「無条件降伏政策」でした。この条件を日本が呑んだとき、どんな苛酷な、我慢のならぬ〝戦後〟を強いられるのか――ここに思いを巡らせたとき、東条英機内閣も大本営も、無条件の降伏だけは反対せざるを得ません。東条内閣は十九年七月に倒れました、いや、正確には倒されましたが、後を継ぐ小磯国昭内閣も無条件の降伏をすんなりと受け容れるわけにはいきません。

では、当時の指導部は、どのような戦争終結策を探っていたのでしょう。

わたくしの見るかぎり、そのさきがけは、東条内閣の最末期にありました。参謀本部内の戦争指導班長だった松谷誠《せい》大佐を中心にして、戦争終結の方策に関する研究がすすめられていたのです。ドイツ通が幅を利かす陸軍内にあって、松谷は英米派を任ずる軍人でした。その松谷が戦争指導班長に着任したのは十八年三月。あるいは研究は着任後すぐに始められたのかもしれません。

翌十九年七月上旬にまとまった研究報告では、次のように記されていました。このときはマリアナ諸島堅持が絶望と考えねばならない時期です。

「帝国としては甚だ困難ながら政略攻勢により、戦争の決を求めざるを得ず。この際の条件は唯一国体護持あるのみ。而して政略攻勢の対象は、まずソ連に指向するを可とす。かかる帝国の企図不成功に終わりたる場合においては、もはや一億玉砕あるのみ」

「政略攻勢により」という部分、本来は「攻勢」ではなく「後退」なのですが、具申する公式文書には、こうかかざるをえない。つまり、攻撃的（または積極的）な外交交渉によって戦争を終結させなければならない、としています。その上で、国体護持のみを唯一の条件として、その外交交渉の窓口はソ連に期待する、と結論づけている。終戦まで一年間つづく「ソ連仲介案」の端緒は、ここにあると位置づけてもよいのではないかと思われます。

戦後に松谷元大佐に取材したとき、「そのほかに妙案のあろうはずはなかった。ソ連が中立条約を破って米英に接近したのは、そのあとのことであったしね。とにかく、無条件降伏政策が大きく立ち塞がっていたから」と、ほんとうに苦虫を噛みつぶしたような顔をしながら、話してくれました。

この松谷レポートをもとにしたより具体的な研究報告は、松谷大佐から近衛文麿へ、近衛から内大臣木戸幸一へ、さらに木戸から海軍大将の岡田啓介や米内光政へと、伝達されていきました。すなわち、七月十八日の東条内閣打倒の重臣工作は、この松谷レポートを端緒に近衛、岡田、米内の三人を中心に行われたものでした。東条のあとを襲った小磯内閣の下、九月十九日に最高戦争指導会議が開催されます。ここで改めて、「断念することなく機をみて対ソ交渉を継続する」ことが決定されます。つまり、十九年九月から「対ソ交渉をとおしてソ連仲介による和平」という基本方針を正式に定めたことになります。

しかし、歴史を振り返ったとき、この「ソ連仲介の和平案」は、楽観的すぎたというほかはないのです。というのも、翌昭和二十年二月四日から、ルーズベルト、チャーチル、そしてス

ヤルタ会談で顔をそろえた（左から）チャーチル、ルーズベルト、スターリン（1945年2月）

ターリンの三者会談が行われ、ヤルタ協定という秘密協定が締結されたからです。米英ソ仏によるドイツの分割占領、国際連合の構想の具体化などが決定されます。さらに、ソ連が連合国側に与《くみ》した上で、ドイツの降伏から二カ月もしくは三カ月後に対日参戦する、とスターリンが約束しました。大喜びしたルーズベルトは代償に「ロシアが日露戦争敗北で失った諸権益の復活」を申し出ます。

「日本が戦争でわが国から奪いとったものを、返してもらうことを私は願っています」

「とられたものをとり返したいというのは、当然の要求でありましょう」

スターリンとルーズベルトとの会話です。日本にすれば、まったくの想定外の出来事です。

もちろん、日ソ間には、日ソ中立条約が存在します。さきにもかいたとおり、この協定の有効期間は五年間で、満了一年前までに双方いずれかが破棄を通告しないかぎり、五年間延長されることとなっていました。協定満了は二十一年四月ですが、ヤルタ秘密協定を締結した時点で、この日ソ中立条約の破棄はすでに織り込み済み。連合国側はそれが当然のことのように意見を一致させます。実際に、満了一年前にあたる昭和二十年四月には延長しない旨を、ソ連は日本側に通告してきました。

ここから先は、歴史探偵の仮説ということになります。

日本の命脈を握る日ソ関係を確認するために、昭和十九年十二月から翌二十年二月にかけて、一人の人物がソ連に派遣されました。その人物は「瀬越良三」名義の旅券を手に、外務省のクーリエ（伝書使）という立場で、背広姿でシベリア鉄道でモスクワに向かいました。じつは、この「瀬越良三」なる人物こそ、瀬島龍三中佐でした。当時、瀬島は参謀本部作戦課の参謀ですから、ソ連滞在中に捕らえられれば、スパイとして処刑されることは必至です。しかし、ソ連側もそうした事情はすべてお見通しとばかり、「瀬越」の入国とソ連内での活動を容認していました。この間、「瀬越」がソ連で何をやっていたのか、その実態は何もわかりません。

わたくしも戦後、瀬島に何度か取材をしたときに、「あのときは、ソ連仲介で和平の可能性がはたしてあるのか、ソ連の動向を確かめに行ったのですね」と幾度も質問しましたが、瀬島元中佐の言い分は、終始一貫していました。

「まったく関係ありません。私のような小童《こわっぱ》参謀がソ連仲介の和平工作などという、大それたことに参画することはありません」

気持ちいいまでの、完全否定でした。

ところが、その後『歩兵第十四聯隊史』という史料を読んでいたときに、高橋照次少佐が寄せた手記に出くわしました。高橋少佐は参謀として、関東軍に異動するさいに、背広姿の瀬島と満洲国の新京（現・長春）まで飛行機で乗り合わせたというのです。当時の新京にあった関東軍総司令部に一緒に降り立ったのです。

高橋少佐の手記には、こう記されています。

「瀬島参謀の任務は何かと申しますと、シベリア経由、モスクワに在る日本大使館へ、日本と米英両国間との講和について、ソ連に斡旋する訓令を持って行った特使であります。私共は総司令部において竹田宮（作戦主任参謀）を初めとしてひそかに壮行の宴を持って、瀬島参謀の重大使命の成功を祈ってお別れしたのです」

そして、この「瀬越」が帰国したのは二月二十四日で、その後鈴木貫太郎内閣が発足するのは四月七日です。この間、瀬島が何をしていたのか、これも定かではありません。ですが、瀬島が、岡田啓介や迫水久常《さこみずひさつね》、さらには木戸幸一たちと意見交換していた可能性は捨てきれません。大本営の一介の参謀にすぎない瀬島が、なぜ岡田や迫水たちと親密な意見交換をできたかといえば、彼らとは姻戚関係にあるのです。瀬島の妻の母親、つまり瀬島の義母は岡田啓介の妹。迫水の妻は、岡田の次女。そして迫水の女きょうだいは、瀬島の妻の実家である松尾家に嫁しています。この岡田啓介以下の面々は和平派として、瀬島のソ連報告を聞いて、ソ連仲介による和平を十分に脈のあるものとして、本気で考えたのに違いありません。

そして四月七日に岡田の後押しもあって鈴木貫太郎内閣が発足すると、迫水は内閣書記官長に就任します。内閣書記官長は、現在のポストでいえば内閣官房長官ですから、政府の実力者であり、政府内の意見調整のキーマンです。この鈴木内閣の下で、五月十四日に最高戦争指導会議が開かれます。鈴木首相以下、東郷茂徳外相、阿南惟幾《あなみこれちか》陸相、米内光政海相、梅津美治郎《うめづよしじろう》参謀総長、及川古志郎軍令部総長が一堂に会したこの場でも、米内海相はソ連仲介に期待を寄せながら、正面きって和平という言葉はまだいいだせないのですが、ここまで入れ込んだ発言をしています。

「海軍としては、単にソ連の参戦防止だけの外交交渉をすすめるのではなく、できれば軍事物資、とくに石油をソ連から買い入れたい」

これはさすがに東郷外相が「そんなことは無理だ」と諫めたのですが、米内の発言からはソ連のヤルタでの心変わりを疑う素振りは、まったく窺えません。ヤルタ会談の内容など何も知らなかった、とみるほかはないのです。

そして六月二十二日になってやっと、といいますか、天皇自ら臨席した最高戦争指導会議の席上で、米内が、

「五月半ばごろに和平をいかに実現するかを考え、方法なども相談していました。それを具体的に進めることにします」

とソ連仲介和平構想を説明し、天皇の承諾を取り付けるに到ったのです。

そこで鈴木内閣は急ぎだします。広田弘毅を介して、駐日ソ連大使マリクとの間で非公式交渉を重ねましたが、色よい返答が得られず断念。それではモスクワと直接に、ということで七月十三日、近衛文麿を特使として、スターリン宛ての天皇の親書を託した訪ソ団を派遣したいとソ連に申し込みます。が、すぐには受け入れてもらえませんでした。「ポツダムで会談があるため多忙」というのが、拒否の理由でした。たしかにポツダムへの出発間際であり、スターリンがことさら日本をだましたわけではないようです。日本側が中立条約があるのであるから、すぐに承知してもらえるものと思いこんだだけ、といったほうがいいと思います。

この特使団は、近衛を団長に、松本俊一外務次官、加瀬俊一、宮川舩夫ハルビン総領事、高木惣吉少将、松谷誠大佐。さらに松本重治、細川護貞という近衛を囲む面々まで、決まっていたのです。そして、ソ連仲介の「お土産」として、「沖縄、小笠原諸島、樺太を捨て（ソ連に進呈し）、千島は南半分を（日本が）保有する程度とする」というびっくりするような内容の文書が残されています。

こうした政府、大本営が「ソ連仲介和平案」一辺倒の戦争終結の姿勢を貫くなかで、七月二十六日にポツダム宣言が通告されたのです。しかしこの期に及んでも、「ソ連仲介の和平」を命綱としてすすめている鈴木内閣はポツダム宣言を「黙殺」してしまいます。日本語の「黙殺」は今ならば「ノーコメント」くらいの意味合いだったのでしょうが、英訳された段階で「ignore（無視する）」と理解された、という見方もあります。だれが訳したのか定かではないものの、最後の最後まで、日本が「ソ連仲介」という戦争終結の方法にすがりつき、努力を重ね、結果としてはソ連に翻弄されたことになったのです。

その結果が、つまりは昭和二十年の惨禍をもたらしました。硫黄島では激戦をくりひろげた末に玉砕し、沖縄における三ヵ月間に及ぶ惨たる戦闘では、民衆をまきこみ数えきれない死者をだし、さらには十万人余が一夜で亡くなった三月十日の東京大空襲をはじめとして、本土空襲を浴び日本中の大小の都市が廃墟と化してしまったことはあらためてかくまでもありません。そして、降伏勧告をいわば無視して、広島・長崎に原爆を投下される――。

こうした日本国内で起きた出来事が、ヤルタ会談を筆頭に五月初旬のドイツ降伏後の世界レベルで蠢《うごめ》いた各国の打算と思惑と複雑にからみ合った経緯は略しますが、もし日本が世界の打算と思惑から目を逸《そ》らさず、ヤルタ以後の的確な情報収集と分析を重ねていれば、昭和二十年の惨禍は防ぐことができたかなと思うのです。すなわちソ連がすでに中立条約を廃棄しているという事実を、もう少し早く知り得たと思うのですが。日本が、自国の身勝手な思惑と希望的観測だけにとらわれてしまったがための惨劇でした。そう思うと、言葉を失うほかはないのです。

✷第三帝国の遺跡を訪ねて

すでに「ヒトラー・ユーゲント」の項（二一五ページ）でふれたことですが、わたくしは一九九〇年十一月、とくにベルリンに一週間滞在するという長いヨーロッパ旅行をしました。それは、第二次大戦の、連合軍の戦勝記念碑（？）ともいうべき「ベルリンの壁」が崩壊して（一九八九年十一月九日）から一年後、東西ドイツ統一がなって（一九九〇年十月三日）一ヵ月後というときの訪独でありました。

それで日本に帰国してさっそく、ベルリン滞在の丸一日を費やして、第二次大戦当時のベルリンの地図を片手に、ヒトラーの第三帝国の遺跡を訪ね歩いたときのことを、忘れぬうちにとまとめてみました。アイザック・ドイッチャーは敗戦直後（一九四五年五月）のベルリンを「鉄とコンクリートの骨組を残して内部は焼け落ち、建物の赤さびた鉄骨だけが突き立っている。……今のベルリンはポンペイやオスティア（ローマ近郊）に似て、見事に保存された遺跡のようにみえる」とかいていますが、〝戦後〟という長い歳月は遺跡を遺跡としてそのままに残しておいてくれるはずはない。ましてや東西に分割されていたのであるから、ほとんど何も残っていないだろうに酔狂な、と思われるかもしれませんが、昭和史を学ぶものとして、ベルリンに来て、ヒトラーは……やはり無視するわけにはゆかない、そう思ったからです。

そのときですらそうであるのに、さらにあれから三十年近くもたって、いまのベルリンはもっと様変わりしていることでしょう。なんの面影もとどめていないに違いない、少しも参考にはならない、まったく余計なこととは思います。が、探偵報告のいちばんお終いの記録として、当時かいたものを参考にあえてかくことにします。お読みいただければと思います。

西ベルリンの、ティアガルテンの森のはずれに、ベンドラー通りをはさんであった陸軍省(国防軍総司令部)と海軍省跡を、まず訪れました。海軍省の建物は連邦保健所やら特殊財産および建物管理事務所やらの、政府筋の雑居事務所になっている。入口の壁にずらずらとならんだ看板のなかに、未来研究所の文字があったのが、何となく夢があるようでおかしく思えました。いっぽう陸軍省のあとはなにもない。もはや森の一部となって諸行無常を訴えるがごとく風が鳴り、鳥のさえずりが聞こえるばかり。

そこから完全破壊をまぬかれたブランデンブルク門と、すぐそばの旧帝国議会議事堂が望見されます。ともにソ連軍によるベルリン攻略戦の最大目標でした。このブランデンブルク門の上にソ連軍の旗が立ったのは、昭和二十年四月三十日午後二時半ごろ、帝国議会議事堂には同じ日の夜十時半にソ連軍が決死的突入を敢行した。そしてベルリン攻防の象徴的映像として残る、議事堂屋根の破風《はふ》を飾る彫刻群像の上に、勝利の赤旗がひるがえったのは、翌五月一日の早朝のこと。どうでもいいことですが、旗を立てたのは偵察兵のエゴーロフとカンタリア両軍曹であったということです。そんなことを思いながら、わたくしは復元された破風をしばし仰ぎみていたことでした。

ブランデンブルク門を占領したソ連軍

この帝国議会議事堂の裏に宣伝相ゲッペルスの家がありましたが、跡かたを留めないどころか、足の踏み入れることもできないゴミ捨て場になっていました。かれがその天才的な演出力を練った宣伝省跡は、ブランデンブルク門の南、ヴィルヘルム通り（当時はOtto-Grotewohl通り）の左側あたりにあったのですが、あたりはだれも住むともない半壊のアパート群となって、荒廃のさながら標本のごとくになっていました。

さらにやや南に下り左折したところ、「壁」のあった通りをはさんで、ゲシュタポ（秘密警察）本部と、SS（ナチス親衛隊）本部の旧建物がならんでいます。かつて前者は東ドイツにあり、後者は西ドイツにあったのです。中間に築かれていた「壁」も、東のゲシュタポ側にわずかに残っていますが、いつまであることか、保証のかぎりではありません。ＳＳ本部の建物はユダヤ博物館として利用されているらしいのですが、屋根の上に屋根をのせたような、そして円柱のならび立つ第三帝国様式のゲシュタポ本部は、いまのところただ朽ちるにまかせているようです。

元ＳＳ本部の建物の前に立ち、全国指導者ヒムラーが一九三八年十一月にのべた訓示の一節を、わたくしは予定どおりつぶやいてみました。「ＳＳの誠実、服従、戦友愛を口にするとき、われわれこそが最良の模範を示さねばならない」。さらにヒムラーは強調します。この誠実という観念には、〝ドイツ的誠実〟のイデオロギー的伝統が存するのである、と。

〝ドイツ的誠実〟とは何なのか。第一には、ヘル（主君・主人）にたいする完全な献身。第二には、自発性。ＳＳ隊員になるとき、ドイツ人は誓ったのです。「私はドイツ国の総統にして宰相のアドルフ・ヒトラー閣下に誠実と勇猛を誓います。私は死ぬまで閣下および閣下の指定される上司にたいして服従を誓います。神かけて！」と。

事実は、こうして多くのドイツ人は恥じることなくＳＳに自発的に入隊しました。その指導集団の三分の一は大学教育を修了したエリートであり、かつその大学卒の三分の一はドイツ法曹界に入る資格をもつ法学部の卒業生であったといいます。かれらは第三帝国において社会的な、政治的な権威をもつＳＳに入りたいと、くり返します、自発的に望んだのです。決して国家から強制されたものではなかった。また将官となったものの一五パーセント近くが、貴族の出身であったのです。

結局は、ドイツの軍部、官僚、経営組織、圧力団体、諸政党、言論界、教育界そして教会など、要するに支配勢力そのものの性格のうちには、ナチスを育てあげる要素（ドイツ的伝統、民族主義、ドイツ的誠実）があったとみるべきなのでしょうか。

SS本部の前で考えたことを、あのときに周囲のドイツ人に洩らしたら、何をいまさらと笑われるか、悪質な妄想だねと叱られたことでしょう。いまのドイツ人の目標や理想はそんなものとは関係なく一変しているよ。われわれの関心は権力になく、繁栄に向けられている。われわれは祖国とかいう言葉にはまるで無関心で、社会的公正や環境保護に関心を抱いている。われわれはヨーロッパのなかのドイツを目指しているんだと、強く抗弁することでしょう。

つまり、ドイツは本来のドイツに変わったのだと。

そして多分、かれらは過ぐる日の戦争については、一九八五年の、あの胸打たれるワイツゼッカー大統領の言葉を引用すると想像されます。

「過去に目を閉ざすものは、現在にも盲目になる……」と。そしていまのドイツは昔とは違うんだともういっぺん強調することでしょう。

ヒトラーの遺言

SS本部から総統官邸跡までの道は、ほんのひとまたぎの距離です。晩秋というより初冬の淡い夕陽を真正面に見すえながら、メモ帳に記しておいたヒトラーが口述した遺書（日付は一九四五年四月二十九日四時とある）の文句を読みながら、わたくしは急ぐことなしにゆっくりと歩いていきました。

「わが将兵の犠牲と死にいたるまでの、彼らと私との同志愛によって蒔《ま》かれた種子は、いつかドイツの歴史の中に花を開いて、国家社会主義（ナチス）運動の輝かしき再生となり、やがて真に統一した国家をふたたびつくりあげるであろう」

と、ヒトラーは死にさいして予言しているのです。さらにかれは地下壕の書斎で、将軍カイテルに最後の手紙をかいています。

「このような大きな犠牲がそのまま空しく終るとは信じられない。……目標は依然としてドイツ国民のために、東の土地を獲得することでなければならないのだ」と。

そうです、四月二十九日の夕方、ベルリン防衛司令部ヴァイトリング大将はヒトラーに、ベルリン内の全防衛兵力を結集し、集中的突破を敢行し、ポツダムでヴェンク大将率いる軍団に合流、ベルリンからの脱出を進言しました。二度目の進言であったといいます。しかし、ヒトラーは首を横に振りました。

「余はベルリンにとどまり、総統の座をもはや支えられぬと余が判断した瞬間に、みずから死をえらぶものである」

と、その遺書にあるとおり、四月三十日の午後四時と五時のあいだに、ヒトラーは総統官邸

みずから命を絶つ直前のヒトラー

の地上から六メートルの地下壕の私室で、拳銃によってみずからの生命を絶ちました。死体は毛布につつまれ運びだされて、帝国官房の庭で約二百リットルのガソリンをかけられて完膚なきまでに焼かれたといいます。

やがて行きついた総統官邸跡には、建設中途であきらかにわざと作業中止したとみられる二階だての、ソ連風の不細工な建物が、無残な姿で建っていました。ベルリンの壁崩壊のとき、日本のいくつものテレビは「これが総統官邸跡です」と広々とした雑草の丘を映しだしていました。あれは嘘なんです。そこはすぐ近くのポツダム広場であり、総統官邸はヴィルヘルム街とフォス街の角にあった事実を、なぜか無視していたのです。それにしてもこの中途半端な建物をみると、もともと完成する意志はなく、ただ柵と“Betreten der Baustelle verboten”（建築場へ出入りを禁ず）の看板を立てるために半端に造っておいた、と疑いたくなるだけでした。わたくしはかまわず入っていって、地下壕の、ヒトラーが死んだ私室の上、それからその死骸の焼かれた場所と思われるあたりに立ってみました。

ヒトラーは死の直前に命令しました。「地下壕は破壊しないこと、私はロシア軍に私が最後の最後までここにいたことを知ってもらいたいのだ」と。その地下壕を、突入したソ連軍はそのあとでどうしたのか、公刊戦史はまったく触れていません。多分、わたくしの足もとの地下にそのままいまも存在しているのではないでしょうか。

とにかく、中途半端な、不細工な建物のほかは何もないのです。ただしばらく立っていると、その何もない建築現場の地の底からヒトラーの遺書の一節、また一節が切れ切れに、だれが読みあげているのかわからないままに、たしかに聞こえてくるような気がしました。

「この六年間にわたる戦争は、種々反動はあろうが、将来一民族の生への意志のもっとも誉《ほま》れ高く、もっとも勇敢なる証言として歴史に残るであろう」

「国民の名誉をこの世の何よりも優先させなくてはならない。知ってもらいたいのは、国家社会主義（ナチス）の国家を建設する任務は数世紀を要する仕事であり、そのためには各人が共通の利害に奉仕し、自己の利害を押さえねばならぬということである」

それは決して幻聴なんかではなかった、といまもそう思えてならないのです。ナチスの運動は永遠に死せず、なのではないか、と。

これで「世界史のなかの昭和史」と題するわが長い探偵報告は終るつもりでしたが、もう一つ、より脱線になりますが、ある意味では大切な報告を忘れていたことに気づきました。このとき、もういっぺんブランデンブルク門に戻りました。そして、日本からはるばる持参した日本舞踊松賀流の舞扇を手に、松賀流の名取として、朗々と謡曲「八島」を詠じながら、歴史的な門の前でひとさし華麗な（？）舞いを舞ったことの報告を。人の世の栄枯盛衰すべて夢の如し……の想いをこめて、わたくしは見事なくらい間違えずに舞ったのです。

〽……敵《かたき》と見えしは群れいる鷗《かもめ》 鬨《とき》の声と聞こえしは 浦風なりけり 高松の 浦風なりけり 高松の 朝嵐とぞなりにける

かく舞いおさめ、万雷の拍手をまわりの外国人観光客から、ほんとうにあびたのです。

おわり

＊1――この句の作者については、じつは、知り合いの俳人谷村鯛夢氏から教えられていまはわかっている。最初に詠んだ人は、海軍兵学校75期の生き残りのいまは亡き諫見勝則氏で、句は平成四年に詠まれたものという。そしてこれを突きとめたのは千葉市に住む俳人の小林良作氏で、何と尾道市にその句碑が建てられていることまで確認しているという。歴史探偵ならぬ俳句探偵もいることを、まことに嬉しく思ったことであった。

あとがき

著者名は忘れましたが、『巷街贅説《こうがいぜいせつ》』という随筆集が江戸時代に刊行されていて、そこに老人を痛烈に嘲笑した六カ条が載っています。なかで「手はふるえ、足はよろめく、歯はぬける、耳はきこえず、目はうとくなる」と、「うとくなる、気短になる、愚痴になる、心はひがむ、身はふるうなり」という二条（正確ではないかもしれませんが）はどうやら覚えています。

いまのわたくしは、自作の一条をそこにくっつけたい心境にあるのです。

「理解力ちんぷんかんぷん、洞察力すっからかんかん、判断力さっぱりぱりん、記憶力がらんどうどう、でるのは同じ話ばかり」

何を戯《たわ》けたことをと思われる方も多いでしょう。本書のゲラを読みながら、そのおのれの老《おい》耄《ぼれ》を実感しているのです。歴史探偵を自称し昭和史に首を突っこんでから、この〝世界史のなかの昭和史〟を主題に報告をまとめることを念頭としてきてはいたのですが、実際に参考史料に部厚い翻訳書を山のように積みあげて一年がかりで挑戦してみると、これはもう手に余る、「おわり」までかき上げたものの、どうもスカッとはいきません。

外してはいけない人物や、後に影響するところ大の事件などがずり落ちているのがわかりながら、これらを上手に物語のなかに編《あ》みこんでいくことができなかった。往年の無茶苦茶に押しこむ腕力はどこへやら吹っ飛んでいるようです。

たとえばムッソリーニ。本書にはちょくちょくその名がでてくることはありますが、二十世紀の世界をひっかき回したという点では、ヒトラーと同じくらい有罪であるのに、すっかり影を薄くしている。しかし、ヒトラーより早く、一九一五年（大正四）に政治の表面に立ち、一九二二年（大正十一）十月二十八日にローマ武力占領を強行し、国王を脅かして組閣を命じさせ、三十一日にムッソリーニ内閣を成立して頂点に立っている独裁者なのです。

頭をそり、あごを突きだし、怒気をふくんだ目をぎょろつかせ、古代のシーザーさながらにローマをパレードする。そして見事に、世界的な英雄に自らを押しあげました。彼の名言、

「どんなときでもイタリア人は野蛮人か道化師のように行動する」

その言葉どおり、激しい行動、暴力嗜好、露出狂的ヒステリーと尊大な野蛮人そのものでありました。しかしヒトラーの傀儡《かいらい》となってからは、道化師のようにヒトラーに操られて踊った。そして昭和二十年（一九四五）四月二十八日の最期のときには、未練がましく命に固執しましたが、結局銃殺され逆さ吊りにされてしまいます。二十年あまり君臨してきたムッソリーニを哀惜するイタリア人はなし、最後まで歴史の道化師であったようです。

もう一人、のちのフランス大統領ド・ゴールがいます。かいている間じゅう気にはなっていたのですが、本書にはその名がついに一回も登場しないで終りました。ドイツ軍の電撃攻撃の前にフランスのペタン新内閣が降伏した一九四〇年六月十七日、ボルドーにいた断乎抗戦派のド・ゴールは、この夜、友人を見送るため空港に姿をみせました。そして友人を乗せた飛行機が動きだそうとしたとき、なんと、彼は死を賭《と》して飛行機に走りよって、開いているドアから飛び乗ったのです。ペタン派の警官や役人がアッと息をのむ間に、ドアは閉まり飛行機は地を蹴って飛び上がりました。そして、チャーチルがいうように「機はフランスの名誉を運んで」ロンドン指して飛んでいったのです。

翌十八日、ド・ゴールはBBC放送で、敗戦で意気消沈しているフランス国民に力強く対ナチス徹底抗戦をよびかけました。

「最後の言葉はまだいわれてはいないのだ……抵抗の炎は消えてはならないし、消えることはないであろう」

この放送により第二次大戦中、ド・ゴールはフランスだけではなく、連合国側の忘れてはならない英雄になったのです。せめてこの事実だけはかいておこうと思ってはいました。書棚に、沢山の史料本とならんでド・ゴール著『剣《つるぎ》の刃《やいば》』（小野繁訳、葦書房、一九八四年）があります。史料探しで書棚の前に立つたびにその本が「俺はここにいるぞ、忘れるなよ」と呼びかけてくるようで大そう閉口しましたが、その要望についに応じられませんでした。

そして事件では、ユダヤ人虐殺についてです。たとえばアウシュヴィッツ収容所の入口にかけられた「労働は自由への道」の標語をユダヤ人はしっかり読んだうえで門をくぐりました。が、労働が彼らをどんな自由へと導いたのか。百五十万人がここで殺されたのです。そのユダヤ人虐殺についても、ふれることができませんでした。

――というような次第なのです。自作の「老人訓」をわたくしはぶつぶつ呟《つぶや》きつつ、まったく年齢不相応の大仕事に取り組んだものだと痛感し、いくらか呆れかえっているのです。

二〇〇四年二月に『昭和史 1926-1945』を上梓していらい十五年がかりで本書までたどりついて、わたくしのやろうと思っていたことは終ったようです。あとはのんびり楽しい隠遁幽居と息ばってみたいのですが、そうもいかないでしょう。うるさい編集者が電車を乗りついでやってきて何だかんだというにきまっています。一緒に日本酒をガブ呑みし、

「人間八十八年、あとは俺のやりてぇことをやって生きるまでのことよ。手前《てめえ》たち木偶《でく》の坊の、余計な意見なんぞいらねぇんだ。大べらぼうめぇッ!」

なんて、大口をたたいているうちに、とんでもない約束をして、あとで寝床で「シマッタ!」と後悔している、という、サマにならないことをくり返すに違いないからです。

ともあれ、そのうるさい編集者の山本明子さんに心から感謝します。ほんとうに長年の伴走は大変であったと思います。ありがとうございました。

二〇一八年一月吉日

半藤一利

【半藤一利・青木理 対談】
歴史は繰り返すのか？

陸軍と海軍

半藤 正直言うと、青木さんよりもずっと若い人に読んでもらいたいと思ってこの本をかいたのですが、なかなかそうはいかないみたいですね。最初に『昭和史』を出したとき、圧倒的に昭和を生きてきたお年寄りの方の反応が多かった。最近は若い人もちょっとは読んでくれるようになったみたいだけど。

青木 いえ、恥ずかしい話ですが今回、『世界史のなかの昭和史』をじっくりと読ませていただいて、半藤さんが「記すまでもないことだが」と前提をつけている事柄であっても、詳しく知らなかったことがたくさんありました。知っているつもりでも、昭和史の生々しい実像に疎い者は多いんじゃないでしょうか。たとえば、うすうす知ってはいたけれど、やっぱり松岡洋《よう》右《すけ》というのはこんなにひどい奴だったのかと（笑）。これは半藤さんの評価が厳しいのではなくて、一般的にそういう評価なのですか。

半藤　実際はもっと悪いんじゃないでしょうか（笑）。『昭和天皇独白録』で、天皇が「ヒトラーに買収でもされたのではないか」と言っているくらいですから。これでも手を緩めたというか。少なくとも天皇をだましているのは確かですから。

青木　陸軍と海軍の違いについてもあらためて教えられました。発想も大局観も、相当に違うんですね。

半藤　ぜんぜん違います。一般的に「陸海軍」と並べますから、同じぐらいの力をもっていると思ってしまいますが、海軍軍人は大将以下約三十万人で、陸軍の約十分の一です。兵学校[*1]の卒業生の数は、士官学校[*2]の三分の一ぐらいでしょうか、ようするに数が違います。もちろん海軍でそんなに大勢養成しても置くところがありません、軍艦の数が決まっていますから。それに海軍は東京にいない。主力は横須賀や佐世保、呉とか地方にいて、政治的な影響力もはるかに小さい。国策を動かす力などほとんどなかったと言っていいんです。

青木　たとえば山本五十六などもふくめ、海軍のほうが大局観があるというか、事態を比較的客観視できていた部分があったのに対し、陸軍という組織は手前勝手な希望的観測にもとづいて突進してしまうとか、病的な面が多いように感じました。単純な発想で言えば、生身の兵隊が地上で戦うわけですから、陸軍の方がむしろ事態を客観視しなければならないのに、なぜこれほどおかしなことになったんでしょう。

半藤　それを簡単に言うのは難しいのですが、陸軍の幼年学校[*3]は中学二年の学力で受験できて、受かれば入っちゃう。中学一年生でも入学できた。そのあと士官学校に進み、成績のいいのは大学校に行くというかたちになりますから、世の中を知りません。それに幼年学校では、一応中学生並みに歴史や地理は習うとしても、もっぱら軍事学です。そう言っちゃなんですが、常識外れの奴がどんどん育つということがあるし、もう一つ、たいへんな閥《ばつ》ができるんです。

青木　いわゆる派閥ですか。

半藤　ええ、東京陸軍幼年学校出身の東幼閥や仙台、名古屋……、昔の一高など高等学校の閥がものすごく強かったのと同じで、ちょうどいま東京大学の開成《かいせい》閥がそのまま官僚になっても生きているのと似ています。それと、本にもかきましたが語学の閥がありました。

青木　幅を利かせていたのはドイツ語ですね。

半藤　これがものすごい影響力があったんです。ただ、今村均（大将）や本間雅晴（中将）がいた十九期だけ、中学出の人が千人以上採用され陸軍の中心になったことがあります。中学出はある意味でバカにされていましたが、彼らは良識的で「文人将軍」といわれて、幼年学校育ちの軍人たちとは全然違いました。陸軍軍人の多くはドイツ語やフランス語はできても、おもしろいくらいに英語ができません。ところが中学出は英語ができる。それだけでもずいぶん離れてしまう。そんなふうに陸軍内は非常に複雑に閥が絡んでいました。そこに出身地の閥も加わる。長州なら長州で、先輩が非常に後輩を引き立てます。明治はともかく昭和の海軍ではそれが比較的ないんですね。その点でも性格が違う。

どちらが開明的かと問われれば一緒くたに海軍と答えますが、陸軍にも優秀な人はたくさんいました。おもしろいのは、陸軍省と海軍省の軍務局が政策を付き合わせる会議をすると、陸軍は山ほどの書類を持ってくるので、手ぶらに近い海軍はたちまち論戦でやられてしまう。何か調べたりする場合、背後の人数が違うので勉強の仕方が違う。余力というか下働きをする人が多いほど材料が集まるんです。書類づくりがものすごくうまかったのが瀬島龍三さん（一九一一—二〇〇七。大本営作戦参謀など歴任し、戦後は実業家として政治経済界に力をもった）です。海軍の人が、あの書類づくりの巧みさには敵わない、こっちが何を言ってもすぐに反論材料を出してきて太刀打ちできない、と感服していました。それで国策を自分たちの都合のいいほうに動かした。軍人というより能吏。瀬島さんはその典型でしょう。

✺タコつぼと正論

青木　瀬島龍三の評伝などを読むと、確かにとても優秀な人物だったんでしょう。ただ、半藤さんの本を読んで再認識した戦前・戦中の日本の問題点は、外交や政治にかかわる国際情勢をきちんと摑み、分析する能力がいちじるしく欠如していたことでしょう。しかも軍が政治をコントロールし、異様な精神論を振りかざして無謀な戦争に突き進んでいってしまった。それらの複合が破滅を招いたわけですね。瀬島のような優秀な連中がいたのに、いったいなぜそんな惨状になってしまったのか。情報分析能力の欠如という点でいえば、一九四〇年の三国同盟調印の際、アメリカ人ジャーナリストがドイツで摑んでいた情報すら日本はまったく摑んでいなかったと半藤さんは書かれていますね。「ほんとうに情けなくなる」と。本当にわかっていなかったのですか。

半藤 あり得ない、いや、あってはならない話なのですが、どうもそのようです。軍関係の人の史料をみると、わかっていなかったとしか考えられない。ところが特派員からの電報は送られている。たとえば日中戦争の仲介策としてトラウトマン工作[*4]がありました。日本が出した条件がトラウトマンによって蔣介石に伝えられ、一応は了解し、これで話し合おうという時に日本が南京を落としたものだからいい気になって、一度自分のほうから提起している条件を引き上げて別のものをつきつけ、その返事を十五日までによこせと言ったけれど蔣介石から回答がなかった。これを「蔣介石は無視した、条件をのまないという意思表示だ」と勝手に解釈して、近衛首相が翌日には「以後、国民政府を対手《あいて》にせず」と声明を発したことになっています。

ところが、本にはかきませんでしたが、あのとき蔣介石は病気だったことが最近になってわかりました。加藤陽子さんと対談したときに、その件は最近の研究によると、蔣介石が高熱を発していて返事するどころの話じゃなかったんですよ、と教えられて驚きました。その後、文藝春秋の資料室で、新聞を一年ごとに綴じている集成版で当時の新聞記事を見ると、蔣介石の病気のことをちゃんと報じてある。ということは、近衛さんも外務大臣も知っていたはずです。ところが陸軍が書いたものには見当たらない。ということは知らなかったのかな、と思ってしまうわけです。

青木 知らなかったか、あるいは都合の悪い事実は知らなかったことにしてしまったのか。

半藤 向こうに駐在武官も行っていますし、新聞記者がいるくらいですから、わかりそうなものですが、やはり知らないことにしたんですかね。

青木 つまり、自分たちがこうあってほしいという希望的観測で客観的事実を覆い隠してしまったと。

半藤 そうですね、そういう例がいくつもあるんです。一つだけかいたのは、ヒトラーとソ連が握手するという情報（この報が入ると参謀本部は驚天動地の大騒ぎとなった）は、当時の同盟通信社（戦後に解散、共同通信社と時事通信社に分かれた）が送っているんです。当時の同盟通信が日本に送った記事が本にまとまっていて、肝心要《かなめ》の二、三か所を見ただけですが、全部報じていますね。ナチスの高官がモスクワに行ってソ連の外務大臣と話し合っている、なんてこともちゃんと送ってきている。ということは、独ソが接近し、独ソ不可侵条約が結ばれる可能性があると読みとらなきゃいけないんじゃないか。

青木 プロローグでかかれていますが、その時代の日本の指導者が「無謀であり無智であった」というよりも、「彼らは自分勝手に進むことだけを知って、停まって周囲つまり世界の動きを冷静に見回して考えることをしなかった」。つまりいろんな情報は入ってきていたのだけど、それをちゃんと精査したり考えたり、分析することをしなかった、ということですか。

半藤 そう思います。『昭和史』の最後で五つの教訓を挙げたのですが、陸軍参謀本部では六、七人の秀才参謀が作戦課というところに集まって、他の人間を一切入れず、自分たちだけですべての政策を決めていました。入口には剣《けん》つきの銃をもった番兵が立っていて、外の人間は、たとえほかの課の参謀であろうと簡単に入ることはできなかった。そういうタコつぼ状態をつくってはいけない、それが教訓の一でした(小集団エリート主義の弊害)。情報課など他部署からの情報は一切認めず、何を余計なものを持ってくるのか、という調子でしたから、結果的には貴重な情報が入ってきても「そんなことあり得ない、デマだ」と屑籠の中に入れたのではないか。

青木 それこそがまさに半藤さんのかかれた「自分勝手で夜郎自大《やろうじだい》」ということでしょう。

半藤 そう考えないと説明がつかないんです。

青木 前からうかがいたいと思っていたことですが、戦後日本は、アメリカのCIAや韓国の国家情報院のような、いわゆる情報機関を持たずにきましたね。かつて後藤田正晴氏は、平和国家であるからこそ「兎の長い耳」は必要だといって情報機関必要論を唱えつつ、それは諸刃《もろは》の剣《つるぎ》であって、政治や社会がきちんとコントロールしないと市民社会に害悪を振りまきかねないから「迷うんだ」とも吐露していました。半藤さんはどう思われますか。情報機関はやはり必要か。

半藤　ぼくは必要だと思いますね。ただし、他の人は一切入れない、自分たちだけですべてを牛耳るようなタコつぼ機関ではいけません。しかし、そうなりやすい性質が日本人にあるんじゃないかと思います。

青木　それはいったいなぜだとお考えですか。

半藤　何なのでしょう。私も会社の役員をやっていましたが、役員会のとき「えっ、そんなこといつ相談したの？」ということがよくありました。陰で相談して、する奴にだけは根回しもして、ポンと成案として出てくる、それが大した議論もなく通っちゃう。やはり派閥をつくりやすい体質なんでしょうか。

青木　あまり好きではない決めつけですが、やはり日本人の民族性なんでしょうか。気の合う連中が寄り集まり、大した議論もしないまま、内輪の都合で物事を決めてしまう。しかも大勢に流されやすく、おかしいことにもおかしいといえず、逆に忖度《そんたく》して不都合な事実は隠したり、知らなかったことにしてごまかしてしまう。比べるべきことかどうかわかりませんが、アメリカのトランプ政権に対するたとえばＦＢＩ（連邦捜査局）や司法省などの動きを見ていると、おかしいことには大統領だろうと何だろうとおかしいと言う公職者がきちんと現れます。日本の場合、近年だと前文科事務次官の前川喜平さんくらいでしょう。誰もがおかしいと感じつつも口を閉ざし、ときには詭弁《きべん》を弄《ろう》してごまかし、隠蔽《いんぺい》し、果ては忖度して関連の公文書を隠蔽してしまう。忖度という言葉は英語への翻訳が非常に難しいそうですね。そういうことの積み重ねが、ほんとうは気づかなくてはいけない情報を気づかせず、あるいは気づいていても知らんぷりしてしまうようなことが起きる原因なのではないですか。

半藤 それは大きいんじゃないでしょうか。以前、青木さんが元外務省の田中均さんと対談されていましたね（スタジオジブリ『熱風』連載「日本人と戦後70年」、対談集『時代の抵抗者たち』河出書房新社所収）。そこで田中さんが仰っていたのは、日本の官僚は官邸が人事権をもったばかりにそっちばかり見ている、だから今の官僚はあてにならないと。読みながら、ああ昔も同じだなと思いました。人事権をもつ人の前で反対をするのは、相当の覚悟と勇気がいります。日本だけなんでしょうか。昔、外国へ行くと、上役に対して「何言っているんです、間違っていると思います」なんて平気でやっていると聞きましたが、およそ日本の会社では見ませんし、それは役員になっても同じですね。陸軍でも海軍でもトップのほうで政策や戦略に関与するようになると、人事権をもたれているわけですから、次の異動でたちまち飛ばされるのは目に見えていて、なかなか言えないんじゃないか。対米強硬派の海軍軍人のひとり藤井茂中佐が言ったという意味深《しん》の言葉があります。「金と人（予算と人事）をもっておれば、何でもできる」というのですが、まったくそのとおりです。

青木 戦前・戦中の日本を眺めると、たとえば公の場で敢然と正論を吐いたのは斎藤隆夫ぐらいですか。国会で堂々と陸軍を弾劾《だんがい》する演説をしました。

半藤　そうですね、見えている範囲では。あとは官僚ではないですが、信濃毎日新聞の桐生《きりゅう》悠々《ゆうゆう》（一八七三―一九四一。同新聞主筆として治安維持法や軍備増強などを批判したが軍部からの圧力で辞職）でしょうか。だけど斎藤さんはせっかく頑張ったのですが、あの演説のおかげで衆議院にかえって国粋主義者の団体（聖戦貫徹議員連盟）ができてしまったり、肝心要の総理大臣の米内光政さんが、足を引っ張られて辞めさせられてしまった。斎藤さんは歴史に名を残しましたが、ああいうことをやるとこういうことになる、結果的に「言わなきゃいいのに」の標本になってしまった気がしないでもないのですが。

青木　ただ、一人だったからそうなりましたけれど、ああいう人が二人、三人、あるいは五人ぐらい次々に出てくれれば……。

半藤　ああ、それは話が別ですね。もし四人や五人ぐらいでグループを組んで強く主張しつづけたら、相当に力をもったと思います。

青木　ストップをかけられたかどうかわからないにしても、軌道修正ぐらいはできたかもしれない。

半藤　ええ、斎藤さんの演説（「すでに二年半も多くの死者を出してきた日中戦争の解決策をきちんと示せ」）は正論ですからね。あれを聴いて、米内さんと畑俊六陸軍大臣は控室で「うーん、正しいことを言うね」と二人して感服したと言います（笑）。みんな耳を傾けたことは傾けたんです。もしあれが四、五人の力を合わせての発言であったなら、ああまで簡単に葬られなかったんじゃないでしょうか。

青木 以前、『サンデー毎日』で保阪正康さんと対談した際、戦前・戦中でいえば斎藤隆夫のような人物を、現代でいえば前川喜平のような人物を、どうやって支え、後に続くような人びとをいかに多く生み出していけるかがこれからの勝負だとおっしゃっていました。

半藤 そう思います。

侮蔑感情の因果関係

青木 本書の中で他にも印象的だったのは、大正末ぐらいから、中国人に対する日本人の侮蔑のような感情が「民草」にも非常に広がっていたという部分です。「民草は怪《け》しからんにも程があると敵愾心《てきがいしん》をつのらせる、なかば侮蔑を加えながら」と書かれていますね。つまり、敵対する国や民族に対して人びとが侮蔑まじりの敵愾心を抱く――読みながら、いまの北朝鮮などに対する日本のムードを想起させるところがありました。なにか共通性はありますか。

半藤 あると思います。いまの日本人がもっている北朝鮮観は、まさにそれと同じじゃないでしょうか。満洲事変を起こして、あまりに中国が弱いのでこんなもんかと思っていたら、第二次上海事変ではとんでもない、ものすごい抵抗を示して日本軍も大きな損害を出した。「えっ、こんなはずじゃなかった」と思ったら、裏にドイツ国防軍がいたと知って、また侮蔑に変わりました。恐れをなしながらかえって侮蔑的になる。「なんだ、ドイツが後ろにいるから強かっただけで、ほんとうは弱いんだ」と勝手な解釈をするんじゃないですか。

北朝鮮に対して、自分にもいくらかそういうところがあるんです。ミサイルだってまだアメリカに届いてないよ、核もまだ積めるほどになってないよと、そう言いながら、違うぞ、北朝鮮に対して侮蔑観があるからそんな風に考えるのかもしれないぞ、と思い直したりもします。ただ、どうなんでしょう。日本にそれほど北朝鮮に関する情報が入っているのでしょうか、入っていないような気がするのですが。

青木　ええ、入っていないでしょう。北朝鮮が異様な閉鎖国家だからという面もありますが、メディアで飛び交う言説も推測と憶測ばかりです。それで危機や敵愾心、そして侮蔑の感情が煽られてしまっている。以前、小泉政権下で内閣官房副長官補を務めた柳澤協二さんの言葉で印象的だったのは、「不愉快な現実にどう向き合うか」でした。北朝鮮がいかに異形の国家でも、いかに気に食わなくても、戦争をしてぶっ潰してしまうことなどできるはずがない。すべきでもない。ならば不愉快であってもきちんと向き合い、粘り強く交渉と対話、説得をつづけていくしかない。また、外交というものは一方だけが得をすることなどはあり得ないわけだから、こちらも譲歩しつつ交渉や対話によって平和を維持していくことになる。日朝関係を大きく歴史的に捉えれば、日本はまだ戦後賠償すら終わっていないわけで、日本側にも多大な負い目があるわけです。ところが最近は「ひたすら圧力をかけてぶっ潰せ」といったふうにしか見えない風潮が蔓延しています。そういう短絡性を政治やメディアが扇動し、まさに「民草」が煽られ、取り返しがつかなくなってしまう位相に入りつつありませんか。

半藤 入っていますね。ことによると、昭和史のときの大日本帝国に対する外国の見方は、それに近かったんじゃないか。アメリカ人や、もしかしたらイギリス人も。基本的には大日本帝国が満洲事変以来どんどん中国大陸に出てきているのを「このやろう、けしからん」と、少し脅威に感じつつバカにしていたと思いますね。

青木 ヒトラーだって日本をバカにしていたわけですからね。

半藤 そうです、『わが闘争』でヒトラーが日本をバカにしているのはアメリカやイギリスも読んでいます。すると日本が北朝鮮を理解していない以上に、あのときの大日本帝国は理解されていなかったかもしれません。

青木 半ば侮蔑も受けながら。

半藤 そうですね。たとえばルーズベルト米大統領。彼の開戦直前の日本人観はこうでした。「日本のパイロットはすべて近眼で、敵に先に発見されてしまうから、撃墜は容易だ。操縦技量はきわめて拙劣で、とうていアメリカ軍パイロットと互角に戦える力はない」と。ほんとうの話ですよ。それを知らないで戦争に踏み切っていった、日本は。

青木 そういえば、ある国際政治学者がテレビのバラエティ番組で、日本には「スリーパー・セル」なる北朝鮮の「テロリスト分子」が潜伏していて、「いま大阪がヤバい」などと言い放ちました。さまざまな人びとがこれを批判しているのはまだ健全だと感じますが、こうした放言がどのような弊害をもたらすかの無自覚さに驚きます。書店にはヘイト本もあふれていますが、こうした言説や風説の流布によって、かつて関東大震災で多くの朝鮮人が虐殺されたわけです。アメリカで日系人が強制収容されたのも基本的には同じ構図でしょう。まったく人間は反省がないというか、同じようなことを繰り返していますね。

半藤 そこを強調すると歴史は繰り返すことになってしまいますが、条件はだいぶ違うとはいえ、人間というのはあまり変わりませんからね。歴史的背景や置かれた条件は変わっても人間そのもの、やっていること、思ったり考えていることは昔とそんなに違いません。だから歴史は繰り返すといえるわけです。

青木 半藤さんは本書でもかかれていますね。昭和の時代、日本は世界に新秩序を作り出すんだという思い込みに浸ったナチス・ドイツと軍事同盟を結んだけれど、これが決定的に取り返しのつかない大失敗だったと。

半藤 そうです。ポイント・オブ・ノーリターン（元に戻れない地点）を越えたときです。

青木 大局観や情報分析能力の欠如、さらには希望的観測に基づく思い込みや夜郎自大的な情勢解釈などなど、原因はさまざまあったと思いますが、これに関連して半藤さんが言及していて目を引かれたのは、トランプ政権のアメリカと仲良くさえしておけばすべて大丈夫だと思っているらしき現政権も、どこかそれと似ているという点でした。いまもそうお感じですか。

半藤　感じています。かきながら、あれ、ヒトラーにくっついた大日本帝国は、いまの日本国と似たところがあるなと思ったんです、もちろんトランプがヒトラーという意味ではありませんよ。ただ、トランプがどういう人か、まだわかっていないときから安倍首相は飛んでいって握手をして、同感である、一緒になってやりましょうという、あれはまさにヒトラーにくっついていった松岡洋右であり近衛文麿であると言ってもいいんじゃないでしょうか。

「日本はずるい」

青木　昭和史というテーマだから仕方ないかもしれませんが、朝鮮半島についてはあまり言及されていませんね。いわゆる日韓併合や朝鮮半島に対する植民地支配についてはどうお考えですか。

半藤　じつは以前『日露戦争史』（平凡社ライブラリー、全三巻）という分厚い本をかきまして、そこでふれています。日本はまずスタートからして、明治の指導者の頭のなかに「朝鮮半島をなんとかしないと国防はできない」という基本的な戦略観があったと思うんです。何も軍人だけでなく、政治家も言論人もそう考えていました。そこで朝鮮半島の李王朝と同盟を結んで、一緒に北からの圧力に抵抗しよう、はじめはそう考えていたと思います。ところが同盟する相手として李王朝はだめだと判断して、それなら取ってしまうより仕方がないと、当時の指導者は考えざるを得なかった。
よく言うのですが、国防という点から考えると、この国だけでは地政学的にともかく守れないんですから。

青木 海岸線が長いですからね。

半藤 しかも真ん中に山脈が通っていて、平野部分は海岸っぷちにしかないような国です。ミサイルがない時代、敵前上陸を防ごうとすればたいへんな兵力がいる。人口からして無理です。太平洋側は海軍力をうんと強くして守りきるにしても、じゃあ陸軍はどうするかとなれば、敵は朝鮮半島を通ってやってくるわけですから、そこをなんとかするしかない。率直に言って、自分も当時の指導者の一人だとすると、国防のためには、じゃあ併合するか、とならざるを得ないんじゃないか。朝鮮の人にはまことに失礼な話ですが。

青木 併合後の統治の仕方についてはどうですか。

半藤 ああ、これはもうめちゃくちゃでしたね。朝鮮半島でも台湾でも満洲でもそうですが、日本の占領政策はまず人間なんです。インドでイギリスがしたような、文明をもっていって統治するというやり方ではなく、日本人の海外進出は沢山の人間が入っていって、土地や財産を奪うようなかたちになる。人間同士だとどうしても衝突が起きます。併合で日本の領土にしたけれど、あとは上から弾圧をせざるを得なくなったのはじつに愚かな政策で、ほかにやりようがなかったのか。これは青木さんにこそお聞きしたいです。

青木 ぼくは通信社の特派員として韓国に長く駐在しましたから、植民地支配の愚かな政策以前に、併合自体が許されざる所業だったと思っています。そういえば、韓国の酒場で出会った老人がこんなことを言っていたのがいまも印象に残っています。「日本はずるい」と。なぜかと尋ねれば、ヨーロッパでは侵略者であり敗戦国だったドイツが分断され、塗炭《とたん》の苦しみと努力の末に統一を成し遂げて現在に至っている。周辺国との歴史問題もある程度は乗り越えている。一方のアジアでは、植民地支配から解放された朝鮮半島が分断され、いまなお統一が果たせていない。米軍基地にしても、韓国は首都ソウルにも広大な基地があるのに、日本は戦後、その大半を沖縄に押しつけた。ましてや日本の戦後復興は朝鮮戦争の特需によって跳躍の足がかりを得ている。結局のところ、戦後日本は嫌なものをすべて〝周辺部〟に押しつけ、本土は繁栄の果実だけを享受してきたのではないか。だから「ずるい」と。歴史の「イフ」を語っても詮無いのですが、もし日本がもう少し早くポツダム宣言を受け入れていれば、ひょっとすれば朝鮮半島が分断されなかった可能性もありますね。

半藤 あります。

青木 他方、もう少し受け入れが遅ければ、日本が分断される可能性もあった。

半藤 あります。

青木 そういう意味では、なんとも〝絶妙〟なタイミングで敗戦を迎えたことになる。

半藤 日本の敗戦に関してはほんとうに絶妙、というよりは、ぎりぎりの実にいいところでパッと終わりました。本土決戦などとんでもないことですから。それに降伏したあとも、へたに本土でゲリラ戦などを一、二年もやっていれば、変なことになっていました。というくらい、日本の敗戦が鮮やかすぎたために、朝鮮半島が分断された。

38度線に分けたのは、日本政府がマッカーサー司令部に「降伏する相手はどっちですか」と聞きにいったところ、38度線の北のほうはソ連の極東軍総司令官ワシレフスキーに、南のほうは米陸軍部隊最高司令官すなわちマッカーサーに降伏せよということで南北に分けたんです。ベトナムも17度線で分けたのは最初、北は中国軍つまり蔣介石に、南は東南アジア連合軍最高司令官に降伏せよというふうに、ようするに降伏の仕方をマッカーサー司令部が決めたんですね。それでソ連軍はさーっと北朝鮮に入ってきた。ところがアメリカ軍はもたもたしていて、というのも朝鮮半島どころではなくて、あまりにあっさり日本が白旗をあげたので、日本本土をどう占領するかの青写真もできていなかったから、朝鮮に行くのが遅かったんですよ。それでしょうがなくて旧日本軍が、いっぺん棄てた武器をもういちど持って警備に入った、というようなアホなことをしている。ともかくそのための分断でした。

青木 やはり、日本の敗戦受け入れ時期が現在の分断を左右したと。

半藤 でないとそんな分け方はしませんからね。スターリンが日本に宣戦布告をする前ですから。といって、もう少し遅ければ日本がソ連軍の北海道敵前上陸を迎えていました。

青木 たとえば、あと一、二年ゲリラ戦みたいなことをしていたら、北海道はソ連で、東北以南が米国というような日本分断に？

半藤 中国地方と九州はイギリス、四国と近畿地方がとりあえず中国じゃなかったですか。いや、近畿地方は米中の共同管理でした。アメリカで日本降伏に対する戦略を練っている陸軍・海軍・国務の三省調整委員会が相談して、具体的に計画を立てていました（ソ連：北海道、東北地方／アメリカ：本州中央、関東、信越、東海、北陸、近畿／中華民国：近畿、四国／イギリス：中国地方、九州／※東京は四ヵ国共同占領）。東京も四つに分けていたんです。実現はしませんでしたけれど。なぜって、この計画が成文化されたのが、なんと八月十六日のことだったんですよ。

青木 では、朝鮮半島みたいに日本が分断されることは、まったくの夢物語ではなかった。

半藤 もし日本の抗戦がつづいていれば、あり得ました。東京にベルリンのように壁ができた可能性もある。

青木 ということは朝鮮半島の分断は、一義的には冷戦体制の遺物ではあるものの、責任の一端から日本は免れ得ないですね。

半藤 免れ得ないでしょうね。ちょうど満洲の居留民を軍が、というか国家がすっぽかしたように、朝鮮半島も合併して自分たちの領土なのに、それもすっぽかしです。どうなろうと知ったこっちゃない。日本は日本だけで精一杯でしたから。鈴木貫太郎内閣は十七日で辞めましたが、東久邇《ひがしくに》内閣もそんなことをやっている余裕はなかったとは思いますけどね。朝鮮半島なんてどうにでもなってくれ、ということだったのでしょう。

青木　そうした歴史意識がすっかり希薄になってしまいましたね。亡くなった野中広務さんに幾度かお話をうかがい、亀井静香さんともラジオ番組で対談したのですが、口を揃えておっしゃっていたのが、中国や朝鮮半島に対する反省と謝罪の念です。日本はかつて中国や朝鮮半島にとてつもない迷惑をかけてしまったのだから、とにかく詫び続けるしかないと。戦後日本にできることは、誠心誠意詫びたうえで互いにウィン・ウィンの関係をつくっていくしかないんだと。

保守や革新といった政治的立場と関係なく、半藤さんたちの世代だと、政治家にもメディアにもそういう意識がそれなりに共有されていたように感じるのですが、最近はすっかり変わりました。いわゆる慰安婦問題をめぐる日韓合意にしたって、韓国が約束を破るのはけしからんかもしれないけれど、もともとは日本が戦中に犯した過ちに端を発する問題なわけです。北朝鮮にしたって、戦後賠償すら終わっていないのは事実です。長い視座で昭和史を眺める意識が薄くなってくると、歴史の教訓を忘れ、また夜郎自大になっていってしまうのではないですか。

半藤　そうですね。ぼくもいまの日本と韓国および北朝鮮のあり方は、亀井さんや野中さんと意見が一致します。日本が非常な迷惑をかけたことはもう明らかですから、こっちだけが得するような政策を押しつけるのは無理であって、ウィン・ウィンですか、お互いに五分五分の政策で向き合うより仕方ないと思っています。

✴マスメディアの罪

青木　本書には、満洲事変後の日本で、「日米もし戦わば」といった本が書店にぞろぞろ出てくる話も紹介されています（六八ページ）。これは、ぼくや半藤さんが身を置く出版界、メディア界の問題ですが、いまなら嫌韓本や嫌中本といった本の量産を想起させます。実際に「日中戦わば」といった類の本も散見されますね。出版界や言論界というのは、やっぱり昔から変わらない（苦笑）。

半藤　自分も出版社に長いことといいましたから、あまり悪く言いたくはないのですが、やはり売れてなんぼの世界ですからね。昭和十五～十六年にナチス叢書が出た（三〇五ページ）のも似たような話です。いずれにしろ、出版ジャーナリズムというのは力をもってはいても中小企業ですよ。それだけでなく、昭和十三年に国家総動員法ができてからたちまち出版界はガラッと変わって、文藝春秋だろうが改造社だろうが中央公論だろうが、軍賛美です。

青木　新聞も同じです。

半藤　出版ジャーナリズムはそういう宿命をもっているのかなと。これでもやさしくかいているんですが（笑）。

青木　まさに仰るとおりだと思いますけれど、二〇一六年に亡くなったイタリアの作家ウンベルト・エーコの警句を、出版やメディアにかかわる者たちは思い出すべきではないですか。エーコいわく、異民族や他国を見下したり排斥したりする「不寛容」は、人間の本能に近い「獣性」のようなものであって、これは「教育」によってただすしかないというんです。しかも「獣性」に基づく「野蛮な不寛容」は、一度燃え広がってしまったら容易に倒せないと。だから少なくとも政治家や知識人、メディアにかかわる者たちは「不寛容」を煽ってはいけない。確かに商売だから売れなくてはいけないし、ぼくもその世界で生きています。しかし同時に、やってはいけないことをどこまで耐えて止められるか。そこが問われます。煽って煽って、ポイント・オブ・ノー・リターンを過ぎてしまい、政府によって言論の自由まで奪われたら、もう取り返しがつかないのですから。

実際、戦前・戦中の日本はそうだったわけですね。たとえば満洲事変の翌年、昭和七年の段階なら、出版人がもう少し踏ん張る余地があったんじゃないかと思うのですが。

半藤　たしかに、そう思いますね。この時点では「日米もし戦わば」と、現実を無視したリアリズムに徹しない大宣伝で煽るような時代ではまだないんですね。このときは新聞がもうこぞって煽りだして、出版ジャーナリズムはそれに乗っかった、としか見られません。ただ、これについてはおかしくないくらい早くサーっと沈静します。この年の終わりぐらいには本屋から消えました。それは新聞が穏やかになったのと連動しているのでしょう。日本人は熱しやすくて冷めやすい、ということなのでしょうね。

民主主義の危うさ

青木 これも半藤さんの本に教えられたことで、ナチス政権下のドイツは小選挙区と比例代表の並立性だったのですね。半藤さんも本の中で、今の日本とよく似ていると結構ストレートにかかれている。「優秀な人物をそろえる必要などはなく、どこの馬の骨であろうと、無能であろうと、いやかつて政治的な暗殺を企てた犯罪者であろうと、立候補者名簿に党公認として名を連ねさえすれば、そんな連中でも国会入りができた」と（笑）。

半藤 日本で小選挙区制がはじまったとき、私は反対していたんです。というのは、いくらか頭にナチス・ドイツのことがあったからです、ヒトラーが出たのはこれなんだよと。でもすーっと通ってしまいましたよね。しかも比例代表制というよくわからないものまで。これはヒトラーの真似をしたわけじゃないんでしょうが。

青木 一般的に言われているのは、たとえばイギリスのような二大政党制を想定し、政権交代のある政治を目指したのが小選挙区制を入れた際の大義名分でした。

半藤 そこまではいいんですよ。ただ比例代表制という妙なものを入れたのは違うんです。

青木 あれはどちらかというと小政党を守るためという理屈でしょう。

半藤 もっぱら公明党を守るためですよね、そういう魂胆があってやったことだと思いますよ、確信があってやったことではなくて。日本の選挙区制の話になるといまでも頭にくるんです

（笑）。

青木　なぜ？（笑）

半藤　いまの状態をつくったのはそれが原因だと思ってますから（笑）。はやくやめろと言いたい、ただ中選挙区制だとカネがかかってしょうがない、買収もはびこることもあって、仕方ないとも思います。でも小選挙区制だって似たようなものです。

選挙区制の話以上に、これだけははっきり詳しくかいてやろうと思ったのが、麻生（太郎副総理）さんの「ナチスの手口を学んだらどうだ」発言です（二〇一三年七月二十八日「ドイツのワイマール憲法もいつの間にかナチス憲法に変わっていた。誰も気が付かなかった。あの手口に学んだらどうか」）。あのとき新聞はヒトラーの全権委任法のことばかり言っていました。私のところに意見を聞きにきた記者たちもそうでした。でも違うよと。全権委任法の前に、ヒトラー政権が閣議決定で長ったらしい名前の法律を勝手に決めて、大統領令というかたちでその日に出した、それがものすごい効力を発揮して、そのあとの全権委任法は民主主義的手続きのもとに議会を通ったんだよと。

青木　「ドイツ民族に対する裏切りと反逆的陰謀を取締るための大統領令」ですね。

半藤　そうです。つまり多数決による民主主義というのは、そういう巧妙な使い方をするといくらでも利用できる。そこんところをよく見ないと、あの麻生発言はわからないんです。簡単にいえば、ワイマール憲法のなかに、大統領はそういうことができるとかいてある、それを利用したんですね。ワイマール憲法はまさに民主的な憲法といわれていますから、そういうことが閣議決定でできた。日本のいまの安倍内閣は重要な政策を、閣議決定でまず通しておいて、それから議会の多数決を利用してやっている、同じじゃないかと。

青木 ええ、ぼくもまったくその通りだと思って、その部分に付箋を貼ってきました（笑）。もう一点、「政治というのはイメージ操作」であり、ナチスの宣伝相ゲッペルスが言った「活字より音声、理屈よりは印象、思考よりも気分」という部分。これこそまさに人間はあまり変わらないことを痛感させられます。まして現代はテレビに加え、インターネットやＳＮＳが発達し、皮肉なことにゲッペルスの発想に近くなっている面がある。イメージ操作の風潮はむしろ強まってきているところがあります。

半藤 いまのほうがそれを利用しやすい。危険といえば、いまのほうが危険なんですね。

青木 安倍首相が口癖のように「印象操作はやめてください」と言いますが、自分たちが「印象操作」を意識しているから、そういう言葉が口をついて出る気がします。あれは誰かが知恵をつけているんですかね。

半藤 いると思いますよ。麻生さんのナチス発言の裏側にも、私はいまは亡き岡崎久彦さん（元外交官）の知恵があったんだろうと思っています。間違いなく知恵袋は岡崎さんだったなと。というのは対談をしたときに、彼がヒトラーの勉強をよくしていることがわかったんです。戦略的思考について語りながら「お前は勉強足らずだ」と言わんばかりに、「もっとナチス・ドイツを勉強したら全然違う見方ができるよ」と教えられたことがありましたから。それで、そうか、あれは岡崎さんが教示したナチスの手法であったに違いないと。憲法改正なども正面から体当りせず、するするっとすり抜ける方法がある。ナチスはレーニンのように法律を破ったわけじゃなくて、明らかに法にのっとってうまーくやりました。大変失礼だけど、安倍さんや麻生さんが考えつくこととは思えません。

青木　頭の切れる指南役がいないと、「ナチスの手口に学べ」と同様、「印象操作」なんていうセリフが安倍首相ごときからは出てこない（笑）。

半藤　いま安倍さんの後ろに誰がついているのか知りませんが、政治家ばかりではなくて学者もいるでしょうから、かなりの知恵をつけているんじゃないかと思います。それこそゲッペルスの本などを丁寧に読んで、民主主義を利用して、決して煽ったりしなくてもイメージ操作で国民をすーっとその意識のほうへもっていく方法があるよ、なんてずいぶん研究してるんじゃないでしょうか。

ナチス・ドイツというものがどうして成立したかについては、学者のなかにもいろいろな議論があると思います。これをかくためにたくさんの翻訳を読みましたが、白状しますと、年を取ると目が悪くなるんですよ（笑）。ぶ厚い本を何冊も積み上げても根気が続かなくなる。ほんとうはもう二、三冊きちんと読んで、と思ったのですが……。学者には、もっと違う見方をしている人があるかもしれません。やはりナチス・ドイツが登場してくることの謎というか、大きな歴史的流れや過程をもう少しきちっとしたかたちで整理しないと、人類のためになりませんなあ。

愛国心とは――〝民草〟から〝国民〟へ

青木 半藤さんは本書でも「民草」という言葉を使ってらっしゃいますね。何か特別な思いがあるのですか。

半藤 『B面昭和史』(平凡社ライブラリー)でたくさん使った言葉ですが、昭和の日本の庶民のことを考えると、一所懸命に国家にくっついて、ほんとうにみんなが必死になって尽くしているんですね。といって、どこまで意識して、つまり知識などをもってついていったかを考えると、それほどきちんと認識した市民意識はなかった、むしろ風になびく草のようについていった。それで「民草」という言葉がいちばん当てはまるなと思ったんです。

青木 なるほど。その上で半藤さんと議論をしたいなと思ったのが「愛国心」についてです。この本で半藤さんはこうかかれています。「祖国、生をうけた国家というもの、うるわしの山河、それは『いかなる代償を払っても、いかなる破滅と引きかえにでもそれを欲するという、狂おしいまでの憧憬』は民草の気持ちの底のほうにあるようです。つまりそれが素朴な愛国心というもの。それに国家が乗っかる、大いに利用する、じつはそこが国家というものの恐ろしさであるようです」と。まったく同感なのですが、ぼくは信州長野の生まれで、愛郷心はもちろんあります。信州よりも長く暮らした東京にも、特派員として五年以上暮らした韓国ソウルにも、それなりの愛着は強くあります。しかし、それが愛「国」心という形で回収されると強烈な違和感を覚えます。基本的にそんなものは拒否したいと思うほど不快な違和感です。

半藤 そうですね、ふつうの人はふだん、愛国心が必要だとは思っていないでしょう。昔、韓国に行って外務官僚四人を相手に一緒に飲んだことがあります。はじめのうち、日本がいかに韓国にひどいことをしたか、とつっかかってきました。弁明や反撥をしているうちに、だんだん酒が回ってきて韓国人同士がやりだしたんです。そういう日本の世話になって韓国が伸びているのは我々の恥だ、いや、韓国がある程度の力をつけるまではやむを得ないことだから構わないんだ、と意見がぶつかって、私なんかほっぽかして、四人がやり合っている。それこそ真剣に。聞いているうちに、ああ韓国の人は最後の最後まで自分というもの、自我というか個を決して捨てないなと。個に徹している。

日本人はそういう議論になりません、必ずいつか一緒になるんです。まあまあ、と意見がまとまる。民族性と言ってしまえばそれまでですが、これを最後まで詰めていくと「国」というものに突き当たる。私も生まれた東京の下町に対するものすごい愛着がありますし、三年間ばかり疎開していた越後にも愛着があって、『幕末史』（新潮文庫）という本で薩長史観をこてんぱんにやっつけました。おかげでいま反薩長史観が流行りになっています（笑）。

青木 なるほど（笑）。ところで越後はどちらですか。

半藤 長岡の在です。河井《かわい》継之助《つぎのすけ》、山本五十六《いそろく》……まあそれはおいといて、その愛郷心的な、あるいは素朴な土地や自然への思いは、日本人の場合はずっとそこにとどまるのではなく、かたまって「国」というものになってくると思うんです。習性というか、かいていて「どうしてみんな、こんなふうに国になってしまうのか」という印象でした。ごくごく素朴な愛郷心が、いつの間にか大きな国家への愛国心になってしまう、そこで政治指導者が一番利用しやすいのはこれだなと。日本は実際、非常に美しい山河をもっていますよ。それをゲッペルス的にうまく利用すると、愛国心でかたまってくる。戦争中、周りの大人たちを見ていた思いが自分のなかにありますから。昭和十三年ぐらいから、民草だった日本人はぐんぐん国民になっていきました。それに反する奴はみんな非国民になっていきました。夏目漱石がいうように個の確立は大事だと思いますけれど、日本人は最後になるとかたまりますね。

青木 かたまり、国家というものに回収され、糾合《きゅうごう》されていってしまう。しかも日本人は権威や大勢に流されやすい。

半藤 もう一つ言えば、愛社心もそうです。愛社心なんてじつにくだらないと思いますよ、ところがいつの間にか強くもつようになりますね（笑）。

青木 確かに（笑）。ただ戦後の日本は、戦前・戦中の反省のうえに立ち、愛国心やらナショナリズムといったものに一定の蓋をしてきましたね。たとえば日の丸や君が代は、ぼくもそうですが、そんなものは掲げたくもないし歌いたくもない。それが国家に回収されない個人の自由の一つだという意識もそれなりに共有されていたと思うんです。それが最近、徐々に徐々に突き崩されてきてしまった。

半藤 私も戦後日本のあり方のほうがいいと思います。だけどそれを気に食わない人のほうが多いんです。たぶん青木さんも私も少数派ですよ（笑）。

青木 でしょうね（笑）。

半藤 それが戦後日本の大間違いの一つだと言う人が今は多い。私のように戦争体験のある人は別として、戦争体験のない人はそう言うんじゃないですか？　この国の成り立ちは、文化などを考えるとだいたい江戸時代ですが、あのころは藩単位です。明治維新が成功したのは、開明派の幕府の役人や各藩の秀才たちが、中国（清国）のアヘン戦争の情報をたくさん入れたからです。中国は全体で三十万人ほどの兵隊がいたんじゃないでしょうか。ところが攻めてきたイギリスは、軍艦数隻と兵隊の数でいえば二万人かそこらです。それでも清国はコテンパンに敗けてしまった。なぜかというと、何十万人いようと清国は封建制度で、天津省《てんしん》がやられても他省から助けに来ずに「天津省対イギリス」で戦ったんです。これをやっていると近代国家の整備された戦力に敵わない、それを明治維新の人たちは素早く学んだわけです。日本じゅうの藩を統一しないと、清国と同じことになると、横井小楠《しょうなん》であろうと佐久間象山であろうと勝海舟であろうと、みながそう考えた。ようするに明治維新には、国が一つにならないと強くなれないというい手本があった。文明諸国、列強の前では、遅れてきた国家は一つにならざるを得なかったんです。それで急いで国づくりを始めた。そこで成功したから近代日本はがーっと上がっていきましたが、東南アジアの他の国はそこがうまくいかなかった。

長州明治の禍根？

青木　今年（二〇一八年）は明治百五十年ということで、安倍政権や、そのコアな支持組織である日本会議などは、なんとか祝賀ムードに持っていきたいようです。彼ら、彼女らが理想とする国家や社会像というのはどうやら、明治維新によって形作られた日本らしく、それに対する郷愁が強く感じられるのですが、半藤さんは明治維新をどう評価していますか。

半藤　私は明治維新を認めていないんですよ、あのとき幕末は終わっていない。権力闘争は明治十年の西南戦争まで続いたのであって、西郷隆盛の薩摩藩が倒れてはじめて山口県出身の人たちが天下を取ってやっと革命は終わった。そして明治十一年ぐらいから国家づくりがはじまったのであって、それまでは権力闘争であり、まだ幕末のつづき。したがって明治維新は言われているほど讃えるべきものではない。

ただ、そう言いながらもあの最初の十年間に、とにかく近代文明に追いつき追い越せでやった日本のいろんな政策は、教育だろうが、鉄道敷設であろうが、郵便制度であろうが、道路整備であろうが、それはそれは見事なもんです。なにより明治二年の版籍奉還で藩を全部つぶして国家を統一したのは立派でした。それは決して否定はしません。だけど基本的には権力争いでした。

それにしても、一所懸命にやった西郷隆盛や大久保利通、木戸孝允らがみんな途中で死んでるんですね。大久保さんが明治十一年に暗殺されて、伊藤博文と山県有朋というとんでもない奴が権力のトップに立った。両方とも長州です。それで長州ふうの国家をつくろうとしたところ、猛反対した肥前の大隈重信や土佐の板垣退助が民権、民権とうるさいもんだから、面倒くさくなって、じゃあ立憲君主国にしようじゃないかと、そちらの方向に向かった——簡単にいえばそれが明治のスタートでした。あとは国家を強くするための富国強兵です。富国があって強兵があるはずなのに、明治日本はまず強兵ありきで富国は後回しにしてです。それこそ民草に税金をかぶせ、臥薪嘗胆《がしんしょうたん》で懸命に国家づくりをはじめたのであって、明治を近代国家をつくるために国民が意思統一してわーっと突き進んだ美しい時代だなんて、一つも思いません。

青木　しかも日本は、いまだに長州支配です（笑）。

半藤　こういう話を最近飲み屋でしたら、怒鳴られましたよ。何を言ってんだ、世界の一等国になるまでの日本人の見事さを認めないのかと。認めないわけじゃないですよ、一等国になるまでにどれくらい民草が、国民が苦労をしたか、そっちのほうが大事なのであって、それがなければ世界に誇る大国家になれなかったですよ、と言いましたが。

青木 その果てに行き着いたのが敗戦です。国土の多くが瓦礫の山と化し、内外で何百万もの「民草」の命が失われました。それは、長州がいざなった明治政治の責でもあるわけですね。

半藤 そうですね。先の話の続きで言えば、明治十二年に統帥権というものを山県有朋が独立させてしまったんです。立憲君主国家をつくる前に、軍事国家を先につくってしまった。この国は、だからスタートがまず強兵ありきの軍事国家なんですよ。これは間違いありません。明治十二年からすでに政治の下に軍事があるのではなく、軍事と政治は別の二本立てになり、むしろまだ政治はなかったですから、軍事が先に進み、憲法が明治二十二年ですから約十年後にできて、やっと立憲君主国家のかたちをつくった。先にできた軍事国家としての日本、これは長州ですよ。山県有朋の下に桂太郎らの秀才どもがいて、ようするに長州陸軍が日本であったんです。

青木 繰りかえしになりますが、しかも現在だって長州に出自を持つ首相が明治百五十年を言《こと》祝《ほ》ごうじゃないかと訴えている（笑）。それにしても長州って不思議なところですね。しばらく前、安倍首相とは何者か取材するために山口を歩き回って知ったのですが、首相の祖父である岸信介や佐藤栄作はもちろん、宮本顕治（政治家・文芸評論家、共産党書記長など歴任）や河上肇《はじめ》（経済学者、共産党員となり獄中生活を送る）も長州出身です。

半藤 明治時代の官吏で衆議院議員になった長岡出身の小林雄七郎が、「薩長土肥」を評して、長州は「武人的知謀」と言っています。土佐は「理論的武断」、薩摩は「実際的武断」、肥前は

「文弱的知謀」と、なかなかうまい分け方をしています。長州の人というのはやはり、相当に裏工作が上手なんですね。陰謀好きでしかも暴力的なところもある。すっかり近代日本の話になってしまいました（笑）。

✹情報機関と国力の関係

青木　これはぼくの思い入れもあって本に真っ赤な線を引いてきたのですが、昭和十四年、民草が五人組だとか密告の網の目にどんどん絡めとられていくさまをかいた部分で、半藤さんは共謀罪のことにも触れていらっしゃいますね。「日本を騒がしている共謀罪問題がふと頭をかすめてきた」と。「太平洋戦争直前のわが大日本帝国の民草の日常を、まだ少年でありましたがわたくしは体験しているからです。〽トントントンカラリンと隣組……の調子のいい流行歌の背後にひそんでいた〝自主的な通報、密告のネットワーク〟の脅威。戦争というものはそういう国民の協力があって推進されるものです」と。

半藤　共謀罪がどの程度強くなってくるのかまだわかりませんが、ほんとうに効力を発してくると、これは青木さんの専門ですが、公安の人や警察官僚にとってチャンスですからね。公安はいま、やることないでしょう、共産党は大したことないし、左翼の運動家もあまり動いていませんん。しかし、上からのおさえだけでは肝心要のところまで眼が届きませんから、密告者をつくるより仕方がない。あの共謀罪法案の二百七十七項目を丁寧に読むと、こんなのまで入っているんじゃあどうにもならないぞ、というのばかりですよね。もし本気になってこの法律を盾に弾圧されたら、こんな話をしているだけで二人とも危ないんですよ（笑）。

青木 ええ。半藤さんの本を通読して痛感したのも、強大な実力組織である軍というものを政治がコントロールできず、明治維新が内包していた宿痾《しゅくあ》もあってコントロールする術《すべ》すら失い、それが最終的には破滅に至る最大の原因になってしまったという構図です。

半藤 そう思います。

青木 ならば、強大な権力を持つ組織をきちんと制御するシステムを整備しておかないと、いつの時代も危険だという教訓が導き出されます。「軍」ではないとはいえ、自衛隊もそうですし、なかでも公安警察のような組織は暴走したら非常に怖い。それこそ前川喜平さんが出会い系バーに通っていたなんていう情報を集められるのは警察だけです。その気になれば、安倍首相はもちろん、有力政治家の下半身スキャンダルなんていう情報だってかき集められる。いえ、もう調べあげているかもしれない。そうした情報を悪用すれば、警察が政治をコントロールすることだって可能になってしまう。

実際、かつてのアメリカではFBI長官のフーバーがニクソンをはじめとする歴代大統領のスキャンダルを握って脅していましたが、強大な情報網や実力を持つ国家装置に対する恐れが、いまの政治にほとんど感じられないのが気になるんです。

半藤　いまの政権はそう思っていないんでしょうかねえ。

青木　思っていないでしょう。でなければ、たとえば特定秘密保護法や共謀罪といった強烈な治安法を、仮に国家機能の強化や治安維持のために必要だと考えたとしても、あれほどやすやすと投げ与えるようなことはしないはずです。せめてきちんとした歯止めやチェック機能をつくるために知恵をしぼったでしょう。そういう慎重さが現政権と与党にはまったくない。

半藤　国家を統治する人は、国民の余計な動きを封じるための情報を集める機関が必要だと、必ず思うみたいですね。ヒトラーだろうが、ムッソリーニだろうが、スターリンだろうが、みんな徹底的にそうやってきました。ナチス・ドイツがあれほど優勢になったのは、国民自身が危なくてしょうがないので、シュンとしてしまったからです。ゲシュタポ（秘密国家警察）は国家統治のいろはの〝い〟なんでしょうね。

青木　洋の東西、政治体制の左右を問わず、治安機関や情報機関などというものが強大な国は、それに反比例して市民社会が息苦しくなります。いまならば中国はそうだし、北朝鮮などはその極北です。

半藤　ただし、そういう国のほうが強いですよ、武力的には。民主主義を徹底する国は、いざとなるとか弱いんじゃないですか。

青木　ただ、ぼくはアメリカがなんでもかんでも素晴らしいなどとはまったく思いませんが、権力の分散や民主主義的な機能がきちんと働く国は、最終的に強いとも思います。たとえばナチス・ドイツや戦前の日本が最終的にどうだったか。北朝鮮はどうか。一強の権力が一方向に走り始めた時、歯止めになるシステムがきちんと機能している国の方が、最終的には破滅を免れるのではありませんか。

半藤 まったく、その通り。最終的には柔軟性があります。ただ、日本がそこまで民主的に成長しているかどうかは疑問視していますけれど。

日本は戦後七十年、相当にいわゆる柔軟性をもった民主主義国家をつくろうとしてきたと思いますが、そこまでいかないうちに世界がガラッと変わってしまったんじゃないか。一九八九年、昭和が終わって平成になったとき、中国では天安門事件が起き、これまでの体制ではアカンとなり、ソ連はアフガン攻撃が失敗、撤退して共産主義政権がガタガタになり、ドイツでは東西の壁が崩れ冷戦の終結を示した、というふうにあの年、世界が大きく激動しはじめました。ところが日本ではバブルが続いていた。まだ文春にいて銀座のバーで呑気に飲んでいましたからよく覚えていますが（笑）、日本は世界の秩序がどんどん変わっていっていることを全然わかっていなかったし、したがって勉強もしていなかったと思います。それでバブルがあと二年間ぐらい続いたんです。

青木 ぼくが会社に入ったのが九〇年で、九三、九四年ぐらいまではバブルの空気が残っていました。

半藤 それでバブルがはじけたと思ったとたんに阪神・淡路大震災やオウム事件（地下鉄サリ

ン事件）がありました。

青木　いずれも九五年ですね。

半藤　つまり日本は、世界の激動を意識せずにバブルを謳歌していたら国内的に大問題が起きて、国内にサーッと目が向いてしまった。だから平成の三十年は、スタートからしてやや間違って進んでいったんじゃないか。昭和と同様、広い視野もなく、日本人は平成時代のこの国だけにとりつかれてきた。そういう意味では、世界に通用する民主主義的な訓練は、七十年かかってもあまりできていなかったのかなと。戦争に敗けて三十年ぐらいのあいだは、なんとなく戦後民主主義なんて言っていましたが、その後、今日までの四十数年で戦後民主主義はどこかへ飛んじゃってんじゃないか。青木さんの言うような柔軟性のある国家を、日本人はつくり損なっているんじゃないか。戦後のヨーロッパや世界史の事情をあまり勉強も理解もしないですーっと来てしまったんじゃないか、そう思わないわけにはいかないんです。

しかしこれからのことは、青木さんら若い人たちの問題です。われわれ老骨が余計なことを言う必要はない、日本の明日に責任がもてないんですから。

青木　いえ、僕だってもう今年五十二歳です。仮に戦争が起きても前線に行けとは言われないでしょう（笑）。

半藤　そりゃあ、そんな兵隊もってったって役に立たない（笑）。

権力に利用される天皇

青木　天皇については語り尽くされていますが、さらに語るとすれば、やはり戦争責任についてでしょうか。この本にかかれていることはその通りだと思いますが、ではたして天皇に戦争責任はあったのかどうか。

半藤　先ほど話しましたように、日本は明治のときに軍事国家が先にスタートしました。その軍を統帥するのは天皇なんですね。ところが内政・外交を統治する天皇と同じではいけないということで、そちらは天皇陛下であり、軍事の統帥権をもつのは大元帥陛下と、一人の人格のなかに二つの役割をもつことになったんです。これをうまく使い分けたのが帝国陸軍です。統帥権は天皇ではなく大元帥陛下にあるわけで、天皇の家来である内閣が（軍事に関して）余計なことを言う必要はない、つまりそれは統帥権干犯《かんぱん》＊5であるということに気がついたのが北一輝です。以来、大元帥陛下と天皇陛下は分けて考えなきゃいけない存在なのですが、これがややこしいんですよ、あるときは天皇になり、あるときは大元帥になる。昭和天皇その人はわかっていたと思います。だから二・二六事件のときは争乱の第一報が入ると、軍服を着て御座所に出てきた。これは軍事問題であるから、天皇ではなく大元帥の役割であると自ら指揮をとるんです。そういう見方をすると、天皇陛下には法的には戦争責任はないけれど、大元帥陛下にはもちろんありますよ。

青木　なるほど。ただ、半藤さんの本からも明確に浮かびあがってきますが、かつては大元帥でもあった天皇に対し、主に軍部ですが、伝えるべきことをきちんと伝えず、ときには必要以上に余計なことを吹き込んだりして、天皇自身も戸惑い、ときに混乱し、「大丈夫か」「いいのか」と言いながら突き進んでいってしまったわけですね。だからすべてを天皇の責に帰するのは酷だとぼくも思いますし、軍部が天皇の権威を利用した面だって確かに強い。ひるがえって戦後の天皇は「国民統合の象徴」という存在になり、特に今上《きんじょう》天皇（平成）はそのあり方を模索し、自ら象徴天皇像を築きあげてきたとメディアは盛んに描いています。そうした中、皮肉にも現在はむしろ天皇が戦後民主主義的な価値を守ろうとし、一方の政治がそれを一所懸命に揺さぶり、かつてのような天皇像に押し戻そうと躍起のように見えます。結局のところ、戦前・戦中も戦後も、天皇の権威を政治が自らに都合よく利用するというか、自らに都合のいい天皇像に押し込めようとしているという意味では、さほど変わらないのではないかという気がします。

半藤　見方によってはほとんど同じですよね。権力が天皇を利用しようとすればいくらでもできる。無視するつもりなら無視すればいい、昔の陸軍のように。

ただ、いまはその軍部がないから昔ほど天皇利用の危険性はないんです。もし軍部があって、戦前と同じように大元帥陛下が出現したら、もう一度同じことができるでしょう。だから自衛隊であるのはいいいんですよ。日本の現憲法の法律のなかで存在するものですから、犯罪を起こせば刑法で裁けるわけです。ところがこれを「国防軍」にすれば、たちまち軍律が大事だということになり、われわれを縛っている法律の外に必ず出ますよ、でなければ軍隊であり得ませんから。そして軍が起こしたことは軍律で裁く、刑法なんか関係ない、ということになる、というか、せざるを得ません。そう考えると、いまの日本はずいぶんと危ないところにきていす。しかし、民草はあまり意識せず、何となく流されていっている感がありますね。

知性の力

半藤 ところで、青木さんはソ連には行かれたことがあるんですか。

青木 ええ。最初に行ったのは学生時代です。ぼくが大学にいたころは、卒業旅行という奇妙な風習がありましてね。ぼくも何か月か海外を放浪したんです。選んだのは東ヨーロッパでした。八九年ですから、まさに東ヨーロッパの共産国がバタバタと倒れ始めていく激動期です。チェコスロヴァキア、ハンガリー、ユーゴスラビア、ポーランド、東ドイツなどをまわって西ドイツ、最後はフランス。その旅に向かうため、成田から最初に乗り込んだのがおんぼろのアエロフロート機で、トランジットでモスクワに一泊してからチェコのプラハに出ました。ソ連時代だと、そのトランジットが最初で最後の体験です。

半藤 ロシアになってからは何度も行かれたのですか。

青木　ええ。通信社の特派員時代、僕はソウル駐在が長かったですから、韓国大統領の訪ロに同行したり、北朝鮮がらみの国際会議の取材などで何度か行きました。

半藤　私は行ったことがないのですが、ロシア人というのが、かきながら、どうしてもわからなかったんです。不思議な考え方をする民族のような気がして。敗戦寸前の日本はそのロシア人に最後の運命を託して裏切られた。仲介を期待していたソ連が中立条約を無視して満洲に侵攻してきた。いったい戦前・戦中の日本人はロシアをどう考えていたのか。それがまことにわかりづらい。それでいっそうロシアという国がわからない。

青木　ロシアについては深く取材したわけではありませんから、ロシア人についてはぼくもよくわかりません。そういえば韓国に語学留学していたとき、留学先の大学でいろいろな国の在外コリアンと机を並べましてね。その中にロシア在住のコリアンもいました。韓流ブームなどが起きて以降は日本から若い女性が韓国語を習いに行くようになったようですが、ぼくの留学は九〇年代の半ばですから、日本人は新聞記者とか商社マンくらいしかいなくて、ほとんどは各国からやってきた在外コリアンだったんです。日本や中国はもちろん、アメリカ、それにロシアからも留学生がかなりきていました。

半藤　へえ、そうなんですか。

青木　日本が朝鮮半島を植民地支配した際、その抑圧を逃れてロシアに渡ったコリアンの末裔などが結構いるんですね。おもしろいなぁとおもったのは、学期末に行われる演劇会みたいなイベントです。語学の勉強ですから、その学期に習った言葉を使って、ちょっとした寸劇をやらされるんです。ぼくのような大のおとなはもちろん、誰だってそんなことはやりたくない（笑）。ところが、アメリカからきたコリアンは「せっかくやるんならおもしろくやろう」って陽気に言い出す。日本人や在日コリアンは「やりたくねえなぁ」とかこぼしながらもしぶしぶやる。中国からのコリアンは文句たらたらでやるか、サボる。ロシアからのコリアンはどうかというと、最初から一切顔を出さない（笑）。

半藤 朝鮮人でも、育った国の国民性がうつっちゃうんですか。

青木 どうなんでしょうかね。でも、なんだか国民性をあらわしているようで面白かった（笑）。

半藤 佐藤優さんに、ロシア人をひとことで言うと何なんですかと聞くと、「口約束はいくらしてもだめ」なんだそうです。ただし紙にかかせれば必ず守るらしい。「かかせたら勝ちです、なかなかかかかないけどね」。ようするに信用ならないってことですね、と（笑）。さっきの幕末の長州のように「武人的知謀」民族なのかなあ、といまはそう思っています。

青木 でも、文学にしても音楽にしても、政治だってそうですが、ロシアという国の奥深さはすごいですね。

半藤 それはたいへんなものです。

青木 通信社の外信記者だったのにロシアをろくに知らないのは情けない話ですが、結局のところ、知らないことは知ろうと努力しつづけるしかないのでしょうね。安倍政権はもちろんそうですが、各国で反知性的な政権や政治的ムーブメントの勢いが強まり、世界が急速に不安定化しています。これに抗えるのは知性の力しかなく、知性を支えるのは知ることであり、知ろうと努力しつづけることしかないのですから。昭和史にしても、きちんと知らないからこそ、歴史修正主義的な動きに足元をすくわれてしまいかねない。その意味でぼくも、半藤さんの本から大いにいろいろなことを教えてもらいました。

（二〇一八年二月十四日・於東京）

初出＝『こころ』Vol. 42　二〇一八年四月

＊1――海軍将校となる生徒を教育する学校。生徒の年齢は十六歳以上十九歳以下、学術試験と身体検査により選抜された。修業年限は三～四年。一八七六年（明治九）海軍兵学寮を改称。東京築地、のち広島県江田島に移る。

＊2――陸軍の士官候補生および准士官・下士官を教育した学校。一八七四年（明治七）東京市ヶ谷に設置、敗戦時は神奈川県座間にあった。修学期間は予科二年、本科約二年、その間に半年の隊付勤務を実施した。略称、陸士。

＊3――陸軍将校を志願する少年に対して陸軍士官学校の予備教育を行う学校。年少時からの将校教育を主目的とし、東京・仙台・名古屋・大阪・広島・熊本にあった。年齢は十三～十五歳、修学期間は三年。

＊4――ドイツを仲介とした日本の対中国和平工作。一九三七年、広田弘毅外相がディルクセン駐日ドイツ大使に対中国和平条件を示し、トラウトマン駐中国ドイツ大使が日本政府と蔣介石の交渉を仲介したが、蔣介石の回答が遅れるうちに日本は近衛声明を発表、交渉を打ち切った。

＊5――軍隊の最高指揮権である統帥権は、太平洋戦争敗戦まで天皇の大権事項に属した。大日本帝国憲法では、内閣の関与する一般の国務から独立し（統帥権の独立）、参謀総長、軍令部総長の輔弼《ほひつ》によって行使されるものとされており、昭和五年（一九三〇）浜口雄幸内閣のとき、ロンドン海軍軍縮条約の調印をめぐって「軍令部の承認なしに兵力量を決定することは天皇の統帥権を犯すものだ」と右翼や政友会が内閣を攻撃した。

青木理（あおき・おさむ）
一九六六年、長野県生まれ。慶應義塾大学卒業後、共同通信社入社。東京社会部、ソウル特派員などを経て、二〇〇六年からフリーに。著書に『日本の公安警察』『北朝鮮に潜入せよ』『ルポ 拉致と人々 救う会・公安警察・朝鮮総聯』『トラオ 徳田虎雄 不随の病院王』『日本会議の正体』『安倍三代』など多数。

関連年表

	年	内閣総理大臣	日本のできごと	世界のできごと
大正	大正三(一九一四)	大隈重信	第一次世界大戦起こる(〜七)	
	四(一九一五)		対華二十一カ条の要求を出す	
	六(一九一七)	寺内正毅		ロシア革命
	七(一九一八)		シベリア出兵(〜十一)	ウィルソン米大統領の休戦条件をいれ大戦終結／ドイツ皇帝ヴィルヘルム二世、オランダへ亡命
	八(一九一九)	原敬		中国で五・四運動／パリ講和会議でヴェルサイユ条約調印／ヒトラーがナチスの前身DAP入党
	九(一九二〇)			国際連盟発足／尼港事件
	十(一九二一)		陸軍士官学校の「三羽烏」がバーデンバーデンで密約／裕仁親王が摂政となる	ヒトラーがナチス党首となる／アメリカでハーディングが大統領就任、景気回復へ
	十一(一九二二)	高橋是清	ワシントン海軍軍縮条約調印、日英同盟廃棄	スターリンがロシア共産党書記長となる
	十二(一九二三)	加藤友三郎 山本権兵衛(第二次)	関東大震災／朝鮮人虐殺事件／亀戸事件／虎ノ門事件	フランス軍がドイツのルール地方を不法占拠。対するナチスのクーデタは失敗、ヒトラーは逮捕される
	十三(一九二四)	清浦奎吾	日本共産党解党	レーニン死去／アメリカが排日移民法

大正	十四(一九二五)	加藤高明	治安維持法公布／日ソ復交のための条約調印	制定 ヒトラー『わが闘争』刊行開始、翌年全巻刊行
	十五(一九二六)	若槻礼次郎	12月25日、大正天皇が亡くなる	蒋介石が国民革命軍総司令となり北伐開始
昭和	昭和元(同)		皇太子裕仁親王が第百二十四代天皇に即位して、昭和改元	レーニンの「遺書」が公表され、スターリン時代幕開け
	昭和三(一九二八)	田中義一	張作霖爆殺事件(満洲某重大事件)／パリ不戦条約調印／石原莞爾が関東軍赴任、「満蒙問題」に関して次々提案	パリ不戦条約締結／ソ連「一国社会主義」の旗をかかげスターリンが国力回復五カ年計画にいそしむ
	四(一九二九)	浜口雄幸	映画『大学は出たけれど』封切、流行語となる	中ソ紛争／ウォール街株式市場が大暴落
	五(一九三〇)		ロンドン海軍軍縮条約	
	六(一九三一)	若槻礼次郎(第二次)	中村震太郎大尉、中国軍に虐殺される／満洲で万宝山事件起こる／満洲事変(柳条湖事件)起こる／チチハル占領	
	七(一九三二)	犬養毅 斎藤実	錦州占領／山海関に進出／上海事変／井上準之助、団琢磨暗殺(血盟団事件)／満洲国建国／上海事変停戦調印／五・一五事件／愛郷塾が東京の変電所を襲う／リットン調査団報告、国際連盟が日本の満洲からの撤退勧告	グルーが駐日米大使として赴任／ナチスがドイツ第一党に
	八(一九三三)		小林多喜二の死／国際連盟脱退、世界の孤児となり「栄光ある孤立」へ／関	ヒトラーが首相に任命され政権を握る／スターリンが第二次五カ年計画に

昭和			
		東地方防空大演習行われる／海軍から良識派が去りはじめる／皇太子、のちの明仁親皇誕生	着手／米ルーズベルト大統領就任、ニューディール政策に着手／ベルリンで国会議事堂炎上事件やナチスによる焚書起こる／ドイツが国際連盟脱退／アメリカが共産主義国家ソ連を正式承認
九（一九三四）	岡田啓介	林銑十郎が陸相、永田鉄山が軍務局長になり陸軍強化／溥儀、正式に満洲国皇帝となる／陸軍パンフレットが頒布される／超大戦艦建造の命令が軍令部から建艦部に出される／ワシントン軍縮条約廃棄決定	ヒトラーによる「血の粛清」、のち親衛隊を独立させナチス党内機関とする／ヒンデンブルク大統領の死によりヒトラーが「総統兼首相」に／ソ連でスターリンの恐怖政治はじまる
十（一九三五）		天皇機関説問題起きる／国体明徴声明発表／永田鉄山暗殺（相沢事件）	ヒトラー再軍備宣言、空軍創設
十一（一九三六）	広田弘毅	ロンドン軍縮条約から脱退／二・二六事件／「大日本帝国」の呼称決定／軍部大臣現役武官制復活／不穏文書臨時取締法制定／日独防共協定がベルリンで締結	ドイツ陸軍がラインラント進駐／ベルリンでオリンピック開催／スペイン戦争起こる／西安事件により中国は抗日民族統一戦線へ
十二（一九三七）	林銑十郎 近衛文麿	盧溝橋事件をきっかけに、第二次上海事変、日中戦争はじまる／南京陥落／揚子江上で米砲艦パネー号撃沈	国民党軍が共産党軍本拠地の延安で民衆大会開催、国共合作協定／米ルーズベルト大統領がナチス・ドイツと日本に対する「隔離」演説
十三（一九三八）		トラウトマンの和平工作打ち切り／「国民政府を対手にせず」の近衛首相声明／国家総動員法成立／ヒトラー・	ドイツでウランの核分裂実験成功／ドイツが満洲国を国家として承認／ドイツ、オーストリアを併合／ソ連国境で

昭和			
		ユーゲント使節団が訪日／漢口陥落で旗行列、提灯行列が続く／大本営設置「東亜新秩序声明」発表	張鼓峰事件／ミュンヘン会談
十四（一九三九）	平沼騏一郎 阿部信行	三国同盟締結をめぐり五相会議が盛んに開かれる／零戦が誕生／国民精神総動員委員会が設置され「生活刷新」を推進／満蒙開拓青少年義勇軍計画の発表／「青少年学徒に賜わりたる勅語」発表／ノモンハン事件／アメリカより日米通商航海条約が廃棄される／天津事件で日本は英仏租界を隔離、反英運動盛んに／山本五十六が連合艦隊司令長官に赴任、海軍中央を去る／「創氏改名」（朝鮮戸籍令改正）	ドイツがプラハ進駐、不可侵条約廃棄をポーランドに通告／アメリカでニューヨーク万博開催／ヒトラーがムッソリーニと軍事同盟の「鋼鉄協定」締結／スターリンがヒトラー宛ての手紙で独ソ不可侵条約を承諾、調印／アメリカが日米通商航海条約廃棄を通告／アインシュタインが原爆製造に関してルーズベルトに手紙を送る／ドイツがポーランド侵攻、第二次世界大戦起こる／西部戦線で英仏とドイツの「まやかしの戦争」続く／フィンランドに侵攻したソ連軍は「冬戦争」で大苦戦
十五（一九四〇）	米内光政 近衛文麿（第二次）	陸軍中央部で南進論が盛んに／奢侈品等製造販売制限の七・七禁令発布／「バスに乗り遅れるな」「産めよ殖やせよ」と叫ばれる／ヒトラー特使シュターマー来日、松岡洋右らと会談／日本軍が北部仏印に武力進駐／アメリカが屑鉄の日本輸出禁止／日独伊三国同盟調印／ダンスホール閉鎖／紀元二千六百年の大式典／ウォルシュ司教、ドラ	ドイツからの攻撃でノルウェー降伏／「黄色作戦」によりオランダ降伏、さらにブリュッセル陥落、またダンケルクの奇蹟で英軍がヨーロッパより撤退／パリ無血占領／イギリスは首相となったチャーチルのもと、ドイツからの本土防衛成功／アメリカが中国に五千万ドルの追加借款供与／ドイツ外相がベルリンでソ連外相と会談／ヒトラ

昭和	
十六（一九四一）	
近衛文麿（第三次）	東条英機
ウト神父「日米国交打開策」を携え来日／海軍出師準備実施／大政翼賛会本部を東京會舘に設置／海軍国防政策委員会設置／洋紙配給統制規則公布	「戦陣訓」を全軍に発令／「大本営陸軍部会議」で大東亜長期戦争指導要綱採択／野村吉三郎大使がアメリカ赴任、「日米諒解案」作成／松岡外相訪欧、ヒトラーと会談、モスクワでスターリンと日ソ中立条約調印／アメリカが「日米諒解案」第一次、第二次修正案提示／第一回御前会議開かれる／アメリカが在米日本資産凍結／日本軍が南部仏印進駐／アメリカが対日石油輸出全面禁止を通告／第二回御前会議開かれる／関東軍特種大演習で満洲に兵力を集中／第三回御前会議で対米開戦決意／アメリカが甲乙案拒否、「ハル・ノート」届く／第四回御前会議開かれる／「ニイタカヤマノボレ」の開戦命令／マレー半島敵前上陸、真珠湾攻撃、太平洋戦争開戦／マレー沖海戦、イギリス東洋艦隊撃滅、香港攻略／超大戦艦大和竣工
ーがバルバロッサ作戦発令	ルーズベルトが「四つの自由」を国民に訴える／ドイツがユーゴスラヴィアとギリシャに侵攻、両国はまもなく降伏／日ソ中立条約調印／ヒトラーがスターリンに書簡を送る？／ドイツがソ連に侵攻／イギリスがソ連との軍事協定調印／ルーズベルトとチャーチルが大西洋憲章発表／ヒトラーが「ユダヤ人迫害強化」を承認／ジューコフがレニングラード守備軍司令官に／ルーズベルトとスターリンが書簡往復／ヒトラーがタイフーン作戦開始／重慶の蔣介石にアメリカから電報届く／ソ連軍の大反撃でドイツ苦境に陥り総退却へ

昭和			
十七(一九四二)		マニラ占領、シンガポール攻略／アメリカによる東京初空襲／日本文学報国会結成／ミッドウェー海戦で大敗	
十八(一九四三)		ガダルカナル島奪取される／「撃ちてしやまむ」の決戦標語できる／山本五十六戦死／アッツ島玉砕／学徒出陣はじまる	ルーズベルトとチャーチルがカサブランカで会談／イタリア無条件降伏／カイロ会談
十九(一九四四)	小磯国昭	インパール作戦惨敗／サイパン島陥落／学童疎開はじまる／神風特別攻撃隊初出撃／連合艦隊フィリピン沖でほぼ全滅	ノルマンディー上陸作戦開始
二十(一九四五)	鈴木貫太郎 東久邇宮稔彦王	「本土決戦完遂基本要綱」決定／硫黄島での敗退／東京大空襲で下町が大被害／九州坊ノ岬沖で大和隊が壊滅／日ソ中立条約廃棄の通告／天皇倒れる／沖縄壊滅／国民義勇兵役法が議会通過、竹槍訓練盛んに／ソ連に和平交渉の仲介を願い出る／ポツダム宣言が日本に届く／広島・長崎に原爆投下／ソ連が満洲に侵攻／御前会議開かれポツダム宣言を受諾、終戦の詔書／マッカーサー来日、ミズーリ艦上での降伏文書調印	ヤルタ会談／ルーズベルト死去／ムッソリーニ銃殺。ヒトラー自殺、ドイツ降伏／ソ連が満洲に侵攻

参考文献

（日本）

『昭和天皇実録』宮内庁編（東京書籍・二〇一五～刊行中）

大本営陸軍部戦争指導班『機密戦争日誌 上下』（錦正社・一九九八）

日置英剛編『新国史大年表』第八巻（国書刊行会・二〇一二）

日本国際政治学会太平洋戦争原因研究部編著『太平洋戦争への道』（朝日新聞社・一九六二～六三）

阿部良男『ヒトラー全記録――20645日の軌跡』（柏書房・二〇〇一）

池田浩士『ファシズムと文学――ヒトラーを支えた作家たち』（白水社・一九七八）

伊藤隆・照沼康孝編、畑俊六著『続・現代史資料』4（みすず書房・一九八三）

大木毅『ドイツ軍事史――その虚像と実像』（作品社・二〇一六）

勝田龍夫『重臣たちの昭和史 上下』（文藝春秋・一九八一）

永井荷風『断腸亭日乗』全七巻（岩波書店・新版二〇〇一～〇二）

秦郁彦『太平洋国際関係史――日米および日露危機の系譜 1900-1935』（福村出版・一九七二）

三宅正樹『スターリン、ヒトラーと日ソ独伊連合構想』（朝日新聞社・二〇〇七）

渡辺延志『虚妄の三国同盟――発掘・日米開戦前夜外交秘史』（岩波書店・二〇一三）

（海外・五十音順）
アゴスティ（アルド）『評伝スターリン』坂井信義訳（大月書店・一九八五）
エーベルレ（ヘンリク）・ウール（マティアス）編『ヒトラー・コード』高木玲訳（講談社・二〇〇六）
カーショー（イアン）『ヒトラー（下）1936-1945 天罰』石田勇治監修・福永美和子訳（白水社・二〇一六）
ガンサー（ジョン）『回想のルーズベルト 上下』清水俊二訳（六興出版社・一九五〇）
グデーリアン（ハインツ）『戦車に注目せよ――グデーリアン著作集』大木毅編訳（作品社・二〇一六）
グルー（ジョセフ・C）『滞日十年』石川欣一訳（毎日新聞社・一九四八）
シャーウッド（ロバート）『ルーズヴェルトとホプキンズ』村上光彦訳（みすず書房・一九五七）
シャイラー（ウィリアム・L）『第三帝国の興亡』全五巻・井上勇訳（東京創元社・一九六一）
シャイラー（ウイリアム）『ベルリン日記　1934-1940』大久保和郎・大島かおり訳（筑摩書房・一九七七）
ジューコフ（ゲ・カ）『ジューコフ元帥回想録――革命・大戦・平和』清川勇吉・相場正三久・大沢正訳（朝日新聞社・一九七〇）
ジョンジュ（アレクス・ド）『スターリン』中澤孝之訳（心交社・一九八九）
ジョンソン（ポール）『現代史 上』別宮貞徳訳（共同通信社・一九九二）
ストロング（アンナ・ルイス）『スターリン時代』大窪愿二訳（みすず書房・一九五七）
スナイダー（ティモシー）『ブラッドランド（上）――ヒトラーとスターリン 大虐殺の真実』布施由紀子訳（筑摩書房・二〇一五）
スラヴィンスキー（ボリス）『考証 日ソ中立条約――公開されたロシア外務省機密文書』高橋実・江沢和弘訳（岩波書店・一九九六）
ソ同盟外務省編『第二次世界大戦中の米英ソ秘密外交書簡 下巻 米ソ篇』川内唯彦・松本滋訳（大月書

店・一九五七）
ゾンマー（テオ）『ナチスドイツと軍国日本——防共協定から三国同盟まで』金森誠也訳（時事通信社・一九六四）
ダーリン（デイビッド・J）『ソ連と極東　上下』直井武夫訳（法政大学出版局・一九五〇）
チャーチル（ウインストン）『第二次大戦回顧録』毎日新聞翻訳委員会訳（毎日新聞社・一九四九）
チャーチル（ウインストン）『血と涙と』中野忠夫訳（新潮社・一九五八）
ドイッチャー（アイザック）『スターリン　I II』上原和夫訳（みすず書房・一九六三）
トルストイ（ニコライ）『スターリン——その謀略の内幕』新井康三郎訳（読売新聞社・一九八四）
バトラー（スーザン）『ローズヴェルトとスターリン　上——テヘラン・ヤルタ会談と戦後構想』松本幸重訳（白水社・二〇一七）
ハル（コーデル）『回想録』朝日新聞社訳（朝日新聞社・一九四九）
ビーヴァー（アントニー）『第二次世界大戦　1939-45　上』平賀秀明訳（白水社・二〇一五）
ファイス（ハーバート）『第二次世界大戦 真珠湾への道』大窪愿二訳（みすず書房・一九五六）
フェスト（ヨアヒム）『ヒトラー　上下』赤羽龍夫・関楠生・永井清彦・佐瀬昌盛訳（河出書房新社・一九七五）
ホーファー（ワルター）『ナチス・ドキュメント——1933-1945年』救仁郷繁訳（論争社・一九六〇）
ワース（アレグザンダー）『戦うソヴェト・ロシア〈第1〉』中島博・壁勝弘訳（みすず書房・一九六七）

＊表記について

史料の引用は若い人のための読みやすさを考え、仮名遣いは現代仮名遣いにあらため、旧字体は常用漢字におきかえたところもあります。また、漢字を仮名にしたり、句読点を補ったり、送り仮名を付したところもあります。

*初出＝『こころ』Vol. 34〜40（二〇一六年十二月〜二〇一七年十二月）、
エピローグは書き下ろし

[著者]
半藤一利（はんどう・かずとし）
1930年、東京生まれ。東京大学文学部卒業後、文藝春秋入社。「週刊文春」「文藝春秋」編集長、取締役などを経て作家。
著書は『日本のいちばん長い日』『漱石先生ぞな、もし』（正続、新田次郎文学賞）、『ノモンハンの夏』（山本七平賞）、『「真珠湾」の日』（以上、文藝春秋）、『幕末史』（新潮社）、『B面昭和史 1926-1945』（平凡社）など多数。『昭和史 1926-1945』『昭和史 戦後篇 1945-1989』（平凡社）で毎日出版文化賞特別賞を受賞。2015年、菊池寛賞を受賞。2021年1月没。

平凡社ライブラリー 905
世界史《せかいし》のなかの昭和史《しょうわし》

発行日…………2020年7月10日　初版第1刷
2021年4月9日　初版第4刷

著者……………半藤一利

発行者…………下中美都

発行所…………株式会社平凡社
〒101-0051　東京都千代田区神田神保町3-29
電話　(03)3230-6583［編集］
(03)3230-6573［営業］
振替　00180-0-29639

印刷・製本……株式会社東京印書館

DTP…………平凡社制作

装幀……………中垣信夫

ISBN978-4-582-76905-0
NDC分類番号210.7　B6変型判(16.0cm)　総ページ520

平凡社ホームページ https://www.heibonsha.co.jp/